1781

Helmut Pfleger/Horst Metzing (Hrsg.)

SCHACH

Spiel
Sport
Wissenschaft
Kunst

Hoffmann und Campe

CIP-Kurztitelaufnahme der Deutschen Bibliothek

Schach : Spiel ; Sport ; Wiss. ; Kunst / Helmut Pfleger ; Horst Metzing (Hrsg.)
Hamburg: Hoffmann und Campe, 1984
ISBN 3-455-08228-9 NE: Pfleger, Helmut [Hrsg.]

Redaktion: Hubertus Rabe
Schutzumschlaggestaltung: Werner Rebhuhn
Layout und Herstellung: Helmut Müller
Satz: Fotosatz Otto Gutfreund, Darmstadt
Lithographie: Buss & Gatermann, Hamburg
Druck und Bindung: Friedrich Pustet, Regensburg
Printed in Germany

Inhalt

Helmut Pfleger
Einleitung

Schach ist ein Spiel. In der Alltagssprache verbindet man mit dem Begriff »Spiel« oft etwas Leichtes, ja Unbedeutendes; wenn wir aber etwas innehalten, erkennen wir es als etwas durchaus Ernsthaftes. Das Spiel erfüllt eine wichtige biologische Funktion bei allen Tierarten, indem es sicherstellt, daß die wichtigen Mechanismen des körperlichen Überlebens, der Fortpflanzung, des Futterkampfes und der Selbstfindung eingeübt und innerhalb notwendiger Verhaltensmuster integriert werden.

Beim Menschen bewahren die Spiele zwar ihre biologischen Wurzeln, gewinnen aber durch die nur dem Homo sapiens eigene Kultur etwas grundsätzlich Neues. »Der Mensch spielt nur, wo er in voller Bedeutung des Wortes Mensch ist, und er ist nur da ganz Mensch, wo er spielt«, schrieb Friedrich Schiller.

In diesem Buch geht es um das Schachspiel, eines der vielen Brettspiele, welches der Mensch in seinem Wunsch, in einem abgeschlossenen Mikrokosmos einige der symbolischen Fragen angesichts seiner Existenz darzustellen, erfunden hat. »Uralt und doch ewig neu, mechanisch in der Anlage und doch nur wirksam durch Phantasie, begrenzt im starren Raum und dabei unbegrenzt in seinen Kombinationen, ständig sich entwickelnd und doch steril im Denken, das zu nichts führt, eine Mathematik, die nichts errechnet, eine Kunst ohne Werke, eine Architektur ohne Substanz und nichtsdestominder dauerhafter in seinem Sein und Dasein als alle Bücher und Werke, das einzige Spiel, das allen Völkern und allen Zeiten zugehört, und von dem niemand weiß, welcher Gott es auf die Erde gebracht, um die Langeweile zu töten, die Sinne zu schärfen, die Seele zu spannen.« (Stefan Zweig)

Im Gegensatz zu anderen Brettspielen bleibt der Zufall beim Schach bewußt ausgeschlossen, der Schachspieler will sich nicht den Umständen beugen und dem Schicksal unterwerfen, er will sein Geschick kontrollieren, wie der Feldherr die Schlacht, will Bauern und Springer, ja selbst König und Königin nach seiner Pfeife tanzen lassen, dafür aber auch die Verantwortung übernehmen. So fördert das Schachspiel die eigene Kreativität im Gegensatz zu passivem Konsumieren, das in unserem Fernsehzeitalter ja immer weiter um sich greift. Verbunden damit sind das narzißtische, aber legitime Vergnügen am Denken und Planen, an der Spannung des Kampfes und der Selbstbestätigung im Erfolg; logisches, geregeltes Denken, Phantasie und Unternehmungslust, Konzentrationsfähigkeit und das Einstellen auf ein Gegenüber können auf dem Schachbrett geübt und für das wirkliche Leben trainiert werden. Wichtig vor allem anderen aber erscheint die schlichte Freude am Spiel, in dem die Alltagsrealitäten für eine Weile aus dem Bewußtsein gelöscht werden können: Der spielende Mensch darf gewissermaßen ein beschwingtes Ballett tanzen anstelle des schweren Trottes, zu dem er sonst gezwungen ist.

»Daß das Schachspiel, diese wunderbare Gabe aus dem Morgenlande, nicht nur das edelste und schönste aller Spiele ist, sondern, auch an der Grenze von Spiel, Kunst und Wissenschaft stehend, zu den größten geistigen Genüssen gehört, diese Behauptung wird jeder Schachspieler gern bestätigen.« (Siegbert Tarrasch)

Nun, vielleicht nicht nachgerade jeder, zumal nicht nach einer durch einen dummen Leichtsinnsfehler verlorenen Partie – und Tarrasch selber konnte sich von Herzen ärgern und Gift über seine Zeitgenossen versprühen, die ihm Schmach antaten. Er als Arzt und Schachspieler wußte aber auch, daß Freude und wohlverstandener Genuß in sich gesundheitsfördernd sind und daß diese »wundersame Gabe aus dem Morgenlande« (ich verweise auf den Beitrag »Zur Geschichte des Schachspiels« von Ricardo Calvo), die »alle anderen Spiele so sehr wie der Chimborasso einen Misthaufen übersteigt« (Schopenhauer), mehr Freuden als Leiden für ihre Liebhaber bereithält. Und es ist in der Tat ein universelles Spiel – für alle Zeiten, für alle Völker, für alle Menschen. Wie sagt doch ein indisches Sprichwort: »Das Schachspiel ist wie ein See, in dem eine Mücke baden und ein Elefant ertrinken kann.«

So ist es nicht weiter verwunderlich, daß es auch therapeutisch eingesetzt wird, weil es die Kontaktfähigkeit zu fördern und Kontakte zu schaffen vermag. Sicher nicht zufällig – beim Schach sitzen sich die beiden Spieler im allgemeinen im Abstand von etwa einem Meter gegenüber, einer optimalen Distanz: nicht zu nahe, um Berührungs- oder gar symbiotische Ängste aufkommen zu lassen, nicht zu weit, um den Kontakt ganz zu verlieren. Geschützt also durch nicht zu große Nähe und durch das Apropos der sachlich-rationalen, scheinbar gefühlsneutralen Auseinandersetzung am Schachbrett können nun leichter auch Worte das Spiel begleiten und so über die Sprache Brücken geschlagen werden.

Aus einer bekannten Klinik der USA wird berichtet, daß dort bei einem zwölfjährigen Jungen eine überaus schwere Kontaktstörung mittels Schachspiel überwunden wurde; und Patienten eines Wohnheims für psychisch Kranke in München begannen erstmals Kontakte untereinander zu suchen und zu finden, nachdem sie von freiwilligen Helfern zum Schachspiel angeleitet und ermuntert worden waren: Dabei bezogen sich die Kontakte anfangs nur aufs Spiel selbst, gingen jedoch bald über dieses hinaus.

Schach ist ein Spiel, zu dem man einen Partner braucht, oder, um wieder mit Stefan Zweig (der allerdings höchst zwiespältige Gefühle dem Schach gegenüber hegte, wie der Beitrag von Sergiu Samarian »Schach und Literatur« es zeigt) zu sprechen: »Schach ist wie Liebe. Es kann nicht allein gespielt werden.«

So verschieden die Menschen sind, so verschieden ist auch ihre Sicht des Schachspiels. Ist es nun Spiel, Sport, Kultur, Wissenschaft oder gar Psychotherapie und Philosophie? Jeder kann hier nur seinen eigenen Akzent setzen.

»Es ist eine endlose Streitfrage: was ist Schach – Sport, Kunst oder Wissenschaft? Für mich alles drei. Aber heute ist Schach natürlich zuallererst Sport.« So der Weltmeister Anatoli Karpow, der selbst zweimal Sportler des Jahres in der Sowjetunion war, wo der Schachverband mit vier Millionen Aktiven sogar größer als der Fußballbund ist (siehe den Beitrag von Heinz Lehmann: »Schach in der UdSSR«).

Karpow findet sich mit seiner Ansicht in guter Gesellschaft. Sehr zum Vergnügen der Schachspieler hierzulande, die, ausnahmsweise einmal nicht weltfremd, mehr mit den vollen Fleischtöpfen des Sports als mit der dürren Luft der (Schach-)Philosophie liebäugeln, äußerte sich der Präsident des Deutschen Sportbundes, Willi Weyer, grundsätzlich: »Heute verstehen wir Schach als Sport, als einen Sport, der den ganzen Menschen fordert.«

In diesen illustren Reigen möchte ich mich gerne einreihen, zumal ich aus sportmedizinischer Sicht dieser Frage beim Internationalen Großmeisterturnier 1979 in München (mit Karpow, Spasski, Hübner und anderen) und bei einem eigens dafür veranstalteten Schach-Medizin-Turnier des Deutschen Schachbundes 1981 nachging. Dabei konnten meine Mitarbeiter und ich zweifelsfrei

dokumentieren, was Turnierspieler längst aus Erfahrung am eigenen Leib wußten: daß ernsthaftes Turnierschach eine körperlich-seelische Belastung bedeutet, die ohne weiteres Anforderungen entspricht, die bei Sportarten wie Bahnengolf, Motorsport, Eisstock- oder Sportschießen auftreten.
Schach ist Sport!
Nicht nur weist es alle übrigen Kriterien auf, die man von einer Sportart verlangt: Spiel und Wettkampfcharakter, Leistungsprinzip, Regelgebundenheit und besondere Organisationsformen, wie Verbände und Vereine, Internationalität und Zugänglichkeit für alle; sondern Schach stellt für den Spieler auch eine ganz erhebliche körperliche wie seelische Belastung dar. – Nachweisbar und meßbar in verschiedenen medizinischen Parametern.
Zum Beispiel sind Puls und Blutdruckwerte vor, während und nach der Partie meist erhöht, individuell unterschiedlich, und erreichen Spitzenwerte in besonders spannenden Situationen; dabei wurden Pulsraten bis zu 160 Schlägen pro Minute und Blutdruckwerte bis 180/120 mmHg gemessen.
Man kann sich denken, daß Belastungen, die bereits bei einzelnen Partien nachweisbar werden, sich summieren, vielleicht sogar potenzieren, wenn sie in einem Turnier oder Wettkampf Schlag auf Schlag einander folgen. Ein langes, schweres Turnier zehrt enorm an den Kräften! Und um je mehr es geht, desto härter wird gekämpft werden und desto größer werden die Strapazen für die Spieler sein.
Wie erlebte es doch der schachbegeisterte surrealistische Maler Marcel Duchamp am eigenen Leib: »Schach ist ein Sport. Ein gewalttätiger Sport... Wenn es überhaupt etwas ist, dann ist es Kampf.«
Zumindest im Turnierschach mit der unerbittlich tickenden Uhr, möchte ich hinzufügen. Und Wolfram Runkel von der »Zeit« hat sicher recht, wenn er seine mehr rhetorische Frage: »Sitzen die Schachbrüter nur auf ihrem Hintern und starren aufs Brett, auf dem sie in 5 Stunden nur 40 Züge, also 40 Handbewegungen ausführen?« gleich selbst so beantwortet, daß die scheinbar so ruhig dasitzenden Körper innerlich auf Hochtouren laufen und Angst, Schreck, Erleichterung sich in heftigen psychophysiologischen Reaktionen niederschlagen.
Worauf beruht nun die starke gefühlsmäßige Beteiligung? Ist es nur das Siegesbestreben, die Angst vor der Niederlage, die allgemeine Spielleidenschaft? Oder hat das Schach darüber hinaus noch eine nur ihm eigene Wesensart?
Ernest Jones, der begeisterte Schachspieler und Biograph von Sigmund Freud, sah als erster im Schachspiel auch das ödipale Drama widergespiegelt. Mit Hilfe der Königin (Mutter), der mächtigsten Figur, soll der feindliche König (Vater), um den sich alles dreht und der doch selbst ziemlich ohnmächtig und »impotent« ist, besiegt werden. Hierzu soll man wissen, daß die in unserem Kulturkreis bei Knaben universellen, archaischen Wünsche des Vatermordes in der frühen Kindheit wegen der damit verbundenen starken Schuldgefühle und (imaginären) Angst vor Vergeltung natürlich abgewehrt, sprich verdrängt, werden müssen, so aber ihre latente Faszination behalten und nun im Schachspiel auf »legitime« Art unbewußt, also frei von Schuldgefühlen, ausgelebt werden können.
Die Legende berichtet, daß Amel-Marduk seinen Vater Nebukadnezar in 300 Teile zerstückelte. Um ihn von seinem Wahnsinn zu heilen, erfanden die Weisen das Schachspiel, also ein symbolhaftes Durchspielen der grausigen Realität. Der englische Großmeister und Mathematiker John Nunn meint, daß das Schach ein sicherer Boden sei, auf den man sich vor dem Sumpf des Lebens flüchte. Es (das Schach) sei zwar auch nicht völlig zu beherrschen, aber biete klarere, übersichtlichere Regeln als das Leben und sei deswegen weniger verwirrend und verunsichernd.

Der heute am weitesten verbreitete Schachfigurentypus: die STAUNTON-*Figur*

Es mag in gewissem Umfang zutreffen, daß Schach auch eine Zufluchtstätte vor der Unbill des Lebens sein kann. Dennoch brechen unsere »lebendigen« Leidenschaften immer wieder durch die intellektuelle Struktur durch und geben so dem schachlichen Wettkampf einen besonderen Reiz. In einer Art »Unio mystica« können wir am Familienroman von Königen und Königinnen und gleichzeitig an unserem eigenen, frühkindlichen teilhaben und spielerisch einen Teil verlorener Allmacht zurückerobern. Ähnlich wie im Märchen (mit seiner unbewußten Faszination für Kinder) stehen auch im Schachspiel König und Königin für Vater und Mutter. Versuche, diese »Monarchie« zu stürzen, waren zum Scheitern verurteilt; so kam es zwar nach der russischen Revolution zur Ablösung des Königshauses, auf dem Schachbrett blieb aber dank Tradition und der Kraft des Unbewußten alles beim alten.
Die meisten Schachspieler stehen dieser tiefenpsychologischen Betrachtungsweise skeptisch gegenüber und geben beispielsweise zu bedenken, wie es beim Vater-(Königs-)Mord denn um den eigenen König bestellt sei. Indes entzieht sich unser Unbewußtes einer logischen »Beurteilung«, können einander widersprechende Gefühle wie Identifikationswunsch mit dem Vater und aggressive Ablehnung des Vaters gleichzeitig vorhanden sein. In diesem Zusammenhang ist auch meine empirische Beobachtung zu sehen, daß nahezu alle Spitzenspieler entweder erhebliche Probleme mit ihrem Vater hatten oder gar in vielen Fällen vaterlos aufgewachsen sind (was die Beschäftigung mit dem Vater in der Phantasie besonders anregt).
Keinesfalls will ich hier behaupten, daß in der geschilderten tiefenpsychologischen Konstellation die hauptsächliche Motivation zum Schachspielen liegt – wohl aber eine nur ihm eigene, wozu selbstverständlich noch die gesunde Freude am Denken und Planen und auch die natürliche Befriedigung über einen Sieg treten. Für viele ist Schach sogar eine »Plombe«, derer sie zur Aufrechterhaltung des narzißtischen Gleichgewichts unbedingt bedürfen (nach Rückzug vom Schach wird Morphy psychotisch, was zweifellos einen Extremfall darstellt).
Natürlich kann das Schachspiel auch ganz anders erlebt werden, kann es beim Spielchen im Familienkreis am Sonntagnachmittag zur entspannenden Nebensache werden und mag für die Spieler in den Kaffeehäusern gelten (siehe den Beitrag von Raymond Keene: »Vom Amateur- zum Profisport«), daß Schach ein gemütlicher Zeitvertreib für freundliche Gentlemen sei, die zwischen den Zügen einnicken und erst davon wieder erwachen, daß ihre Pfeife ausgegangen ist.
Eugen Roth hat diese Stimmung im folgenden Gedicht eingefangen:

Ein Mensch sitzt da, ein schläfrig trüber,
ein andrer döst ihm gegenüber,
sie reden nichts, sie sitzen stumm,
Mein Gott, denkst du, sind die zwei dumm.
Der eine brummt, wie nebenbei
ganz langsam, Turm a sechs a zwei.
Der andere wird allmählich wach
und knurrt: Turm e drei d drei Schach!
Der erste, weiter nicht erregt,
starrt vor sich hin und überlegt.
Dann plötzlich, vor Erstaunen platt,
seufzt er ein einzig Wörtlein: Matt.
Und die du hieltst für niedre Geister –
erkennst du jetzt als hohe Meister!!

Dies ist die eine, liebenswürdige Seite der Medaille, die andere ist eine zunehmende wissenschaftliche Erforschung und Dokumentation des Schachspiels (Raymond Keene: »Das moderne Turnierspiel«), die in einer wahren Flut von spieltechnischen Büchern Ausdruck findet. Man mag es bedauern, aufzuhalten ist es nicht.
Dieses Buch will auch den umfassenden Bezug des Schachspiels zum weltlichen Geschehen aufzeigen, wie ihn der große persische Dichter Omar Khayan (Omar der Zeltmacher) so schön beschrieben hat:

Welt ist ein Schachbrett, Tag und Nacht geschrägt
Wo Schicksal Menschen hin und her bewegt
Sie durcheinanderschiebt, Schach bietet, schlägt
Und nacheinander in die Schachtel legt.

Unser aller Schicksal wird hier durch das Schachspiel versinnbildlicht – neben der aktiven Einflußnahme müssen wir uns auch völlig überlassen und ausliefern können. Der ewige Streit der Philosophen und Theologen um den »freien Willen« wird auch hier berührt (und nicht gelöst).
Dieses Buch will den Leser über dürre Theorie

hinaus ins Land der Wunder und Geheimnisse der Schachkunst entführen, ihm ein umfassendes und doch schillerndes Kaleidoskop zeigen, will ihm neben den »Schönsten Partien der Schachgeschichte« (Stefan Kindermann) auch andere »Schacharten« (Hans-Joachim Hecht) und das zunehmend an Bedeutung gewinnende »Frauenschach« (Sergiu Samarian/Heinz Lehmann) nahebringen, will den Bogen von der »Geschichte des Schachs« (Ricardo Calvo und Heinz Lehmann) zum »Schach in der Gegenwart« (Raymond Keene und Heinz Lehmann) spannen, will einen Streifzug durch die »Schacholympiaden« (Hans-Joachim Hecht) unternehmen, aber auch die Höhen und Tiefen des »Schachs in Deutschland« (Horst Metzing) beleuchten.

Last but not least soll noch ein neuer Zweig des Schachs erwähnt werden, der mehr und mehr viele Anhänger Caissas in seinen Bann schlägt: das Computerschach (siehe den Beitrag von Frederic Friedel). Wer hätte noch vor fünf Jahren diese stürmische Entwicklung vorauszusagen gewagt, daß die Großrechenanlagen heutzutage auch für Großmeister ernstzunehmende Blitzschachgegner sind, die allerorten käuflichen Heimschachcomputer Probleme weit schneller als jeder Mensch lösen und der einzige deutsche Schachcomputer Mephisto dem Weltmeister Karpow, auch wenn es in einer Simultanvorstellung war, ein Remis abtrotzen könnte. Der Ex-Weltmeister Michail Botwinnik prophezeit sogar, daß in absehbarer Zeit ein Computer alle Menschen überflügeln und den WM-Thron »besteigen« werde. Noch ist es – Gott sei Dank – nicht soweit, hervorragende Experten, in der Elektronik wie im Schach, wie Ex-Weltmeister Euwe und die deutschen Großmeister Darga und Hecht, meinen, daß trotz der unglaublichen Rechengeschwindigkeit – bei Belle werden z.B. 200000 Stellungen pro Sekunde geprüft – das Schachspiel in höchster strategischer Vollendung stets zu schwierig für die Maschinen bleiben werde. Ein tröstlicher Gedanke, der nochmals die Einzigartigkeit des Schachspiels – dessen Variationsmöglichkeiten die Zahl der Atome im Weltall weit übersteigt – unterstreicht, aber uns auch leichter ohne allzu große narzißtische Verunsicherung die Schachcomputer als moderne Bereicherung unseres uralten Spiels und Herausforderung für uns selbst als »Probierstein unseres Gehirns« (Goethe) annehmen läßt.

Vlastimil Hort
»Schach ist das Leben«

Ich war damals sieben Jahre alt, und die Leute um mich herum trugen alle schwarze Kleider. Niemand sprach, und viele bekannte Gesichter sahen so komisch traurig aus. Ich konnte kaum den Metzgermeister Saidl erkennen, der immer im Hotel »Sport« bei Blitzpartien sang und bei jeder Gelegenheit scherzte. Er trank an jedem Schachabend mindestens fünf bis sechs Halbliter Pilsnerbier, und nach den Aussagen vieler Kiebitze spielte er um so besser, je mehr er trank. Vor allem ihm bin ich eigentlich für meine ersten wagemutigen Schachschritte dankbar. Wenn mich meine Mutter auch nur für ein Stückchen Fleisch zu ihm schickte, ich ging, ich lief, weil ich wußte, daß ich am Ziel etwas Gutes zu essen bekommen würde und außerdem, und das lockte mich noch mehr, in seinem Laden hinten ein Schachtisch stand und dort ein fettiges Buch mit allen seinen Fernpartien lag, die er mit mir in freien Minuten, wenn keine Kunden im Laden waren, analysierte. Josef Saidl war ein geschickter Metzger und spielte leidenschaftlich und stark Schach in meiner Geburtsstadt Kladno, er eilte stets zwischen seinem Schachbuch und seinen Kunden hin und her. Ich bewunderte ihn sehr, da er sich beim Bedienen nie durch seine scharfen Messer verletzte, obwohl er sicher meist über seine Fernschachpartien nachdachte.

Wie schon erwähnt, ich konnte ihn bei dem Begräbnis nicht erkennen, die anderen Leute waren auch sehr ernst, und ich zitterte an diesem Tag vor Kälte, ohne viel zu verstehen. Die Menschenmenge schob sich langsam vorwärts, und jeder in der Schlange drückte einer älteren Frau, auch sie ganz in Schwarz, die Hand. Einen Moment lang schien es mir, als ob Saidl Tränen in den Augen stünden, da drehte er sich zu mir um und sagte mit gedrückter Stimme: »Das war unser großer Meister Ferda«, und ich gab der Witwe dann auch meine kleine Hand.

Erst viele Jahre später erfuhr ich, daß Ferda ein Kosename für den Schachmeister Ferdinand Krticka war. In Kladno ging es in den Räumen des Sporthotels immer sehr lustig zu. Die Blaskapelle schmetterte im großen Tanzsaal ihre Melodien, und die Schachgesellschaft fand sich mittwochs und samstags eine Etage höher zusammen, gab es Meisterschaftskämpfe, dann auch Sonntag früh.

Im vielbesuchten Schachverein existierte noch ein Ferda, mit vollem Namen Doktor Professor Ferdinand Brazda. »Mit ihm mußt du immer laut sprechen«, sagte meine Mutter zu mir, wenn sie sich erkundigte, was für Leute sich eigentlich in dem Schachverein träfen. Große Gefahren barg, nach ihrer Vorstellung, die bunte Mischung aus Blasmusik, wirbelnden Paaren, dem Genuß von Alkohol und Nikotin, der Luft voll von Schweiß und Erotik, so daß ich ihr versprechen mußte, so schnell als möglich in die erste Etage des Sporthotels zu laufen. Die Schachstube sollte ich auch nur verlassen, wenn es unbedingt sein mußte.

Ihrem Wunsch entsprechend redete ich den kahlköpfigen Mann in mittleren Jahren mit Herr Doktor an. Bei der Partie gegen ihn mußte ich auf dem Stuhl knien, damit ich besser auf das Brett sehen konnte. »Ferda« spielte damals in allen Partien ausschließlich Königsgambit, und ich nahm gierig alle seine geopferten Bauern. Der kleine Adept der Schachkunst verlor sehr schnell und war nahe daran, vor Wut zu heulen. Ich mußte damals tapfer schlukken, und an diesem Tag habe ich mir vorgenommen, ein ebenso guter und angesehener Schachmeister wie der verstorbene Krticka zu werden. Nach einigen Wochen begriff ich, daß Doktor Professor Ferdinand Brazda fast total taub war, und so war für

alle die Partie Saidl/Brazda im Verein immer die größte Attraktion, wobei der Metzgermeister laut die verschiedensten Melodien, mit eigenem Text versehen, vor sich hin sang und sein Gegner nichts davon bemerkte.
Viele Jahre später bewunderte ich den tauben Professor am Gymnasium in Biologie-, Geometrie- und Mathematikstunden, gerade in den Fächern, die mir ganz fremd waren. In Biologie bekam ich einmal eine ungenügende Note, und Brazda sagte mit einem Lächeln: »Nichts weißt du, genauso wie damals bei Königsgambitpartien im Verein.« Ich habe ihn gern gehabt.
Wie schon gesagt, zu Meisterschaftskämpfen ging es am Sonntag. Falls die Schachgesellschaft SLOVAN KLADNO auswärts spielte, hatten wir sogar einen Bus zur Verfügung. Ich konnte mitfahren und zugucken, weil jeder im Verein zu dem Jüngsten nett war, und die Schachwelt erschien mir als Paradies.
»Jetzt noch schnell zur Kirche«, sagte Metzgermeister Saidl zu unserem Fahrer. Ich wußte im ersten Augenblick nicht, ob die erste Mannschaft vor dem entscheidenden Kampf noch beten wollte, jedenfalls war es mir ein Rätsel, warum wir zur Kirche fuhren und so noch mehr Zeit verloren. An diesem Sonntag ging es nach Podebrady, und weil sich die Spieler langsam versammelten, war es schon bedenklich spät. Die Wartezeit war auf eine Stunde begrenzt und sollte von Gästen nicht überschritten werden. Ich wußte damals nicht, daß der Verein eine versteckte Trumpfkarte besaß, die nur in äußerst dringenden Fällen ausgespielt wurde.
Der Bus wartete, plötzlich öffnete sich das Kirchtor, und man konnte noch die letzten Orgelakkorde der Messe hören. Herbei stürzte eine schwarze Figur, der Pfarrer der Stadt Kladno, der dritte Ferda, mit vollem Namen Ferdinand Laudin, stieg in den Bus, er hatte sich im Laufen noch die Priestersoutane ausgezogen, und nun ging es in aller Eile nach Podebrady. Der Busfahrer sah auf die Uhr und sagte mit ruhiger Stimme zu ihm: »Wir haben noch Zeit, hochwürdiger Herr«, und fuhr mit uns wie Niki Lauda nach Podebrady, einem schönen Kurort, wo sich die Rivalen zu unbarmherzigem Kampf trafen. Herr Pfarrer Laudin spielte sehr selten, dann aber sehr gut am ersten Brett, und wenn er die Partie nach zwanzig Zügen gewonnen hatte, war mein Vertrauen zu ihm »himmelhoch«.
Großmeister Salo Flohr gastierte anläßlich eines Simultanspiels mit vierzig Teilnehmern in Kladno. Viele Bretter und Chaos, Metzgermeister und Doktor Professor verloren schon ihre Partien, und ich war fasziniert davon, wie der Großmeister schnell durch den Saal kreiste und die Gegner besiegte. »Jetzt kannst du ein Unentschieden retten«, sagte Saidl plötzlich zu mir, der sich nach verlorener Partei als Kiebitz zu mir gesellte.
Ich hatte damals ein schwieriges Endspiel und wußte nichts darüber, daß man in einer richtigen Ecke auch ein Unentschieden gegen Läufer und Bauern halten kann.
»Ich passe«, sagte ich, als der Großmeister wieder an meinem Brett stand. Ich wußte wirklich nicht, ob ich dem Metzgermeister vertrauen sollte. Flohr spielte schon fünf Stunden und war müde. Er hat mich damals am Kopf gestreichelt, und ich ließ mich während seiner nächsten Runde durch Saidl »überzeugen«. Die Partie endete wirklich remis, und ich konnte zu Hause nicht einschlafen. Ich spielte die Stellung hundertmal durch.
Jede erste Begegnung mit dem Schachspiel ist schön, und bei jedem Menschen passiert das Wunder anders. Das gäbe eine Sammlung von Geschichten, wenn sich jemand die Mühe machen würde und die allerersten Schritte von hundert Schachspielern aufschriebe!
Ich war noch nicht sieben, als ich zum Weihnachtsfest von meiner Großmutter eine große Schachtel mit verschiedenen Spielen geschenkt bekam. Ein Schachspiel war auch dabei, aber, o Jammer, in unserer Familie kannte sich niemand mit dem Spiel aus, und so blieben die Springer, umgeben von einem Geheimnis, arbeitslos am Schachtelboden liegen.
Mit sieben Jahren bekam ich eine schlimme Gelbsucht, und im Krankenhaus verbrachte ich eine traurige Zeit in Quarantäne. Ein Arzt erbarmte sich meiner und erklärte mir die Züge und Regeln, worauf die Schachtel meiner Großmutter großen Anteil an meiner Erholung hatte. Es war unwichtig, daß der Arzt nichts Näheres über Schlagen »en passant« wußte, aber ich war dann später doch sehr unangenehm überrascht, als mir der Gegner meiner Ansicht nach in unerlaubter Weise den Bauern nahm. Nach der Überwindung der Gelbsucht war ich sehr schwach und sollte viel Zeit an der frischen Luft

verbringen. So ging ich oft mit unserem Nachbarn, Herrn Vrba, Löwenzahn pflücken.
Zuerst die Arbeit, dann die Erholung, meinte er, und weil er viele Kaninchen besaß, kamen wir zum Schachspiel immer spät. Ich wußte nichts von der Existenz des Schachvereins, und wenn er mir in einer Partie den Bauern »en passant« nahm, war ich nah daran zu weinen. Ich holte mir beim Löwenzahnpflücken eine leichte Erkältung und wollte nicht mehr mit dem Gegner, der nach meiner Ansicht schwindelte, spielen.
Die Eltern versprachen dem Sohn unvorsichtig: »Wenn du wieder gesund bist, kannst du einmal in der Woche den Schachverein besuchen.« Damit hat es bei mir begonnen.
Wenn ich könnte, dann würde ich noch heute dem Metzgermeister Saidl, dem Doktor Brazda, dem Pfarrer Laudin, dem Großmeister Flohr, dem unbekannten Arzt, dem Nachbarn Vrba die Frage stellen: »Was bedeutet für euch Schach?« Ich bin sicher, daß die Antworten sehr unterschiedlich ausfallen würden.
Der Metzgermeister würde vielleicht antworten: »Als Junge war ich ein gefürchteter Ringkämpfer, ich kannte Gustav Fristeinsky noch sehr gut. Wenn man älter wird, muß man rechtzeitig die Matte verlassen. Ein Schachbrett ist jetzt für mich eine Ersatzmatte, ja, und dazu kann ich noch viel Bier trinken.«
Doktor Brazda würde mir sein nicht ganz taubes Ohr zuwenden und sagen: »Ich war begabt, man hat mir eine große wissenschaftliche Karriere vorausgesagt. Ich zog mich lieber zurück, und im Schach kann ich alles vergessen. Auch daß meine Frau von mir weglief.«
Herr Pfarrer Laudin: »Schachspiel ist wunderbar. Wenn ich eine schöne Schachstudie sehe oder einen entscheidenden Angriff beginne, dann freue ich mich doppelt über die menschliche Vollkommenheit, die wir von unserem Herrn geschenkt bekamen.«
Großmeister Salo Flohr: »Schach ist das Leben. Warum fragen Sie mich eigentlich? Ich habe diese Frage schon hundertmal gehört. Warum fragen Sie eigentlich?«
Der unbekannte Arzt: »Wenn ich zehn Minuten frei habe, spiele ich Schach. Es hilft mir bei der Konzentration. Es ist interessanter als alle Kartenspiele zusammen. Daß ich es nicht gut kann, spielt keine Rolle. Die Leute machen immer am liebsten das, was sie nicht richtig können. Nein, Schachbücher will ich nicht studieren.«
Nachbar Vrba: »Das Schachspiel ist für mich ein Kontakt mit der Welt. Ich bin kinderlos und nach dem Tode meiner Frau so allein. Ich kann doch nicht immer bei den Kaninchen die Zeit verbringen, obzwar die schlauer sind als manche Leute. Ein Fenster in diese verrückte Welt. Ich sammle am Sonntag die Partien aus einer Schachecke in der Zeitung. Ich spiele alle Partien nach. Ich unterhalte mich, und es kostet sehr wenig Geld.«
Alle diese Antworten hat sich der Autor ausgedacht; die kleine Geschichte ist wirklich geschehen.
Schach hat einen festen Platz in der menschlichen Zivilisation. Diese Behauptung ist leicht durch Zahlen zu belegen. Sehr viele Menschen spielen Schach. Es ist ein unsterbliches Spiel, wie Professor Lauterbach sagt, und es ist gleichgültig, daß es am Himmel mehr Sterne gibt als Schachspieler auf der Erde.
Das Schachspiel ist ein »Pferd« für das ganze Leben. Ich kenne zwar Beispiele, wo sogar berühmte Großmeister wie Morphy, Duras, Fine, Fuderer, Fischer, Planinc mit dem Turnierschach Schluß gemacht haben, jedoch sind diese Beispiele der »Untreue« zum Schach nicht typisch und kommen sehr selten vor.
Ich kann nicht vergessen, wie der 82 Jahre alte Meister Karel Opocensky noch kurz vor seinem Tode ein Simultanspiel in Prag gab. Es dauerte fast zehn Stunden, bevor die letzte Partie beendet wurde, und der alte Meister hatte große Schmerzen in den Beinen. Er verlor nicht seinen Sinn für Humor und sagte: »Auch ein gelähmter Gaul will immer laufen«, und die traurige Simultanszene war so ein bißchen heller. Ja, ich habe an den Auftritt eines alten Komikers gedacht, wo niemand im Publikum lacht, und trotzdem gibt es Beifall, auch für den armen Gaul hat die Laufbahn einen unerklärbaren Zauber, und er will bis zum Tode laufen.
Ein stark besetztes Turnier fand im Jahre 1967 in Leningrad statt. Gedeon Stahlberg, ein berühmter schwedischer Schachgroßmeister, nahm daran teil, und ich werde nie die Auslosungsszene vergessen. Die Teilnehmer standen an einer Theaterbühne, und ein kranker, blasser Mann nahm mit zitternder Hand sein Los an. Die Zuschauer haben dem

Schweden Beifall geklatscht, und weil ich sehr nah bei Stahlberg stand, konnte ich feststellen, wie seine erlöschenden Augen plötzlich lächelten. Stahlberg kam nie zur ersten Runde, der kranke Mann hat die Tür seines Hotelzimmers abgeschlossen und versuchte noch einmal mit einer Flasche Wodka die ihn bedrängenden Lebensprobleme zu vergessen. Ich erinnere mich noch an seinen schwachen Händedruck, als ob der alte Meister uns allen sagen wollte: »Ihr seid hierhergekommen, um um die Punkte zu kämpfen, und ich, Gedeon Stahlberg, weiß, daß alles in dieser Welt, Schachspiel einschließlich, vergänglich ist.«

Ich glaube, daß das Schachspiel einen Zauber besitzt, der auch im hohen Alter hilft. So vergißt man bei einer Schachpartie das rheumatische Knie, und auch andere Ereignisse können im Vergleich mit einer Katastrophe am Schachbrett ganz unwichtig aussehen. Ein Besuch im Schachverein hält einen frisch, und besonders der Kontakt mit der jungen Generation kann neue Impulse geben. Sei mir noch mal eine Erinnerung an den Meister Karel Opocensky gestatt. Mit 76 Jahren schlug er noch in einer Turnierpartie den Großmeister Kavalek, Meister Ludwig Rellstab gewann im hohen Alter die Reservengruppe von Hastings, und ich bewundere immer noch die Leistung des Prager Meisters Erwin Rosenblatt, der mit 77 Jahren zu vielen internationalen Turnieren kommt, meist fährt er mit dem Auto, manchmal bis zu 1000 Kilometer am Tag, begleitet von seiner Frau und Hund. Ich freue mich immer wieder, wenn ich ihn bei verschiedensten Schachgelegenheiten sehe.

Die Schachatmosphäre bei Turnieren ist unnachahmlich und faszinierend. Deswegen ist Meister Rosenblatt bereit, wieder ein paar hundert Kilometer zu dem nächsten Turnier zu fahren, und seine Frau ist ihm nie ernsthaft böse, weil das Ehepaar schon längst seine gemeinsame Seele an den Schachteufel ausgeliefert hat.

Ricardo Calvo
Zur Geschichte des Schachspiels

Mittelalterliche Schriften, Ritterromanzen und eine große Auswahl von Dokumenten und Kunstwerken aller Art zeigen uns Schach als antikes Spiel. Wir wissen, daß Schach im Mittelalter sehr beliebt war und im christlichen Abendland durch die Araber eingeführt wurde, deren bemerkenswerte Leidenschaft für dieses Spiel seit den Anfängen des Islam allgemein bekannt ist.

Es wird auch bekundet, daß die Araber das Schachspiel bei der Eroberung Persiens zur Zeit der Herrschaft des Kalifen Omar I. (638–651) und daß die Perser ihrerseits es durch die Hindus kennenlernten. Al-Adli, einer der ersten islamischen »Großmeister« und Geschichtsforscher des Spiels, schrieb im Jahre 840:

»Es wird allgemein anerkannt, daß in Indien drei Dinge geschaffen wurden, die zu dieser Zeit erst- und einmalig waren. Vergleichbares gab es nirgendwo. Diese drei Dinge sind: das Buch der Fabeln, Kalila und Dimna, die neun Zahlen, mit denen man bis unendlich zählen kann, und das Schachspiel.«

Das Studium der einen Zeitraum von 1000 Jahren umfassenden Sanskritliteratur stößt indes auf ziemliche Schwierigkeiten, weil ihr Inhalt in seinem Wesen religiös und heroisch ist; erst in viel späteren Perioden beginnen Hinweise auf Aspekte des täglichen Lebens und insofern auch aufs Schachspiel. Kenner betrachten das, was in der Vasavadatta (ein Prosastück zu Anfang des 7. Jahrhunderts nach Christus von Subandhu geschrieben) erscheint, als völlig zufriedenstellend. In ihm wird poetisch das Springen von Fröschen über eine Wiese mit dem der Figuren über das Schachbrett verglichen: »Die Zeit der Regenfälle spielte ihre Schachpartie mit den Fröschen...«

Einen noch etwas älteren Bezug findet man in der persischen Romanze Karnamak um das Jahr 580. Ihr großer Wert liegt darin, daß sie erhellt, wie wichtig das Schachspiel zu Ende des 6. Jahrhunderts in Persien war, da es sogar in einem Heldenepos und als eine der Tugenden des Volkshelden Artachschir (Artaxerxes) erwähnt wird – das Spiel muß wahrhaft populär gewesen sein. Und dies offenbar über den Verlauf von vielen Jahren, angesichts der großen geographischen Ausbreitung des persischen Reichs, der Unvollkommenheit der Verkehrsverbindungen und der sozialen Bedingungen in jener Epoche. Zu diesen Jahren muß man die Phase des Übergangs des Schachs von Indien nach Persien und die seiner Entstehung und Verbreitung in Indien noch hinzurechnen – auch wenn man hier stark auf Vermutungen angewiesen ist. Bei all dem scheint es nicht gerechtfertigt, die Entstehungszeit des Schachspiels vor dem Jahr 500 n. Chr. anzusetzen, es sei denn, neue Funde verändern diese Festlegung. Die bei den Ausgrabungen von Dalverzin in der Sowjetrepublik Usbekistan gefundenen Figuren stammen aus dem 2. Jahrhundert, sind aber nicht mit Sicherheit als Schachfiguren zu identifizieren.

Die Entstehung des Spiels

Wenn wir den Ursprung des Schachs geographisch in der Nordwestregion Indiens und zeitlich um das Jahr 500 n. Chr. ansiedeln müssen, so liegt es relativ nah zu vermuten, daß die blutigen Hunneneinfälle, die das herausragende historische Ereignis an diesem Ort und in dieser Epoche sind, eine Rolle im psychologischen und sozialen Klima, welches die Entstehung des Schachs begünstigten, gespielt haben. Manches spricht dafür, daß das Schachspiel eine philosophische und »unblutige« Antwort auf die ewige Wiederkehr von Kriegen war und das Bemühen darstellte, die schrecklichen Kriegshand-

Den geistigen Ursprung des Schachspiels – symbolisch-spielerische Umsetzung des Krieges zu sein – macht diese Grafik (Ausschnitt) von André Martins de Barros aus dem Jahr 1981 deutlich

lungen im friedlichen Symbolismus des Schachspiels zu bannen. Wie auch immer, mit Sicherheit wollten der oder die Erfinder des Schachs ein Spiel schaffen, in dem der Krieg möglichst getreu widergespiegelt wäre. Insofern hielten sie sich an die traditionellen Heeresteile jener Epoche: Die Infanterie entspricht den Bauern, die Kavallerie den Springern, die Elefanten den heutigen Läufern, die Kampfwagen den Türmen. All dies unter dem »Befehl« eines Königs oder Schahs, welcher von einem Berater begleitet wurde, der erst viele Jahrhunderte später sein Geschlecht wechseln und zur heutigen Dame werden sollte.

Ein Heer in Indien setzte sich aus diesen vier Teilen zusammen, wie schon in den griechischen Beschreibungen der Feldzüge Alexanders des Großen festgestellt wird; in diesen wird auch erwähnt, daß die Nordwestregion Indiens über »30000 Fußsoldaten, 4000 Pferde, 200 Elefanten und 300 Kampfwagen« verfügte. Deshalb war auch der Sanskritausdruck »Tschaturanga« (Tschatur = vier, anga = Teile) gleichbedeutend mit Heer, und Tshaturanga wurde auch das ursprüngliche Schachspiel genannt. Die Perser übernahmen mit dem Spiel auch den Sanskritnamen, wobei sie ihn in »Tschatrang« umformten; die Araber nannten es »schatrandsch«, dessen phonetische Weiterentwicklung zum portugiesischen »xadres« und altspanischen »axedrez« leicht nachzuvollziehen ist.

Der oder die Erfinder des Schachs griffen für ihr Vorhaben, ein Kriegsspiel zu schaffen, auf etwas schon Bestehendes zurück. Das Brett mit 8 × 8 Feldern ist viel älter als das Schach und wurde bereits in vergangenen Kulturen für verschiedene Zwecke benutzt. In Indien spielte man auf diesem Brett mit 64 Feldern ein beliebtes Würfelspiel namens *Ashtapada,* und schon in dem Mahabharata wird von einer Wette um ein riesiges Vermögen zwischen zwei Fürsten erzählt, die durch das Spiel *Ashtapada* entschieden wurde – gemäß dem religiösen Traktat Sutrakilanga soll es kein wahrhafter Brahmane ausüben.

Von Beginn an wechselten auf diesem Brett die Felder der einen und anderen Farbe; im ersten Buch Ramayane wird die Stadt Ayodha aufgrund der Abfolge ihrer Häuser und Straßen in »Form der Quadrate des ashtapada, als ob sie gemalt worden seien«, als bezaubernd geschildert.

Man spielte in Indien Würfel auch auf Brettern anderer Größen, wie z.B. auf einem von 10 × 10 Quadraten (im Sanskrit »Dasapada« genannt), was die Frage aufwirft, warum der oder die Erfinder des Tshaturanga ausgerechnet das Brett des ashtapada für ihre symbolischen Heere auswählten. Einige dieser Gründe könnten magischer Natur sein, wie die Benutzung von Brettern mit 8 × 8 Feldern zur Sterndeutung und Wahrsagung bis zum heutigen Tag in Indien und Tibet vermuten läßt. Das Vorhandensein

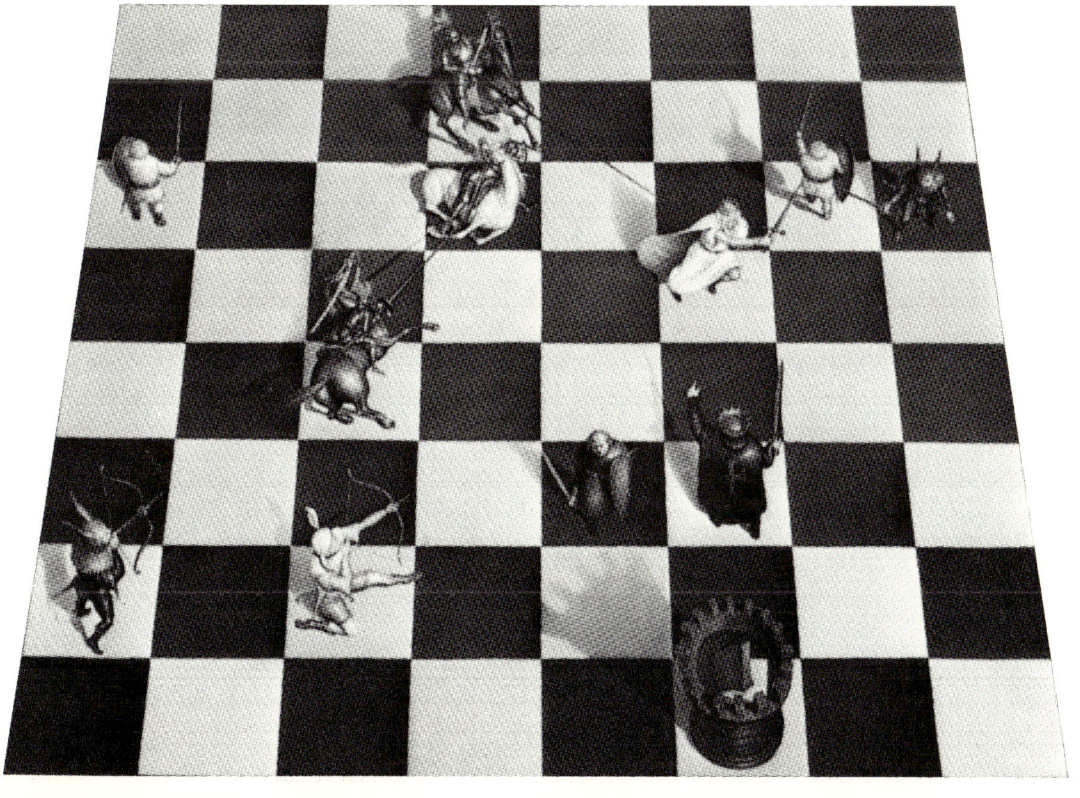

von Brettern verschiedener Größen im Hause, nicht nur in Indien, sondern auch in weit entfernten Kulturen, war, wie zahlreiche Dokumente zeigen, auch mit einem praktischen Gebrauch verbunden: zum Zählen oder für mathematische Berechnungen.
Zu solchem Zweck lassen sich Bretter verschiedener Größe verwenden, aufgrund der Beliebtheit des Schachs jedoch wurde gewöhnlich das Brett mit 8×8 Feldern in der ganzen islamischen Welt und später in ganz Westeuropa benutzt. In England z. B. benutzte der königliche Rechnungsführer, der »Lord Exchequer«, schon seit der Zeit der Normannen ein Schachbrett (»chequered board«) für seine Rechnungen. Das Wort »Scheck« stammt denn auch vom Schach ab.

Legenden und Symbole

Die Wahl des Bretts mit 64 Feldern könnte auch durch ein magisches oder symbolisches Zahlenverständnis beeinflußt worden sein; die Hindu-Mystik, später auch die islamische, verband mit der Zahl 8 und ihren Vielfachen Vorstellungen von Ganzheit, Vollendung und Harmonie. Die Orakel des I-GING bestanden aus genau 64 Teilen. Titus Burkhardt erwähnt die magische Bedeutung der Zahl 8 für die islamische Mystik, sie diente sogar als Grundlage für die Berechnungen der entstehenden wissenschaftlichen Astronomie. Die berühmte Legende mit den Weizenkörnern spiegelt diese dunkel mit dem Ursprung des Schachs verbundenen Zahlenzusammenhänge wider. Wie oft bei mythologischen Erzählungen variieren die Einzelheiten je nach Version: Manchmal wird das Schach von einem einzigen weisen Menschen erfunden, manchmal von etlichen. Die Schöpfer stellen ihre Erfindung einem legendären indischen König vor, zum einen, um ihm während seiner Feldzüge Ablenkung zu verschaffen, zum anderen, um so den Erbprinz militärisch zu erziehen.
In der ältesten geschriebenen Fassung, der von al-Yaqubi aus dem Jahre 907, ist es Absicht des Erfinders, durch das Schachmatt eine Königin metaphorisch vom Tode ihres Sohns zu unterrichten. Wie auch immer, das Ende der Geschichten ist stets das gleiche: Der Erfinder bittet als Belohnung um ein

Schachfiguren aus dem 8./9. Jahrhundert (arabisch oder nach arabischem Vorbild) aus Bein

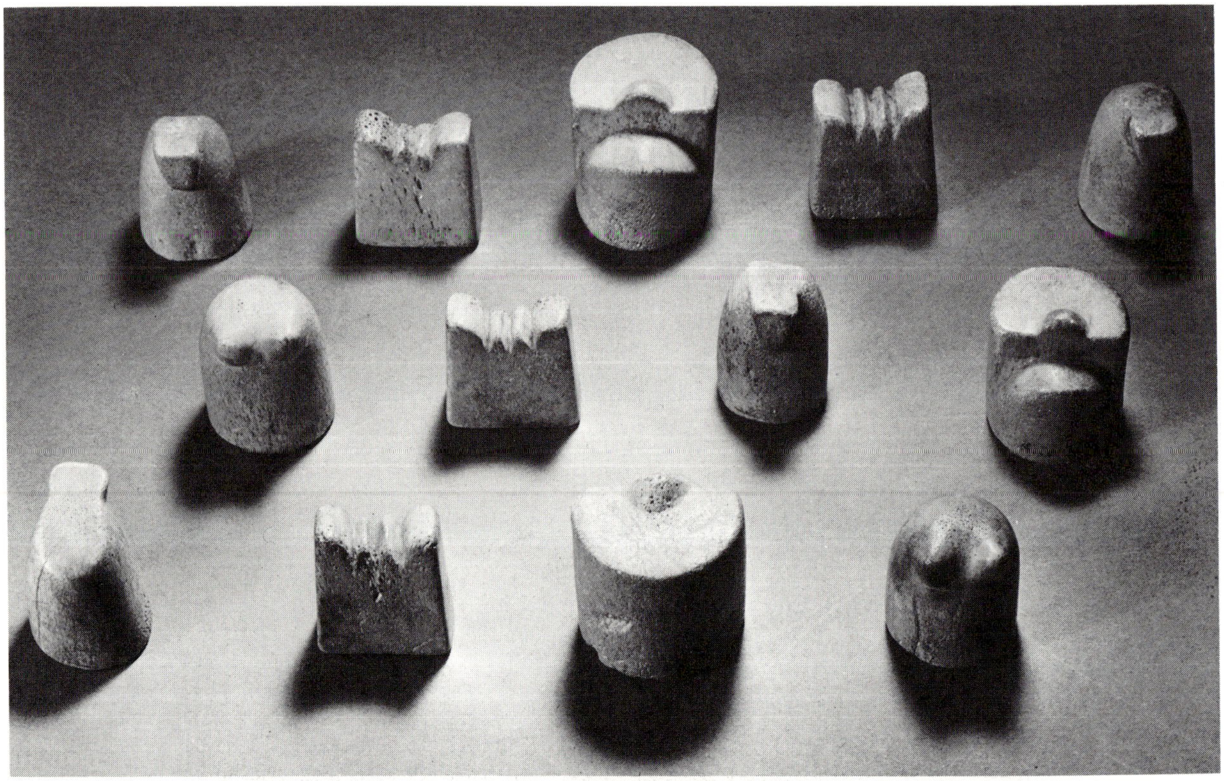

Weizenkorn auf dem ersten Feld des Bretts, zwei auf dem zweiten, vier auf dem dritten usw. Zum Erstaunen des Monarchen kann die »bescheidene« Bitte nicht erfüllt werden, denn die Endzahl, die schon die Hindus und Araber kannten, entspricht $2^{64}-1$ oder 18446744073709551615 Weizenkörnern.
Diese Menge würde nach Berechnungen des englischen Mathematikers Lodge genügen, um ganz England bis zu einer Höhe von mehr als 30 Fuß oder 10 Meter zu bedecken. Ein eindrucksvolles Beispiel beschrieb W. Haas in der Zeitschrift »Rochade« im August 1982: »Ein Güterzug mit allen Körnern, der mit 80 km/h an uns vorbeiführe, d. h. also 2 Waggons pro Sekunde, jeder einzelne mit 20 Tonnen Weizen beladen, bräuchte nicht einige Stunden oder Tage, sondern 730 Jahre!«
Das Problem mit den Weizenkörnern, heutzutage als Rechenübung im Schulunterricht beliebt, ist sicher älter als das Schach und auf das altertümliche ashtapada-Brett mit 8 × 8 Feldern zurückzuführen. Ein Hinweis hierfür ist das Sanskritwort »Koshatagara«, welches sowohl die Brettfelder als auch Haus oder Kornkammer bezeichnet. Die arabischen Mathematiker widmeten diesem Problem verschiedene Abhandlungen, was auch in Europa weite Verbreitung erfuhr: Leonardo Pisano kommentierte es im Jahre 1202 in seinem Liber Abbaci, und die Leser Dantes konnten schnell die Metapher der »Göttlichen Komödie« verstehen (Paradies, XXVIII, 91 ff.):

»Die Funken folgten den entflammten Kreisen
In größrer Meng', als durch Verdoppelung
Schachfelder sich vertausendfacht erweisen.«

Als Metapher erscheint es oft in allen alten europäischen Schriften, wie z. B. bei Wolfram von Eschenbach, »Willehalm« (1220): »Der marcrâft sagt im rehte: Ir hers mich bevilte, der zende ûz zwispilte ame schâchzabel ieslîch velt mit cardamôn.«
»Die Einwohner Indiens erklären mittels der Berechnung der Verdoppelung der Felder des Schachbretts den Gang der Zeit und der Zeitalter, die höheren Einflüsse, die die Welt regieren, und die Bande, die das Schach mit der menschlichen Seele verbinden«, schreibt 947 der arabische Historiker al-

Willehalm-Codex *(1334). Willehalm und Arabel beim Schachspiel*

Masudi. Die Bande, die das Schach mit der menschlichen Seele verbinden, gehen noch über die mehr oder weniger esoterischen Aspekte der mystischen Zahlenkunde hinaus. Durch das Aufstellen der vier Heeresteile des Tschaturanga auf dem Brett mit 64 Feldern wurde ein neuer philosophischer Weg eröffnet, um ohne Blutvergießen das Problem des Kampfes zwischen den Menschen zu lösen. Und dies nicht nur in Kriegsfehden oder im kollektiven Streit, sondern auch für den Kampf des einzelnen gegen sein eigenes Schicksal, jenem Schicksal, das laut dem berühmten Rubayat von Omar Khayan, dem Zeltmacher, mit uns spielt, als wären wir Schachfiguren auf einem Brett von schwarzen Nächten und weißen Tagen, bis der Tod uns alle in die Kiste des Nichts schleudert.

»Welt ist ein Schachbrett, Tag und Nacht geschrägt,
wo Schicksal Menschen hin und her bewegt,
sie durcheinanderschiebt, Schach bietet, schlägt
und nacheinander in die Schachtel legt.«

Wenn eine der Wurzeln jeden Spiels eine symbolische Frage an das Schicksal beinhaltet, so schreitet das Schach bereits ins Transzendente fort. Im Unterschied zu den Würfeln gibt es nicht mehr den blinden Fatalismus der Kräfte des Zufalls. Im guten wie im schlechten hängt der Spieler von seinem freien Wollen, von seinen persönlichen Fähigkeiten, von seinem Siegeswillen ab. Dieser Kontrast zwischen der großen Freiheit des Schachspiels und dem Fatalismus des Zufalls bei den Würfelspielen wird in den ältesten arabischen Manuskripten nachdrücklich betont. Und wie ein Echo dieser neuen Haltung für die menschliche Kulturgeschichte ist es auch in der individuellen Psyche des Schachspielers wahrnehmbar, angefangen vom Kind, das sich mit seinem Vater bei Waffengleichheit auseinandersetzen will, bis zum eingefleischten erwachsenen Spieler, der trotz aller Niederlagen der Faszination des Schachs nicht entrinnen kann. Die tiefste symbolische Botschaft des Schachs besteht darin, daß Niederlage oder Sieg von einem selbst abhängen.

Die Verbreitungswege des Spiels

Als ob ihm die vielen Arme der Statuen der Hindu-Gottheiten den Weg gewiesen hätten, so verbreitete sich das Spiel des Tschaturanga von seinem Ursprungsort aus in alle Himmelsrichtungen. In jedem der Länder des Fernen Ostens entwickelte es sich und wandelte sich um und nahm dabei typisch nationale Züge an, die dennoch ohne Zweifel seinen Ursprung belegen. Asien kann ohne Übertreibung der Kontinent des Schachs genannt werden; noch heute kann sich jeder Tourist in einem asiatischen Land – ebenso wie im Jahre 1509 der portugiesische Eroberer Diego López – angesichts der unübersehbaren Verwandtschaft der dort gebräuchlichen Schacharten mit unserem Schach nur wundern.

Allen Schacharten in den asiatischen Ländern sind ihre gewaltige Popularität und das relative Fehlen spezifischer Literatur gemeinsam. Dies bewirkt, daß die technische Entwicklung recht begrenzt ist und jede Generation die grundlegenden Prinzipien in der Strategie und Taktik des Spiels wiederentdecken muß. Ein Fortschritt wird so aufgehalten, zugleich aber vermindern sich auch die Schwierigkeiten, und als Folge davon wird die volkstümliche Verbreitung begünstigt.

Chinesische Schachfiguren aus dem 19. Jahrhundert

Am ausgeprägtesten und fruchtbarsten entwickelte sich das Tschaturanga über Persien und die islamische Welt nach Westeuropa. Die Entwicklung kehrte zu ihren Ursprüngen zurück; den Kreis so schließend, überdeckt sie in unserer Zeit die anderen Entwicklungsformen des Schachs in den asiatischen Ländern und macht ihnen die Vorherrschaft streitig.
Dieser Prozeß wurde hervorgerufen durch ständige Fortschritte in der Ausarbeitung: Die Araber analysierten und klassifizierten die Eröffnungen, spielten die Partien der berühmtesten Spieler nach, teilten sie nach der Qualität ein, entwickelten fortlaufende strategische und taktische Prinzipien im Mittelspiel, untersuchten die Endspiele auf einem hohen Niveau, spielten blind und hinterließen in den Manuskripten mehr als 1600 Schachprobleme.
Das Schachspiel gewann so eine neue Dimension: die eines kulturellen »Faktums«, das seinen eigenen Gesetzen folgte, die wiederum neue Entwicklungsmöglichkeiten vorherbestimmten. Die positiven Folgen dieses Fortschritts waren die einer allmählichen Entdeckung der schachlichen Wahrheiten und eine allgemeine Faszination, die die künstlerische Schönheit des Schachs auf die ganze islamische Welt ausübte, vom Kalifen bis zum entferntesten Bürger, wie die ganze Literatur jener Zeit bezeugt. Um ein meiner Meinung nach recht beredtes Beispiel zu geben, zitiere ich aus dem arabischen Manuskript *Add. 7515* aus dem British Museum in London einige der 20 Streitworte, die den islamischen Schachspielern für verschiedene Situationen empfohlen werden:

Der gegnerische König und »seine« Dame

»Wenn dich jemand minderer Stärke zum Schachspiel herausfordert, sage ihm:
›Ich finde entschuldbar, daß die Kamele, die schon beißen können, es wagen, mich herauszufordern. Aber was habe ich mit den Lämmlein zu tun?‹«

»Wenn du zwischen zwei Schlagmöglichkeiten wählen kannst, sage: ›Die Gazellen haben sich um Charras versammelt, und Charras weiß nicht, auf welche er schießen soll.‹«

»Wenn sich deinem Gegner ein guter Zug anbot, welchen er nicht sah, sage: ›Oh, Luway ben Galib! Die Degen sind scharf; aber wo ist der Mann, fähig, sie zu zücken?‹«

Solche Sätze, die ähnlich in jedem Club heutzutage fallen könnten, erscheinen in den islamischen Schachabhandlungen mit nachweisbaren literarischen Quellen. All dies ist nur aufgrund der großen Beliebtheit des Spiels denkbar und findet sich ähnlich in den ironischen Streitworten des Kriegers vor der Schlacht.
Die theoretische Entwicklung des Spiels hatte auch eine nachteilige Konsequenz: Sie führte zur Isolierung der einzelnen Spieler, die zur Meisterschaft nur durch immer anspruchsvolleres Studium gelangen konnten. Das Schach verlor durch das Auftauchen anderer Spiele an volkstümlicher Verbreitung, vor allem seit Beginn der Neuzeit. Aber eine Weiterentwicklung, wenn auch fast nur in begrenzten Bereichen der westlichen Gesellschaft erfolgend, trägt weiterhin diese magische Lebenskraft in sich, die ihm durch die geheimnisvollen Hindu-Erfinder eingeflößt wurde.

Schach im europäischen Mittelalter

Das Schach kam schon sehr früh von den Arabern zu den Christen, wenn es richtig ist, daß die etymologischen Wurzeln der bedeutenden europäischen romanischen Sprachen, in denen das Spiel und die Figuren benannt wurden, auf das 9. Jahrhundert zurückgehen. Der Ort, wo dieser kulturelle Übergang stattfand, ist nicht sicher bekannt, aber er erforderte bestimmt ein längeres, friedliches Zusammenleben mit häufigen Begegnungen im täglichen Leben zwischen den beiden Kulturen.
Diese Bedingungen waren an einigen Orten am Mittelmeer gegeben, vor allem aber auf der Iberischen Halbinsel erreichten diese Begegnungen eine besondere Intensität.
Zumindest erscheinen hier die ältesten europäischen Dokumente, in denen Schach erwähnt wird: zwei Zeugnisse von pyrenäischen Grafen in der sogenannten Marca Hispanica vom Beginn des 11. Jahrhunderts, in denen berichtet wird, wie Schachspiele einem Konvent im Süden Frankreichs übergeben werden. Von diesem Zeitpunkt an wächst die Anzahl dokumentierter Referenzen aller Art sehr schnell: mehr als 50 im 12. Jahrhundert, mehr als 100 im 13. Jahrhundert – diese stammen bereits aus allen europäischen Ländern.
Viele dieser Belege erscheinen in Werken rein literarischer Natur; hier erfährt man, daß das Schach besonders in den höheren Ständen der weltlichen und geistlichen Würdenträger bekannt war und gespielt wurde. Zu Beginn des 12. Jahrhunderts nimmt der Leibarzt des Königs Alfons I. von Aragon, Petrus Alfonsi, Schach als wünschenswerten Bestandteil für die Bildung junger Edelleute in seiner Disciplina clericalis auf. Die Könige erscheinen häufig Schach spielend in den Chroniken, wie z. B. Alfons VI. von Kastilien mit den Abgesandten des Maurenkönigs von Sevilla, wie Heinrich I. von England während der Gefangenschaft seines Bruders oder wie James I. von Schottland, als ihn seine Attentäter überraschen. Louis, Herzog von Orléans, und Karl der Kühne, Herzog von Burgund, werden von ihren Chronisten als hervorragende Schachspieler gelobt. In den Ritterromanzen jener Zeit erscheint Schach als häufige Beschäftigung der Protagonisten, entweder als täglicher Zeitvertreib am Hof oder als wichtiger Teil des Handlungsfadens: Die Boten überraschen den Helden oft während einer Schachpartie, oder gute Fähigkeiten in diesem Spiel werden als Zeichen besonderer Weisheit erwähnt; häufig bildet Schach bei einer kriegerischen oder amourösen Wette das zentrale Thema der Romane (»Romanze von Garin von Montglane«, »Floire und Blancheflor«, »Huon von Bordeaux«). Tristan trinkt irrtümlich beim Schachspiel einen Liebestrank; Charlot, Sohn von Karl dem Großen, tötet Badouinet mit dem Brett, nachdem er eine Partie verlor. In verschiedenen anderen Romanzen (»Renaut von Montauban«, »Parsifal«, »Ogier der Däne«) befreit sich der Gefangene, indem er seine Wächter mit Schachfiguren tötet. Wie Murray sagt: »Es überrascht nicht, daß sich das Schach vor allem auf eine soziale Schicht, den Adel, konzentrierte; dessen hauptsächliche Beschäftigung war ja, die Einsamkeit und Langeweile zu bekämpfen.« Dem Schach kam teilweise die Verbindung mit der Idee der Ritterlichkeit zugute, in vielen Romanzen wird allein durch das Spiel der Adlige vom Händler und Fußvolk unterschieden. Hinzu kam noch das Prestige des Spiels, eine geistige Übung und gleichzeitig ein Symbol des Krieges zu sein, und schließlich war es auch eine Mode, da die höfischen Damen mit Vorliebe spielten. Das Schach drang aufgrund seines Ansehens in andere soziale Schichten ein; sein fleißiger Gebrauch in den jüdischen Ghettos, seine fortschreitende Verbreitung unter

Eine Frau und ein junger Mann beim Schachspiel. Miniatur aus dem frühen 14. Jahrhundert

Zwei Holzschnitte aus einem der ältesten englischen Schachbücher Caxtons Schachbuch *aus dem Jahre 1474. Links löst ein Mönch ein Schachproblem, rechts spielt ein König gegen einen Bischof*

dem Bürgertum und wenigstens in einigen Gebieten, wie der Lombardei und Toskana, die Begeisterung für das Spiel im einfachen Volk stehen dokumentarisch fest. Im Jahre 1266 gab ein großer arabischer Spieler namens Buzecca einige Blindsimultanvorstellungen in Florenz gegen die besten Spieler der Stadt, wobei das öffentliche Interesse bemerkenswert war.

Die Schachliteratur im Mittelalter

Ein Teil der mittelalterlichen Schachliteratur wollte lediglich das Spiel und seine Besonderheiten, so wie sie von den Arabern überliefert waren, bekannt machen. Zeitlich das älteste dieser didaktischen Werke ist das Manuskript aus dem Schweizer Ort Einsiedeln, als »Gedicht von Einsiedeln« bekannt; hier erläutern lateinische Verse die Spielregeln. Man nimmt an, daß es vor dem Jahre 1100 geschrieben wurde. Ähnlicher Natur sind aus dem 12. Jahrhundert die Werke von Abraham ben Esra in Spanien, die Abhandlung De Scaccis von Neckam und das Poem von Winchester in England, der Codex Benediktbeuren und die Elegie vom Ludo Scaccorum im Süden Deutschlands. Der Stil all dieser Schriften weicht stark von dem der arabischen ab; sie zeigen, daß sie sich an eine weit weniger entwickelte Schachgemeinde richten. Verschwunden sind Anmerkungen zur Technik, Strategie und Taktik und jegliche Untersuchung von Eröffnung, Mittelspiel und Endspiel. Die Autoren scheinen sich zufrieden zu geben, wenn ihre Schüler korrekt die Figuren nach den Regeln ziehen können; besonders betont wird die Qualität des Schachspiels als Zeitvertreib. Das Schach der christlichen Königreiche ist grundsätzlich das gleiche wie das der islamischen Welt, aber der Geist, in dem es ausgeübt wird, ist völlig anders.

Der Unterschied in der Einstellung zwischen dem Islam und Europa drückt sich klar in den Manuskripten über Schachprobleme, welche einen wichtigen Teil der mittelalterlichen Literatur einnehmen, aus. Die Araber hinterließen, wie schon erwähnt, eine erkleckliche Anzahl dieser Darstellungen, Vorläufer unserer heutigen Studien und Schachprobleme. Diese »Mansubat« sollten in der arabischen Welt dazu dienen, die Geschicklichkeit des Spielers im Hinblick auf die lebendige Partie zu erhöhen; die Stellungen gaben vor allem die Art und Weise an, in der irgendein berühmter Spieler den Sieg errang. Die Anzahl der Züge bei der Lösung war häufig groß, es standen noch viele Figuren beider Parteien auf dem Brett, im allgemeinen ohne numerische Unterlegenheit des Verteidigers.

Nachfolgend zwei der 150 Miniaturen des »Schachbuches« von Alfons dem Weisen, der wichtigsten mittelalterlichen Zusammenstellung.

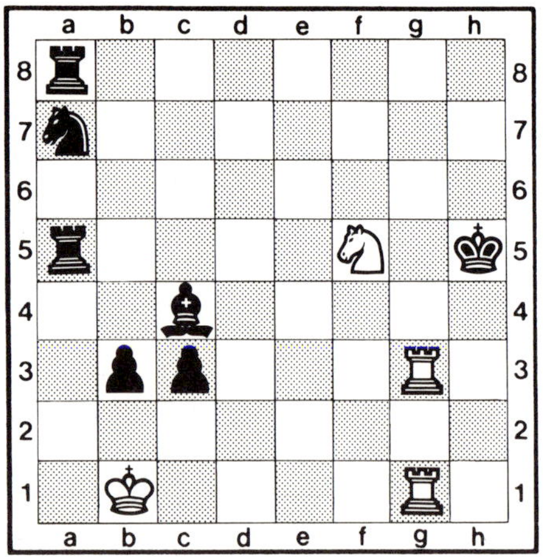

Es handelt sich um eine der berühmtesten arabischen »Mansubat«, in welcher Schwarz folgendermaßen zieht und gewinnt: **1. ... Tal+ 2. Kxal Sb5+ 3. Kbl Tal+ 4. Kxal b2+ 5. Kbl Sa3 matt**

Im arabischen Manuskript der Bodleian-Bibliothek zu Oxford heißt dieses Problem »Mansuba al-yariya« oder »Das Problem der jungen Schönheit« aufgrund der Legende, welche die phantasievollen arabischen Schachspieler dieser Stellung zuschrieben.

Der Name der legendären Schönheit lautet anderen Texten zufolge »Dilaram«, was »Herzensfrieden« bedeutet – und so soll sich alles zugetragen haben: »Es war einmal ein schönes, junges Mädchen namens Dilaram, die Lieblingsfrau eines Edlen. Er gab ihr diesen Namen, weil sein Herz ohne sie keinen Frieden finden konnte. Eines Tages saß ihm am Schachbrett ein starker Spieler gegenüber. Die Spielleidenschaft ergriff ihn dermaßen, daß er Dilaram aufs Spiel setzte. Die Partie gestaltete sich sehr schwierig für ihn, schließlich schien es, daß sein Gegner ihn im nächsten Zug matt setzen könne. In diesem Augenblick rief Dilaram verzweifelt: Opfere deine zwei Türme, aber opfere nicht mich! Ihr Geliebter sah augenblicklich, was sie im Sinne hatte, und konnte die Partie auf überraschende Weise gewinnen.«

Das Thema des Opfers der zwei Türme von Dilaram war sehr beliebt, nicht nur in den arabischen Abhandlungen, sondern auch in allen späteren mittelalterlichen Zusammenfassungen, in denen sich viele ähnliche Probleme daraus ableiteten, ebenso im Bonus Socius wie im Civis Bononiae. Im Buch des Spaniers Lucena (1497) erscheint es mehr als zwanzigmal. Die Struktur des Problems, bei der der König der angreifenden Seite vom Matt bedroht ist, ist typisch für die islamischen »Mansubat«, die der Stellung eine gewisse Wahrscheinlichkeit einhauchen wollten, als sei sie aus einer lebendigen Partie entstanden.

Der »Aufschub« des Matts brachte zusätzliche Spannung und gestattete es, begleitende Erzählungen wie die von Dilaram zu erfinden. Die Mehrzahl der aufgeführten Probleme in der Abhandlung von Alfons dem Weisen stammt aus arabischen Quellen. (Allerdings ist ein Teil von ihnen in Stil und Aufbau ganz verschieden, was den ersten Einfluß europäischer Problemautoren vermuten läßt.)

Eines der berühmtesten arabischen Probleme ist im unten abgebildeten Diagramm dargestellt.

Schwarz setzt folgendermaßen matt: **1. ... Sa4+ 2. Txa4 Txb3+ 3. Kxb3 Td3 matt**

Das Problem stammt aus dem Buch von al-Adli, einem schon erwähnten arabischen Spieler des 9. Jahrhunderts. In einem islamischen Manuskript heißt es, sein wahrer Ursprung liege in einer Partie des Spielers Abu-Naam, »welcher sich fortwährend damit brüstete«. (Siehe Farbtafelteil)

Wirklichkeit oder Legende, das Matt des Abu-Naam bewahrt bis zum heutigen Tag seine Frische und Anmut; in alle mittelalterlichen Zusammenstellungen wurde es aufgenommen.

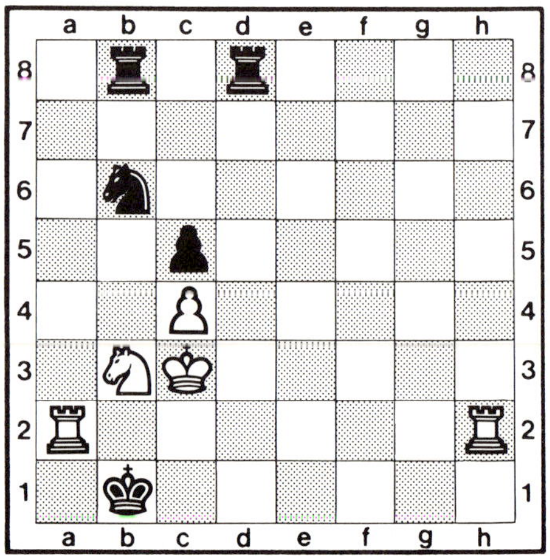

Es ist sehr wahrscheinlich, daß seine Beliebtheit zahlreiche Legenden oder Erzählungen inspirierte, in denen Geliebte oder Ehefrauen in einer Wette aufs Spiel gesetzt wurden. Derartiges läßt die außergewöhnliche Ausdruckskraft der Miniatur des Buches von Alfons dem Weisen vermuten, in der eine Dame ihren Ring dem Gegner überreicht. Die Phantasie der mittelalterlichen Schachspieler ließ die Grenzen des Brettes weit hinter sich.

In der mittelalterlichen christlichen Welt erscheint das Studium von Schachproblemen als Zweck an sich; man will die Vorzüge des Spiels ohne die Langatmigkeit konventioneller Partien darstellen. Am wichtigsten ist, daß die Komplexität der Spielausgänge Geldwetten erlaubte; eine Gruppe konnte auf den Angriff, die andere auf die Verteidigung setzen. Aus diesem »Parteinehmen« durch eine Wette ging die Übersetzung von »Mansubat« in »Jocus partitus« hervor. Im Englischen gibt es heute noch das Verbum »jeopardize« im Sinne von wagen oder in Gefahr bringen.

Die mittelalterlichen Pragmatiker des Spiels erkannten sehr schnell die Notwendigkeit, die bekannten und in den Wetten benutzten Positionen zu notieren, zu überschreiben und so festzuhalten. Die Anzahl von kleineren Schriften, die sich mit Schachproblemen befassen, muß im Mittelalter sehr groß gewesen sein, aber in ihrer Art waren sie wenig dauerhaft. Heute gibt es z. B. kaum noch ein Manuskript, das im Inventar mehrerer christlicher Könige zugleich erscheint. Die erste große Zusammenstellung des ganzen Materials, welches in seiner Zeit zusammengetragen werden konnte, wurde, wie schon erwähnt, durch Alfons X., den Weisen von Kastilien, im Jahre 1283 verwirklicht; in 98 wertvollen Pergamenten liegt sie in der Escorial-Bibliothek. Es handelt sich um das wichtigste mittelalterliche Werk; keines der sechs oder sieben Manuskripte jener Epoche, die in anderen Bibliotheken erhalten sind, ist qualitativ oder quantitativ vergleichbar. Im Spätmittelalter wurden zwei große Problemsammlungen als Schachenzyklopädie über ganz Europa verbreitet. Eine von ihnen ist als Bonus Socius, die andere als Civis Bononiae bekannt. Beide wurden von Hand zu Hand weitergegeben, mit gelegentlichen Hinzufügungen (oder Auslassungen) derer, die den Text abschrieben, so daß die Gruppe der Manuskripte, die jede dieser Zusammenstellungen ausmacht, in sich leicht voneinander abweicht. Der Bonus Socius besteht aus 194 Schachproblemen, die in der zweiten Hälfte des 13. Jahrhunderts durch einen Universitätsprofessor aus der Lombardei zusammengestellt wurden. Er zog es vor, anonym zu bleiben, und bezeichnet sich selbst mit dem akademischen Ausdruck »socius« oder Genosse. Heute gibt es von dieser Sammlung noch fünf Manuskripte in verschiedenen Ländern und Bibliotheken. Der Bürger von Bologne, der schon im 14. Jahrhundert die 288 Probleme des Civis Bononiae zusammenstellte, gibt einen Vers als Schlüssel für seinen Namen, aber bis heute wurde dieser Vers noch nicht entziffert. Von dieser Gruppe von Manuskripten, die vor allem in Italien verbreitet waren, gibt es heute noch zehn Exemplare.

Ein Läufer (Bischof zu Pferde von Kriegern umgeben) aus Deutschland (13. Jahrhundert)

Die charakteristischsten Schachschriften des Mittelalters sind aber die Schachmoralwerke. Es sind allegorische Abhandlungen, die die Parallelen zwischen den Schachfiguren und menschlichen oder sogar göttlichen Handlungen aufzeigen und die symbolische Verwandtschaft mit dem realen Leben für moralische Zwecke benutzen wollen.

Titelholzschnitt aus einer italienischen Ausgabe des »Schachbuches« von Jacobus de Cessolis aus dem Jahre 1493

Obwohl viele von diesen sehr wenig mit Schach zu tun haben, spielten sie eine wichtige Rolle bei der Entwicklung des Spiels in Europa, bei der Nomenklatur der Figuren und beim Ausmerzen kirchlicher Vorurteile über das Schach.
Das wichtigste dieser zahlreichen und vielfältigen Gruppe ist das berühmte LIBER DE MORIBUS HOMINUM ET OFFICIIS NOBILIUM SUPER LUDO SCACCORUM, welches im 13. Jahrhundert durch den italienischen Dominikaner Jacobus de Cessolis geschrieben wurde (siehe Farbtafelteil). Dank seiner literarischen Qualität, dem Ehrgeiz seines Vorhabens und der glücklichen Übereinstimmung mit dem Geist seiner Zeit war ihm ein Erfolg ohnegleichen beschieden – aus dem lateinischen Original wurde es wiederholt in beinahe alle modernen europäischen Sprachen übersetzt. Viele der späteren Schachmoralwerke (wie z.B. das GULDIN SPIL des Dominikaners von Surburg, Johannes Ingold) sind schlichtweg Nachahmungen, andere wieder nur Kompendien.

Die Entstehung des modernen Schachspiels

Während des 15. Jahrhunderts erfährt das alte arabische und mittelalterliche Schach eine Modifikation in der Gangart zweier seiner Figuren. Der Läufer bewegt sich statt des begrenzten Sprungs aufs dritte Feld fortan frei auf allen Diagonalen. Und der arabische »Farzin«, der Berater des Königs, wandelt sich in die mächtigste Figur, die Dame, um. Diese vereinigt nun in sich die Beweglichkeit des Turms und des neuen Läufers. Die Folgen für Taktik und Strategie des Spiels sind gewaltig, das Schachspiel erobert von da an eine neue technische Dimension, was sein Überleben bis in unsere Tage bewirkt hat.
Es ist sehr wahrscheinlich so, daß diese belebende Verwandlung des Schachs auf der Iberischen Insel stattfand, weil das erste Werk über die neue Spielart das Buch des Spaniers Lucena, geschrieben um 1497, ist. In ihm werden Probleme der »alten« und

»neuen« Art zu spielen als zu dieser Zeit koexistierend vorgestellt. Die Gründe dieser Verwandlung könnten ein Spiegel der neuen Mentalität des modernen Menschen gewesen sein; dessen »Diagonalen« und »Linien« auf dem Brett der Welt wurden durch die neuen geographischen Entdeckungen erweitert und verlängert. (Dies die Theorie von Prof. Görschen, die er vor einigen Jahren im »Schach-Echo« darlegte.) Aber wenn das Schach immer ein Symbol des Kriegs gewesen ist, so könnte der Wechsel in der Gangart der Figuren meiner Meinung nach den Fortschritten in der Militärtechnik entsprechen; vornehmlich die fortschreitende Verbreitung der Feuerwaffen, die die Kunst des Tötens »fernsteuerten« und den Gesetzeskodex, welcher mit der mittelalterlichen Bewaffnung den Krieg mit einer Rittermoral verband, durchbrachen.

Auf jeden Fall bleibt das Schach auch in seiner neuen Form ein Symbol des Kriegs; nicht zu Unrecht wird behauptet, daß es seine größten Exponenten in den Ländern und Kulturen findet, die zu einem bestimmten Zeitpunkt als Führer der Menschheit auftreten. Wirklich bringt das Schach in seiner Geschichte seine größten Vertreter im kaiserlichen Spanien, im Italien der Renaissance und im Frankreich des 18. Jahrhunderts, hier mit Philidor, hervor.

Zu Beginn des 19. Jahrhunderts streiten sich England und Frankreich ebensosehr um die Vorherrschaft in der Welt wie im Schach. Dann ändern Marx, Freud und Einstein die Weltanschauung ähnlich, wie es Steinitz, Lasker oder die »Hypermodernen« beim Schach machen. Dieser symbolische Parallelismus gewann den Charakter einer kollektiven Offenbarung während des Wettkampfs des US-Amerikaners Bobby Fischer und des Russen Boris Spasski. Zum Schluß muß man sich heute, wo die Computer zu gleicher Zeit in die Welt schachlicher wie politischer und militärischer Entscheidungen einbrechen, fragen, ob der Schachspieler seiner persönlichen »Haltung« gegenüber Krieg und Schicksal, welche ihm als magisches Geschenk durch die geheimnisvollen hinduistischen Erfinder des Schachs gegeben wurde, treu bleiben kann.

Heinz Lehmann
Das Schachspiel in der Neuzeit

Die moderne Geschichte des Schachs setzt nach allgemein anerkannter Auffassung zu der Zeit ein, als die auch heute noch geltenden Spielregeln in Europa zumindest überwiegend akzeptiert wurden. Dies läßt sich für die Zeit vom Ende des 15. bis Anfang des 16. Jahrhunderts feststellen. Zu den früher geltenden Spielregeln kam folgendes hinzu: 1. die Möglichkeit, einen Bauern von der Ausgangsstellung ein oder zwei Felder zu ziehen und als Korrelat hierzu das »en passant«-Schlagen; 2. die Rochade; 3. die Umwandlung des Bauern, der die 8. bzw. 1. Reihe erreicht hat, in eine beliebige eigene Figur mit Ausnahme des Königs. Die jetzt geltende Gangart von Dame und Läufer war schon früher in Gebrauch gekommen. Die Änderung der Spielregeln machte das Spiel um vieles beweglicher und ermöglichte eine frühzeitige Kampfberührung von Weiß und Schwarz. Sicher hat die Verbreitung der Buchdruckerkunst viel zur Akzeptanz neuer einheitlicher Spielregeln beigetragen. Es spricht einiges dafür, daß in den neuen Regeln die Veränderungen einen spielerischen Ausdruck fanden, die das Kulturbewußtsein der damaligen Zeit insbesondere durch die Renaissance in Gestalt einer neuen Dynamik erfahren hatte; ein wissenschaftlich ausreichender Beweis läßt sich insoweit nicht erbringen.

Wenden wir uns nun den führenden Meistern zu, in deren schachlichen Leistungen das Spielniveau ihrer Zeit beispielhaft repräsentiert wird.

Der erste Meister der neuen Zeit, seinen Zeitgenossen im praktischen Spiel weit überlegen, war Gioacchino Greco, geboren um 1600 in Kalabrien, gestorben 1634 in Westindien. In der Schachgeschichte wird er häufig als der erste inoffizielle Weltmeister bezeichnet. Er stellte den Kulminationspunkt des Aufschwungs des von lebhaftem, kombinationsreichem Figurenspiel bestimmten italienischen Schachs dar, der etwa in der Zeit von 1570 bis 1640 liegt. Er hat eine von ihm in späteren Ausgaben mehrfach verbesserte Sammlung von 150 Schachpartien herausgebracht. Die Sammlung stellt kein Lehrbuch dar; das Schwergewicht liegt in der Wiedergabe von glänzenden Kombinationen mit zahlreichen Varianten. Mit Greco endete die Zeit, in der das Schach in den höheren gesellschaftlichen Schichten gefördert wurde. Die schachliche Betätigung ließ vor allem in Anbetracht der Auswirkungen des Dreißigjährigen Krieges nach.

Der nächste Meister, der den Schachstil seiner Zeit wesentlich geprägt und gestaltet hat, ist der Franzose François André Danican Philidor, geboren 1726 bei Paris, gestorben 1795 in London. Im Alter von nur 22 Jahren schrieb er ein Lehrbuch (»Analyse des Schachspiels«), das 1749 in London gedruckt wurde. Das Buch fand vor allem in Frankreich, England und Deutschland weite Verbreitung. Es enthielt 11 ausführlich kommentierte Partien und eine Analyse des Endspiels Turm und Läufer gegen den Turm. In der folgenden Ausgabe von 1777 waren zusätzliche Eröffnungsvarianten und eine Reihe hervorragender Analysen von Endspielen enthalten. Auch im praktischen Spiel war Philidor allen Spielern seiner Zeit überlegen; davon legen die wenigen erhaltenen Partien ein eindrucksvolles Zeugnis ab. Hervorzuheben ist sein bereits 1747 erzielter Erfolg in einem Wettkampf gegen den aus Aleppo (Syrien) stammenden Kombinationsmeister Philip Stamma (Lebensdaten nicht erhalten); Philidor gewann mit +8 =1 −1. Stamma war zwischen 1735 und 1745 als Kombinationsspieler in einem Londoner Schachcafé bekannt geworden; unter dem Titel »Stammas Schachgeheimnisse« hatte er 1737 (2. Auflage 1745) ein Buch mit 100 grundlegenden kombinatorisch bestimmten Schlußspielen veröffentlicht.

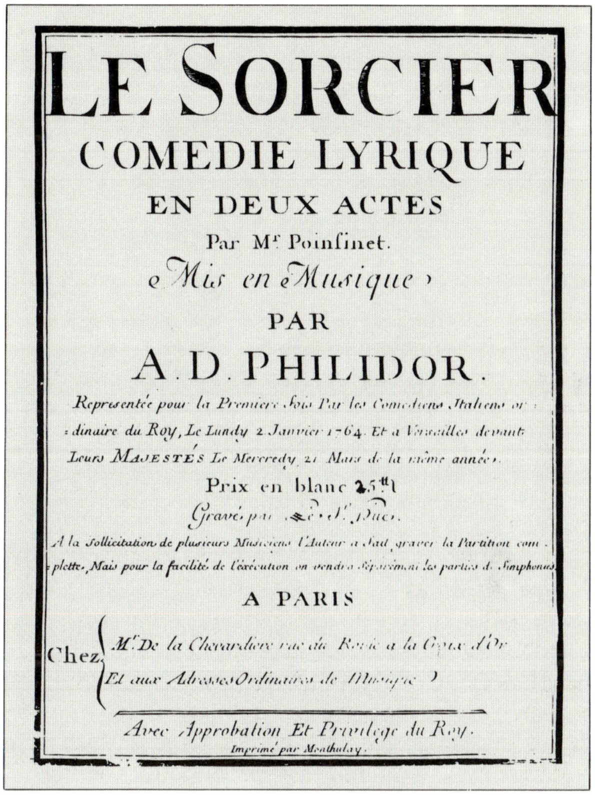

André François D. Philidor, (1726–1795), der berühmteste Schachspieler des 18. Jahrhunderts, war zugleich ein erfolgreicher Komponist. Titelblatt einer komischen Oper, uraufgeführt im Jahr 1764

Philidor war auch als Musiker und Komponist anerkannt. Seine Opern und sonstigen musikalischen Werke sind in Paris häufig aufgeführt worden. Im Schach sah Philidor gewissermaßen seinen zweiten Beruf. Seine Ansichten legten den Grundstein zu einer positionellen Auffassung des Schachspiels. Da er insbesondere die Bedeutung der schnellen Figurenentwicklung vernachlässigte und dem Kombinations- und Gambitspiel ablehnend gegenüberstand, rückten Kombinationswirbel und Gambitspiele bald wieder in den Vordergrund.

Der von allen Zeitgenossen als stärkster Spieler nach Philidor anerkannte Meister war wiederum ein Franzose, Louis Charles Mahé de Labourdonnais (1795–1840). Ursprünglich begütert, war er nach Verlust seines Vermögens auf die Einnahmen aus seiner Tätigkeit als Schachspieler angewiesen. Er war ein Schüler des einarmigen Generals Deschapelles (1788–1847), der ein Anhänger des Kombinationsspiels und ein ausgesprochener Theorieverächter war. Dabei ist zu bemerken, daß der Bestand an Erfahrungssätzen, der gemeinhin als »Theorie« bezeichnet wird, in der damaligen Schach-Epoche gering war. Das hatte vor allem zwei Gründe: einmal wurden nur wenige Partien führender Meister aufgezeichnet; außerdem wurden häufig in Anbetracht der unterschiedlichen Spielstärke der Partner Vorgabepartien gespielt, die zur Entwicklung einer allgemeinen Theorie nur wenig beitragen konnten. Labourdonnais strebte nach schneller Figurenentwicklung; auf positioneller Grundlage suchte er den Angriff gegen die feindliche Königsstellung.

Sein Einfalls- und Ideenreichtum und die Wucht seiner Angriffsführung können auch Spieler der heutigen Zeit beeindrucken. 1834/35 spielte er sechs Wettkämpfe in London gegen den stärksten Rivalen

Louis Charles Mahé de Labourdonnais (1795–1840)

seiner Zeit, den Engländer (Iren) Alexander McDonnell (1798–1835). Das Ergebnis (+45 −27 =13, nach anderen Quellen +44 −30 =14) weist eine klare Überlegenheit des französischen Meisters aus, der sich nicht wie sein Gegner auf Erprobtes beschränkte, sondern stets neue Wege suchte. Literarisch ist Labourdonnais nicht hervorgetreten.

Der nächste führende Meister war der Engländer Howard Staunton (1810–1874). In den Jahren 1843 bis 1851 war er als erste Schachgröße seiner Zeit anerkannt. Erst im Alter von 26 Jahren begann er sich gründlich mit Schach zu beschäftigen. Seine Untersuchungen und Analysen können auch heute noch als modern angesehen werden. Von Philidor ausgehend, betonte er die Notwendigkeit einer koordinierten Wirkung aller Steine und erkannte als erster die Kraft der Seitenentwicklung (Fianchettierung) der Läufer. Seine besondere Stärke zeigte sich in der Behandlung geschlossener Stellungen; auch in der – halboffenen – Sizilianischen Verteidigung hat er neue Wege gezeigt. Hierfür ein Beispiel: Während des Capablanca-Gedenkturniers 1974 wurde den Teilnehmern die achte Wettkampfpartie Stauntons gegen Williams, London 1851, ohne Angabe des Namens der Spieler – Eröffnung: Holländisch im Anzug – gezeigt. Die meisten Teilnehmer meinten, Barcza oder Larsen hätten die weißen Steine geführt, auf Staunton kam niemand! Über eine gleichartige Episode berichtet übrigens Vidmar, in den zwanziger Jahren einer der stärksten Großmeister. Danach hat der damalige Ex-Weltmeister Aljechin 1936 in Nottingham verschiedenen Zuschauern eine im modernen Positionsstil durchgeführte Partie vorgeführt. Die Namen der Spieler – Mason und Zukertort, London 1883 – haben die Zuschauer, auch Vidmar selbst, nicht erraten.

Staunton errang viele Siege in Wettkämpfen; er schlug unter anderen den französischen Vorkämpfer St. Amant 1843 in Paris mit +11 −6 = 4. Staunton ist schachliterarisch in großem Umfang tätig gewesen; er hat auch eine Schachzeitung gegründet. Überdies ist er auch als Shakespeare-Forscher in Erscheinung getreten. Stauntons Enthusiasmus ist im wesentlichen auch die Organisation des ersten internationalen Turniers 1851 in London zu verdanken (siehe den Beitrag »Das moderne Turnierspiel«). Staunton war mit seinem Platz in diesem Turnier sehr unzufrieden; in der Öffentlichkeit trat er danach so auf, daß er seinen Ruf schädigte. In Anbetracht seines schwankenden Gesundheitszustandes hatte er nach 1851 keine überragenden Erfolge mehr.

Als stärkster Spieler wurde nach seinem Sieg in London Adolf Anderssen bis 1858 und – nach Morphys Rückzug vom internationalen Schach 1859 – bis 1866 allgemein anerkannt. Anderssen siegte noch in zahlreichen deutschen Turnieren (Hamburg und Barmen 1869, Leipzig 1871 und 1876, Altona 1872) und in zwei internationalen Turnieren (London 1862, Baden 1870). Außerdem gewann er Wettkämpfe gegen Kolisch, Zukertort (einer der stärksten Meister, auf den noch zurückzukommen sein wird, geboren 1842, gestorben 1888), Hirschfeld und Suhle. Anderssens Spiel war geprägt durch eine Spielführung voller glänzender Kombinationen. Er verstand es, in offenen, aber auch in geschlossenen Stellungen Angriffsmotive zu finden und zum Ge-

Rechts: Einige der berühmtesten, in England ansässigen Schachspieler des 19. Jahrhunderts. Von links nach rechts: J. Löwenthal, J. A. de Rivière, M. Wyvill, E. Falkbeer, H. Staunton, Lyttelton und H. A. Kennedy

winn umzusetzen. Was Eröffnungen anlangt, stand er auf der Höhe seiner Zeit. Er spielte im Anzug schottisch und spanisch, Evans-, Kieseritzky- und Läufergambit, im Nachzug unter anderem sizilianisch und holländisch. Zum Kombinationsspiel setzte Anderssen in Partien gegen starke Meister gewöhnlich erst an, nachdem er einen Eröffnungsvorteil errungen hatte. Bei manchen Kombinationen hat sich nachweisen lassen, daß sie zu widerlegen waren; für ihn stand eben die Verwirklichung einer schönen Idee im Vordergrund. Zweckmäßigkeit und Korrektheit wurden weniger in Betracht gezogen. Von zwei Opferpartien Anderssens waren die Zeitgenossen so begeistert, daß sie ihnen den Namen »Die unsterbliche Partie« (Anderssen–Kieseritzky, freie Partie, gespielt 1851 in London bei Gelegenheit des internationalen Turniers) und »Die Immergrüne« (Anderssen–Dufresne, freie Partie, Berlin 1852) gaben.

Während Anderssen in Europa bis 1858 dominierte, wuchs in den USA ein jugendliches Schachgenie, Paul Charles Morphy (1837–1884), heran. Im Alter von zehn Jahren lernte er in seiner Heimatstadt New Orleans die Anfangsgründe des Spiels; als 12- bis 13jähriger konnte er bewährte Meister besiegen. 1857 gewann er auf dem ersten amerikanischen Schachkongreß in New York. 1858 kam Morphy nach Europa, wo er Wettkämpfe in London und Paris spielte, die er sämtlich gewann, 1858 in Paris gegen Anderssen mit dem Ergebnis +7 −2 =2. Zeitgenossen verstanden zum Teil nicht, worin Morphys Überlegenheit bestand – deshalb konnte er auch keine Schule begründen –, und hielten seinen Sieg über Anderssen für zufällig. Anderssen selbst erkannte das überlegene Spiel Morphys an.

Zur Kennzeichnung der Stärke Morphys sei eine Episode berichtet: 1923 fand im Haag ein Turnier mit sechs Teilnehmern statt, an dem unter anderen Dr. Tarrasch, Euwe und Oskam (beide noch ohne Doktortitel – der letztere ein starker holländischer Spieler) teilnahmen. Den Spielern wurden, abgesehen von der ersten Runde, vom Turnierkomitee ausgewählte Spielstellungen vorgelegt, so in der zweiten Runde eine Stellung aus der vierten Wettkampfpartie Anderssen–Morphy. Es zeigte sich, daß die von Morphy gewählte Fortsetzung die beste war. Morphy, der Schach als Beruf ablehnte, verließ die internationale Schacharena 1859. Sein Versuch, in seiner Heimatstadt als Anwalt zur Geltung zu kommen, schlug fehl. Geistig erkrankt, ist er im Alter von 47 Jahren gestorben.

Wie bereits erwähnt, galt nach Morphys Ausschei-

den aus dem internationalen Schach Anderssen wiederum zumindest in Europa als stärkster Spieler. Allerdings erwuchs ihm Konkurrenz in Gestalt von Louis Paulsen, Wilhelm Steinitz und Johannes Hermann Zukertort. Louis Paulsen (1833–1891) war einer der größten und vom heutigen Standpunkt modernsten Eröffnungsdenker; von ihm entwickelte Eröffnungsvarianten, insbesondere in der Sizilianischen Partie, sind noch heute Gegenstand schachlicher Auseinandersetzung. Schwache Gesundheit und Beanspruchung durch Bewirtschaftung eines Landgutes haben ihn daran gehindert, absolute Spitzenerfolge zu erringen. Mit Anderssen hat er drei Wettkämpfe gespielt, von denen der erste unentschieden (+3 −3 =2, London 1862) endete, der zweite und dritte 1876 und 1877 in Leipzig, also zu einer Zeit, in der Anderssen schwächer spielte, mit +5 −4 =1 und mit +5 −3 =1 von ihm (Paulsen) gewonnen wurden. Gegen Steinitz verlor Anderssen 1866 einen Wettkampf mit dem Ergebnis +6 −8. Gegen Zukertort gewann Anderssen 1868 einen Wettkampf in Berlin mit +8 −3 =1 und verlor 1871 in Berlin mit +2 −5.

Zukertort war ein feinsinniger und eleganter Kombinations- und Angriffsspieler und zugleich auch ein Analytiker ersten Ranges, was er durch eine große Anzahl von Beiträgen für Schachzeitschriften unter Beweis stellte. Er war häufiger Partner Anderssens in freien Partien. Nach 1870, dem letzten großen internationalen Erfolg Anderssens zu Baden-Baden, entwickelte sich eine Rivalität Zukertort-Steinitz vor allem wegen einiger glänzender Turniererfolge Zukertorts (1. Preis 1877 in Köln, 1878 in Paris, 1883 in London – hier mit 2 Punkten Vorsprung vor Steinitz). Über die Lebensumstände Zukertorts bis etwa 1868 lassen sich keine belegbaren Feststellungen treffen. Er behauptete, deutsch-polnischer Abstammung zu sein, Chemie in Heidelberg und Physiologie in Berlin studiert zu haben und in Breslau in Medizin promoviert worden zu sein. Die Zeitgenossen bewunderten sein glänzendes Gedächtnis; er konnte, wie gesagt wurde, jede von ihm gespielte Partie ohne Hilfsmittel vorführen.

Zum Abschluß des Kapitels ist auf Steinitz (geboren 1836 in Prag, gestorben 1900 in New York) einzugehen. Über ihn ist so viel und so ausführlich geschrieben worden, daß die folgenden kurzen Ausführungen in keiner Weise seiner Bedeutung gerecht werden, sondern nur einige Einblicke vermitteln können. (In den Kapiteln »Die Schachweltmeister« und »Schach in Deutschland« wird seine Laufbahn ausführlich gewürdigt.) Nach einem nicht abgeschlossenen Studium in Wien widmete sich Steinitz ab 1862 ganz dem Schach. Zuerst war auch er Kombinationsspieler wie viele der stärksten Spieler seiner Zeit; etwa ab 1872 ist er als der Begründer des modernen, wissenschaftlich ausgerichteten Positionsspiels anzusehen. Steinitz hatte überragende Erfolge in Turnieren und Wettkämpfen. Einen ungeteilten ersten Preis gewann er in drei Turnieren (1872 in London, 1873 in Wien, 1894 in New York). In 28 von 30 Wettkämpfen gegen die stärksten Meister blieb er siegreich. 1886 spielte er einen Wettkampf mit Zukertort in New York, St. Louis und New Orleans, der als Kampf um die Weltmeisterschaft, um den Titel eines »Champion of the World« angekündigt und von der Schachwelt so auch akzeptiert worden ist. Steinitz gewann mit +10 −5 =5 und konnte sich nunmehr als Weltmeister bezeichnen.

Der Einfluß der Lehren von Steinitz, der eine enorme praktische und theoretische Tätigkeit entfaltet hat, war zunächst mäßig, weil er von seinen Zeitgenossen zum Teil auch wegen seiner kantigen Persönlichkeit und seiner schachtheoretischen Kompromißlosigkeit und Hartnäckigkeit verkannt wurde. Die Lehren von Steinitz sind insbesondere von Dr. Tarrasch (1862–1934), der jahrzehntelang die überragende Persönlichkeit des deutschen Schachs war, und von Dr. Lasker (1868–1941), dem zweiten Weltmeister, weiterentwickelt worden; sie sind modifiziert auch heute aktuell.

Raymond Keene
Das moderne Turnierspiel

Das erste internationale Schachturnier zu veranstalten, war die Idee von Howard Staunton, der auf den zur damaligen Zeit erstaunlichen und originellen Gedanken gekommen ist, ein Turnier auszurichten, bei dem die besten Spieler Europas versammelt sein würden. Allein die Tatsache, daß Staunton dieses Vorhaben entwickelte, war für den einflußreichen London Club Grund genug, um sich diesem Gedanken zu widersetzen. Aber Staunton arbeitete daran mit großem Elan, und so gelang es ihm, mehr als fünfhundert Pfund aufzutreiben, um den Preisfonds zu finanzieren, eine für damalige Zeiten gewaltige Summe. Das Turnier fiel zeitlich mit der Weltausstellung 1851 in London zusammen, und es kam tatsächlich zustande. Im Mai 1851 trafen in der ersten Runde einer Serie von kleinen K.o.-Wettkämpfen 16 der führenden europäischen Spieler aufeinander. Dieses System hatte seine Nachteile, wie Staunton selbst bald feststellte. Da die Paarungen ausgelost wurden, war es durchaus möglich, daß einige der besten Spieler bereits in der ersten Runde ausscheiden mußten. Tatsächlich traf Anderssen in der ersten Runde auf Kieseritzky und besiegte ihn. Trotz der offensichtlichen Unzulänglichkeiten des angewandten Systems war es für alle erkennbar, als Anderssen Wyvill in der vierten und letzten Runde besiegte, daß dieses Turnier vom besten Spieler gewonnen wurde. Die acht Preisträger und ihr Punktestand waren: 1. Anderssen 15; 2. Wyvill 13; 3. Williams 12,5; 4. Staunton 11; 5. Szen 10,5; 6. Capt. Kennedy 10; 7 Horwitz 5 und 8. Mucklow 2.

Seit London 1851 haben die modernen Turniere eine lange Entwicklung hinter sich gebracht. Einige der von Spielern dabei entwickelten Techniken werden auf den folgenden Seiten beschrieben. Hier soll aber betont werden, daß der von dem Engländer Howard Staunton 1851 begonnene historische Weg das heute bekannte internationale Turnierleben hervorgebracht hat. Im großen und ganzen wurde Stauntons K.o.-System aufgegeben (eine Ausnahme sind die Kandidatenwettkämpfe bei der Weltmeisterschaftsqualifikation) und durch zwei Modelle ersetzt: Rundenturniere für bedeutsame Veranstaltungen mit Großmeistern und Internationalen Meistern bzw. Turnier nach Schweizer System, bei dem Hunderte von Spielern einige wenige Runden zusammen spielen können und wo international berühmte Spieler ohne Probleme mit enthusiastischen Amateuren am Schachbrett zusammentreffen können.

Drei Merkmale des modernen Turnierspiels

Schach, so wie es in modernen Turnieren gespielt wird, wird immer mehr durch die sportlichen Aspekte geprägt. Ich habe diese sportorientierten Schwerpunkte in drei Themen eingeteilt: die Schachuhr, Hängepartie-Analysen und Eröffnungstheorie.

Zeitbegrenzungen – die Schachuhr: Alle ernsthaften Schachpartien sind heutzutage Zeitbegrenzungen unterworfen, jeder Spieler muß z. B. 40 Züge in zweieinhalb Stunden ausführen. Wird die notwendige Zügezahl in der erlaubten Zeit nicht erreicht, führt das zum Verlust der Partie. Beschränkungen der Bedenkzeit wurden erstmals 1861 für den Wettkampf zwischen Anderssen und Kolisch eingeführt. Früher hatte die ungeregelte Bedenkzeit einen Mißbrauch verursacht, der mittlerweile umfassend korrigiert ist. So wird über Morphy berichtet, daß ihm durch das langsame Spiel von Paulsen fast die Tränen der Wut in die Augen traten. Stauntons Kritik an Williams liefert ein anderes berühmtes Beispiel: »Verbraucht Stunden für Züge, bei denen Minuten ausreichen könnten, und verläßt sich darauf, seine Gegner nicht auszumanövrieren, sondern totzusitzen.«

Ursprünglich wurden Sanduhren für die Messung der Bedenkheit benutzt. Pendeluhren wurden erstmals 1883 in London eingesetzt, und um 1900 entwickelte Veenhoff aus Groningen einen Zeitmesser, der unseren modernen Uhren sehr ähnlich war. Die neuzeitliche Schachuhr besteht aus zwei gewöhnlichen Uhrenmechanismen, die mit einer Querstange oder mit Drucktasten miteinander verbunden sind. Jedes Zifferblatt hat ein »Fähnchen«, das beim Erreichen einer vollen Stunde fällt. Während ein Spieler nachdenkt, läuft seine Uhr; nachdem er einen Zug ausgeführt hat, stoppt er mit einem Knopfdruck seine Uhr und setzt die seines Gegners damit automatisch in Bewegung. Traditionell werden eher Zugfolgen als einzelne Züge zeitlich festgelegt. Innerhalb einer Zugperiode kann ein Spieler seine Bedenkzeit einteilen, wie er es wünscht, möglicherweise 20 Minuten über einen Zug nachdenken und dann wieder nur zehn Sekunden über den nächsten. Verschiedene Zeitbegrenzungen werden bei Veranstaltungen der örtlichen Vereine angewandt, aber inzwischen sind 40 Züge in zweieinhalb Stunden der internationale Standard.

Auch die Uhr kann eine mächtige Waffe im praktischen Kampf werden. Einige Großmeister (Mecking ist ein gutes Beispiel, genauso wie in seinen früheren Tagen der US-Meister Walter Browne) verschärfen durch übertriebene, sichtbar demonstrierte Nervosität noch die durch Zeitnot gespannte Situation. Die Einbeziehung dieses physischen Elementes in eine scheinbar rein geistige Betätigung hat häufig den Effekt, den Gegner zu zermürben. Praktiken in dieser unorthodoxen Nervenschlacht sind z. B. regelmäßiges Starren auf die Uhr, Auf-dem-Stuhl-Herumhüpfen, Stöhnen und Sich-die-Haare-Raufen. Mecking hatte die Angewohnheit, seine Hand sehr fest auf dem Knopf der Uhr zu halten, um seinen Gegner daran zu hindern, selbst die Uhr zu drücken. Der rumänische Großmeister Florin Gheorghiu führt bei seiner oder des Gegners Zeitnot seltsame, aber schwungvolle Bewegungen mit seinen Figuren durch, indem er sie drohend in der Luft schwingt und sie dann mit einem fürchterlichen Krach auf das Brett setzt. Ich habe einmal gesehen, wie er einen Turmzug so kraftvoll ausführte, daß dieser Turm vom Brett an den Kopf des Gegners flog. Er ergänzt seine Vorstellung nach jedem Zug durch ein Schlagen auf den Knopf der Uhr, als ob er einen Holzhammer handhabt. Er hat sehr klar die bedeutende Rolle, die die Akustik im modernen Turnierschach spielt, registriert. Wenn man Lärm schaffen kann, der an die Explosionen von Feuerwerkskörpern erinnert, wird natürlich der Gedankenfluß des Gegners erheblich behindert. Das alles mag als Lappalie erscheinen, aber für viele erfolgreiche Großmeister der heutigen Zeit ist Schach nicht nur eine verfeinerte intellektuelle Beschäftigung, sondern Krieg. Es sollte aber hinzugefügt werden, daß die Mehrzahl der bekannten Spieler sich wie ein Gentleman am Brett benimmt, egal, wie aggressiv ihre Absichten sein mögen.

Analyse der Hängepartien: Als Staunton in dem Wettkampf 1843 in Paris St. Amant besiegte, war die Aufgabe der jeweiligen Sekundanten, mehr moralische als analytische Unterstützung zu geben. Nur wenige Unterbrechungen waren in diesem 21-Partien-Wettkampf erlaubt, und die Partien dauerten häufig sieben Stunden ohne Pause. In den modernen internationalen Turnieren und Wettkämpfen ist es anders: Unbeendete Partien werden nach fünf Stunden für einen Zeitraum zwischen zwei Stunden und drei Tagen abgebrochen, was ausreichend Raum für genaue Analysen der Hängepartien durch die Spieler und ihre Helfer gibt.

Eröffnungstheorie: Für modernes Turnierschach wird die erschöpfende Vorbereitung als ein wesentlicher Bestandteil des Kampfes angesehen. In vielen Ländern der Welt werden Schachmeister als Profisportler betrachtet und entsprechend bezahlt. Durch Hunderte von Turnieren auf nationaler und internationaler Ebene werden jährlich die Anforderungen an das Spiel (sowie der Anteil der zu erwerbenden Kenntnisse) ständig erhöht. Zusätzlich werden analytische Untersuchungen über wichtige Varianten regelmäßig in den verschiedenen Fachzeitschriften veröffentlicht. Dieser massive neuzeitliche Informationsfluß hat zu einer ausführlichen Untersuchung gewisser Eröffnungsvarianten geführt, auch um Waffen gegen bestimmte Eröffnungsbehandlungen einzelner Gegner zu entwickeln. Die Eröffnungskenntnis vieler derzeitiger Meister ist schon enorm, verglichen mit der der Meister des 19. Jahrhunderts. Es kann durchaus passieren, daß ein Spieler eine

Teilnehmerrunde beim Internationalen Schachturnier in Stockholm im Jahre 1906. Sieger bei diesem Turnier waren Karl Schlechter und Ossip Bernstein

Partie gewinnt, ohne die Pfade seiner eigenen Vorbereitungsanalyse oder der grundsätzlichen Idee einer bereits gespielten Partie zu verlassen.

Eröffnungen: Die große Zunahme von Verteidigungen, die ein Fianchetto des schwarzen Königsläufers beinhalten, hat zur Entwicklung außerordentlich kreativer Ideen geführt, die früher nicht möglich waren. Erst nach der »hypermodernen Revolution« der zweiten und dritten Dekade des 20. Jahrhunderts und den dynamischen sowjetischen Untersuchungen um 1930 bis 1940 wurde es strategisch zulässig, schwarze Verteidigungen anzuwenden, die das weiße Bauernzentrum mit aktivem Figurenspiel bekämpfen. Derartige Verteidigungen sind das *Königs-Indisch, Grünfeld-Indisch, Modernes Benoni, Benkö-Gambit, Sizilianischer Drachenaufbau, Pirc, Holländisch-Leningrader Variante* und einige Abspiele der *Aljechin-Verteidigung.* Da ja die klassische Positionstheorie (z. B. Äußerungen von Tarrasch, Rubinstein und Teichmann) solche *g6-Verteidigungen* mißbilligt hatten, waren Kombinationen in Verbindung mit dieser Art der Verteidigung im späten 19. oder dem frühen 20. Jahrhundert, mit wenigen Ausnahmen, einfach unvorstellbar.

Sizilianische Drachenverteidigung: Spielt Schwarz den Sizilianischen Drachen, möchte es den Vorteil seines eigenen Aufbaus hervorheben und tut nur wenig, um die Möglichkeiten seines Gegners zu unterdrücken. Derartige Situationen verursachen verständlicherweise heftige Opferangriffe und Gegenattacken. Die Schärfe dieser Verteidigungen (mit der verlockenden Aussicht auf einen schnellen Sieg) hat beim modernen Turnierschach sehr an Popularität gewonnen. In einer Partie kann es von Kombinationen wimmeln, die alle bereits vorher von den begeisterten Anhängern dieser Variante analysiert wurden. Wie tief und genau die Vorbereitungen sein können, zeigt folgendes Beispiel:

Plaskett-Watson, Brighton, 1983
1. e4 c5 2. Sf3 d6 3. d4 xcd4 4. Sxd4 Sf6 5. Sc3 g6 6. Le3 Lg7 7. f3 0-0 8. Dd2 Sc6 9. g4 Le6 10. 0-0-0 Sxd4 11. Lxd4 Da5 12. a3 Tfc8 13. h4 Tab8 14. h5 b5 15. h6 b4 16. hxg7 bxa3 17. Dh6 axb2+18. Kd2.

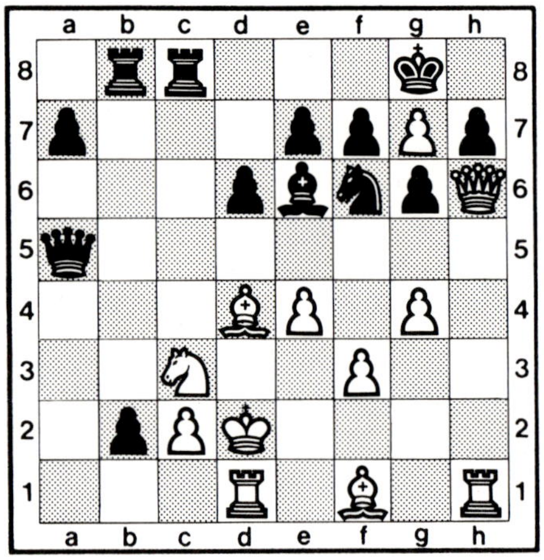

Ex-Weltmeister Tal hatte diese Züge ein Jahr früher bereits mit dem Hinweis veröffentlicht, daß Weiß gewinnt. Beide Spieler kannten natürlich Tals Einschätzung, so daß die tatsächliche Partie erst hier mit der Neuerung im 18. Zug beginnt. **18. ... Lxg4! 19. Lxf6 Lh5 20. Ld4 e5 21. Txh5 gxh5 22. Dg5 Db4 23. Ld3 Dxd4 24. Sd5 Df2+ 25. Le2 Txc2+ 26. Kxc2 Dxe2+ 27. Kc3 Dxf3+ 28. Kc4 Db3 0-1.**
Im Gegensatz dazu scheint es mir, daß bestimmte Eröffnungssysteme, wie z. B. das *Morra-Gambit* (**1. e4 c5 2. d4 cxd4 3. c3**) oder das *Blackmar-Diemer-Gambit* (**1. d4 d5 2. e4**), aufgrund mangelnder Phantasie erdacht wurden. Für einen fragwürdigen Angriff erhält man attraktive, aber stereotype Kombinationen, die die Notwendigkeit für wahrlich tiefes und kreatives Nachdenken ausschalten. Obwohl diese Partien natürlich ihren Platz bei freien oder Blitzpartien haben, erscheint mir ihr Auftauchen bei ernsthaften Turnieren als unsicherer und gekünstelter Versuch, den kombinatorischen Ruhm früherer Zeiten wiederherzustellen. Diese Spielhaltung bedeutet den Verzicht darauf, die in den wahrhaft modernen und anspruchsvollen Eröffnungssystemen verborgenen reichen Erze auszugraben. Diese scharfe Kritik trifft natürlich nicht auf die unverfälschten Eröffnungen des 19. Jahrhunderts zu, z. B. *Königsgambit*, die eine echte positionelle Basis haben.

Strategie und Taktik des Mittelspiels

Bent Larsen bemerkte einmal, daß »es im modernen Schach kein Matt gibt«. Natürlich sollte seine Behauptung nicht wörtlich genommen werden. Er meint jedoch, daß Partien auf Meisterebene bei dem jetzigen Standard der Verteidigungstechnik nicht schnell oder nach der Eröffnungsphase durch einen Überraschungsangriff zum Matt entschieden werden sollten. Die modernen Großmeister sind zu gut vorbereitet, um das im 19. Jahrhundert übliche Schicksal zu erleiden. Auf der höchsten Stufe des modernen Schachs führt ein Angriff häufig nur dazu, einen positionellen Vorteil zu erzielen, den die Technik des Meisters dann ausnutzen kann, selten nur wird dieser Angriff mit dem Ziel des Matt-Setzens geführt. Eine kurze »Schönheitspartie« sollte nur möglich sein, wenn eine Seite einen wirklich kläglichen Zug ausführt. Im modernen Spitzenschach hat jeder vorsätzliche Versuch, »romantisch« in der Art früherer Zeiten zu spielen, beste Chancen, in die Katastrophe zu führen. Die erfolgreichsten Praktiker der heutigen Schachkunst sind vernünftige Realisten, die zielstrebig auf Gewinn spielen, wobei Schönheit oder eine Weiterentwicklung der »Schachweisheit« Nebenprodukte dieses Ziels sind. Es sollte hervorgehoben werden, daß diese Nebenprodukte nicht das alleinige Vorrecht irgendeines Spielers oder irgendeines Spiels sind. »Die Schönheit eines Zugs besteht in den damit verbundenen Gedanken« ist ein uraltes Schachklischee, doch wie oft vergessen Autoren dies aus Bequemlichkeit, wenn sie von irgendeinem glänzenden Opfer geblendet werden? Ein kurzes Remis kann mehr Schönheit und Gedankentiefe enthalten als viele Läuferopfer, dennoch ist es wahrscheinlicher, daß ein Läuferopfer auf h7 vielmehr Beachtung findet als der »negative« Erfolg einer tiefgründigen Verteidigungsidee, die zu einem frühen Ausgleich führt. Ich hoffe, daß der Leser nicht den falschen Eindruck durch meine vorherigen Bemerkungen gewonnen hat, daß ich Opfersiege als barbarisch oder monoton abtun möchte. Vielmehr will ich darlegen, was zu Recht als Brillanz betrachtet wird, und die irrtümliche Vorstellung be-

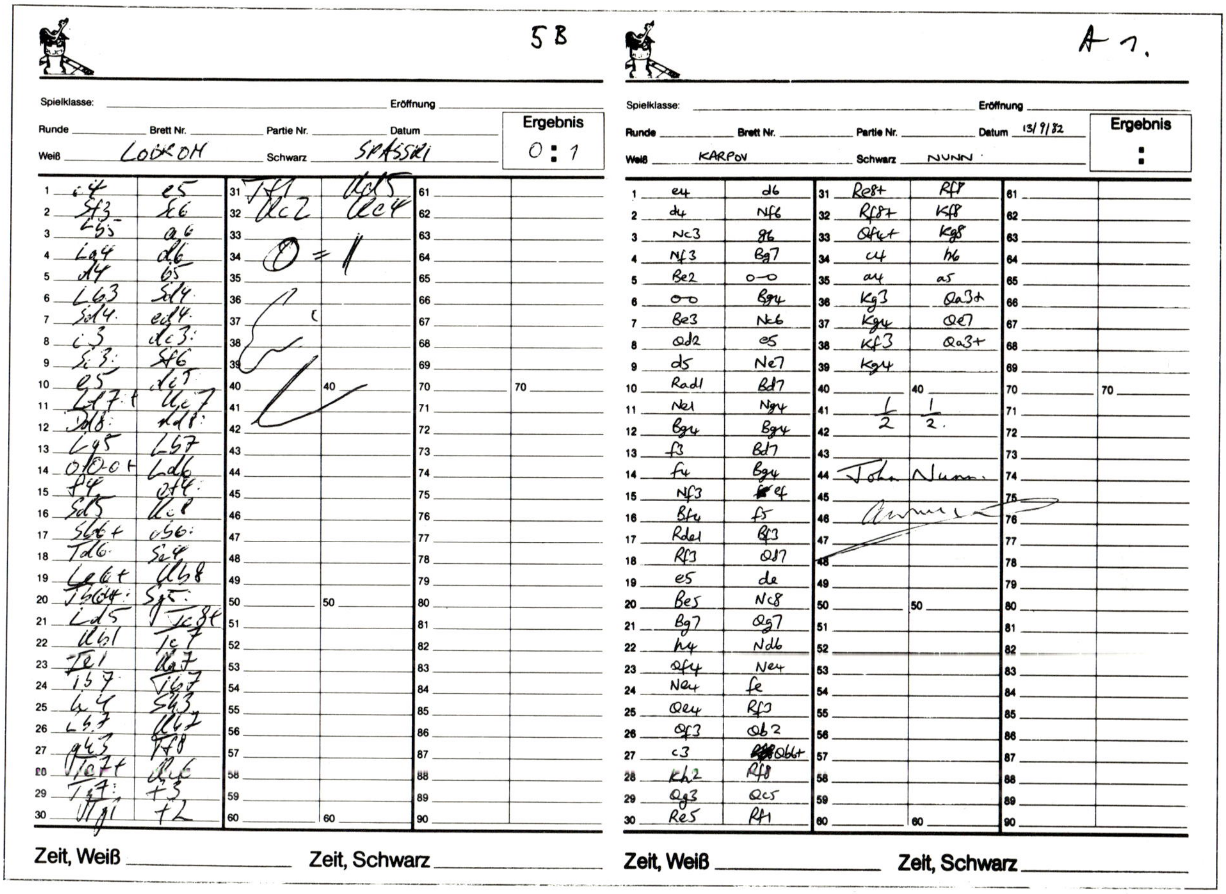

Zwei Partieformulare vom TV-Worldcup 1982 in Hamburg verdeutlichen Phasen eines Turnierspiels

kämpfen, daß die großen Meister der Gegenwart das Ideal des Siegens aufgegeben haben für die dürftigeren Wunschbilder, romantisch oder um der Kunst willen zu spielen. Dennoch gibt es immer wieder Fälle – selbst unter den herrschenden Bedingungen des modernen Turnierschachs –, in denen Meisterspieler folgerichtig für die »Schönheit« oder um neue Ideen zu testen gespielt haben, fast ohne Rücksicht auf die Resultate. In diesem Zusammenhang fallen einem Spieler wie Marshall und Spielmann ein und aus neuerer Zeit Mikenas, Basman, Velimirovic, Planinc und manchmal Tal.

Die Kombination

Wenn wir versuchen wollen, das Durcheinander, das sich in der Bedeutung des allgemeinen Schachbegriffes »Kombination« verbirgt, zu entwirren, sind Definitionen der Lexika so gut wie nutzlos. Möglicherweise hätte ein ausschließlich der Schachterminologie gewidmetes Wörterbuch einen größeren Wert, aber ich könnte mir vorstellen, daß auch dann noch ein großes Maß an Konfusion vorherrschen würde. Nach meinen Erfahrungen bedeutet die »Kombination« unterschiedliche Dinge für verschiedene Personen. Natürlich ist eine Kombination ein Zusammenwirken von Steinen hin auf ein bestimmtes Ziel, doch welche Zielsetzungen sind folgerichtig? Muß die Kombination ein Opfer enthalten, muß sie klar und fehlerfrei sein oder ein eindeutiges Resultat haben – kann die Eigenschaft der »Folgerichtigkeit« wirklich festgestellt werden –, bezieht sich eine Kombination nur auf Operationen, die am Brett ersonnen wurden (oder auch beim Fern-

schach)...? Dies sind Probleme, die beim Versuch auftauchen, diesen schwer erfaßbaren Begriff festzulegen.
Meiner Meinung nach ist die Kombination ein Begriff, der nur intuitiv verstanden werden kann, da irgendeine genauere Definition große Leistungen der schachlichen Erfindungskraft ausschließen würde, die kaum unter einen anderen Oberbegriff subsumiert werden können.
Botwinnik bemerkte einmal, daß Schach die Kunst ist, die die Logik vervollständigt, so wie die Musik die Kunst ist, die die Akustik vervollständigt, und die Malerei die Kunst, die die Optik vervollständigt. Tatsächlich wurde die klassische Definition einer »Kombination« durch Botwinnik 1939 in der Zeitschrift »Schach in der UdSSR« zur Debatte gestellt. 1949 erschien die englische Übersetzung als Anhang zu seinen »100 ausgewählten Partien«. Botwinnik verfolgte die Absicht, die Definition von Romanovsky aus seinem Buch »Das Mittelspiel« zu vervollkommnen, die er unzulänglich fand und die besagte: »Eine Kombination ist eine Zugfolge (oder eine Gruppe von Zugfolgen), in deren Verlauf beide Spieler erzwungene Züge machen und die mit einem objektiven Vorteil für die aktive Seite endet.«
Botwinnik mißbilligte dies und schrieb, daß Romanovskys Worte eher zu »Manöver« als zu »Kombination« passen, da sie das Element des Opfers nicht beachteten, welches er als *sine qua non* für eine Kombination ansah. Botwinniks letzte verbesserte Formulierung beinhaltete Romanowskis Grundsätze, fügte aber eine wichtige neue Dimension hinzu: »Eine Kombination ist eine forcierte Zugfolge (etc.) mit einem Opfer – korrekten Opfer natürlich.« Mit dem »korrekten Opfer« ist selbstverständlich eine vorteilhafte Abwicklung gemeint, d. h., die Kombination verändert die schlechtere Stellung in eine mit gleichen oder besseren Chancen, eine ausgeglichene oder eine mit gleichen oder besseren Chancen in eine klar bessere oder gewonnene Stellung. Botwinniks Definition scheint einfach und eindeutig, aber es ist dennoch möglich, selbst diese Ansicht zu bestreiten und dies auf mehreren Gebieten.
In »Fields of Force« (»New Yorker« 1972) schrieb Dr. George Steiner: »Solche Schlüsselbegriffe wie ›Vorteil‹ und ›korrektes Opfer‹ sind zu unbestimmt, zu subjektiv und historisch fließend, um exakt definiert und formalisiert werden zu können.«
Wenn diese Behauptung korrekt ist, was ich glaube, wird selbst Botwinniks klare und knappe Definition fragwürdig. Was im 19. Jahrhundert noch als korrektes Opfer betrachtet werden konnte, wird womöglich (bei der Verbesserung der Verteidigungstechnik) im 20. Jahrhundert als inkorrekt angesehen. Was heute als bedeutender positioneller Vorteil betrachtet wird, hatte vielleicht vor 100 Jahren noch keine Bedeutung. So kann man sich das auch weiter für die Zukunft vorstellen. Wir wollen uns ein unkompliziertes Beispiel ansehen, um die Komplexität der gesamten Frage zu demonstrieren: Zu diesem Zweck nehmen wir an, daß ein Großmeister eine brillante Partie gewonnen hat, die eine Opferkombination beinhaltete, und daß er diese Partie mit seinen Kommentaren veröffentlicht hat, die die Korrektheit seines fantastischen Spiels bewiesen haben, und daß dies als eine seiner besten Partien 20 Jahre lang akzeptiert wurde (oder zehn oder fünf Jahre). Dann kommt ein Amateur, der die Partien dieses Meisters studiert und rein zufällig eine verborgene Widerlegung der Kombination entdeckt, die es dem Gegner ermöglicht hätte, remis zu halten oder sogar zu gewinnen. Solche Dinge passierten und werden mehr oder weniger immer wieder vorkommen. Hört diese »Kombination« damit auf zu existieren? Ist es jetzt aufgrund der neuen Entdekkung nicht mehr eine Kombination, obwohl es eine oder zwei Dekaden lang so verstanden wurde?
Zum Schluß möchte ich Rétis Worte über die »Technik der Schachkombinationen« aus seinem bekannten Werk »Die Meister des Schachbretts« zitieren: »Man hat vielfach die Vorstellung, daß das Kombinieren im Schach sich nicht erlernen lasse, vielmehr einzig und allein Sache des Talents, der beiden Faktoren: Berechnung und Phantasie, sei. Jeder erfahrene Spieler weiß aber, daß diese weitverbreitete Anschauung irrig ist und daß man die große Mehrzahl der Kombinationen, ja beinahe alle, macht, indem man sich an bekannte Elemente erinnert, wie z. B. die berühmten Läuferopfer auf f7 oder h7, mit denen kein fortgeschrittener Spieler viel Bedenkzeit verlieren wird. Daß die Kombinationskraft durch Studium gefördert werden kann, ist eigentlich auch selbstverständlich, wenn man ihre beiden Komponenten einzeln betrachtet. Niemand wird zweifeln, daß die trockene Fähigkeit der Vorausberechnung geübt werden kann, und was die

Phantasie anbetrifft, die der Kombination die nötigen Einfälle, Überraschungen liefert, ist es ja psychologisch festgestellt, daß sie nichts völlig Neues liefern kann, sondern sich begnügen muß, bekannte Elemente zu verknüpfen und daher durch größere Kenntnisse solcher Elemente gefördert werden kann.«

Beispiele für Wiedererkennungskombinationen: Um meine vorherigen Bemerkungen über Kombinationen zu ergänzen, möchte ich zwei berühmte Kombinationen des modernen Turnierschachs anführen, die beide charakteristische Merkmale besitzen, die auch jeweils erkannt werden, doch der Eindruck, den sie hervorrufen, ist noch immer brillant:

Opfer auf h7
Polugajevski–Tal, UdSSR-Meisterschaft 1969

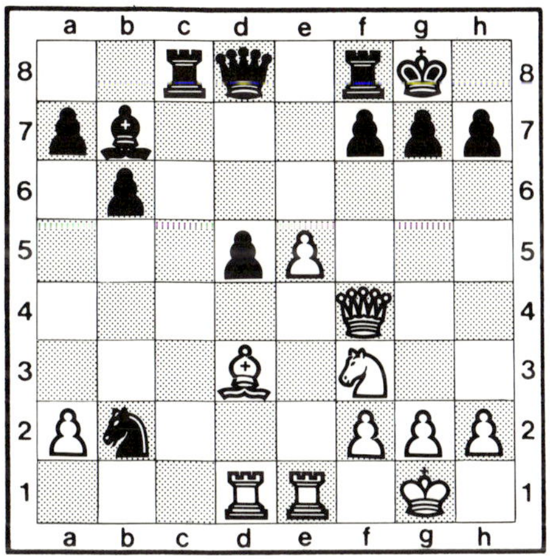

19. Lxh7+! Ein altes Opfer im neuen Gewand. Mit korrekter Verteidigung kann Schwarz das Matt verhindern und ein Endspiel mit anscheinend gleichem Material erreichen. **19. ... Kxh7 20. Sg5+ Kg6** Falls 20. ... Kg8? 21. Dh4 Te8 22. e6 mit Gewinn für Weiß. **21. h4 Tc4 22. h5+ Kh6 23. Sxf7+ Kh7 24. Df5+ Kg8 25. e6 Df6! 26. Dxf6 gxf6 27. Td2** Gewinnt die Figur zurück, da Txb2 und Sd6 drohen. **27. ... Tc6 28. Txb2 Te8 29. Sh6+ Kh7 30. Sf5 Tcxe6 31. Txe6 Txe6 32. Tc2 Tc6 33. Te2.** Das Ergebnis dieser Kombination scheint zu einem fast ausgeglichenen Endspiel geführt zu haben, aber die ungünstige Stellung des schwarzen Königs und die Aktivität des weißen Turms führen zum klaren Nachteil für Schwarz. **33. ... Lc8 34. Te7+ Kh8 35. Sh4 f5 36. Sg6+ Kg8 37. Txa7 1-0.**

Opfer auf f7
Petrosjan–Kortschnoi, Curaçao 1962 (Kandidatenwettkampf)

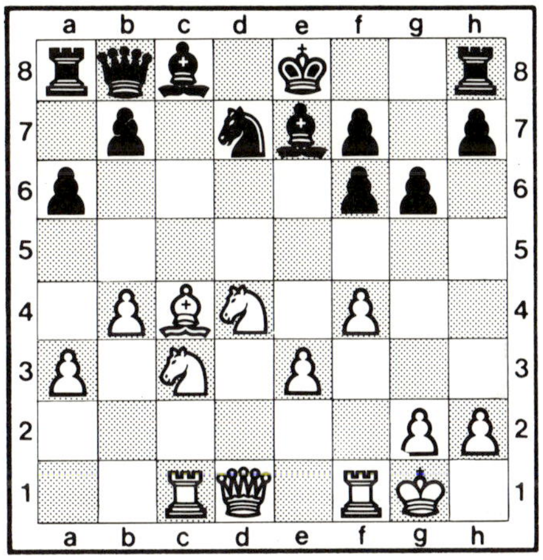

Petrosjan schließt ab mit: **15. Lxf7+! Kxf7 16. Db3+ Ke8 17. Sd5 Ld6 18. Se6 b5 19. Sdc7+ Ke7 20. Sd4 Kf8 21. Sxa8 1-0.**

Literatur der Endspiele

Nur wenige praktische Endspiele wurden in arabischen Handschriften des 12. und 13. Jahrhunderts überliefert. Es hätte auch wenig Zweck gehabt, daß Schachspieler zu jener Zeit eine umfassende Theorie in Angriff genommen hätten, da die Bauernumwandlung (das zentrale Thema der meisten heutigen Endspiele) nicht von derartiger Bedeutung bei dem alten Spiel war. Bekundungen aus dem 15. und 16. Jahrhundert sind nicht sehr umfassend, aber es hat den Anschein, daß sogar in dieser frühen Periode die Grundsätze der Opposition und einige wenige Endspiele bekannt waren. Der Fortschritt war langsam. 1634 analysierte Salvio eine Schlüsselposition für Turmendspiele; 1766 stellte Cozio 127 Endspielstellungen zusammen, zumeist einfache Studien. Dieses Werk ist jedoch keineswegs ein praktisches Handbuch. Die Publikation eines Buches von Lolli

im Jahre 1763 markiert vermutlich den Beginn eines Abschnitts praktischer Untersuchungen. Er gibt auf den 315 Seiten seines Buches Endspielbeispiele, die er aus vielen Quellen ausgesucht hat und worin er bewundernswert unvoreingenommen Philidors Endspielanalysen lobt – ihre Meinungsverschiedenheiten über die Eröffnungstheorie war offenkundig. Mit der Einführung von Schachzeitschriften und einer Flut von Schachbüchern, die in der ersten Hälfte des 19. Jahrhunderts begann, haben viele Analysierende die Aufgabe in Angriff genommen, endgültige Antworten auf spezielle Arten von Endspielen zu finden, ein Trend, der sich bis in die heutige Zeit fortsetzte.
Drei Bücher sind erwähnenswert: »Chess Studies« von Kling and Horwitz, 1851, eine Sammlung von 210 Stellungen, zumeist belehrend, mit einigen selbständigen Untersuchungen, wobei der Mangel an Text den praktischen Wert dieses Buches erheblich begrenzt. »Fins de Partie des Échecs« von Durand und Préti 1871 und »Teoria e practica del guioco degli scacchi« von Salvioli, 1877, diese beiden Bücher enthalten ausführliche Abschnitte, die sich mit dem praktischen Endspiel beschäftigen. Die Veröffentlichung von Bergers Abhandlung von 1891 bringt uns zur Neuzeit.

Neuzeitliche Literatur

Das erste umfassende Buch der Neuzeit, das völlig dem praktischen Endspiel gewidmet war, ist »Theorie und Praxis der Endspiele« von J. Berger, 1891 erschienen, 1922 überarbeitet und 1933 ergänzt. Dies war lange Zeit das Standardwerk, würde aber heute nicht mehr als ausreichend für den praktischen Gebrauch angesehen werden. »Basic chess Endings« von R. Fine aus dem Jahre 1941 ist der Versuch, in einem Band das gesamte vorhandene Endspielwissen enzyklopädisch zu sammeln. Das Buch trägt einen falschen Titel; die Analysen der einfachen Endspiele sind veraltet, aber die großmeisterliche Beurteilung vieler schwieriger Endspiele bleibt gültig. Das Buch ist brauchbar geschrieben und trotz seiner Unzulänglichkeiten noch immer ein gutes Buch zum Lernen. »Lehr- und Handbuch der Endspiele« von A. Chéron, eine dreibändige deutsche Übersetzung aus dem französischen Original (1952), hat mehr als eine Ausgabe seit 1956 erlebt;

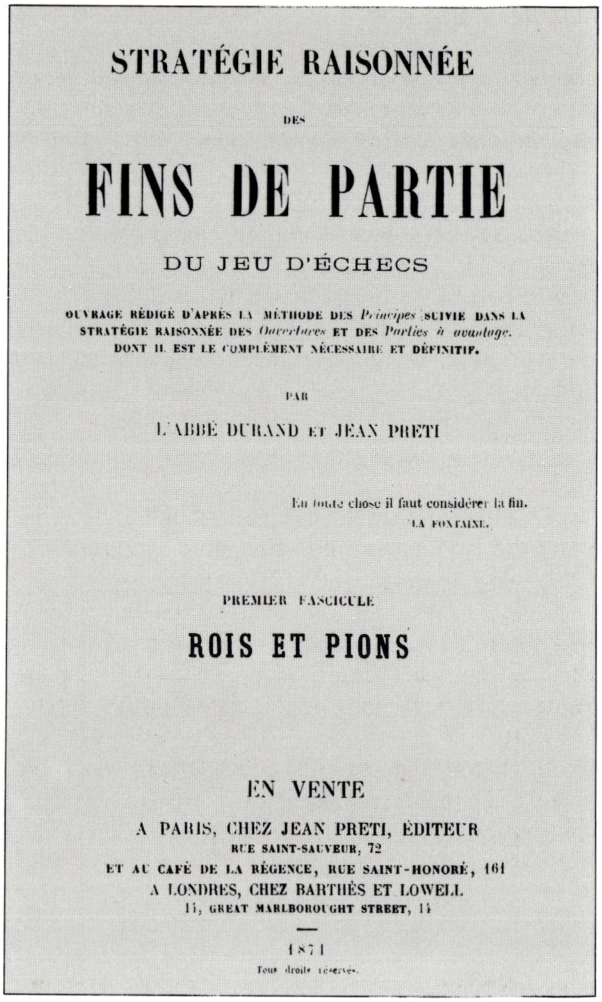
STRATÉGIE RAISONNÉE

DES

FINS DE PARTIE

DU JEU D'ÉCHECS

OUVRAGE RÉDIGÉ D'APRÈS LA MÉTHODE DES *Principes* SUIVIE DANS LA STRATÉGIE RAISONNÉE DES *Ouvertures* ET DES *Parties à avantage*, DONT IL EST LE COMPLÉMENT NÉCESSAIRE ET DÉFINITIF.

PAR

L'ABBÉ DURAND ET JEAN PRETI

En toute chose il faut considérer la fin.
LA FONTAINE.

PREMIER FASCICULE

ROIS ET PIONS

EN VENTE

A PARIS, CHEZ JEAN PRETI, ÉDITEUR
RUE SAINT-SAUVEUR, 72
ET AU CAFÉ DE LA RÉGENCE, RUE SAINT-HONORÉ, 161
A LONDRES, CHEZ BARTHÈS ET LOWELL
14, GREAT MARLBOROUGHT STREET, 14

1871

Tous droits réservés.

Titelblatt des Buches von Durand und Préti (1871) über die Praxis des Endspiels

eine Ergänzung wurde 1970 veröffentlicht. Die Bände enthalten umfassende Analysen der Endspiele und viele Endspielstudien. Dieses Buch ist das Hauptwerk seiner Art, insbesondere für Enthusiasten. »Lehrbuch der Endspiele« von Y. Awerbach ist eine vierbändige deutsche Übersetzung aus dem russischen Original (1956), 1972 gekürzt und in zwei Bänden erneut publiziert. Dabei handelt es sich um ein genaues und umfassendes Werk, das sich mit den grundlegenden Endspielen und mit Endspielen mit mehreren Bauern befaßt. Es wird als Standardwerk für den praktischen Gebrauch angesehen. »Rock

Endings« von Smyslow und Löwenfisch (1971) ist eine englische Übersetzung aus dem Russischen. Die deutsche Übersetzung (»Turmendspiele«) ist vergriffen, ein sehr instruktives Buch, das sich aber nur mit einer Art der Endspiele befaßt. »A Pocket Guide to Chess Endgames« von D. Hooper (1970) beabsichtigt, den gegenwärtigen Stand der grundlegenden Endspieltheorie darzustellen. Es ist ein praktisches Buch – das einzige, das keine Studien enthält – und kann für die systematische Darstellung der wesentlichen Endspiele empfohlen werden. Die bedeutendsten Untersuchungen der praktischen Endspiele in den letzten Jahren kommen von zwei englischen Großmeistern, Jon Speelman und Dr. John Nunn. Der Erstgenannte ist ein bedeutender Verfasser von Endspielstudien, und 1981 und 1982 veröffentlichte er zwei einflußreiche Werke: »Analysing the Endgame« und »Endgame Preparation«. Nunns wichtigstes Buch ist »Tactical Chess Endings« von 1982.

Als einen Hinweis darauf, wie die modernen Schachspieler die feinen Nuancen der Endspiele ausnutzen, möchte ich das folgende Beispiel geben. Petrosjan hat sich auf diese Partei gründlich vorbereitet, erreichte in seinen vorbereitenden Analysen nach 13 Zügen eine Stellung mit getauschten Damen und beurteilte seine Gewinnchancen als exzellent.

Petrosjan–Botwinnik, 5. Partie, Weltmeisterschaft 1963, Moskau

1. c4 g6 2. d4 Sf6 3. Sc3 d5 4. Sf3 Lg7 5. e3 0-0 6. Le2 dxc4 7. Lxc4 c5 8. d5 e6 9. dxe6 Dxd1+ 10. Kxd1 Lxe6 11. Lxe6 fxe6 12. Ke2 Sc6 13. Td1 Tad8 14. Txd8 Txd8 15. Sg5 Te8 16. Sge4 Sxe4 17. Sxe4 b6 18. Tb1 Sb4 19. Ld2 Sd5 20. a4 Tc8 21. b3 Lf8 22. Tc1 Le7 23. b4 c4 24. b5 Kf7 25. Lc3 La3 26. Tc2 Sxc3+ 27. Txc3 Lb4 28. Tc2 Ke7 29. Sd2 c3 30. Se4 La5 31. Kd3 Td8+ 32. Kc4 Td1 33. Sxc3 Th1 34. Se4 Txh2 35. Kd4 Kd7 36. g3 Lb4 37. Ke5 Th5+ 38. Kf6 Le7+ 39. Kg7 e5 40. Tc6 Th1 41. Kf7 Ta1 42. Te6 Ld8 43. Td6+ Kc8 44. Ke8 Lc7 45. Tc6 Td1 46. Sg5 Td8+ 47. Kf7 Td7+ 48. Kg8 1-0.

Vom Nutzen der Schachliteratur

Mein eigenes ursprüngliches Interesse am Schach (meine ernsthaften Absichten begannen im Alter von 11 Jahren, obwohl ich schon fünf Jahre vorher etwas über die Zugmöglichkeiten wußte) wurde entscheidend durch das Studium mehrerer exzellenter Werke über Schach geweckt. Ich zweifle, daß ich viele Fortschritte über die Grenze eines enthusiastischen Amateurs hinaus gemacht hätte, existierten diese Bücher nicht. Mir scheint im Hinblick auf derartige Erfahrungen, die sicherlich unzählig vervielfältigt werden können, daß es eigentlich die Pflicht der führenden Spieler ist, etwas zu Papier zu bringen, nicht nur ihre eigenen besten Partien, sondern ebenfalls ihre Ideen zu den besten Partien der anderen, sei es in Zeitschriften, Kolumnen oder Schachbüchern. Ohne diesen ständigen Ansporn, das Würdigen der Erfolge der Vergangenheit und das Aufzeichnen jener der Gegenwart, würden die jungen Spieler, die gerne mehr über die Geheimnisse ihres bevorzugten Zeitvertreibs erfahren wollen, nichts vorfinden als ein intellektuelles Gewirr, wo Spielraum für ein üppiges und grünes Paradies sein sollte. Die Zusammenstellung einer maßgeblichen Liste der einflußreichsten Schachbücher ist ein umstrittenes Unterfangen. Trotzdem gehe ich das Risiko ein, kurz die Werke anzuführen, die einen großen didaktischen Wert besitzen: »300 Schachpartien« von Tarrasch, »Mein System« von Nimzowitsch, »Meine besten Partien 1908–1923« und »Auf dem Wege zur Weltmeisterschaft 1923–1927« von Aljechin, »Meine 60 denkwürdigen Partien« von Fischer. Von großer Bedeutung für den aktiven Schachspieler sind folgende Eröffnungswerke: »Schachinformator«, Bände 1-36, Belgrad 1966–84 (werden weiterhin zweimal jährlich herausgegeben), »Shakhmatny Bulletin« (UdSSR, monatlich), »Batsford Chess Openings«, London 1982 (1 Band, alle Eröffnungen, von Kasparow und – unbescheiden – Keene).

Raymond Keene
Die Spielstile

Ruy Lopez, ein spanischer Priester aus dem 16. Jahrhundert, war der führende spanische Spieler seines Zeitalters. Seine Schachfähigkeiten machten ihn international berühmt, er war ein Günstling am Hofe von Philipp II. 1560 besuchte Lopez in einer Kirchenangelegenheit Rom und besiegte dort ohne Schwierigkeiten die stärksten italienischen Spieler, aller Wahrscheinlichkeit nach einschließlich des jungen Leonardo da Cutri. Er machte außerdem das Buch von Damiano ausfindig, das ihm mißfiel, und er beschloß, es zu verbessern. Das Ergebnis war das »Libro de la invencion liberal y arte juego del Axedrez«, das Lopez bald nach seiner Rückkehr nach Spanien im Jahr 1561 veröffentlichte. 1574/75 besuchten die beiden besten italienischen Spieler Leonardo da Cutri und Paolo Boi Madrid. Wettkämpfe mit Lopez wurden unter der Schirmherrschaft von Philipp II. arrangiert. Ungeachtet der Berühmtheit von Ruy Lopez, die durch die Verbindung seines Namens mit der Eröffnung **1. e4 e5 2. Sf3 Sc6 3. Lb5** fortbestand, war sein spielerisches Niveau nicht beeindruckend, zumindest nach modernen Gesichtspunkten beurteilt. Bewertet man den Spielstil seiner Zeit, könnte man sagen, daß das Niveau generell niedrig war; die Spieler machten ihren Zug und hofften auf das Beste. Es waren Ausflüge mit den Figuren, mehr oder weniger durchsetzt durch unerwartete Episoden, wie Materialgewinn oder Schachbieten; besonders das Schachbieten übte eine ziemliche Faszination auf unerfahrene Spieler aus. Systematisches Spiel existierte nicht; was passierte, blieb weitestgehend dem Zufall überlassen. Die Periode von Ruy Lopez zu Philidor, dem ersten modernen Spieler, wird teilweise durch Greco überbrückt, der um 1600 geboren wurde und bis 1634 aktiv war. Grecos Partien und Analysen waren noch immer simpel, wiesen aber eine treibende Kraft auf, gewöhnlich mit Versuchen matt zu setzen, während das Opfer noch nach Materialgewinnen strebt.

Die Spielstile 1700–1795

François André Danican Philidor (7. September 1726–25. August 1795) beherrschte seine Zeitgenossen, denen er tatsächlich begegnete, sowohl am Brett als auch im Reich der Schachideen. Bent Larsen hat ihn provokativ als einen der größten Spieler der Schachgeschichte bezeichnet (so wie Bobby Fischer es über Staunton tat), während Dr. Euwe schrieb: »Mit der Erläuterung seiner Grundsätze in seinem Buch ›L'Analyse des Échecs‹ legte Philidor den Grundstein des modernen Schachs. Er führte das Schachspiel aus den engen Grenzen Euklidscher Beobachtung heraus in den grenzenlosen Bereich Cartesianischen Denkens.«

Dies tat er, indem er die Aufmerksamkeit auf die wesentliche Rolle der Bauern im Schach lenkte. In den Augen dieses erleuchteten Franzosen waren sie weit entfernt davon, bloß Kanonenfutter für die Offiziere (Figuren) zu sein, sondern die tatsächliche Seele oder der Geist des Spiels. So wie es Nimzowitsch fast zwei Jahrhunderte später ausdrückte: »Letzten Endes ist der Positionskampf doch nichts anderes als ein Kampf zwischen Beweglichkeit (der Bauernmasse) einerseits und Hemmungstendenzen andererseits« – und diese Wahrheit verstand Philidor sehr gut.

Trotz Philidors unbestrittenem Einfluß auf seine Zeitgenossen tauchen Schwierigkeiten auf, wenn wir sein kombinatorisches Talent veranschaulichen wollen. Erstens überlebten nur etwa 60 seiner Partien, einige unvollständig, Blind- oder Simultanpartien, viele mit Vorgabe, und alle gegen Ende seines

Paul Charles Morphy (1837–1884)

Lebens unter Vereinsbedingungen gespielt und formlos aufgezeichnet. Diese Periode ist der Beginn der protokollierten und damit echten Partien, im Gegensatz zu dubiosen und vermutlich erfundenen Vorbildern. Ergänzend zu diesem generellen Problem existiert ein spezieller Nachteil des »nicht-kombinatorischen« Wesens von Philidors System. In seinen Partien fehlen durchaus nicht die thematischen Kombinationen, es gibt jedoch keine entsprechenden Kombinationen, bei denen Figuren Bauernketten aufbrechen, um einen Fluß dynamischer Energie freizusetzen, wodurch Eröffnungen wie die Moderne Verteidigung und *Königsindisch* spielbar sind. Philidor ignoriert solche Möglichkeiten, weil er an die Bauernkette als die hauptsächliche Angriffswaffe glaubt. Eine sich wiederholende kombinatorische Thematik finden wir in seinen Partien dennoch. Das ist das Figuren- oder Qualitätsopfer, um eine Bauernkette zu schaffen. Selbst bei Vorgabepartien zeigt Philidor eine Tendenz, sich mehr auf Einsicht als auf genaues Rechnen, mehr auf Phantasie und Tiefgründigkeit als auf Korrektheit zu verlassen. In Würdigung seiner Partien sollte man auch an die »Kaffeehaus«-Bedingungen, Spieltempo etc. denken. Philidors Gegner waren natürlich zu 99 Prozent Amateure.

Die Spielstile 1800–1850

Eine allgemeine Betrachtung über den vorherrschenden Schachstil von 1800 bis 1850 wurde überzeugend durch den Ex-Weltmeister, den inzwischen verstorbenen Dr. Max Euwe, in seinem Buch »Die Entwicklung der Schachstile«, angestellt: »Material, und besonders Bauern, zählen wenig. Vorzugsweise wurden Gambits gespielt, andere Eröffnungen wurden ähnlich behandelt. Passives Spiel, Verteidigung, Ablehnung von Opfern, die Aufmerksamkeit derartigen ›erbärmlichen‹ Zielen zu widmen wie der Errichtung einer Bauernphalanx – all diese Ideen lagen weit außerhalb der Mentalität des Schachspielers der ersten Hälfte des 19. Jahrhunderts. Er war von der Schönheit der Kombination gefesselt...«
Nach meiner Meinung ist diese Auffassung zwar weitgehend korrekt, aber doch nicht ganz zutreffend. Sie unterschätzt den Beitrag zum Gedankengut und zur Praxis des Schachs durch die englische Schule der frühen vierziger und fünfziger Jahre des 19. Jahrhunderts, zu der solche Meister wie Staunton, Williams, Wywill und Buckle gehören. Alle waren im wesentlichen positionelle Spieler, die auf der Grundlage von Philidors Theorie der Beweglichkeit der Bauern die größtmögliche Wirkung der Figuren entwickelten. Wenn Staunton eine Kombination begann, war daran nichts Spekulatives oder Romantisches. Sein Opfer – Modus operandi – wurde durch die analytisch kalkulierbare Gegenleistung geprägt.

Morphy
Wenn man irgendeine der verschiedenen, fast vollständigen Sammlungen von Morphys Partien studiert, fällt einem etwas ziemlich Seltsames auf: das relative Fehlen von Partien mit wirklich brillanten Kombinationen. Natürlich kennt jeder sein sagenhaftes Damenopfer gegen Paulsen oder seinen köstlichen Sieg gegen das Aristokraten-Duo Brunswick

Paul Morphy spielt acht Partien blind und simultan im Café de la Régence in Paris. Abbildung in HARPER'S WEEKLY *im November 1858. Er gewann sechs Partien*

und Isouard (siehe S. 123), aber was kann ansonsten von ihm mit der großen Zahl von brillanten Partien von Anderssen oder Steinitz verglichen werden? Mir scheint im Gegenteil, daß Morphys Schachverständnis seinen Zeitgenossen so weit voraus war, daß es meist nur erforderlich war, seine vernichtende kombinatorische Waffe selbst unter unbedeutenden einfachen Umständen zu ziehen – bei seinen klar besseren Stellungen haben seine Gegner sich für das Aufgeben noch entschuldigt –, um der Demütigung auf dem Opferaltar zu entgehen. Die Leichtigkeit, mit der Morphy seine vernichtenden Stellungen aufbaute, und seine Fähigkeit, den kombinatorischen Todesstoß zu versetzen, müssen den Schachenthusiasten damals als fast übermenschliche Leistung erschienen sein. Als PR-Maßnahme hätte Morphys sechste Partie im Endkampf mit Louis Paulsen 1857 in New York kaum besser sein können. In seinem ersten ernsthaften Turnier gewann Morphy nicht nur den ersten Preis, sondern besiegte seinen stärksten Rivalen, einen etablierten europäischen Meister, mit +5 =2 −1, darunter das folgende brillante Damenopfer. Eine derartige Partie unter solchen Umständen zu spielen wäre sicherlich ausreichend gewesen, die Schachzunft jener Tage davon zu überzeugen, daß Morphys Gegner dazu bestimmt waren, durch seine betäubenden Kombinationen vernichtet zu werden. Lasker hat dagegen Morphys Erfolge aus einer größeren Distanz und unter einem objektiven Standpunkt gesehen, indem er den Erfolg auf die wissenschaftliche Anwendung logischer Prinzipien und seine Siege auf die fortschreitende Entwicklung seiner Kräfte, die seine Gegner mit vereinigter Wirkung trafen, zurückführte. Das kombinatorische Element stammte aus seiner überlegenen Darstellung der Schachstrategie; es war keine ungezähmte übernatürliche Macht, die jedesmal dann, wenn Morphys Hand nach einer Figur griff, in ungezügelte Flammen ausbrach.

L. Paulsen–Morphy, New York 1857

1. e4 e5 2. Sf3 Sc6 3. Sc3 Sf6 4. Lb5 Lc5... Flüssige Entwicklung, völlig im Stile Morphys, aber... Lb4 ist zuverlässiger. **5. 0-0 0-0 6. Sxe5...** Führt zu einem Abtausch durch den »Gabel-Trick«, z. B. 6. ... Sxe5 7. d4, und Weiß steht besser. **6. ... Te8!? 7. Sxc6.** Nicht schlecht, da die Bauernstruktur von Schwarz zerstört wird, doch die schärfste Fortsetzung wäre 7. Sf3 Sxe4 8. d4 Sxc3 9. bxc3 mit einer aktiven Stellung und Entwicklungsvorsprung als Kompensation für den Doppelbauern. **7. ... dxc6 8. Lc4 b5.** Natürlich nicht 8. ... Sxe4? 9. Sxe4 Txe4 10. Lxf7+ Kxf7 11. Df3+ **9. Le2 Sxe4 10. Sxe4 Txe4 11. Lf3.** Besser ist 11. c3. **11. ... Te6 12. c3.** Jetzt ist dies inkorrekt, da Schwarz d3 besetzen kann, ein ganz wichtiges Feld. **12. ... Dd3!** Für den modernen Schachspieler ist es fast zur Gewohnheit geworden, dieses Schlüsselfeld zu besetzen, wodurch zugleich die weiße Entwicklung gehemmt wird, aber für Paulsen muß dieser Zug etwas wie eine Offenbarung gewesen sein. Weiß hat weiterhin Chancen auf einen erfolgreichen Widerstand, selbst nach diesem »Körpertreffer«, ein Beweis für die verborgenen Möglichkeiten auf dem Schachbrett. **13. b4 Lb6 14. a4 bxa4 15. Dxa4.** Das Gegenspiel entwickelt sich, aber Paulsen führt es in einer fehlerhaften Weise aus, da er das kombinatorische Potential der schwarzen Stellung unterschätzt. **15. ... Ld7 16. Ta2?** 16. Da6! hätte das Gleichgewicht der Stellung aufrechterhalten. **16. ... Tae8 17. Da6.** Zu spät!

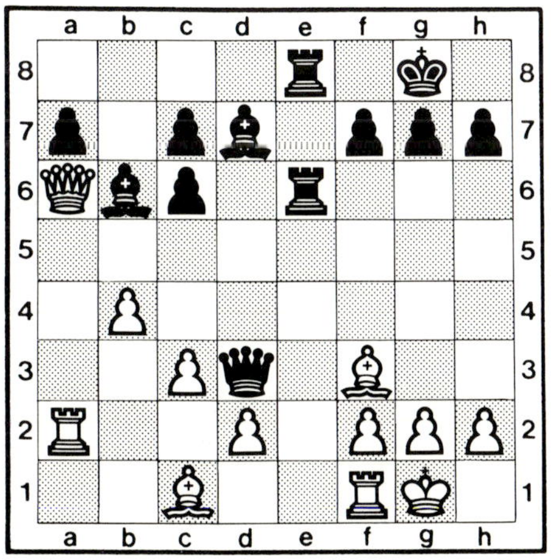

Ich bezweifle, daß Paulsen oder sonst jemand beim Turnier die leiseste Ahnung von der vernichtenden Antwort hatte, die von Morphy geplant war. **17. ... Dxf3!!** Der »Millionen-Dollar-PR-Zug«, der Morphys Image wie eine Rakete um die Welt und in die Köpfe künftiger Generationen schoß. **18. gxf3 Tg6+ 19. Kh1 Lh3.** Der kombinatorische Prozeß entsteht ziemlich zwangsläufig durch die bessere, wirkungsvollere und massierte Entwicklung. **20. Td1** oder 20. Tg1 Lg2+ 21. Txg2 Te1+ nebst Matt. **20. ... Lg2+ 21. Kg1 Lxf3 22. Kf1 Lg2+.** Schneller ist 22. ... Tg2! 23. Dd3 Txf2+ 24. Kg1 Tg2+ 25. K beliebig Tg1 Matt (Steinitz). **23. Kg1 Lh3+** 23. ... Le4+ führt nach 24. Kf1 Lf5 25. De2 Lh3+ 26. Ke1 Tg1 schneller zum Matt (Maroczy). **24. Kh1 Lxf2 25. Df1 Lxf1 26. Txf1 Te2 27. Ta1 Th6 28. d4 Le3.** Weiß gibt auf. Aus vielen Gründen ist es keine ausgezeichnete Partie, weder vor noch nach dem Opfer, aber Morphys phantastische Schöpfung im 17. Zug versöhnt mit allem.

Trotz seines glorreichen Triumphes gab Morphy plötzlich und unerklärlich das Schachspielen auf. Seine Liebe für das Schach hatte sich geändert, stufenweise, in einen grundsätzlichen Umschwung. Morphy hat keine Lehren, nur Partien hinterlassen, »stille, funkelnde Erzeugnisse seiner Fähigkeiten« (Euwe).

Nach Morphys totalem Rückzug vom Schach übernahm der große deutsche Spieler Adolf Anderssen die führende Stelle in der Schachszene der Welt. Doch Anderssen repräsentierte keine große Richtung des Schachdenkens oder der Strategie, es war mehr ein glorreicher Rückfall in den allgemein vorherrschenden Geist der Romantik aus der Zeit vor Morphys Auftreten. Es blieb Steinitz vorbehalten (siehe das Kapitel über die Weltmeister), die erste Schachschule zu gründen. Steinitz demonstrierte durch seine Partien und Artikel, wie eine Stellung systematisch und wissenschaftlich etappenweise aufgebaut wird – mit anderen Worten eine Theorie des Positionsspiels. Was Steinitz lehrte, gehört zum allgemeinen Wissen aller heutigen starken Spieler, doch zu seiner Zeit war seine Theorie der Anhäufung von Vorteilen eine Offenbarung. Steinitz stellte heraus, daß ein Ansammeln kleiner Vorteile, wie z. B. das Läuferpaar, höhere Beweglichkeit, das Zentrum, starke Felder, bessere Bauernstruktur, unvermeidlich zum Sieg führen. Doch es existiert ein seltsamer Widerspruch bei Steinitz, bei all seiner sichtbaren Logik und bei seiner Art der theoretischen Betrachtungsweise sind seine eigenen Partien von verrückten Einfällen durchsetzt, so z. B.: **1. e4 e5 2. Sf3 Sc6 3. Lb5 f6!?** Es war ein anderer großer Deutscher, Dr. Siegbert Tarrasch, der die Steinitzschen Botschaften von ihrer Überspanntheit säuberte und die reine klassische Schule des Positionsspiels gründete (siehe das Kapitel »Die Ungekrönten«). Durch seine Lehre und sein Spiel beeinflußte Tarrasch praktisch alle folgenden Generationen deutscher Großmeister, aber auch internationale Persönlichkeiten wie Rubinstein, Schlechter, Euwe, sogar Capablanca. Dennoch war die Auffassung von Tarrasch vielleicht zu streng. Beim Bemühen, die dunklen Seiten der Steinitzschen Denkweise zu beseitigen, ging er zu unnachgiebig vor, entwarf er eine zu enge Zwangsjacke für ein solch bewegliches Kampfspiel wie Schach. Tarraschs Ansichten wurden durch die Hypermodernen in Frage gestellt – Breyer, Réti, Nimzowitsch. Der letztgenannte war der Größte von diesen und vielleicht die Persönlichkeit, die den stärksten Einfluß auf das moderne Schach ausgeübt hat. Entsprechend widme ich im folgenden diesem inspirierenden, schöpferischen Schachdenker und Pädagogen eine umfassendere Betrachtung.

Nimzowitsch

Aron Nimzowitsch leistete einen entscheidenden Beitrag im Bereich der Theorie der Schacheröffnungen, und es ist undenkbar, jemanden zu finden, der einen vergleichbaren Einfluß auf die Eröffnungstheorie ausgeübt hat. Unabhängig von seinem berühmtesten Geistesprodukt, der *Nimzo-Indischen Verteidigung*, mit der er 1914 in St. Petersburg die internationale Praxis bereicherte, führte er auch in der *Französischen Verteidigung* die Variante **3. Sc3 Lb4,** jetzt als *Nimzowitsch-Variante* bekannt, ein. Zusätzlich hat er wichtige Untersuchungen über die *Philidor-Verteidigung*, den Zug 3. e5 in der *Französischen Verteidigung,* die *Englische Eröffnung* und die *Damen-Indische Verteidigung* durchgeführt. In der letztgenannten Eröffnung erfand Nimzowitsch den Zug La6, der jetzt die Hauptvariante nach **1. d4 Sf6 2. c4 e6 3. Sf3 b6 4. g3** und nun **La6!** ist (Grünfeld–Nimzowitsch, Breslau 1925). Er war auch der erste, der nach **1. d4 Sf6 2. c4 e6 3. Sf3 b6** den Zug **4. a3** (Nimzowitsch–Gygli, Bern 1931), spielte, der jetzt die neueste Mode darstellt. Er ist auch verantwortlich für die Erfindung eines gesamten Verteidigungssystems, nämlich **1. e4 Sc6,** für die *Nimzowitsch-Variante* in der *Sizilianischen Verteidigung* (**1. e4 c5 2. Sf3 Sf6**), und er war der erste große Meister, der mit Weiß den Eröffnungszug **1. b3** spielte.

1929 schrieb Nimzowitsch: »Das Turnierbuch von Nürnberg 1906 erschien mit Kommentaren von Tarrasch. Ich gab das Buch einem Buchbinder mit der Bitte, ein weißes Blatt Papier zwischen den Textseiten einzufügen. Dann begann ich, einige Partien zu analysieren, überwiegend die von Salwe, Duras und Forgacs sowie auch Tschigorins Schwarz-Partien. Die dabei erzielten Ergebnisse habe ich sofort auf den eingefügten Seiten niedergeschrieben. Jedesmal habe ich die eine oder andere Seite ›gespielt‹, entweder mit Weiß oder mit Schwarz. Zuerst versuchte ich, den besten Zug zu finden, danach habe ich den tatsächlich gespielten Zug nachgesehen. Auf diese Art dauerte die Partie mindestens 6 Stunden... Aber ich hatte Freude daran, die Irrigkeit und ziemlich oft die allgemeine Oberflächlichkeit von Tarraschs Ansichten und Kommentaren zu beweisen. Daraus habe ich sehr viel gelernt. Das Endergebnis meiner eifrigen Bemühungen war:

1. Ich hatte einen genauen Verteidigungsplan gegen **1. d4** ausgearbeitet.
2. Ich hatte die Kunst erworben, eine ruhige und abwartende Partie zu spielen.
3. Ein weiterer wichtiger Erfolg war die Tatsache, daß ich wegen der genauen Untersuchung bestimmter Partien begonnen hatte, die Strategie blockierter Stellungen zu verstehen; besonders beherrschte ich die Grundsätze der Bauernkette und bis zu einem gewissen Grade die der Zentralisierung.«

Das sich aus Nimzowitschs Untersuchungen ergebende Resultat war seine Broschüre »Die Blockade«. Unter zwei Aspekten ist sie wichtig: erstens als Vorläufer von »Mein System«, ein Buch, das so manchem Spieler späterer Jahre den Weg zeigte, so Petrosjan, Smyslow, Karpow und nun auch Nigel Short..., zweitens als eine Beschreibung der Philosophie des neuen Schachs, die man bereits in den Partien von Tschigorin, Steinitz, Tarrasch (obwohl Nimzowitsch das nicht anerkannt hätte) und anderer großer Meister erkennen konnte, die aber niemals klaren literarischen Ausdruck fand: nämlich eine alternative Einführung zu dem Problem, wie der

Mein System

Ein Lehrbuch des Schachspiels
auf ganz neuartiger Grundlage

von

A. Nimzowitsch

Berlin 1925
SCHACHVERLAG BERNHARD KAGAN :: BERLIN W 8
BEHREN-STRASSE 24

Entscheidende Beiträge zur Theorie der Schacheröffnungen leistete Aaron Nimzowitsch

Zusammenbruch der gegnerischen Stellung verursacht werden kann.

Die traditionelle Methode des 19. Jahrhunderts bestand im direkten Angriff oder im Materialgewinn durch den Erwerb positioneller Pluspunkte wie offene Linien, Läuferpaar etc. Nimzowitsch war es, der das zum Ausdruck gebracht hat, was die führenden Meister seit einiger Zeit bereits kannten, nämlich, daß ebenfalls die Möglichkeit besteht, seinen Gegner durch bloße Einschnürung zu vernichten, durch eine Blockade, die der gegnerischen Stellung nach und nach jede Lebenskraft entzieht, bis sie – wie aus eigenem Entschluß – innerlich zusammenbricht. Vielleicht – obwohl das eine mehr psychologische Spekulation ist – hat Nimzowitschs Schachvorstellung die Metapher der »Blockade« in den Erfahrungen des Ersten Weltkriegs ausfindig gemacht. In den militärischen Auseinandersetzungen war die vorrangigste Methode der Kriegführung zu Land der Schützengrabenkampf mit Blockade und Abnutzung als hauptsächlichen Instrumentarien, um taktische und strategische Ziele zu erreichen. Außerdem hatten die Städte Zentraleuropas unter einer Seeblockade zu leiden, wodurch lebenswichtige Nahrungsmittel knapp wurden und was dann zu einem inneren Zusammenbruch, z. B. der deutsch-österreichischen Kriegsanstrengungen, führte. Nicht zufällig spiegeln künstlerische Ausdrücke oft die Lebensempfindungen der jeweiligen Zeit wider. Es wäre also nicht übertrieben zu behaupten, daß Nimzowitschs Werke über Schach und sein Spiel etwa das Niveau der »künstlerischen Ausdrucksweise« erreicht haben. Es geht aus seinen Partien klar hervor, daß er eine Vorliebe für geschlossene Stellungen hatte, wo er bis zum äußersten die Blockademöglichkeiten seiner Figuren ausnutzen konnte. Tatsächlich war einer seiner Erfolge – besonders mit der *Nimzo-Indischen Verteidigung* und mit dem Zug **3. ... Lb4** im Französischen –, ein Eröffnungsrepertoire zu entwickeln, das logisch und erfolgreich zu Blockadestellungen der Anfangszüge führt.

Die nachfolgende Partie ist vielleicht Nimzowitschs bedeutsamste, sie erscheint fast wie ein Produkt der Phantasie. Dennoch wurde sie 1923 in einem internationalen Turnier in Kopenhagen gespielt. Nimzowitsch konzentriert sich hier darauf, die Möglichkeiten des Gegners auf ein Mindestmaß zu reduzieren. Es ist die sogenannte unsterbliche Zugzwangpartie, doch ich würde sie lieber als ein Beispiel der totalen Lähmung des Widerstands, des äußersten Ausdrucks einer Blockade, bei der der Aktionsradius des Gegners so weit gegen Null reduziert wird, daß gerade noch ein Patt verhindert werden kann, sehen.

Sämisch–Nimzowitsch, Kopenhagen 1923
1. d4 Sf6 2. c4 e6 3. Sf3 b6 4. g3 Lb7 5. Lg2 Le7 6. Sc3 0-0 7. 0-0 d5 8. Se5 c6 9. cxd5 cxd5 10. Lf4 a6 11. Tc1 b5 12. Db3 Sc6 13. Sxc6 Lxc6 14. h3 Dd7 15. Kh2 Sh5 16. Ld2 f5 17. Dd1 b4 18. Sb1 Lb5 19. Tg1 Ld6 20. e4 fxe4 21. Dxh5 Txf2 22. Dg5 Taf8 23. Kh1 T8f5 24. De3 Ld3 25. Te1 h6 0-1. Wie zum Schluß zu sehen ist, bleiben Weiß keine Züge mehr, die nicht sofort zum Untergang führen. Ein bemerkenswertes Ende.

Die sowjetische Schachschule

Ohne Zweifel nahm in den ersten 30 Jahren des 20. Jahrhunderts die Spielstärke der Schachspieler der UdSSR derart zu, daß sie seit Mitte der vierziger Jahre bis 1970 die absolute Vorherrschaft im Weltschach besaßen. Die sogenannte »sowjetische Schule« (Kotow und Judowitsch) kombinierte die lebendige Dynamik ihres Ex-Sohnes Aljechin mit der Hingabe ihres Altmeisters und Führers Botwinnik. Besonders Botwinnik zeigte den Weg zu einer eigenen Arbeitstechnik, wie Hängepartien analysiert werden, für Eröffnungsvorbereitung und für das Gleichgewicht zwischen individueller und kollektiver Arbeitsweise und genauer Analysen von Schlüsselpartien. Doch auch die geheimnisvolle Stärke der Sowjets war keineswegs Folge einer unbegreiflichen geistigen Überlegenheit, sondern wurde mithervorgerufen durch die Unterstützung durch mächtige Hilfsmittel des Staates, der dringend Erfolge im Schach benötigte, um die selbst proklamierten intellektuellen und kreativen Qualitäten zu bekräftigen. Jahrzehntelang wurde diese Art der Unterstützung den westlichen Spielern und Konkurrenten in ihren Ländern nicht gewährt, dagegen hat in den letzten Jahren die Übernahme sowjetischer Methoden zusammen mit einer finanziellen Unterstützung kommerzieller Sponsoren es auch den westlichen Meistern ermöglicht, die Sowjets einzuholen und sie herauszufordern.

Eklektizismus

Der derzeitige Zustand der Schachkunst, ob innerhalb oder außerhalb der UdSSR, wird charakterisiert durch die Zurückweisung des Dogmatismus, durch völlige Offenheit und Austausch von Informationen und Ideen und durch den Glauben, daß das, was »geht«, auch gespielt werden sollte. »Ratschläge« und Ideen wurden aus vielen verschiedenen Quellen gefiltert, sogar von ideologischen Gegnern (Steinitz, Tschigorin, Tarrasch, Nimzowitsch). 1980 in Skara hat Tony Miles mit Schwarz gegen den Weltmeister mit der schockierenden Verteidigung **1. e4 a6!?** gewonnen. Was könnte »freidenkender« oder vorurteilsloser sein als dieses?

Heinz Lehmann
Schach in der UdSSR

Vorweg ist kurz auf das Schach in Rußland einzugehen. In den Grenzen des Russischen Reiches war das Schachspiel etwa seit dem 16. Jahrhundert bekannt und beliebt. Auf welche Weise es nach Rußland gekommen ist, läßt sich mit letzter Sicherheit nicht sagen; heutzutage gilt als höchst wahrscheinlich, daß das Schachspiel den Weg über Asien nach Rußland gefunden hat.

Im folgenden sollen einige Persönlichkeiten vorgestellt werden, die an der Schaffung der ideellen Voraussetzungen mitbeiteiligt waren, die zu den Erfolgen des sowjetischen Schachs geführt haben.

An erster Stelle sei erwähnt der Petersburger Iwan Butrimow (1782–1851), der Verfasser des ersten Schachlehrbuchs in russischer Sprache. Schach hielt er für ähnlich nützlich wie das Studium der Mathematik, weil dadurch die Urteilsfähigkeit gestärkt würde.

Der erste russische Meister war Alexander Petrow (1794–1867), von Beruf ein hoher Staatsbeamter. Von seinem 15. Lebensjahr an war er etwa 50 Jahre lang der stärkste Spieler Rußlands. Leider sind nur wenige von ihm gespielte Partien erhalten. Besonderen Einfluß hatte sein Lehrbuch, das 1824 erschien. In ihm setzt sich Petrow mit den Lehren Philidors auseinander, die er für zu dogmatisch hielt. Petrow war nicht der Auffassung, daß Weiß infolge des Anzugs bereits einen schwerwiegenden Vorteil habe; er teilte auch Philidors Abneigung gegen Gambiteröffnungen nicht. Er glaubte an die Möglichkeit einer aktiven Verteidigung. Insgesamt hielt er Schach für ein hervorragendes Mittel zur Charakter- und Willensbildung. Petrow ist auch als Problemkomponist und Verfasser von Erzählungen zum Thema Schach hervorgetreten.

Nach Petrow ist Karl Jänisch (1813–1872), im Hauptberuf Mechanikprofessor, zu nennen. Die erste schachliche Arbeit Jänischs erschien 1837. 1842/1843 kam sein großes Werk »Neue Analyse der Schacheröffnungen« heraus. Jänisch entwickelte die Ideen Petrows weiter und stellte viele neue Eröffnungssysteme zur Diskussion, vor allem auch in den halboffenen Spielen.

Analysen Jänischs wurden in allen Schachzeitungen veröffentlicht. Jänisch hat auch versucht, Schach mit mathematischen Methoden zu untersuchen. Im praktischen Spiel hat er die Waffen überwiegend erfolgreich mit Petrow, Dimitri Urussow, von der Lasa und Bledow gekreuzt; zwei Wettkämpfe, mit Hanstein 1842 in Berlin und mit Staunton 1851 nach dem Turnier in London, gingen mit +1 −4 =1 und mit +2 −7 =1 verloren. Jänisch ist auch als Autor vieler Schachprobleme hervorgetreten; außerdem war er ein unermüdlicher Organisator und Propagandist des Schachs. Von Petrow und Jänisch stammen grundlegende Analysen zur Russischen Partie (früher auch Petrow-Verteidigung genannt).

Ein Vertreter der romantischen Schule ist Ilja Schumow (1819–1881). Er hat sich um die Organisation des Schachlebens in Petersburg verdient gemacht und in Beiträgen für verschiedene Schachzeitschriften Eröffnungen untersucht. Das erste Buch über Probleme in russischer Sprache stammt von ihm.

Michail Tschigorin (1850–1908) wird in der sowjetischen Schachliteratur als einer der Begründer einer allgemein akzeptierten Richtung angesehen. Bis 1876 hatte Tschigorin eine kleine Beamtenstelle inne, widmete sich aber von da an hauptberuflich dem Schach. Schon 1875 galt er als einer der stärksten Spieler Petersburgs, seit 1879 – für mehr als ein Vierteljahrhundert – als der stärkste Spieler Rußlands. 1881 hatte Tschigorin seinen ersten internationalen Erfolg, die Teilung des 3./4. Preises im

Turnier zu Berlin. Nach einer Serie weiterer Erfolge kam Tschigorin 1889 zu einem ersten Kampf um die Weltmeisterschaft gegen Steinitz; er verlor mit −10 +6 =1. Er gewann dann 1890/91 zwei Fernpartien gegen Steinitz in glänzendem Stil, verlor aber 1892 einen zweiten Wettkampf mit −10 +8 =5, wobei ein grobes Versehen seinerseits in der letzten Partie von Bedeutung war.

Hervorragende Turniererfolge hatte er in Hastings 1895 (2.) und Budapest (1.); danach stand sein Gesundheitszustand Spitzenerfolgen im Wege. Tschigorin hatte entscheidenden Anteil an der Organisation des 1. bis 3. Allrussischen Turniers (1899, 1900/1901, 1903). In seinen theoretischen Darlegungen trat er für eine konkrete Analyse der jeweiligen Stellung ein. Er lehnte eine Einschätzung nach allgemeinen Kriterien, die nach seiner Auffassung häufig bloße Dogmen waren, ab. Besonders befürwortete er eine aktive Verteidigung mit dem Ziel der Einleitung eines Gegenangriffs ein. Seine Beiträge zur Eröffnungstheorie sind zum Teil noch heute aktuell (Tschigorin-Verteidigung der Spanischen Partie).

Die Organisation des Schachs im zaristischen Rußland stand vor folgenden Problemen: die Gründung und Fortführung von Schachvereinen und -vereinigungen stieß auf größere Schwierigkeiten als zum Beispiel in Zentral- und Westeuropa. Ausschlagge-

Tschigorin (rechts) spielt gegen Weiss auf dem 6. Amerikanischen Schachkongreß in New York 1889

bend waren Finanzierungsschwierigkeiten, aber auch das Mißtrauen des Staates, der ein Abgleiten ins Politische befürchtete. Erst seit Beginn des 20. Jahrhunderts verbesserten sich die Verhältnisse, nachdem ein stärkstens besetztes Turnier mit Steinitz und Lasker 1895/96 in Petersburg stattgefunden hatte.

In der Folge der Oktoberrevolution 1917 zerfielen die bestehenden schachlichen Vereinigungen. Von 1917 bis 1920 war in Anbetracht der Verhältnisse organisierte schachliche Betätigung nur in geringem Maß möglich. Eine Rolle bei der Wiederherstellung des schachlichen Lebens spielte ein »Amt zur allgemeinen Ausbildung« (Wssewobutsch). Auf Betreiben eines seiner führenden Männer, Iljin-Genewski, der im Schach eine politische Aufgabe sah, veranlaßte es die Registrierung der bekanntesten Schachspieler und im Oktober 1920 die Durchführung der ersten Meisterschaft, die von Aljechin, dem späteren Weltmeister, mit 12 aus 15 vor Romanowski (1892–1964), der später zweimal Meister der Sowjetunion (1923 und 1927) war, gewonnen wurde. Bis 1924 war danach die Organisation des Schachs nicht durch politische Zielsetzungen bestimmt. Es bildeten sich Schachvereinigungen bei den Gewerkschaften, in den Betrieben und Behörden, bei den Streitkräften und den Sportsowjets (Sporträten). Dieser Stand der Dinge änderte sich auf dem 3. Unions-Schachkongreß. Nunmehr galt die Losung »Schach – eine Waffe der intellektuellen Kultur«. Schach sollte jetzt bewußt als Erziehungsmittel eingesetzt werden. Zugleich wurde eine neue organisatorische Grundlage geschaffen. Vorsitzender der neugebildeten Schachsektion wurde Nikolai Krylenko (1885–1938), eine wichtige Persönlichkeit der bolschewistischen Bewegung; er bekleidete zeitweilig u.a. den Posten eines Oberbefehlshabers der revolutionären Streitkräfte und war später Justizkommissar. Ein Opfer der Säuberungen, wurde er posthum rehabilitiert.

Das internationale Turnier in Moskau 1925 war das erste Turnier, das ganz mit staatlichen Mitteln organisiert wurde. Führende Meister der Sowjetunion, die an ihm teilnahmen, waren Grigori Löwenfisch (1889–1961), Fedor Dus-Chotimirski (1879–1965), Pjotr Romanowski und die Brüder Abraham und Ilja Rabinowitsch (1878–1943 und 1891–1942). Besondere Erwähnung verdient der erste Preisträger des Turniers, Efim Bogoljubow (1889–1952), der zu der Zeit Sowjetbürger war; sein Sieg vor Lasker und Capablanca war einer der größten Erfolge seiner Laufbahn. Nach dem Turnier ist Bogoljubow, der nach dem Ersten Weltkrieg in Triberg ansässig geworden war, nicht mehr in die Sowjetunion zurückgekehrt; er wurde von der sowjetischen Schachorganisation als Renegat angesehen und – anders als Aljechin – nicht »rehabilitiert«. Das Moskauer Turnier wurde als ein großer Erfolg für die Schachorganisation angesehen; Romanowski war siebter bis achter mit Réti, Iljin-Genewski neunter bis zehnter mit Grünfeld geworden.

Michail Tschigorin (1850–1908)

In der Folge gewannen die sowjetischen Schachspieler ständig an Spielstärke. Erster der Gruppe der erfolgreichen jungen Meister wurde der nachmalige Weltmeister Michail Botwinnik (geboren 1911). 1933 erreichte er in einem Wettkampf gegen einen der stärksten westlichen Großmeister, Salo Flohr

(1908–1983), ein Unentschieden; 1934 gewann er ein Turnier in Leningrad, an dem Max Euwe, der ein Jahr später Weltmeister wurde, und der österreichische Meister Kmoch teilnahmen. Besondere Erwähnung verdienen die internationalen Turniere von Moskau 1935 und 1936. Moskau 1935 war ein Turnier mit 20 Teilnehmern, unter den acht Ausländern die Ex-Weltmeister Lasker und Capablanca; das Turnier wurde von Botwinnik und Flohr gewonnen, wobei die sowjetischen Teilnehmer insgesamt sehr gute Ergebnisse hatten. 1936 wurde ein Turnier in zwei Umgängen mit zehn Teilnehmern veranstaltet; unter den fünf Ausländern waren wiederum Lasker und Capablanca. Capablanca gelang es mit etwas Glück, das Turnier zu gewinnen, wobei er zum erstenmal Lasker überflügelte, der im 68. Lebensjahr stand. Wiederum schnitten die sowjetischen Teilnehmer vorzüglich ab: Botwinnik, der lange Aussicht auf den ersten Platz hatte, wurde zweiter, Ragosin fünfter.

Die Stärken des sowjetischen Schachs bestanden zunächst in seiner Massenbasis: Während es 1923 kaum mehr als tausend organisierte Schachspieler gab, betrug ihre Anzahl 1936 schon fast eine Million. Ferner sicherte der Staat den Meistern eine Existenzgrundlage durch Anstellung zum Beispiel als Trainer und Propagandisten, durch Publikationsmöglichkeiten und durch Zuwendungen. Dem 1924 gegründeten Weltschachbund trat die Sowjetunion zunächst nicht bei. Dies geschah erst 1947. Sie beteiligte sich aber in beschränktem Umfang an der internationalen Arbeiter-Schachbewegung, deren Bedeutung infolge politischer Meinungsverschiedenheiten begrenzt war. Von 1933 an ist eine Ein-

Der sowjetische »Dissident« gegen den sowjetischen Weltmeister: Kortschnoi–Karpow in Baguio 1978

flußnahme des sowjetischen Schachs auf die Arbeiter-Schachbewegung nicht mehr feststellbar.
Während des Zweiten Weltkriegs führte man in der Sowjetunion einzelne Turniere durch. Nach Kriegsende wurde das Schachspiel sofort stark gefördert; schon nach einem Monat fand die erste Nachkriegs-Meisterschaft, die 14. insgesamt, statt.
Die sowjetischen Großmeister und Meister können in Anbetracht ihrer großen Anzahl nicht im einzelnen gewürdigt werden; das muß speziellen Veröffentlichungen vorbehalten bleiben.
Die Frage, ob es einen sowjetischen Schachstil beziehungsweise eine sowjetische Schachschule gibt, ist insbesondere innerhalb der Sowjetunion viel diskutiert worden. Es ist behauptet worden, der sowjetische Schachstil gehe auf Tschigorin zurück. Dieser Stil sehe Schach als Kampf und zeichne sich durch Aggressivität und Selbstvertrauen aus; ein Sicherheitsdenken ebenso wie eine praktizistische, lediglich auf das Ergebnis bedachte Einstellung würden abgelehnt. Einer solchen Festlegung ist zeitweilig von verschiedenen führenden Meistern – mit unterschiedlichen Akzentsetzungen – zugestimmt worden. Seit Beginn der sechziger Jahre werden Fragen der schachlichen Einstellung und des Stils nicht so eng gesehen. Dazu hat beigetragen, daß mit der zahlenmäßigen Zunahme führender Meister naturgemäß auch ganz verschiedenartige schachliche Denkweisen sich in Anbetracht ihrer Erfolge durchsetzen konnten; ein Beispiel dafür ist der auf Unterbindung von aktivem Spiel des Gegners gerichtete Stil des Weltmeisters von 1963 bis 1969, Tigran Petrosjan. Insgesamt scheint Anerkennung zu finden, daß höchste Erfolge heute nur erreicht werden, wenn der betreffende Meister über einen universellen, allen Stellungsarten gerecht werdenden Stil verfügt, wie ihn die Weltmeister Spasski, Fischer und Karpow demonstriert haben und wie ihn offenbar auch der jetzt 21jährige Herausforderer von Karpow, Kasparow, besitzt.
Das sowjetische Schach hat in der Nachkriegszeit Spitzenerfolge zu verzeichnen gehabt. Mit einer Ausnahme (Fischer 1972) hat die Sowjetunion immer den (Senioren-)Weltmeister gestellt. Ebenso sind mit einer Ausnahme die Schacholympiaden der Männer, die alle zwei Jahre stattfinden, soweit die Sowjetunion sich an ihnen beteiligt hat, gewonnen worden. Lediglich 1978 gewann die ungarische Mannschaft in Buenos Aires vor der sowjetischen; 1980 gewann die sowjetische Mannschaft in Malta vor der ungarischen Mannschaft bei gleicher Punktzahl lediglich nach besonderer Wertung.
Im Frauenschach hat die sowjetische Schachorganisation seit 1950 immer die Weltmeisterin gestellt. Ebenso sind alle Olympiaden, die seit 1957 stattgefunden haben, von sowjetischen Teams – die nur einmal nicht beteiligt waren – gewonnen worden.
Im Augenblick sieht es nicht so aus, als sei die Vormachtstellung des sowjetischen Schachs gefährdet. Im Lauf der letzten Jahre hat allerdings eine Anzahl von starken Großmeistern und Meistern die Sowjetunion verlassen, darunter der Weltmeisterschaftskandidat Viktor Kortschnoi (geboren 1931), der dreimal mit Karpow (1974 im Finale der Prätendenten, 1978 und 1981) um die Weltmeisterschaft gekämpft hat. Diese Verluste sind dadurch ausgeglichen worden, daß spielstarke Angehörige der Geburtenjahrgänge 1949 und jünger erstklassige internationale Erfolge errungen haben. Offen ist, ob die staatliche Förderung jungen Leuten auch in der Zukunft genug Anreiz wird bieten können, damit sie sich einem Test auf schachliche Begabung stellen und gegebenenfalls Schach mit beruflichem Ehrgeiz ausüben.

Sergiu Samarian/Heinz Lehmann
Das Schachspiel und die Frauen

Bis zum Ende der dreißiger Jahre unseres Jahrhunderts war der weibliche Anteil am Schachleben fast gleich Null. Ab und zu veröffentlichten die Schachzeitungen eine kurze Notiz über die Weltmeisterin Vera Menschik, meist über ihre erfolgreiche Teilnahme an Männerturnieren.

Vera Menschik, 1906 in Moskau als Kind tschechischer Eltern geboren, lebte ab 1921 in England. Seit ihrem neunten Lebensjahr kannte sie die Anfangsgründe des Schachs, zeigte aber weitergehendes Interesse erst ab 1920. Nachdem ihre Familie in Hastings ihren Wohnsitz begründet hatte, wurde sie Schülerin des ungarischen Großmeisters Géza Maróczy. Dadurch wurde auch ihr Stil geprägt; sie spielte logisches Schach mit beachtenswerter Technik.

Menschik nahm im Frauenschach bald eine Spitzenposition ein. 1927 gewann sie das erste Turnier um die Frauenweltmeisterschaft mit 10½ aus 11. Sie verteidigte ihren Titel ohne Mühe in den nachfolgenden Turnieren von Hamburg 1930, Prag 1931, Folkestone 1933, Warschau 1935, Stockholm 1937 und Buenos Aires 1939. Mit Sonja Graf (später Graf-Stevenson, geboren 1912 in München, gestorben 1965 in den USA) spielte sie 1934 und 1937 zwei Wettkämpfe, die sie beide gewann. Ergebnis: +3 −1 und +9 −1 = 5; nur beim zweiten Wettkampf ging es um den Titel.

Vera Menschik nahm regelmäßig an Turnieren der Männer teil. Sie erzielte auch hier bemerkenswerte Ergebnisse. Ihr bestes Resultat hatte sie 1929 in einem Turnier in Ramsgate, in dem Ausländer gegen Engländer spielten; hier war sie Zweite bis Dritte mit Rubinstein vor ihrem Lehrer Maróczy. Sehr gut war auch ihr Abschneiden im Turnier 1934 in Maribor (Jugoslawien), wo sie Dritte wurde. Vera Menschik kam 1944 in London durch eine V1-Bombe ums Leben. Sie hätte im Frauenschach noch lange dominiert. Durch ihre Lehrtätigkeit hat sie viel für die Entwicklung des Frauenschachs getan. Sie ist auch schachliterarisch in beträchtlichem Umfang in Erscheinung getreten.

Frauenturniere gab es, abgesehen von den Weltmeisterschaften, in denen Vera Menschik ihre Gegnerinnen regelmäßig geradezu niederkonterte, praktisch gar nicht. Vera Menschik überragte die wenigen Frauen, die sich in dieser Zeit mit Schach beschäftigten, weit – eine außergewöhnliche Erscheinung, eine bemerkenswerte Ausnahme, indes gleichzeitig der verheißungsvolle Anfang der Emanzipation und Entwicklung des Frauenschachs.

Das Frauenschach wuchs nur im Schneckentempo heran, gehemmt durch Vorurteile und ungünstige soziale Bedingungen, welche nicht nur die Organisation von Frauenturnieren sehr erschwerten, sondern auch die Aufnahme von Frauen in Clubs und Schachzirkeln. Wohl existierten einige Ausnahmen, die aber nur die Regel bestätigten. So wissen beispielsweise nur wenige, daß einer der renommiertesten Schachclubs Londons, der berühmte The Gambit, 47 Jahre lang (zwischen 1898 und 1945) von einer Frau – Mrs. Edith C. Price – geleitet wurde, neben ihrer Geschäftserfahrung spielte sie auch gut Schach: Mehrmals gewann sie die englische Damenmeisterschaft (erstmals 1912) und mußte bei der Weltmeisterschaft 1933 in Folkestone nur Vera Menschik den Vortritt lassen. Ihr Meisterwerk war aber unzweifelhaft der Sieg in der englischen Meisterschaft 1948 im Alter von 76 (!) Jahren – 36 Jahre nach ihrer ersten Teilnahme, als sie Zweite wurde. In England, dem Land der Frauenrechtsbewegung, wurden im Frauenschach die ersten organisatorischen Schritte mindestens zwei bis drei Jahrzehnte vor dem übrigen Europa unternommen, wo die

Alle bisherigen Weltmeisterinnen im Schachspiel stammen aus der UdSSR: Vera Menschik amtierte von 1927 bis 1944, Ludmila Rudenko von 1950 bis 1953, Elisabeta Bykowa von 1953 bis 1956 und 1958 bis 1962, Olga Rubzowa von 1956 bis 1958, Nona Gaprinschaschwili von 1962 bis 1978 und Maja Tschiburdanidse seit 1978

Anfänge zwischen den Weltkriegen zu finden sind. Diese Anfänge waren schüchtern; so stieß die Initiative des jungen Internationalen Schachbundes (1924 gegründet), im Jahre 1927 parallel zur Männerolympiade in London die erste Einzelweltmeisterschaft der Frauen zu organisieren, auf ziemliche Skepsis; viele betrachteten dies mehr als ritterliche Geste gegenüber dem sogenannten schwachen Geschlecht denn als eine Notwendigkeit, die sich aus der weltweiten Entwicklung des Frauenschachs ergeben hätte.

Das Turnier war klein – es nahmen nur 12 Spielerinnen aus sieben Ländern teil: England mit fünf Spielerinnen, Österreich mit zwei, Schweden, Norwegen, Frankreich und Deutschland (Frl. Daunke) mit je einer Spielerin. Weltmeisterin aber, mit 21 Jahren, wurde Vera Menschik.

Die Lage des Frauenschachs änderte sich bis zum Zweiten Weltkrieg nicht wesentlich – eine Epoche, die wir mit Fug und Recht als »Herrschaft von Vera Menschik« bezeichnen können. Dennoch, wenn auch ziemlich langsam, wuchs die Zahl der Spielerinnen – im Jahre 1939 in Buenos Aires kämpften bereits 20 Teilnehmerinnen um die Weltmeisterschaft. Wiederum, allerdings zum letzten Mal, gewann Vera Menschik mit 18 Punkten aus 19 Partien.

Eine neue Ära im Frauenschach begann nach dem Zweiten Weltkrieg, eine Ära, der durch den Eintritt der sowjetischen Schachföderation und damit ihrer zahlreichen Klassespielerinnen in den Weltschachbund (FIDE) der Stempel aufgeprägt wurde; dies beeinflußte die bis dahin ziemlich passive Teilnahme der Frauen an den Aktivitäten des Weltschachs. Hier muß erwähnt werden, daß die sowjetische Schachbewegung, die im Zeitraum zwischen den beiden Weltkriegen politisch vom Rest der Welt isoliert war, sich mit kräftiger Unterstützung des Staats unabhängig entwickelte und eine eigenständige Schule schuf, deren führende Vertreter Botwinnik, Smyslow, Bronstein, Boleslawski, später Petrosjan, Tal und Spasski alle Wettbewerbe nach dem Krieg und damit das Weltschach praktisch beherrschten. Die gleiche Situation, vielleicht sogar noch ausgeprägter, ergab sich im Bereich des Frauenschachs. Im Vergleich zur relativ armseligen Aktivität im Westen, schenkte man in der UdSSR der Entwicklung des Frauenschachs größere Beachtung, obgleich auch hier ein qualitatives und quantitatives Mißverhältnis gegenüber dem Männerschach fortbestand.

Es ist zwar richtig, daß die Russen keine Vera Menschik hervorbrachten, aber im allgemeinen lag das Niveau des Frauenschachs unvergleichbar höher als im restlichen Europa.

Die Unionsmeisterschaften in der Sowjetunion (mit vielen Ausscheidungswettbewerben) begannen schon 1927, und nicht zufällig finden wir unter den Siegerinnen dieses Wettbewerbs die Namen der Weltmeisterinnen nach dem Krieg: Ludmila Rudenko (1950), Elisabeta Bykowa (1953), Olga Rubzowa (1956)...

Die Tatsache, daß die FIDE dem Frauenschach mehr Aufmerksamkeit zu schenken begann, spiegelte sich in der regelmäßigen Ausrichtung von Weltmeisterschaften alle drei Jahre nach männlichem Vorbild wider. Indes mußte ziemlich viel Zeit verstreichen, bis sich die FIDE nach vielen Kehrtwendungen entschied, eine Mannschaftsweltmeisterschaft der Frauen, eine Frauen-»Olympiade«, zu organisieren, in weit geringerem Größenumfang als bei den Männern übrigens: Anfangs bestanden die Mannschaften nur aus zwei Spielerinnen (plus eine Reserve), und erst 1976 wurde ihre Zahl auf drei erhöht.

Die erste Mannschaftsweltmeisterschaft der Frauen – die erste Olympiade – wurde 1957 in der holländischen Stadt Emmen ausgetragen, finanziell unterstützt von einer Strumpffabrik (selbstverständlich von Damenstrümpfen). Sie endete mit einer kleinen Überraschung: Die sowjetische Mannschaft zeigte nicht die erwartete Überlegenheit und mußte den 1. Platz mit Rumänien teilen, nur einen halben Punkt vor der DDR. Dies war der Auftakt eines bis heute andauernden sportlichen Kampfes. Seit 30 Jahren bemüht sich die ganze weibliche Schachwelt, den Russinnen Paroli zu bieten. Bis jetzt konnten nur Teilerfolge errungen werden: Zweimal (1957 und 1974) gelang es den Rumäninnen, den 1. Platz mit der sowjetischen Mannschaft zu teilen (ohne allerdings den Titel zu erobern), und beim letzten Zyklus der Einzelweltmeisterschaft der Frauen (1982–1984) konnten sich unter die acht Kandidatinnen zwei nichtsowjetische »einschmuggeln«: die Chinesin Liu-Shi Lan und die Rumänin Margareta Muresan. Darüber hinaus aber behauptete sich die sowjetische Equipe immer an der Spitze, wobei dies auf seltsame Weise einer unerwarteten Entwicklung im sowjetischen Frauenschach zu verdanken ist. Innerhalb eines relativ kurzen Zeitraums entwickelte sich das Frauenschach in einer der Unionsrepubliken, in Georgien, mit solch erstaunlicher Geschwindigkeit, daß sie um die siebziger Jahre eine Weltvormachtstellung errangen. Den Reigen eröffnete die ungewöhnlich talentierte Nona Gaprindaschwili, welche im Jahre 1962 mit 21 Jahren nach einem »Spaziergang«-Match gegen Elisabeta Bykowa (9:2!) Weltmeisterin wurde. 16 Jahre blieb sie auf dem Thron,

1982 Damen-Zonenturnier, Bad Kissingen im Kurotel 2002
Qualifikation zur Schachweltmeisterschaft

	Name	1	2	3	4	5	6	7	8	9	10	11	12	Punkte	Wertung	Platz
1	IM Petra Feustel D		½	½	1	1	½	0	0	½	½	1	½	6		6.
2	IM Gisela Fischdick D	½		1	1	1	1	1	½	1	1	1	½	9,5		I.
3	Christine Nyberg S	½	0		½	1	0	0	0	1	0	1	0	4		8.
4	Margit Hennings A	0	0	½		0	0	0	0	0	0	½	0	1		12.
5	Dr. Veprek-Bilinski CH	0	0	0	1		½	0	1	0	0	½	0	3		9.
6	Lea Nudelman IL	½	0	1	1	½		½	0	1	0	1	0	5,5		7.
7	Olga Podrajanskaya IL	1	0	1	1	1	½		1	1	0	1	0	7,5		5.
8	Lena Glaz IL	1	½	1	1	0	1	0		1	1	1	0	7,5		[illegible]
9	Merete Haahr DK	½	0	0	1	1	0	0	0		0	0	0	2,5		10.
10	IM Borisova, Borislava S	½	0	1	1	1	1	1	0	1		1	½	8		III.
11	Sigurlaug Fridjofsdottir IS	0	0	0	½	½	0	0	0	1	0		0	2		11.
12	IM Barbara Hund D	½	½	1	1	1	1	1	1	1	½	1		9,5		II.

Turnier des Weltschachbundes (FIDE) Zone 2
Hauptschiedsrichter: Internationaler Schiedsrichter, Lutz Ebbinghaus, Solingen

Diese Turniertabelle demonstriert, daß auch der Deutsche Schachbund zwei starke Spielerinnen besitzt: Platz 1 belegte Gisela Fischdick, Platz 2 Barbara Hund

bis sie ihrer Nachfolgerin, Maja Tschiburdanidse, ebenfalls einer Georgierin, weichen mußte.
Die 1961 geborene Maja war bei der Titeleroberung von Nona Gaprindaschwili erst ein Jahr »jung«, bei der eigenen immerhin schon 17 Jahre »alt«, bis heute hielt sie allen Gegnerinnen stand.
Außer diesen zwei Spielerinnen der Sonderklasse brachte die georgische Frauenschach-Bewegung noch eine ganze Reihe guter Spielerinnen hervor, wie Nana Alexandria, Nana Joseliani, Nina Gurieli, so daß der Fall eintrat, daß bei der Schacholympiade in Luzern 1982 die sowjetische Mannschaft ausschließlich aus Georgierinnen bestand.
Interessant ist auch die Tatsache, daß das Niveau des Frauenschachs in Georgien heute, relativ gesehen, viel höher als das des Männerschachs ist – ein Argument mehr für die These, daß Frauen ebensogut Schach spielen können wie Männer.
Als im Jahre 1978 Nona Gaprindaschwili aufgrund einer Reihe bemerkenswerter Erfolge in Männerturnieren der Großmeistertitel (der Männer!, wohlgemerkt) verliehen wurde, gab es in Georgien lediglich zwei männliche Großmeister, Georgadse und Gurgenidse. Diese Erfolge verdeutlichen, daß wir uns heute in der »georgischen« Epoche des Frauenschachs befinden.

Der neue Impuls, den die russisch-georgische »Revolution« dem Frauenschach gab, blieb nicht ohne Echo. In vielen Ländern der Welt, in denen das Frauenschach bis dahin stiefmütterlich behandelt wurde, erwachte Ehrgeiz – man organisierte Frauenturniere, und als Folge erschienen talentierte Spielerinnen auf der Bildfläche. In Rumänien, Ungarn, Jugoslawien wurde viel für das Frauenschach getan, kein Wunder, daß die Spielerinnen dieser Länder lange Zeit die einzigen Konkurrentinnen der sowjetischen waren. Auch in den beiden deutschen Staaten errang das Frauenschach bedeutende Erfolge. In der unmittelbaren Nachkriegszeit scharten sich um die talentierte Edith Keller-Herrmann (Dresden) zahlreiche begabte Spielerinnen, in der ersten Olympiade in Emmen landete die DDR sogar auf dem 3. Platz. Leider wurde diese vielversprechende Entwicklung durch die Sportführung der DDR hart unterbrochen – seit 1972 unterbindet sie die Teilnahme der ostdeutschen Frauen-(und Männer-)mannschaften an Olympiaden und allgemein an internationalen Wettbewerben des Westens.
In der Bundesrepublik ging die Entwicklung des Frauenschachs etwas langsamer vor sich, in den letzten zehn Jahren konnte man aber auch hier bemerkenswerte Erfolge verbuchen. Barbara Hund errang den Titel der Großmeisterin, Gisela Fischdick ist auf dem besten Weg dahin, und die olympische Equipe behauptet sich auf den ersten Plätzen dieses Wettbewerbs, nachdem sie in Buenos Aires 1978 die Bronzemedaille gewann.
Ein Bericht über die Entwicklung des Frauenschachs in der Welt wäre unvollständig, wenn man nicht den Eintritt (mit bemerkenswertem Erfolg) der Chinesinnen in die internationale Arena erwähnen würde. In wenigen Jahren gelang es ihnen, sich in Szene zu setzen, und es ist zu erwarten, daß dieses gewaltige Talentreservoir neue Überraschungen hervorbringt.
All diese Erfolge des Frauenschachs sind Zeichen einer allgemein positiven Entwicklung. In Anerkennung dessen schuf die FIDE eine Frauenschach-Kommission, welche weltweit die Frauenschach-Aktivitäten koordinieren soll.
Unser altes Spiel verbreitet sich immer mehr unter den Frauen und ist mit seiner unwiderstehlichen Attraktion auf dem besten Wege, deren Herzen zu erobern und so eine neue Jugend zu gewinnen.

Spielen Frauen schlechter Schach als Männer?

Bemerkungen zu einem Thema, das gar nicht existieren sollte...

»Haben Sie je Gelegenheit gehabt, Bemerkungen wie ›Ah, Frauenschach‹ oder ›Spiel der Frauen‹ zu hören? Ich habe solcherlei Kommentare oft vernommen, gewöhnlich (wohlverstanden von Männern) im Tone offenkundiger Überlegenheit...«
Mit diesem charakteristischen Satz beginnt die Ex-Weltmeisterin Nona Gaprindaschwili ein Kapitel ihres autobiographischen Buches »Ich liebe das Risiko« (1976) mit der sehr kennzeichnenden Überschrift: »Kampf für gleiche Rechte«.
Auf den ersten Blick scheint die Überschrift mit ihrer implizierten Aussage überraschend, vor allem von der Bürgerin eines Landes, in dem, wenigstens aus gesetzgeberischer Sicht, alle sozialen Ungleichheiten, auch die zwischen Männern und Frauen, abgeschafft wurden. Indes, abgeschafft oder nicht, diese Ungleichheiten bestehen in dieser Welt fort, und der Kampf gegen sie ist in unseren Tagen alles andere als beendigt.
In unserem Fall bezieht sich Nona Gaprindaschwili auf eine Ungleichheit besonderer Art, gewissermaßen ein Randprodukt all jener Ungleichheiten, in deren Mitte wir leben. Ich spreche vom Wertunterschied – in Kreativität und Leistung – zwischen Männern und Frauen *am Schachbrett.*
Jener Wertunterschied (oder besser seine Ursache) beschäftigt seit langer Zeit nicht nur die Experten des Schachspiels, sondern auch Fachleute aus dem Bereich der Psychologie und der Sozialwissenschaften, welche alle aus ihrer jeweiligen Sicht versucht haben, eine der Wahrheit möglichst nahekommende Erklärung dieser Tatsache zu finden.
Sind vielleicht Frauen weniger begabt für das Schachspiel als Männer? Wenn ja, worin besteht dann ihre Unterlegenheit? Wenn nein, warum spielen sie dann dennoch unbestreitbar schwächer als Männer?
Solche und ähnliche Fragen tauchen regelmäßig bei jedem wichtigen Frauenturnier auf, wo die Journalisten sich mit ihrer gewohnten Hartnäckigkeit auf die Siegerin, die Fotografen auf die attraktivsten Teilnehmerinnen stürzen.

Großmeisterin Pia Cramling (Schweden)

»Ja«, sagt Nona Gaprindaschwili, »die Frauen spielen schwächer Schach als Männer« und fügt hinzu (im Geiste der zitierten Überschrift): »Einstweilen.« In der Tat, derzeit ist das Niveau, die Spielstärke der Frauen, offensichtlich geringer als das der Männer. Auf der von Professor Elo ausgearbeiteten Wertskala, welche mit einer unteren Grenze von 2200 Punkten beginnt und nach oben unbegrenzt ist (Weltmeister Anatoli Karpow hat derzeit 2705 Punkte), hat die Frauenweltmeisterin Maja Tschiburdanidse lediglich 2375 Punkte, was dem Niveau eines mittelmäßigen männlichen Internationalen Meisters entspricht. Darüber hinausgehend wurde die untere Grenze der weiblichen Elo-Skala bis auf 1800 Punkte gesenkt, womit ein kategorischer Wertunterschied festgestellt wird.
Im übrigen gelang es nur sehr wenigen Frauen, mit gewissem Erfolg an Männerturnieren teilzunehmen. Sporadische gute Resultate von Vera Menschik, Nona Gaprindaschwili, Maja Tschiburdanidse, Nana Alexandria, Pia Cramling und von deutscher Seite Gisela Fischdick und Barbara Hund sind nur Ausnahmen, welche die Regel bestätigen. Die logische Konsequenz dieses Unterschieds an Spielstärke war die Trennung der Männerturniere von denen der Frauen. Heute gibt es eine Frauenolympiade, eine Frauen-Weltmeisterschaft und eine Menge nationaler und internationaler Wettbewerbe, die Frauen vorbehalten sind. Interessant und charakteristisch ist die Tatsache, daß in einer Zeit, wo die Teilnahme von Frauen an einigen Männerwettbewerben stillschweigend akzeptiert wird – beispielsweise haben in einigen olympischen Männermannschaften Frauen mitgewirkt (u. a. Frau Chandé de Silans in der französischen Mannschaft in Dubrovnik 1950 und Frau Carrasco in der chilenischen Mannschaft in Havanna 1966) –, die umgekehrte Situation unvorstellbar ist. Stellen Sie sich eine von einigen Männern verstärkte Frauenequipe vor!
Die wettkampfmäßige Trennung männlich/weiblich ist von vielen anderen Sportarten (z. B. Volleyball, Basketball, Schwimmen, Tennis usw.) bekannt und natürlicherweise als augenscheinliche Folge physiologischer Unterschiede zwischen beiden Geschlechtern akzeptiert. Bei der Suche nach Ursachen für die aktuelle Überlegenheit der Männer ergibt sich als erste Frage, ob physiologische Unterschiede, die bei anderen Sportarten entscheidend sind, beim Schachspiel eine ebenso wichtige Rolle spielen. Die Antwort auf diese Frage ist äußerst wichtig, weil der Schachkampf zuallererst ein zerebrales Kräftemessen ist. Zwei Gehirne – mit anderen Worten: zwei sehr spezialisierte menschliche Computer – prüfen im Lauf einer Schachpartie gegenseitig die Fähigkeit, in begrenzter Zeit eine ununterbrochene Folge von Problemen der Analyse und Synthese im Rahmen der genauen Spielregeln zu lösen.
Aber im Unterschied zu technischen Computern ist die menschliche Gehirnaktivität von einer Reihe physiologischer Faktoren bedingt, welche ihre Wirksamkeit bestimmen. Der schachliche Wettstreit erfordert einen ungewöhnlich großen Energieaufwand. Die über vier bis fünf Stunden erforderliche zerebrale Inanspruchnahme zur schnellen und ständigen Lösung von Problemen, welche ununterbro-

chen im Laufe einer Partie auftreten, ist beträchtlich. Die ganze Aktivität des Organismus – nicht nur im Zeitraum der eigentlichen Partie, sondern auch über das ganze Turnier hin (das meist viele Partien umfaßt) – ordnet sich einem einzigen Zweck unter: der Gewährleistung höchster (schachlicher) zerebraler Leistung. Von diesem Gesichtspunkt aus – nämlich der Fähigkeit, über längere Zeit und auf hohem Niveau eine gewaltige physiologische und als Folge eine entsprechende zerebrale Energie aufzubringen – könnte man demnach sagen, daß der kräftigere und widerstandsfähigere männliche Organismus zu besseren Leistungen fähig ist.

Darüber hinaus spielen noch andere Faktoren eine Rolle, die letzten Endes ebenso durch Physis, Psyche und Charakter bestimmt werden; all das hat sich im Lauf der langen, unterschiedlichen historischen Entwicklung der beiden Geschlechter herausgebildet. Unbestreitbar spiegelt die Art der Frauen, Schach zu spielen, weitgehend ihre Anpassung an die materiellen und sozialen Bedingungen des Lebens wider. Vergessen wir auch nicht, daß die Frauen erst in unserem Jahrhundert – und nicht in allen Ländern der Erde – die gleichen Rechte wie die Männer, zumindest vor dem Gesetz, erhielten. Die Folgen ihrer langen sozialen Unterordnung zeigen sich in einer gewissen Vorsicht beim Spiel (»safety first«) und vor allem durch fehlende Hartnäckigkeit. In dieser Hinsicht ist die Feststellung von Nona Gaprindaschwili kennzeichnend: »Ich habe mich überzeugt, daß sich Männer selbst in hoffnungslosen Situationen hartnäckig und kämpferisch ›bis zum letzten Blutstropfen‹ verteidigen – so ist ihr Charakter. Die Frauen hingegen, wenn ihnen die Stellung verloren scheint, verlieren gewöhnlich den Mut und leisten keinen ernsthaften Widerstand mehr. Ich, zum Beispiel, habe viele halbe Punkte verloren, bis mir dieser männliche Charakterzug klar wurde; selbst danach fuhr ich, allerdings seltener, fort, Gegner zu ›begnadigen‹. Dies erklärt sich durch die Tatsache, daß es Frauen mit ihrem weicheren Charakter schwerfällt, sehr konzentriert zu bleiben und eine eiserne ›Selbstdisziplin bis zum letzten Zug zu bewahren‹.«

Dies ist eine ehrliche Erklärung von einer der besten Schachspielerinnen der Welt, die uns verstehen hilft, worin einer der grundlegenden Mängel einer Schach spielenden Frau im Vergleich mit ihren männlichen Kollegen liegt. Es geht um den bei Männern stark entwickelten Kampfgeist, der eine besonders feine Sublimierung im Zusammenprall »auf Leben und Tod« beim Schachspiel findet. Hat denn nicht Bobby Fischer einmal gesagt, daß ein Schachmeister im Grunde nichts anderes als ein »Killer« sei, mit dem verborgenen Wunsch, bei einer Schachpartie das Ego seines Gegners zu zerstören. Es wäre aber ein Fehler, diese Feststellung zu verallgemeinern. Eine aufmerksame Analyse zeigt, daß sich der weibliche Schachstil in den letzten zwei bis drei Jahrzehnten beträchtlich entwickelt hat. Die gestiegene Anzahl von Frauenturnieren, die Teilnahme an Männerwettbewerben, die schnelle Änderung sozialer Einflüsse in Richtung einer wirklichen weiblichen Emanzipation brachten als direkte Konsequenz eine »Vermännlichung« ihres Spielstils mit sich. Der Ausdruck ist vielleicht ungenügend, er gibt aber den allgemeinen Eindruck wieder. Im Grunde stehen wir vor einer natürlichen Entwicklung – das Frauenschach entwickelt sich schnell und strebt ganz entschieden danach, das männliche qualitativ und leistungsmäßig einzuholen.

Diese Tendenz wird immer stärker und führt uns logischerweise zur Feststellung der Tatsache, daß die Frauen ein langes historisches Handicap wiedergutzumachen haben: Während die Männer 1500 Jahre lang Schach intensiv (in seinen verschiedenen Formen) betrieben haben, ist die weibliche Schachtradition relativ kurz. Es ist wahr, daß in der langen Geschichte unseres Spiels häufig und nahezu immer in romantischer Form Frauen geschildert werden, seien sie mythisch oder real, die sehr gut Schach spielten, wie z. B. die unübertreffliche Erzählerin aus »1001 Nacht«, Scheherezade, oder die schöne Dilaram, die Heldin eines persischen Gedichts aus dem 12. Jahrhundert, welche ihren Geliebten vor einer sicheren Niederlage bewahrt hat, indem sie ihm eine glänzende Kombination einflüsterte, die unter dem Namen »Das Matt der Dilaram« in die Schachgeschichte einging. In der glänzenden künstlerischen Epoche des italienischen 14. und 15. Jahrhunderts nimmt Schach an vielen Fürstenhöfen einen Ehrenplatz ein. Die berühmte Isabella d'Este ist vornehme Schutzherrin des Schachs an ihrem Hof: Schach war in Mode – eine gehobene Zerstreuung einer verfeinerten Gesellschaft, in der Frauen eine führende Rolle spielten. Dies zeigen übrigens auch zahlreiche Gemälde dieser Epoche, auf denen venezianische oder florentinische Schönheiten mit Anmut kunstvoll gearbeitete Schachfiguren bewegen. Das begleitende Lächeln war sicher dazu bestimmt, den Gewinn der Partie zu erleichtern, weil der »Gegner« im allgemeinen ein Mann war. Diese Art Schach zu spielen sagte aber nichts über das Verständnis und die wahre Beherrschung des Spiels aus. Dieses Verständnis hat sich ausschließlich in Männerkreisen entwickelt. Die ganze Theorie, die dem Schachspiel gewidmeten Bücher, Wettbewerbe unter großen Spielern von al-Adli (9. Jahrhundert) bis in unsere Tage, alles hat sich ohne Mitwirkung von Frauen (oder in jedem Fall unter sehr geringer Mitwirkung) abgespielt. Unter Berücksichtigung dieser historischen Entwicklung wird der aktuelle Unterschied zwischen dem Männer- und Frauenschach leicht verständlich. Das Handicap einer langen Tradition läßt sich nicht leicht aufholen. Nicht umsonst antwortete im Rahmen eines Interviews in Belgrad Großmeisterin Milunka Lazarevic – eine der interessantesten Vertreterinnen des gegenwärtigen Frauenschachs und zudem eine begabte Journalistin – ihren Zunftkollegen, welche allzu intensiv nachfragten: »Was redet ihr mir ständig von der Überlegenheit der Männer im Schach! Gebt uns das Handicap von Jahrhunderten zurück, das die Männer uns voraus haben – dann werden wir schon sehen!«

Diese Entgegnung enthält viel Wahrheit. In der Tat haben die Frauen trotz aller schnellen materiellen, sozialen und politischen Emanzipation im Bereich des Schachs eine Menge Schwierigkeiten auf dem Weg zu einer vollständigen Integration zu überwin-

Die ungarischen Schwestern Zsuzsa Polgar, 15 Jahre alt und zur Zeit Weltranglistenerste bei den Frauen, und Sophia Polgar, 9 Jahre alt, sind außerordentlich erfolgreich – auch im Spiel gegen männliche Schachsportler

den. Zuweilen wurzeln diese Schwierigkeiten in Vorurteilen, welche trotz angeblicher Beseitigung dennoch fortbestehen und die Entwicklung des Frauenschachs beeinflussen. Eines unter ihnen – und nicht das unwichtigste – ist die instinktive Angst einiger Männer, am Schachbrett von einer Frau besiegt zu werden. Diese Schande können viele nicht ertragen und vermeiden es daher grundsätzlich, an Wettbewerben teilzunehmen, in denen auch Frauen spielen. Aber sehen wir, was hierzu die erfahrene Nona Gaprindaschwili zu sagen hat: »Männer schämen sich, gegen eine Frau zu verlieren – und sei es die Weltmeisterin selbst. Sie spielen gegen mich mit all ihrer Kraft – selbst mit dem Risiko, die nächste Partie infolge Übermüdung zu verlieren. Beispielsweise spielen Männer, die sich im Turnier auf den letzten Plätzen befinden und ohne besonderen Widerstand gegen Großmeister verlieren, gegen mich mit ungewöhnlicher Hartnäkkigkeit, als ob von dieser Partie der 1. Platz abhinge. Aber nicht nur die Angst, gegen eine Frau zu verlieren, beherrscht meine Gegner, sondern auch eine gewisse Unterschätzung meiner Möglichkeiten. Glauben Sie etwa, daß die Großmeister, wenn sie gegen eine Frau spielen, auch nur ein wenig Galanterie zeigten? Keine Spur!... Nie werde ich vergessen, wie ein Großmeister, ein Herr mit untadeligen Manieren, eine völlig gleichstehende Partie etliche

Nana Joseliani (UdSSR) im Spiel gegen die Chinesin Liu-Shi Lan in Velden (Österreich) 1983

Stunden gegen mich weiterspielte und sich erst mit dem Remis zufriedengab, als auf dem Brett nur zwei einsame Könige zurückblieben...«

Ein anderes Vorurteil, vielleicht instinktiv und unbewußt mit ersterem verbunden, besagt, da Frauen nun einmal so schwach spielten, sollten sie nur gegeneinander spielen. Wenn sie einmal »männliche« Höhen erreichen – na ja, dann könne man ja sehen. So etwa denkt leider die Mehrheit der Schachfunktionäre und -organisatoren. Demzufolge findet sich wohl für ein Match Fischer–Karpow leicht ein Sponsor, der eine Million Dollar (wenn nicht mehr) gibt, während bei Frauenwettkämpfen die Begeisterung spürbar nachläßt – manchmal sogar bis auf Null –, kurzum, niemand will sie organisieren. Wenn doch, dann bescheiden und ökonomisch – nach Möglichkeit im Schatten eines Männerwettkampfes.

Und dennoch – trotz all dieser Schwierigkeiten machte das Frauenschach in den letzten Jahrzehnten eindrucksvolle Fortschritte. Die Anzahl der Spielerinnen wuchs merklich, die Qualität des Spiels verbesserte sich beträchtlich.

Zwischen den zwei Weltkriegen gab es nur eine Spielerin, Vera Menschik, die mit Erfolg in Männer turnieren mitspielen konnte. Halb im Spaß, halb im Ernst schlug der verstorbene Großmeister Flohr die Gründung eines »Vera-Menschik-Clubs« vor, der als Mitglieder all jene Großmeister umfassen sollte, welche mit ihr verloren oder remisierten. Die Liste war eindrucksvoll und weist berühmte Namen auf: Euwe, Sultan Khan, Eliskases, Vidmar, Maroczy, Rubinstein, Flohr usw.

Heute gibt es viele Spielerinnen, die sich vielleicht sogar größerer Erfolge als Vera Menschik bei Männerturnieren rühmen können und so beweisen, daß die begonnene Entwicklung sehr schnell fortschreitet. Wenn wir von der Prämisse ausgehen, daß bei gleichen Bedingungen und trotz der physiologischen Unterschiede nichts einer aufsteigenden Entwicklung des Frauenschachs im Wege steht, können wir sagen, daß die derzeitigen Spielstärkenunterschiede sich verlieren können und Frauen genausogut wie Männer spielen werden.

Wieviel Zeit wird diese Entwicklung beanspruchen? Schwer zu sagen, aber wenn man das stetig steigende Tempo des Fortschritts berücksichtigt, kann man vermuten, daß das Jahrhundert-Handicap, das Milunka Lazarevic beklagte, bald ausgeglichen werden kann. Persönlich glauben wir, daß der Tag kommen wird, an dem die Trennung zwischen Frauen- und Männerschach verschwinden wird, die Wettbewerbe gemeinsam stattfinden werden und – vielleicht eine märchenhafte, doch mögliche und anziehende Vision – daß um den Weltmeistertitel »aller Kategorien« gekämpft wird, sagen wir zwischen Bobby Fischer und Pia Cramling. Für 5 Millionen Dollar?

Raymond Keene
Vom Amateur- zum Profisport

Spitzenschach bedeutet heutzutage echtes Profitum; finanzielle Unterstützung findet es einerseits bei der Wirtschaft, andererseits bei den Regierungen: ersteres vorzugsweise im Westen, letzteres im Ostblock. Folge hiervon ist, daß Amateure wie beispielsweise die Großmeister Darga, Schmid und Unzicker ernsthaft benachteiligt, wenn nicht gar abgeschreckt werden.

Das Beispiel England

Wir wollen die Einzelheiten dieser raschen Veränderung am Beispiel Englands unter die Lupe nehmen, das heute zu den sich am schnellsten entwickelnden Schachnationen der Welt zählt. 1975 hatte England keinen einzigen Großmeister aufzuweisen – jetzt besitzt es sieben. Folgende Punkte scheinen mir für das Zustandekommen dieses Erfolgs wichtig:

1. Der Wert der zahlreichen Turniere nach Schweizer System, bei denen hartgesottene, siegorientierte und erfolgshungrige »Schächer« aufeinandertreffen, ist nicht zu unterschätzen. Durchschnittlich jede Woche findet eines dieser Turniere statt, die somit ein ständiges Übungsfeld für Talente bieten. Als Belohnung winken erste Preise von umgerechnet knapp 300 bis 4000 DM und mehr. Zusätzlich gibt es den Ansporn des »Grand Prix«, des insgesamt besten Abschneidens bei einer Reihe von Turnieren, in Höhe von umgerechnet 12000 DM, der auch die Spitzenprofis veranlaßt teilzunehmen.
2. In früheren Zeiten strebten die intellektuell Begabtesten der jüngeren Generation häufig die Universitätslaufbahn an. Im gegenwärtigen Klima wirtschaftlicher Unsicherheit gibt es kaum noch Arbeitsplätze in diesem Bereich, beziehungsweise sie werden als unsicherer denn die Möglichkeit, vom Schach zu leben, empfunden.
3. Turniere nach Schweizer System mit Elo-Wertung gab es zuerst in England, was eine große Zahl starker ausländischer Spieler in Kontakt mit dem englischen »Schachvolk« brachte.
4. Die »Lloyd's Bank«, die »Westminster Bank« und andere Unternehmen stellen die Mittel zur Verfügung, die für die Talentsuche unter den Jugendlichen erforderlich sind.
5. England ist zum Weltzentrum der Schachliteratur geworden.
6. An der Spitze des Britischen Schachverbands stehen heute glücklicherweise Persönlichkeiten, die unternehmender, profimäßiger und internationaler ausgerichtet sind als ihre Vorgänger.
7. Die englische Wirtschaft insgesamt mag in einer Krise stecken, es sind jedoch Banken, Computerfirmen und die Börse, von denen der Löwenanteil der Spendengelder für Schachturniere o. ä. stammt. Solche Unternehmen werden von der heutigen Rezession relativ wenig betroffen. Anders ist die Lage in Holland, wo die Spenden hauptsächlich aus der Stahlindustrie stammen, der es wirtschaftlich zur Zeit wesentlich schlechter geht.
8. Englische Schachautoren und -schriftsteller tun ihr Bestes, den Sponsoren Anerkennung und Bekanntheit zu verschaffen.

Gesellschaftliche Anerkennung im Ostblock Sowjetisches Schach – ein persönlicher Erfahrungsbericht

Die Sowjetunion zählt stolze vier Millionen organisierte Schachspieler; sie wird (mit einer kurzen Unterbrechung unter Fischers »Herrschaft«) von 1948 bis mindestens 1986 den Weltmeister stellen, und natürlich hat sie mehr Großmeister aufzuweisen als jedes andere Land. Schachmeister genießen in der

Schachsponsor Manfred Hegener überreicht Weltmeister Karpow den Siegerpreis beim internationalen Großmeisterturnier des Deutschen Schachbundes 1983 in Hannover

Sowjetunion allgemeines Ansehen und werden vom Staat bezahlt. Vielleicht sollte jeder Schachspieler wenigstens einmal in seinem Leben an einem Turnier in der UdSSR teilnehmen. Für mich kam diese Gelegenheit zum »Studium vor Ort« Anfang Dezember 1974, als ich zum Internationalen Turnier von Tiflis eingeladen wurde.

Unter Schachaspekten vielleicht am eindrucksvollsten war in Tiflis das »Haus des Schachs«, unser Turnierlokal, ein geräumiger moderner Komplex, der ausschließlich dem Schach- und Damespiel vorbehalten war. Es enthielt eine Aula für internationale Veranstaltungen, in der Größe dem Theater einer Provinzstadt vergleichbar, sowie eine Anzahl von Spiel- und Vortragsräumen. Die Einrichtung beschäftigte Schachlehrer, Großmeister, Damentrainer, ganz abgesehen von einer Schar von Angestellten. All dies wird vom Staat finanziert, und dafür konnte Tiflis die Leistungen von Gufeld und Gurgenidse vorzeigen, von Nona Gaprindaschwili (der früheren Damenweltmeisterin) wie von Tschiburdanidse, der gegenwärtigen Weltmeisterin. Natürlich gab es bei jeder Runde eine riesige, geräuschvolle und enthusiastische Zuschauermenge, die ganz besonders dann aus dem Häuschen geriet, wenn ihre Nationalheldin Nona eine Partie gewann. Der Zuschauerraum war vollbesetzt mit starken Spielern. Ein kleiner alter Mann mit einer Stoffmütze, der sich aus der Menge löste, um uns zu begrüßen, entpuppte sich als Meister Buslajew, der zu seiner Zeit Größen wie Kortschnoi geschlagen hatte.

Remis

Eine der wichtigsten Besonderheiten des modernen Profischachs, die bei den Zuschauern wenig Anklang findet, ist die Neigung, ein Remis mit Schwarz oder aus einer geringfügig schlechteren Stellung heraus als kleinen Triumph zu betrachten. Die heutigen Meister besitzen einen hochentwickelten Gefahrensinn, der sie, schon wenn sie sich nur im geringsten bedroht fühlen, dazu bringt, Remis zu erzwingen oder anzubieten, und dies mit einer Konsequenz und Häufigkeit, die Staunton, Morphy, Anderssen, Steinitz oder Lasker nicht im Traume eingefallen wäre.

FIDE-Titel: Großmeister, Internationaler Meister, FIDE-Meister

Die FIDE hat im wesentlichen zwei Wege, schachliche Verdienste anzuerkennen: die *Elo*-Rangliste und das Titelsystem. Erstere dient als Gradmesser der aktuellen Spielstärke, da die *Elo*-Zahlen alle sechs Monate neu veröffentlicht werden; Titel dagegen werden für anhaltend starke Leistungen verliehen und gelten lebenslang. Verliehen werden die Titel beim jährlichen FIDE-Kongreß, nachdem die Resultate der Bewerber vom gefürchteten Qualifikations-Komitee sorgfältigst geprüft worden sind. Der höchste FIDE-Titel ist der eines Großmeisters; derzeit gibt es weltweit etwa 150 aktive Großmeister, die Mehrzahl davon in Osteuropa. Westeuropa zählt weniger als 30 und Asien gar nur drei. Vergleicht man dies mit der Mitgliederstärke des britischen Oberhauses (über 1000 Abgeordnete) oder mit der jährlichen Zahl von Doktortiteln, die an einer beliebigen Universität verliehen werden, so begreift man, welch eine besondere Auszeichnung dieser Titel bedeutet.
Auf dem FIDE-Kongreß 1978 wurden in Anbetracht der wachsenden Zahl der Titelverleihungen, die damals zwischen 12 und 15 pro Jahr lagen, die zu erfüllenden Normen beträchtlich heraufgesetzt. Meiner Meinung nach war diese Maßnahme nicht richtig, und man hätte statt dessen die Zahl der Partien, die zur Erfüllung der GM-Normen erforderlich sind, von 24 auf deutlich über 30 erhöhen sollen. Das hätte die gegenwärtige Lage widergespiegelt, in der es weitaus mehr Turniere gibt als früher – und damit auch Gelegenheiten, eine Norm zu erfüllen. Seither haben jedoch verblüffend viele Spieler die neu festgesetzten Normen erreicht, was es zunehmend schwieriger machen wird, die Uhr des Reglements zurückzustellen.
Eine Stufe tiefer steht der Titel eines Internationalen Meisters (IM) und unter diesem der erst kürzlich eingeführte eines FIDE-Meisters (FM). Sowohl der IM- als auch der FM-Titel bestätigen ihrem Inhaber beträchtliche schachliche Fähigkeiten, und in der Welt gibt es derzeit nur etwa 300 aktive IMs.

Elo-Zahlen

Die statistische Methode, nach welcher die FIDE die Leistungen von Teilnehmern an wichtigen nationalen und internationalen Turnieren beurteilt, wurde von Professor Arpad Elo aus den USA entwikkelt und eingeführt. Die internationale Rangliste

Es entsprechen einander ungefähr folgende Spielstärkeklassen und *Elo*-Zahlen:

Internationale Meisterin	*Elo*	2150
Nationaler Meister	*Elo*	2200
Internationale Großmeisterin	*Elo*	2250
FIDE-Meister	*Elo*	2250
Internationaler Meister	*Elo*	2350 und mehr
Internationaler Großmeister	*Elo*	2450 und mehr
Weltmeisterschaftskandidat	*Elo*	2600
Weltmeisterklasse	*Elo*	2650 und mehr

Die höchsten (größtenteils nachträglich errechneten) *Elo*-Zahlen der Schachgeschichte:

Fischer (USA)	2780
Karpow (UdSSR) und Capablanca (Kuba)	2725
Botwinnik (UdSSR) und Lasker (Deutschland)	2720
Kasparow (UdSSR)	2710
Tal (UdSSR)	2700
Morphy (USA) und Aljechin (Rußland/Frankreich)	2690

wird zweimal jährlich, am 1. Januar und am 1. Juli, veröffentlicht und dient dazu, verschiedene Kategorien internationaler Turniere festzulegen, wobei die Spannweite von Kategorie 1 bis Kategorie 16 reicht. Alle international aktiven Spieler, erst recht alle Berufsspieler, müssen sich über eine *Elo*-Zahl einstufen lassen, da bei Turnieren, wenn sie für den Erwerb von Titelnormen der FIDE gelten sollen, maximal 20 Prozent ungelistete Teilnehmer starten dürfen.

Die soziale Bedeutung des Schachspiels

Gibt es einen vernünftigen Grund, Schach zu spielen, oder ist es nur ein angenehmer Zeitvertreib? Natürlich treibt es Schachspieler zum Spiel; in mancher Beziehung ist es wie eine Droge für sie, wobei die Entzugserscheinungen höchst schmerzhaft sein können. Sind aber nun die Großmeister und die Abertausende anderer Schachliebhaber nur ein Haufen von modernen Lotusessern mit rein narzißtischen Bedürfnissen? Fehlt ihnen jegliche Beziehung zu den übrigen gesellschaftlichen Bereichen? Mit anderen Worten: Erfüllen wir Schachspieler uns einen Spaß mit einer unproduktiven Tätigkeit auf Kosten der Übernahme von sozialer Verantwortung? Dieses Argument bekommen Schachspieler häufig zu hören – von Nichtschachspielern natürlich; diese möchten das Spiel in einen »nützlichen« Bezugsrahmen einzwängen (welchen Nutzen hat Schach?) und kritisieren Schachprofis mit den Worten: Warum nimmst du keine richtige Arbeit an? Meine Antwort auf solche Vorhaltungen bezieht verschiedene Bereiche ein: den ästhetischen, den intellektuellen und einfach das Vergnügen und die Entspannung für viele Tausende, die das Spiel berei-

Auf dem Schachmedizin-Turnier in München im Jahre 1981 wird wissenschaftlich exakt die große körperliche Belastung gemessen, der ein Schachspieler während einer Wettkampfpartie ausgesetzt ist

tet. Wer wagt schon zu bezweifeln, daß Meisterpartien mit eindrucksvollen Opfern das Publikum begeistern. Indes möchte ich noch weitergehen – auch als Anregung zur Diskussion des ganzen Problems der Bedeutung des Schachspiels im 20. Jahrhundert. Ich meine, daß Schach ausgesprochen günstige soziale Auswirkungen hat und zur Lösung sozialer Probleme und Unruhen in den städtischen Zivilisationen des Westens in den letzten Jahrzehnten dieses Jahrhunderts beitragen könnte, wenn nicht nur zum Spielen ermutigt würde, sondern Schach als Pflichtfach in den Schulplan (wie Cricket, Fußball oder Rugby in England) aufgenommen würde.

Mit zunehmender – manchmal durch die Massenarbeitslosigkeit sogar erzwungener – Freizeit benötigen wir ebenso wie die Kinder etwas, um uns sinnvoll (d. h. stimulierend und identitätsfördernd) zu beschäftigen; etwas, was ein Gegengewicht zu den oft stumpfsinnigen Betätigungen darstellt.

Schach und geistige Fitness

Zur Zeit sind »Fitness-Bewegungen« in der westeuropäischen und amerikanischen Gesellschaft sehr beliebt – Aerobic, Jogging, verschiedene Tänze –, um Probleme mit Übergewicht, ständigem Sitzen und den anderen negativen Folgen städtischer Existenz anzugehen. Hierbei sollte nicht übersehen werden, daß auch Schach wesentlich zur *geistigen* Gesundheit beiträgt. »Spiele Schach – halte deinen Geist gesund!« sollte es heißen. Schach kann ein Ausgleich zu körperlichen Übungen sein. Es fördert logisches, klares und zielbewußtes Denken – allein deshalb sollte es unterstützt werden.

Schach als Sport

Alles deutet darauf hin, daß der alte Streit bezüglich der Natur des Schachspiels (Kunst, Wissenschaft, Sport?), heutzutage zumindest, zugunsten des Sports entschieden wurde. Die erfolgreichsten Großmeister betrachten sich jetzt eher als Sportler denn als Wissenschaftler oder Bohemiens, was durch die Tatsache bekräftigt wird, daß die erfolgreichen Schachspieler immer jünger werden. Moderner Spitzensport zieht junge Leute an, genauso ist es mit dem Schach. Weltmeister Karpow sagte in einem Interview mit dem Wochenmagazin »The Spectator«: »Früher wurde die Altersstufe von 29 bis 35 Jahren als optimal für Schacherfolge angesehen. Heute muß man sich im Turnierschach wesentlich mehr, auch körperlich, einsetzen – so sank auch das Erfolgsalter entsprechend. Die erfolgreichsten Großmeister sind mittlerweile zwischen 26 und 32 Jahren alt.« Kasparow, der augenblickliche Herausforderer um die Weltmeisterschaft, ist erst 21! Die größten Erfolge im gegenwärtigen Schach erringen diejenigen, die den Wettkampf lieben, praktisch und körperlich fit sind und schnell reagieren können – alles Eigenschaften eines Spitzensportlers.

Viele europäische Schachverbände werden inzwischen zum Teil vom jeweiligen Sportbund unterstützt. Über Schach wird zumeist auf den Sportseiten berichtet, und obwohl die Spanier sich gern auf das »juego ciencia« (wissenschaftliches Spiel) berufen, hat die deutsche Bezeichnung »Denksport« viel mehr Gewicht. In der Sowjetunion bezeichnet man Schachmeister als »Meister des Sports«; russische Großmeister üben in Trainingsanzügen, Schachbücher werden von der Abteilung für Körperkultur und Sport veröffentlicht (wie auch in den übrigen sozialistischen Staaten, z. B. im »Berliner Sportverlag« in der DDR – Anm. d. Übers.).

Schach spielen heute Sportsleute – im obigen Sinne, nicht im alten traditionellen englischen Sinn eines guten Verlierers – frei nach dem Motto »Der Tüchtigste soll gewinnen«. Eine bezeichnende Eigenschaft der meisten jungen »Sportler«-Großmeister ist die völlige Konzentration auf das Schach und das Vermeiden jeder Form von Ablenkung. Ein Grund, warum Larsen und Hübner nie Weltmeister werden könnten, ist ihr großer kultureller Horizont (Hübner war Papyrologe an der Kölner Universität). Um Weltmeister zu sein, braucht man all seine Energie und Geisteskräfte für das Schach, eine gute Ausbildung kann sogar ein Handicap sein.

Karpow und Kasparow belegten offiziell zwar auch Universitätskurse, aber Fischer und viele andere verließen die Schule bereits sehr früh.

All dies steht in deutlichem Kontrast zu früheren Zeiten, als die führenden Großmeister auf verschiedenen Ebenen »Kulturriesen« waren – Staunton, der Shakespeare-Gelehrte; Lasker, der Philosoph und Mathematiker; Botwinnik, der glänzende Ingenieur. Die Entwicklung vom Amateur- zum Profisport ist jedoch auch im Schach nicht umzukehren.

Raymond Keene
Die Schachweltmeister

Würde man einen normalen Bürger fragen, ob er mehr über Morphy oder über Petrosjan wisse oder ob er überhaupt von Petrosjan schon einmal gehört habe – ich bin sicher, seine Antwort zu kennen. Und doch war Petrosjan für sechs Jahre Weltmeister, während Morphy nichts war als ein legendäres Schachgenie, ohne jeden offiziellen Titel. Die offiziellen Kämpfe um die Weltmeisterschaft begannen mit dem Wettkampf Steinitz–Zukertort 1886; doch gab es schon früher eine Reihe hochbegabter Spieler, die der Ehre eines Welttitels würdig gewesen wären, der jedoch noch nicht existierte. Die wichtigsten unter diesen waren die Franzosen Philidor und Labourdonnais, der Engländer Staunton, der Deutsche Adolf Anderssen und Morphy selbst. Aber es brauchte erst einen gewitzten österreichischen Juden, Wilhelm Steinitz, um den offiziellen Titel zu erfinden, und so ist es sein Name, der als erster in den Annalen der Weltmeister erscheint.

Die Weltmeister vor Gründung der FIDE im Jahre 1924 waren:

Wilhelm Steinitz (Österreich/USA)	1886–1894
Emanuel Lasker (Deutschland)	1894–1921
José Raoul Capablanca (Kuba)	1921–1927

Bis zum Tode Aljechins war der Gewinn des höchsten Titels Folge privater Initiative. Es gab keinen Weg, den amtierenden Weltmeister zu einer Titelverteidigung zu zwingen. Der doppelte Ansporn von Ehre und Geld stellte jedoch sicher, daß er sich ausreichend häufig darauf einließ. Niemand hatte automatisch das Recht, den Weltmeister herauszufordern, aber wenn jemand gute Aussichten für eine »Entthronung« zu haben schien, durfte er darauf rechnen, ausreichende finanzielle Unterstützung auftreiben zu können. Dies System »freier Marktwirtschaft« funktionierte gar nicht einmal so schlecht, aber es hatte Schwächen, die sich mit Recht kritisieren ließen. Einige Titelkämpfe stellten kaum mehr dar als ziemlich sinnlose Ehrenrunden für den Champion und fanden überhaupt nur statt, weil der Herausforderer ausreichende Geldmittel beschafft hatte, nicht weil er eine echte Siegeschance besaß. Einige Zweikämpfe, die die Schachwelt liebend gern gesehen hätte, fanden niemals statt, entweder weil der potentielle Herausforderer nicht genügend finanzielle Unterstützung finden konnte oder, wie manche behaupteten, weil der Titelverteidiger durch überhöhte Forderungen ein Treffen absichtlich verhinderte.

Als Aljechin 1946 starb, ohne die Krone abgegeben zu haben, ergriff der Weltschachbund, die FIDE, die Gelegenheit, Kontrolle und Organisation der Weltmeisterschaft in die Hand zu nehmen. Das nächste Problem war, das Interregnum zu beenden, das durch Aljechins Tod entstanden war; dies wurde durch die Veranstaltung eines Turniers getan, in dem die fünf stärksten Spieler der Welt je fünfmal aufeinandertrafen. Es gewann Botwinnik. Anschließend erklärte die FIDE, daß der Champion seinen Titel in dreijährigen Abständen gegen einen Herausforderer zu verteidigen habe, der durch ein umfassendes System von Ausscheidungsturnieren ausgewählt werden sollte. Der dreijährige Zyklus sollte sicherstellen, daß der Weltmeister sich nicht auf seinen Lorbeeren ausruhte, und einem entthronten Weltmeister Gelegenheit geben, seinen Titel zurückzuholen. Die FIDE bestimmte aber auch, daß ein unterlegener Weltmeister Anspruch auf einen Rückkampf innerhalb eines Jahres haben solle. Diese Bestimmung, genannt »Lex Botwinnik«, weil er

zweimal von ihr profitierte, war offensichtlich ungerecht, denn da kein Rück-Rückkampf vorgesehen war, hatte der Weltmeister zwei Würfe frei, sein Herausforderer aber nur einen. 1963 wurde die »Lex Botwinnik« abgeschafft, seltsamerweise aber 1977 wiedereingeführt. 1983 wurde der Weltmeisterschaftszyklus von drei auf zwei Jahre verkürzt, um dem wachsenden öffentlichen Interesse am Schach entgegenzukommen und das Schachgeschäft zu beleben, besonders auch in Ländern, wo eine Schachbewegung gerade erst in der Entwicklung begriffen ist. Diese Maßnahme ging auf den amtierenden FIDE-Präsidenten, den Filipino Florencio Campomanes, zurück und wurde energisch unterstützt.
Bevor die FIDE die Sache in die Hand nahm, entschieden Verhandlungen zwischen den Spielern und ihren Geldgebern über die Bedingungen von Weltmeisterschaftskämpfen. Zuweilen ging es darum, aus einer festgelegten Zahl von Partien die meisten Punkte zu holen, zuweilen siegte der Spieler, der als erster eine bestimmte Anzahl Partien gewonnen hatte. Die Matchdauer schwankte zwischen zehn (Lasker–Schlechter 1910) und 34 Partien (Capablanca–Aljechin 1927). Zwischen 1951 und 1972 standardisierte die FIDE diesen Tatbestand, indem sie festsetzte, daß die Finalkämpfe über 24 Partien gehen sollten, wobei im Falle eines Gleichstandes nach dieser Distanz der Weltmeister seinen Titel behalten sollte.
Die Weltmeister seit Gründung der FIDE waren:

Alexander Aljechin (UdSSR/Frankreich)	1927–1935
Max Euwe (Holland)	1935–1937
Alexander Aljechin (Frankreich)	1937–1946
Michail Botwinnik (UdSSR)	1948–1957
Wassili Smyslow (UdSSR)	1957–1958
Michail Botwinnik (UdSSR)	1958–1960
Michail Tal (UdSSR)	1960–1961
Michail Botwinnik (UdSSR)	1961–1963
Tigran Petrosjan (UdSSR)	1963–1969
Boris Spasski (UdSSR)	1969–1972
Robert Fischer (USA)	1972–1975
Anatoli Karpow (UdSSR)	seit 1975

Für Titelkämpfe seit 1978 bestimmte die FIDE denjenigen zum Sieger, der als erster sechs Partien gewonnen haben würde. Die erste Partie des Finalkampfes 1978 fand am 18. Juli im philippinischen Baguio City statt. Seit sechs Jahren hatte die Welt keinen Weltmeisterschaftskampf mehr gesehen, das heißt seit dem berühmten Treffen Spasski–Fischer 1972 in Reykjavík, bei dem endlich einmal das Monopol gebrochen wurde, das die Sowjets seit 1948 gehalten hatten. Fischer war ein eigenartiger Fall. Nachdem er im publicitywirksamsten Schachwettkampf aller Zeiten Weltmeister geworden war, hörte er einfach auf zu spielen, und die drei Jahre, in denen er die Krone trug, war er überhaupt nicht aktiv. Als er nach der festgelegten Drei-Jahres-Periode keine Bereitschaft zeigte, seinen Titel zu verteidigen, wurde Anatoli Karpow aus der UdSSR, der Sieger des Kandidatenzyklus 1974, am grünen Tisch zum Weltmeister erklärt.
Den meisten Beobachtern erschien Fischers Betragen als bestenfalls eine Vernachlässigung seiner Pflicht gegenüber der Öffentlichkeit, schlimmstenfalls schlichtweg als verrückt. Doch in gewisser Hinsicht war Fischers Rückzug begreiflich: Nachdem einmal der Gipfel eines intellektuellen Everest erklommen ist, gibt es eine gewisse psychologische Hemmschwelle, womöglich gar einen seelischen Block, dieselbe Leistung ein zweites Mal zu vollbringen. Fischer scheint sich ein für allemal als »den« Weltmeister betrachtet zu haben und sah es als überflüssig an, diese Tatsache erneut unter Beweis zu stellen. Jene Weltmeister der Vergangenheit, die von ihrem Olymp herabstiegen, um ihre schwererrungenen Titel zu verteidigen, taten schließlich, wenn auch noch so geringfügig, ihrem Ruf doch Abbruch, indem sie dem würdigsten ihrer Herausforderer unterlagen. Dadurch daß er sich völlig zurückzog, bewahrte sich Fischer einen Nimbus der Unbesiegbarkeit, ähnlich wie sein Landsmann Morphy mehr als hundert Jahre zuvor. Aber bei einem einmal erreichten Leistungsniveau darf man nicht stehenbleiben. Wenn man sich zu lange auf seinen Lorbeeren ausruht, welken und verderben sie. Die Welt hat Fischer abseits liegenlassen, isoliert auf seinem einsamen Gipfel, während unvermeidlich die in den Mittelpunkt der Aufmerksamkeit gerieten, die aktiv in den Kampf verwickelt waren.
Wenn viele Beobachter Karpow als einen »Papiertiger« angesehen hatten, als er 1975 den Titel am grünen Tisch von Bobby Fischer übernahm, so brachte sein anschließendes Gebrüll die meisten

Wilhelm Steinitz

seiner Kritiker zu kleinlautem Schweigen. Karpow sitzt nun seit neun Jahren auf dem Schachthron und hat sich in diesem Zeitraum als einer der aktivsten und erfolgreichsten Titelhalter erwiesen, der an den stärksten Turnieren teilnahm, aus denen er meist als alleiniger Gewinner des ersten Preises hervorging. Sein Abschneiden auf Turnieren während seiner Zeit als Weltmeister läßt sich allenfalls mit dem Laskers und Aljechins vergleichen. Bent Larsen beschreibt Karpow als den Weltmeister, der nicht wegen seines Stils oder seiner Persönlichkeit in die Schachgeschichte eingehen wird, sondern weil er die meisten Turniere gewonnen hat.

In der Tat hatte Karpows »Amtsführung« als Weltmeister nur einen Schönheitsfehler, nämlich seine Weigerung, gegen Kortschnoi anzutreten, außer in Veranstaltungen, die direkt unter der Verantwortung der FIDE stattfinden. Diese Weigerung hatte eindeutig politische Gründe, aber sie führte zu der unerfreulichen Situation, daß zwei der drei stärksten aktiven Großmeister unserer Zeit sich wie feindliche Planeten auf Turnierlaufbahnen umkreisten, die sich niemals schneiden können, außer in den von der FIDE ausgerichteten Titelkämpfen. Es kam allerdings dann im Frühjahr 1984 bei einem Turnier in London endlich zu einem versöhnlichen Händedruck zwischen den beiden Kontrahenten.

Porträts der Weltmeister

Wilhelm Steinitz (17. Mai 1836–12. August 1900)

Steinitz trug als erster den offiziellen Titel Weltmeister (1886–1894) und war vielleicht der tiefste Denker, den das Spiel je gesehen hat. Obwohl nicht ganz so großartig im Gespür für komplexe Kombinationen wie seine Rivalen Zukertort und Tschigorin, änderte sein tiefes Verständnis für das Defensivspiel und für die Anhäufung von kleinen, aber dauerhaften Vorteilen die Auffassung einer ganzen Generation von Schachmeistern und ließ die Talentiertesten unter seinen Gegnern in hilflose Verblüffung geraten. Morphy hatte gezeigt, wie in offenen Stellungen vorzugehen sei, aber Steinitz erhellte das schwierigere Gebiet geschlossener Positionen.

Geboren in Prag, kam Steinitz 1858 als Student nach Wien und vertrat Österreich in seinem ersten internationalen Turnier 1862 in London. Er bezog seinen Wohnsitz in London und besiegte 1866 Anderssen, der als bester Spieler der Welt galt, mit +8 −6 =0. Steinitz siegte in den Turnieren von London 1872, Wien 1873 und New York 1894. Er beherrschte das britische Schach; Bird (1866) und Blackburne (1876) unterlagen ihm in Wettkämpfen. Er leitete die Schachspalte der »Field«. In Zukertort erwuchs ihm ein gefährlicher Gegner, und der Zusammenprall ihrer Persönlichkeiten führte zu einer wütenden Rivalität. 1886 spielten diese beiden einen Wettkampf, der zum erstenmal als »Weltmeisterschaft« bezeichnet wurde, und nach großartigem Kampfverlauf siegte Steinitz mit +10 −5 =5. Zukertort war nicht imstande zu begreifen, warum er verloren hatte; er wurde krank und starb zwei Jahre darauf. 1882 wanderte Steinitz nach New York aus. Seinen nächsten großen Rivalen Tschigorin schlug er 1889 und 1892 in zwei Wettkämpfen. 1894 wurde er jedoch vom jungen Lasker mit +5 −10 =4 entthront, und

1896/97 im Rückkampf schnitt er sogar noch schlechter ab. In Moskau brach bei ihm eine Krankheit aus, derentwegen er in eine psychiatrische Anstalt aufgenommen wurde. Er erholte sich wieder, aber 1900 befiel ihn die Krankheit von neuem, und er starb verarmt in New York.

Emanuel Lasker (24. Dezember 1868–11. Januar 1941)
Weltmeister 1894 bis 1921. Niemand hatte den Weltmeistertitel länger inne als Lasker. Selbst nachdem er den Titel verloren hatte, feierte er noch bedeutende Turniersiege und hatte noch im Alter von 67 Jahren an der Weltspitze ein Wörtchen mitzureden – eine unglaubliche Leistung. Bis zum heutigen Tage waren seine Erfolge Gegenstand gründlicher Untersuchungen, und häufig wurde er bezichtigt, seine Gegner zu verhexen oder zu hypnotisieren oder andere psychologische Kampfmittel eingesetzt zu haben, um zu gewinnen. In Wirklichkeit war er der ideale Fighter: kampfeslustig, unvorstellbar subtil, mit einer großartigen Fähigkeit zum Lavieren und enormer und schier unerschöpflicher Kraft. Geboren wurde er in Preußen. Er schuf sich einen Namen 1889 in Deutschland, 1891 in England und 1893 in den USA. 1894 gewann er den Weltmeistertitel, indem er den alternden Steinitz besiegte, und es folgte eine Serie außerordentlicher Turniererfolge: erste Preise 1895/96 in St. Petersburg, 1896 in Nürnberg, 1899 in London und 1900 in Paris. Er wandte sich dann wieder der Mathematik zu und promovierte 1902 mit einer Arbeit über abstrakte algebraische Systeme, die noch heute von Bedeutung ist. 1904 gründete er »Lasker's Chess Magazine«, und 1921 verlor er seinen Weltmeistertitel an Capablanca mit dem Resultat +0 –4 –10.
Lasker war der erste, der ernsthaft versuchte, die finanzielle Lage der Schachmeister zu verbessern, indem er große Summen für seine Starts forderte. 1924 in New York schuf er eine neue Endspieltheorie, indem er am Brett mit einem Springer gegen Turm und Bauer Remis hielt. Lasker widmete sich dann der Philosophie sowie Aufgaben als Schriftsteller und Lehrer. 1934, mit 66 Jahren, kehrte er in die Turnierarena zurück und hatte noch gute Erfolge bis fast zu seinem Tode 1941 in New York. Sein vielschichtiges Spiel hat seither alle ernsthaften Schachjünger angeregt und gefesselt.

José Raoul Capablanca. Mit der Notiz (rechts)

José Raoul Capablanca (19. November 1888–8. März 1942)
Weltmeister 1921 bis 1927; geboren in Havanna auf Kuba. Mit vier Jahren erlernte er das Schach, indem er seinem Vater beim Spiel zuschaute. Die Rasanz seiner schachlichen Entwicklung bewirkte, daß er bereits mit 12 Jahren einen Wettkampf gegen Juan Corzo gewann, den damaligen kubanischen Vorkämpfer. Capablanca ging dann in die USA und studierte an der University of Columbia. 1909 schlug er Frank Marshall, und aufgrund dieser Leistung wurde er 1911 nach San Sebastian eingeladen, wo er sensationell den ersten Preis davontrug. Sowohl Bernstein als auch Nimzowitsch, die sich gegen seine Teilnahme ausgesprochen hatten, weil er noch nicht in einem internationalen Turnier den ersten Preis errungen habe, wurden von ihm glatt geschlagen!
1913 erhielt er eine Anstellung im Auswärtigen Amt Kubas, was ihm die Möglichkeit gab, zu reisen und

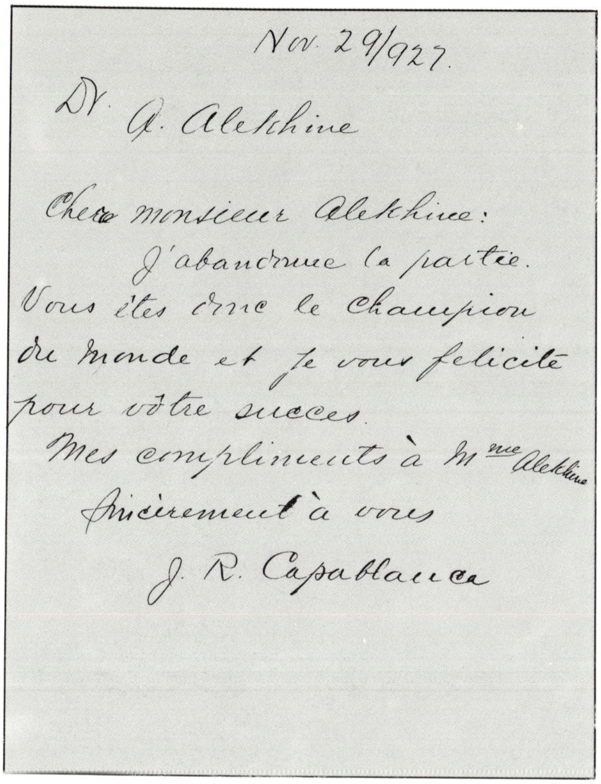

Nov. 29/927.

Dr. A. Alekhine

Cher monsieur Alekhine:

J'abandonne la partie. Vous êtes donc le champion du monde et je vous felicite pour votre succes.

Mes compliments à Mme Alekhine

Sincèrement à vous

J. R. Capablanca

gestand er seine Niederlage gegen Aljechin ein

an Schachveranstaltungen in der ganzen Welt teilzunehmen. 1921 wurde er Weltmeister, als er Emanuel Lasker in Havanna mit +4 −0 =10 schlug. Capablanca näherte sich nun dem Gipfel seines Könnens, und 1927 erzielte er seinen triumphalsten Turniererfolg, einen ersten Preis in New York vor Aljechin, Nimzowitsch und anderen. Zur allgemeinen Überraschung verlor er den Weltmeistertitel im selben Jahr in Buenos Aires an Aljechin mit +3 −6 =25. Capablanca erhielt nie die Chance zu einem Rückkampf, obwohl er etliche Turniere bestritt im erfolgreichen Bemühen, sich als der eigentliche Herausforderer zu erweisen. Im MANHATTAN CHESS CLUB erlitt er einen Herzinfarkt und starb im Jahre 1942. Sein Einfluß auf die Schachwelt war und ist enorm. Er hat die Eröffnungstheorie sehr bereichert, namentlich in der *Nimzo-Indischen Verteidigung* und im *Damengambit.* Von seinen Partien hat man gesagt, »sie atmeten Heiterkeit, die Klarheit und Durchsichtigkeit eines Kristalls... Diese Schlichtheit der Perfektion war das Ergebnis höchster Kunst«.

Alexander Aljechin (1. November 1892–24. März 1946)
Weltmeister 1927 bis 1935 und 1937 bis 1946; geboren in Moskau. Seine Mutter brachte ihm das Spiel bei, und mit etwa 14 Jahren begann er an Turnieren teilzunehmen. Damals wie zu allen Zeiten seines Lebens hatte Tschigorin den ausgeprägtesten Einfluß auf Aljechin, der versuchte, sein Spiel nachzuahmen, und Tschigorins Lieblingseröffnungen anwandte. 1908 nahm Aljechin in Moskau das Jurastudium auf, und es ist interessant anzumerken, daß er, als er aus Rußland nach Frankreich emigrierte, sich an der Pariser Sorbonne wieder in Jura einschrieb. Beim Ausbruch des Ersten Weltkriegs befand er sich auf dem Internationalen Turnier von Mannheim und wurde interniert, jedoch bald freigelassen. Er kehrte nach Rußland zurück und diente an der österreichischen Front, wo er verwundet wurde. Nach der Revolution blieb er zunächst in Rußland, und es heißt, er sei verhaftet und zum Tode verurteilt, dann aber von seiner ersten Frau gerettet worden. Angeblich nahm er damals alle möglichen Jobs an, um seinen Lebensunterhalt zu verdienen, einschließlich kleiner Schauspielerrollen in Filmen. Fest steht, daß er 1920 in Moskau die Sowjetische Meisterschaft gewann und daß es ihm im folgenden Jahr gelang, in die Schweiz auszuwandern, da seine Frau eine Schweizer Krankenschwester war, die mit dem Roten Kreuz nach Rußland gekommen war. Sicher in der Schweiz, verließ er seine Frau und siedelte sich in Paris an, wo er 1925 die französische Staatsbürgerschaft erwarb. Es folgte eine massive Serie von Turniererfolgen.
1927 glaubte er sich stark genug, Capablanca um die Weltmeisterschaft herauszufordern. Er siegte in einem langen Wettkampf, der in seiner Zähigkeit an die Schützengraben- und Stellungskriege erinnerte. Nach dem Gewinn des Titels errang er brillante erste Preise 1930 in San Remo und 1931 in Bled. Immer schon dem Alkohol zugeneigt, wurde er jedoch mehr und mehr zum Trinker, und das führte dazu, daß er 1935 seinen Titel an Euwe verlor; mit großer Selbstdisziplin holte er ihn sich aber 1937 im Rückkampf wieder. Während des Zweiten Weltkriegs hielt sich Aljechin eine Zeitlang auf deut-

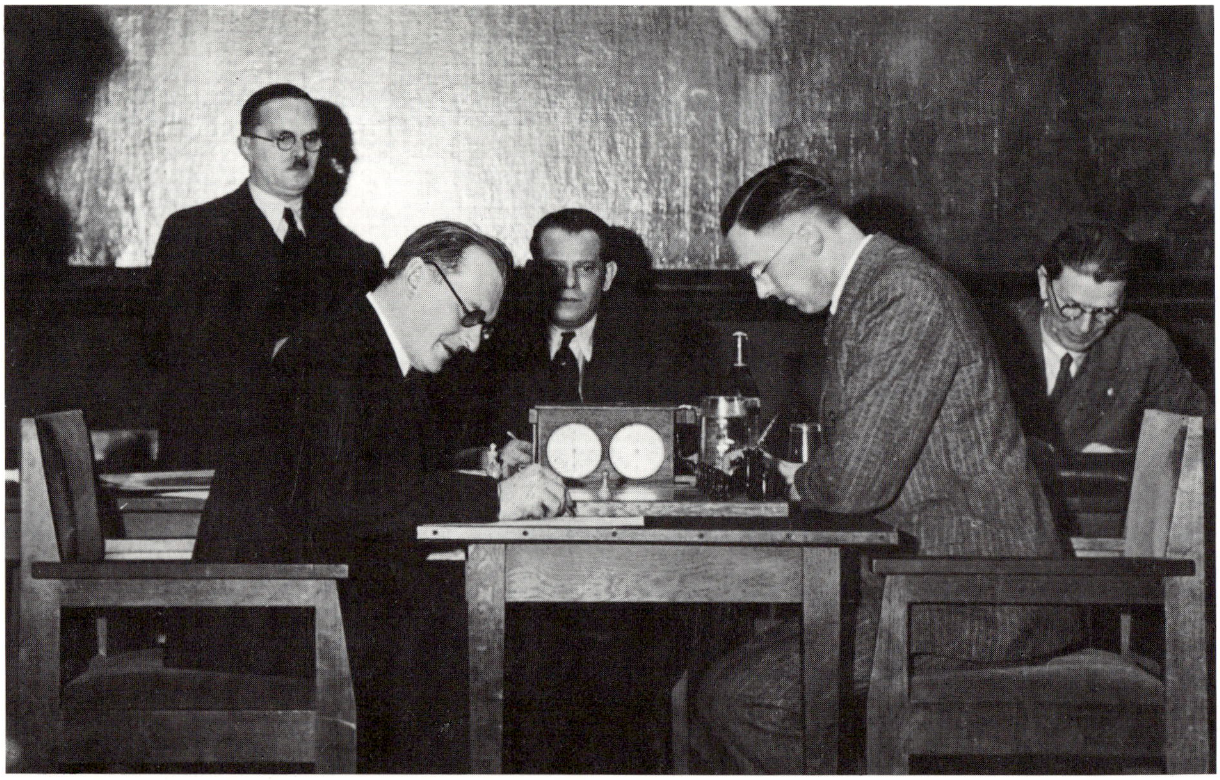

Alexander Aljechin (links) gegen Max Euwe. Eine Aufnahme aus den dreißiger Jahren

schem Boden auf, wo er seinem Ruf gerecht wurde, indem er die starkbesetzten Turniere 1942 in Salzburg und 1942 in München (zusammen mit anderen) gewann, und indem er Paul Keres verschiedentlich schmerzliche Niederlagen beibrachte, der mit Botwinnik in ruhigeren Zeiten der nächste Anwärter auf das Herausforderungsrecht gewesen wäre.
Seine beiden letzten Lebensjahre verbrachte er in Spanien und Portugal. Er starb 1946 in Estoril. Sein Spiel war kultiviert, lebhaft und brillant, mit einer großen Liebe zum Risiko, aber als 1927 das Positionsspiel notwendig wurde, um Capablanca zu besiegen, zeigte er sich auch darin meisterlich. Unter seine bedeutenden Werke zählen »Meine besten Schachpartien 1908–23« und »Auf dem Wege zur Weltmeisterschaft 1924–37«.

Max Euwe (20. Mai 1901–26. November 1981)
Es war ein trauriges Zusammentreffen, daß nur eine Woche, nachdem Karpow im November 1981 sich zum zweiten Male als 12. Weltmeister bestätigt hatte, der fünfte in dieser illustren Reihe verstarb: Dr. Max Euwe. Geboren im Jahre 1901, rang er Aljechin 1935 den Titel ab, nur um ihn 1937 zurückzuverlieren, als er dem unterlegenen Champion großmütig Revanche gewährte – ein Zuvorkommen, das Aljechin selbst seinem Vorgänger Capablanca versagt hatte. So außerordentlich Euwes schachliche Laufbahn auch war, so war sie doch durch zwei Faktoren beeinträchtigt: durch seinen Versuch, das Schach mit seinem Beruf als Mathematiklehrer zu vereinbaren, und dadurch, daß der Zweite Weltkrieg in jene Jahre fiel, die sehr gut Euwes fruchtbarste und erfolgreichste hätten sein können. Als der Krieg und die Besetzung seines Heimatlandes vorüber waren, brachte er es immerhin noch fertig, 1946 in Groningen enorm stark aufzuspielen (er wurde Zweiter hinter Botwinnik), aber 1948 beim Matchturnier um die Weltmeisterschaft wurde er abgeschlagen Letzter und mußte alle Titelhoffnun-

gen begraben. Da er am Brett nun nicht mehr zur obersten Spitze gehörte, strebte er, typisch für ihn, den ehrenvollsten Posten an, der ihm in der Schachwelt noch offenstand. 1970 wurde er Präsident des Weltschachbundes und versah dieses Amt, bis er sich 1978 aus freien Stücken zurückzog.

Michail Botwinnik (geboren am 17. August 1911) Weltmeister 1948 bis 1957, 1958 bis 1960 und 1961 bis 1963. Botwinnik war der erste sowjetische (im Unterschied zu »russische«) Meister, der sich an die Spitze des Weltschachs setzte. In seinen Trainingsmethoden und seiner allgemeinen Einstellung dem Spiel gegenüber verkörperte er die Ideale der jungen und aufstrebenden Sowjetischen Schule. 1923, mit 12 Jahren, lernte er Schach spielen, und innerhalb von drei Jahren wurde er zu einem der stärksten Spieler in Leningrad. 1931 absolvierte er seine Ingenieurprüfung. Im selben Jahr gewann er die siebte Meisterschaft der UdSSR – der erste seiner sieben Siege bei der nationalen Meisterschaft. Während der folgenden Jahre nahm die Isolierung des sowjetischen Schachs schrittweise ab: Führende Meister des Auslands wurden zu sowjetischen Turnieren eingeladen, und sowjetische Spieler durften ihre Kräfte jenseits der Landesgrenzen erproben. Botwinnik war unter den ersten, die internationale Bekanntheit erwarben und von ihr profitierten. Eine Serie von Erfolgen etablierte ihn bald als Großmeister der Weltklasse. Im wichtigen AVRO-Turnier von 1938 erreichte er nur den dritten Platz hinter Keres und Fine. Nichtsdestoweniger festigte er mit Siegen über Aljechin und Capablanca seinen Anspruch, ein Anwärter auf die Weltmeisterschaft zu sein. Aljechins Tod ließ den Thron verwaist zurück. 1948 veranstaltete die FIDE ein Matchturnier um den Titel zwischen den fünf führenden Bewerbern: Botwinnik, Smyslow, Keres, Reshevsky und Euwe. Botwinnik ging als klarer Sieger daraus hervor, mit drei Punkten Vorsprung vor Smyslow, seinem nächsten Rivalen. Anschließend spielte er nahezu keine ernsten Partien bis zur Titelverteidigung 1951 gegen Bronstein, die in einem toten Rennen endete (+5 −5 =14), womit der Weltmeister seinen Titel behielt (siehe den Beitrag »Die Ungekrönten«).
Zwischen 1951 und 1954 spielte er regelmäßiger, jedoch ohne den Erfolg, der den Weltmeister begleiten sollte. Im Titelkampf 1954 saß Botwinnik Smyslow gegenüber, und die Geschichte wiederholte sich – ein wiederum unentschiedenes Match erlaubte es Botwinnik, den Titel für weitere drei Jahre zu behalten. 1957 schließlich verlor er die Weltmeisterschaft an Smyslow, aber im folgenden Jahr machte der Ex-Weltmeister sein Recht auf einen Rückkampf geltend und holte sich den Titel mit +7 −5 =11 zurück. Ähnliches erwartete ihn 1960, als er den Titel gegen Tal verlor, nur um ihn 1961 im Rückkampf erneut zu erobern. 1963 verlor er ihn dann schließlich ein drittes Mal, an Petrosjan mit +2 −5 =15. Diesmal war der Verlust endgültig, denn nach einer neuen Regelung der FIDE hatte Botwinnik kein Recht mehr auf einen Rückkampf, und auf einen Versuch, sich über die Kandidatenwettkämpfe des Jahres 1965 zu qualifizieren, verzichtete er.
Während der gesamten Dauer seiner Weltmeisterschaft war er eigentlich nie übermächtig; er blieb mehr der »Primus inter pares«. Zum Teil bestand

Michail Botwinnik

Robert Hübner und Wassili Smyslow beim Kandidatenwettkampf zur Schach-WM in Velden 1983

das Geheimnis seines Genies darin, ungeheuer hart und viel arbeiten zu können. Jede seiner Partien unterwarf er intensiven Analysen, und er zeigte sich stets als sein eigener strengster Kritiker. Er regte als erster an, daß Turniervorbereitungen nicht nur geistig-seelisches, sondern auch körperliches Training enthalten sollten. Er verabscheute Tabak, und da er sich von Gegnern, die rauchten, in seiner Konzentration gestört fühlte, machte er sich dagegen immun, indem er seinen Trainer während der Trainingspartien ununterbrochen qualmen ließ!

Wassili Smyslow (geboren am 24. März 1921)
1957 Weltmeister. Geboren in Moskau, lernte er mit sechseinhalb Jahren Schach von seinem Vater. Zwei Vorlieben beherrschten sein Leben: Schach und Musik. Er verfolgte lange und intensiv das Ziel, Opernsänger zu werden, und gelangte unter die letzten 50 Kandidaten, die im Bolschoi-Theater vorsingen durften; hier reüssierte er nicht, worauf er seine Versuche abbrach. Schachlich lernte er eine Menge von Tschigorin, Nimzowitsch und Aljechin, und Spuren des Einflusses dieser drei lassen sich in seinem Spiel finden, zusammen mit originellen eigenen Elementen. Seinen ersten Erfolg hatte er 1938, als er in der Moskauer Meisterschaft den geteilten ersten Platz belegte. Sehr bald nach dem Ende des Zweiten Weltkriegs tat er sich international hervor. 1946 wurde er in Groningen Dritter, und im Weltmeisterschaftsturnier 1948 landete er als Zweiter hinter Botwinnik. 1953 brachte ihm einen außerordentlichen Triumph im Züricher Kandidatenturnier, wo er das Feld um 2,5 Punkte hinter sich ließ. Eine weitere Serie von Turniererfolgen gipfelte in einem neuerlichen bemerkenswerten Sieg im Kandidatenturnier 1956 in Amsterdam. 1957 wurde er Weltmeister, indem er Botwinnik in Moskau mit 12,5 zu 9,5 schlug. Er behielt den Titel allerdings nur ein Jahr, denn der Rückkampf gegen Botwinnik ging 10,5 zu 12,5 verloren.

Wassili Smyslows jüngste Leistung, nach 18jähriger Abwesenheit von Kandidatenturnieren nun bis ins Kandidatenfinale vorzudringen, ist fast ein gerontologisches Wunder und bezeugt seine erstaunlichen schachlichen Fähigkeiten. Mit 63 Jahren hielt er sich wacker in seinem Match gegen Kasparow in Wilna, das er 4,5 zu 8,5 verlor; immerhin hatte er bereits Hübner und Ribli ausgeschaltet (den ersten allerdings nur durch Losentscheid nach einem unentschiedenen Wettkampf), und das dürfte selbst Laskers Leistungen in einem ähnlichen Alter überbieten.

Michail Tal (geboren am 9. November 1936)
Weltmeister 1960 bis 1961. Tal stammte aus Riga. Er war vielleicht das größte Angriffsgenie der modernen Schachgeschichte. Früh fand er Beachtung als einer der stärksten Jugendspieler der Sowjetunion. 1956 nahm er zum erstenmal an der sowjetischen Meisterschaft teil und belegte den geteilten fünften Platz. Zu jener Zeit war sein Stil extrem aggressiv und »opferbereit«, viel bewundert von seinen Fans. Im Januar 1957 gewann er die Meisterschaft der UdSSR vor acht Großmeistern. Danach schien niemand mehr imstande, ihn zu bremsen. Im selben Jahr erhielt er den Großmeistertitel, wobei die FIDE ihre Bestimmung fallenlassen mußte, daß dieser nur an Spieler verliehen werden solle, die bereits zum Internationalen Meister ernannt waren. 1958 qualifizierte Tal sich fürs Interzonenturnier, siegte überzeugend und konnte dann im Kandidatenturnier starten, in dem er als einer der Favoriten galt. Trotz eines schlechten Beginns siegte er einmal mehr und errang so das Recht, gegen Botwinnik um den Weltmeistertitel zu kämpfen. Tal gewann mit dem überzeugenden Ergebnis von 12,5 zu 8,5. Im folgenden Jahr, geschwächt durch gesundheitliche Probleme, verlor er allerdings den Rückkampf. Seither haben seine Ergebnisse nur selten an die Höhen jener frühen Jahre anknüpfen können, als er der jüngste Weltmeister in der Geschichte des Spiels war.

Tigran Petrosjan (geboren am 17. Juni 1929)
Weltmeister 1963 bis 1969. Geboren in Tiflis, der Hauptstadt Georgiens, von armenischen Eltern abstammend, gewann Petrosjan im Jahre 1946 die armenische Meisterschaft, und seine sich ständig

Michail Tal analysiert eine Partie in Baguio 1978

verbessernden Resultate, die 1951 im geteilten zweiten Platz bei der Meisterschaft der UdSSR gipfelten, qualifizierten ihn zur Teilnahme am Kandidatenturnier im Jahr 1953, in dem er Fünfter wurde. Während der fünfziger Jahre waren seine Ergebnisse zwar gut, aber niemals überragend; doch 1962 kam der Durchbruch, als er aus dem Kandidatenturnier von Curaçao als Sieger hervorging – vor Keres, Geller, Kortschnoi und Fischer. Damit war er Herausforderer Botwinniks um die Weltmeisterschaft. Sein Sieg in dem 1963 ausgetragenen Wettkampf war mit +5 −2 =15 mehr überzeugend als spektakulär. Der vorherrschende Eindruck war, daß Botwinnik nicht wegen geringeren Könnens unterlag, sondern aufgrund des Altersunterschieds: Petrosjan war erst 34, Botwinnik 18 Jahre älter. Nichtsdestoweniger gewann Petrosjan zumindest eine denkwürdige Partie, die fünfte (in voller Länge im Kapitel »Das moderne Turnierspiel/Endspiel« zu finden). Seine erste Titelverteidigung war 1966 fällig. Petros-

Tigran Petrosjan

Boris Spasski

jan behielt mit +4 −3 =17 die Oberhand über Spasski und war somit der erste Weltmeister, der seinen Titel erfolgreich verteidigte, seit Aljechin 1934 Bogoljubow geschlagen hatte. Erst 1969, als Spasski ihn erneut herausforderte, verlor Petrosjan seinen Titel. Unzweifelhaft ist er einer der bedeutendsten Spieler aller Zeiten, es ist jedoch zu vermuten, daß sich sein Talent noch weiter hätte entwickeln können, wenn er von mehr Ehrgeiz und Entschlossenheit geprägt gewesen wäre, seine noch unbenutzten Kraftreserven voll einzusetzen.

Boris Spasski (geboren am 30. Januar 1937)
Weltmeister 1969 bis 1972. Die brillanten Erfolge und die spektakuläre Spielführung seiner frühen Jahre ließen Spasski als für eine glänzende Zukunft prädestiniert erscheinen, die sich allerdings nur für kurze Zeit wirklich einstellte. 1955 wurde er Jugendweltmeister, und mit 19 Jahren teilte er bereits den dritten Platz im Amsterdamer Kandidatenturnier. Der folgende Abschnitt seiner Laufbahn war von Tals kometenhaftem Aufstieg beeinträchtigt, und erst 1966, nachdem er im Kandidatenfinale sich endlich einmal gegen Tal durchgesetzt hatte, erhielt er die Chance, gegen Petrosjan um die Weltmeisterschaft zu kämpfen. Zur Überraschung der meisten Beobachter erlitt Spasski eine Niederlage, aber drei Jahre später bezwang er den Weltmeister schließlich mit 12,5 zu 10,5 und errang den begehrten Titel.
Als Weltmeister schien er zunächst in guter Form, aber von 1971 an hatte man den Eindruck, daß sich Unsicherheiten in sein Spiel einschlichen. Dann kam der »Jahrhundertwettkampf« von Reykjavik. Nach einem Chaos undurchsichtiger Verhandlungen mit dem Herausforderer Bobby Fischer, in dem Spasskis ritterliche Großzügigkeit ihm zwar die Bewunderung der ganzen Welt einbrachte, ihn aber seinen Titel kostete, siegte Fischer nach bemerkenswertem Kampfverlauf überlegen mit 12,5 zu 8,5. Es schien, als habe Fischer seinem Rivalen mit diesem

Matchsieg mehr angetan als lediglich diese eine Niederlage: Er zerstörte Spasskis Selbstvertrauen. Zwar konnte Spasski in den folgenden Jahren noch große Turniere gewinnen, aber die Gelegenheiten, bei denen er versagte, wurden immer häufiger und gravierender. Obwohl er noch 1978 bei der Schacholympiade in Buenos Aires am Spitzenbrett der UdSSR-Mannschaft spielte, hatte Spasski damals schon begonnen, die Verbindungen mit seinem Heimatland zu lösen. Heute lebt er in Frankreich, spielt aber für Solingen in der westdeutschen Bundesliga. Seine sportliche Erscheinung und seine natürliche Ausstrahlung machen ihn zu einem immer willkommenen Gast auf Turnieren in der ganzen Welt.

Robert Fischer (geboren am 9. März 1943)
Das gängige Erscheinungsbild des Schachs, wie es seine führenden Exponenten vermittelten, wurde zur Hauptsache mit der intensiven Tätigkeit der kleinen grauen Zellen in Verbindung gebracht, und, verglichen mit Fußball-, Tennis- oder Golfstars, kamen Schachgrößen außerhalb des Kreises der Schachbegeisterten in der Öffentlichkeit kaum an. Daß die Weltmeisterschaft von 1948 bis 1972 so fest in russischen Händen war und daß Dr. Botwinnik, selbst Weltmeister im größten Teil dieser Zeitspanne, eine solche rein intellektuelle Persönlichkeit war und so starr die Vorzüge der »Sowjetischen Schachschule« betonte, trug viel dazu bei, dies Bild vom Schach und seinen Meistern im Bewußtsein der Öffentlichkeit zu festigen. Und doch kann Schach auch für die Massen zur echten Sensation werden: Schachmeister können riesige finanzielle Forderungen, vergleichbar denen in anderen Sportarten auf internationaler Ebene, nicht nur stellen, sondern auch durchsetzen; sie können sich zu Superstars mausern, und Millionen Fans können gebannt auf die Ergebnisse ihrer Wettkämpfe warten. Aber solch romantische Verklärung umstrahlte das Schach eigentlich nur, als und solange zwei Eroberer aus der Neuen Welt auf den traditionellen Spielschlachtfeldern Europas und Rußlands auftauchten.
Paul Morphys wirbelsturmartiger Einbruch ins öffentliche Bewußtsein war so gewaltig, daß er noch heute einer der wenigen Schachmeister ist, deren Name auch viele Laien kennen. Auf uns, mehr als hundert Jahre nach Morphys Erfolgen, muß Bobby

Robert (»Bobby«) Fischer

Fischer wie ein wiederauferstandener Morphy wirken. Nach einer brillanten Laufbahn, in der er die größten Meister der Zeit mit nie dagewesener Überlegenheit zerschmetterte, und dies in herrlichen Partien, geradezu in Lehrbuch-Exempeln der Schachstrategie und -taktik, hörte Fischer 1972 schlichtweg zu spielen auf. Seine Taten und Abenteuer am Brett wie außerhalb des Schachs sorgten für Schlagzeilen und zeigten, daß Schach alles andere ist als eine langweilige Sache für Stubenhocker, bei der persönlicher Einsatz keine Rolle spielt; daß es ein erstklassiger internationaler Sport für junge Männer und Frauen ist, nicht bloß Gegenstand abgehobener Debatten zwischen bebrillten sowjetischen Intellektuellen, wie es dem sprichwörtlichen Mann von der Straße so lange hatte scheinen müssen. Falls Fischers Rückzug sich als endgültig erweist, wird er zweifellos Morphys Taktik wiederholen, sich selbst auf magische Weise unverwundbar zu machen, die Schachwelt aber wird um den Genuß wundervoller

Meisterwerke kommen, ebenso wie um das Vergnügen, den wahrscheinlich größten Spieler aller Zeiten in Aktion zu sehen – einen Mann, der fürs Schach gemacht war, ja, für den das Schach selbst gemacht zu sein schien.
Über Fischer ist wahrscheinlich mehr gedruckt worden als über jeden anderen Meister der Schachgeschichte, und seine besten Partien sind entsprechend bekannt. Außer seinem eigenen Buch »Meine 60 denkwürdigen Partien« gibt es die Sammlung aller Partien, die er je gespielt hat, von Wade und O'Connell sowie unzählige Artikel und Monographien, einschließlich Dutzender Bücher über seinen Titelkampf mit Boris Spasski. Fischer machte Schach einfach zu einer aufregenden Sache, wann immer er sich ans Brett setzte, und mich hat das Studium seiner Partien überzeugt, daß sie Schach sind, wie es sein sollte, jede Partie ausgekämpft bis zum letzten.
Obwohl Fischer im Laufe seiner Karriere großartige taktische Schläge gelungen sind, zeigt sein Stil kein Übermaß an rein kombinatorischem Denken. Seine funkensprühenden Kombinationen erscheinen einfach und natürlich als Diener überwältigend eindrucksvoller positioneller Ideen. Sein Spiel besitzt eine erhebende Vollständigkeit und Einheitlichkeit wie das keines anderen Meisters unserer Zeit. Der gegenwärtige Weltmeister, Anatoli Karpow, ist ein herausragender Praktiker mit blitzschnellen Reaktionen, der es am Brett wie außerhalb des Schachs versteht, mit minimaler Anstrengung das Optimale für sich zu erreichen; aber die allerhöchste Vollendung, die Bobby Fischer besaß, fehlt ihm doch.

Anatoli Karpow (geboren am 23. Mai 1951)
Weltmeister seit 1975. Geboren in Slatoust im Ural. Schon sehr früh wurde klar, daß dieser junge Spieler ein führender Anwärter auf die Weltmeisterschaft sein würde. Die Geschwindigkeit seiner Fortschritte war aber doch verblüffend. Im Interzonenturnier 1973 in Leningrad teilte er den ersten Platz und schlug dann in Matches nacheinander Polugajewski, Spasski und Kortschnoi, wodurch er Fischers Herausforderer wurde.
Nach Fischers Entscheidung, seinen Titel nicht zu verteidigen, wurde Karpow am 24. April 1975 zum Weltmeister gekrönt. Er wurde so der zwölfte in der Reihe der Champions, aber der erste, der den Titel kampflos erhielt. Drei Jahre darauf verteidigte Karpow seinen Titel in einem harten und ausgeglichenen Wettkampf mit +6 −5 =21 gegen Kortschnoi in Baguio (Philippinen), nach drei weiteren Jahren jedoch, als dieser erneut Herausforderer war, servierte er ihn in Meran mit größter Leichtigkeit ab (+6 −2 =10). Zum Zeitpunkt, da dies geschrieben wird, darf man sich auf ein wahrhaft großartiges Treffen zwischen Karpow und Kasparow freuen, das im September 1984 stattfinden soll.

Anatoli Karpow
Selbstporträt

Geboren wurde ich am 23. Mai 1951 in Slatoust, einer Stadt im Südural, am Ai. Slatoust liegt im Gebiet von Tscheljabinsk und ist dadurch berühmt, daß in Rußland hier der erste Damaszener Stahl hergestellt wurde.
Die erste Vorstellung davon, was Schach ist, bekam ich mit vier Jahren. Mein Vater spielte an den Abenden häufig mit irgendeinem seiner Freunde. Ich war dabei und spielte hingebungsvoll ganze Schlachten mit den geschlagenen Figuren. Etwas später machte der Vater mich mit den Regeln bekannt, und Schach wurde für mich mehr als einfach nur ein Spielzeug. Er spielte ernsthaft mit mir und schonte meinen Stolz nicht. Nach einem Verlust wollte ich immer in Tränen ausbrechen, aber er warnte mich: »Ohne Verluste gibt es keine Siege. Aber wenn du heulst, spiele ich mit dir nicht mehr...«
Das habe ich mir fürs ganze Leben gemerkt.
Mit sechs Jahren kannte ich mich schon ein wenig im Schach aus, mit sieben aber bekam ich bei der ersten Teilnahme an einem Qualifikationsturnier gleich die dritte Kategorie. Angehöriger der ersten Kategorie wurde ich 1961 in der Jugendmeisterschaft der RSFSR (Russische Sozialistische Föderative Sowjetrepublik). In jenen Jahren war ich in allen Turnieren gewöhnlich der Jüngste, außerdem noch klein gewachsen. Unter die Füße stellte man mir ein Bänkchen, auf den Stuhl legte man mir ein Kissen. Manchmal mußte ich, um besser das Brett sehen zu können, fast während der ganzen Partie neben dem Schachtisch stehen.
Der Meistertitel fiel 1966 im Turnier von Leningrad »Meister gegen Meisterkandidaten« an mich, das nach dem Scheveninger System ausgetragen wurde. Das war das erste Turnier, bei dem ich im Einzelkampf auf Meister traf. Es zeigte sich, daß ich die nötige Stärke schon erreicht hatte – unter Einbeziehung der Ergebnisse der Meister, die gegen die Kandidaten spielten, lag ich an dritter Stelle. Die Norm hatte ich um zwei Punkte übererfüllt.
Fast alles mußte ich in jenen Jahren zum ersten Mal tun. Mit einem Lächeln denke ich an die spaßigen Umstände meiner ersten Teilnahme an einem internationalen Turnier. Wir lebten in Tula, wo mein Vater eine neue Stelle erhalten hatte; er wurde leitender Ingenieur einer dortigen Fabrik. Zum neuen Jahr ging ein Telegramm aus der Tschechoslowakei mit einer Turniereinladung für zwei junge Meister ein. In Moskau wurde angenommen, daß es sich um ein Jugendturnier handelt; deshalb schickte man nach Trinec den 17jährigen Studenten Viktor Kuprejtschik und einen 15jährigen Schüler, nämlich mich. Unsere Anreise rief allgemeines Erstaunen hervor. Zu einem Turnier, an dem die stärksten Schachspieler der Tschechoslowakei teilnahmen, kamen zwei ganz junge Leute. Wir trafen zu spät ein und mußten danach an einem Tag zwei Partien spielen. Beide konnte ich gewinnen, so hob sich die Stimmung, und das Spiel lief leicht und machte Freude...
Der nächste wichtige Schritt war die europäische Juniorenmeisterschaft. Sie wurde Ende 1967 in der niederländischen Stadt Groningen ausgetragen. Jedes Land konnte nur einen Spieler entsenden, der nicht älter als 21 Jahre sein durfte. Ich beherrschte damals keine Fremdsprache. Damit ich nicht von der Reiseroute abkommen konnte, gab man mir ein Papier mit. In diesem stand, daß der »Sowieso« nach Groningen zur Teilnahme an einem internationalen Schachturnier reist. Weiter wurde gebeten, mir jegliche Reisehilfe zu geben. Ich kam glücklich in Groningen an, teilte im Halbfinale den 2. bis 6. Platz und gelangte so in die Hauptetappe. Das Fina-

Anatoli Karpow, der amtierende Schachweltmeister.

le des Niemeyer-Pokals (so hieß das Turnier nach dem Namen des Chefs der finanzierenden Tabakfirma) wurde zu einem Duell zwischen mir und dem Holländer Jan Timman. Ich gewann das entscheidende Treffen, womit der Ausgang des Turniers entschieden war. Ich wurde Europameister, allerdings zunächst inoffiziell. Nach dem Meisterschaftsstatut wird der Niemeyer-Pokal erst für das kommende Jahr vergeben, und erst dann erhält man den Titel eines Internationalen Meisters. Im laufenden Jahr erhielt ich diesen Titel daher nicht.

Ich schildere diese ersten Turniere so ausführlich, weil sie damals in meinem Leben äußerst selten waren. Eine Teilnahme an ihnen erreichen zu können, war sehr schwer; dementsprechend waren sie alle wichtige Stationen in meiner sportlichen Laufbahn.

Internationaler Meister wurde ich Ende 1969, nachdem ich in Stockholm die Jugend-Weltmeisterschaft gewonnen hatte.

Karpow–Andersson, Stockholm 1969

1. e4 e5 2. Sf3 Sc6 3. Lb5 a6 4. La4 Sf6 5.0-0 Le7 6. Te1 b5 7. Lb3 0-0 8. c3 d6 9. h3 Sa5 10. Lc2 c5 11. d4 Dc7 12. Sbd2 Lb7 13. d5 Lc8 14. Sf1 Ld7 15.b3 Sb7 16.c4 Tfb8 17. Se3 Lf8 18.Sf5 Sd8 19. Sh2 Se8 20.h4 f6 21.h5 Sf7 22.Te3 Sg5 23.Sh4 Dd8 24. Tg3 Sc7 25. Shf3 h6 26. Sg6 a5 27. a4 bxc4 28. bxc4 Sa6 29. De2 Ta7 30. Ld2 Tab7 31. Lc3 Sb4 32. Ld1 Sa6 33. Sd2 Sb4 34. Te3 Le8 35. Sf1 Dc8 36. Sg3 Ld7 37. Dd2 Sh7 38. Le2 Kf7 39. Dd1 Le7 40. Sf1 Ld8 41. Sh2 Kg8 42. Lg4 Sg5 43. Lxd7 Dxd7 44. Sf1

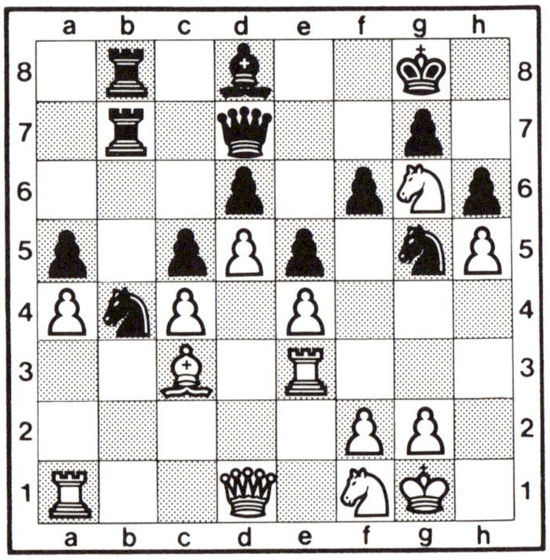

Weiß will mit Hilfe des Manövers Sf1 – g3 – f5 mit weiterem Bauernsturm durch g3 und f4 entscheidenden Angriff erlangen. **44. ... f5 45. exf5 Dxf5 46. Sg3 Df7 47. De2!** Wieder droht der Programmzug f4. **47. ... Lf6 48. Tf1 Dd7 49. f4 exf4 50. Txf4 Lxc3 51. Txc3 Te8 52. Te3 Tb8 53. Df2.** Droht 54. Te7! Die Partie ist entschieden. **53. ... Sh7 54. Sf5 Txe3 55. Dxe3 Sf6 56. Sge7+ Kh8.** Auch 56. ... Kh7 verlor gleichfalls wegen 57. Sxh6; auf 56. ... Kf7 hätte 57. Dg3 zum Sieg gereicht. Es folgte noch **57. Sxh6 Te8 58. Sf7+ Kh7 59. Te4 Txe7 60. Txe7.** Schwarz gab auf.

Mein erstes Schachbuch war »Die ausgewählten Partien Capablancas«. Von der ersten bis zur letzten Partie habe ich sie sehr sorgfältig studiert und auswendig gelernt. Später glaubten viele, in meinem Spiel die Hand von Capablanca zu sehen.

Zu erkennen ist sie auch wirklich in der oben angeführten, ziemlich wie aus einem Guß gespielten

Partie gegen einen heute ganz bekannten Großmeister. Im übrigen dachte ich in jenen Jahren natürlich nicht an irgendwelche Eigenheiten des Spiels. Starke Züge und gute Pläne kamen gewissermaßen von selbst, intuitiv. Ich sah einfach ein bestimmtes Ziel und bemühte mich, es auf den Wegen zu erreichen, die mir richtig erschienen.

Der Sieg in der Jugendweltmeisterschaft öffnete mir den Zutritt zu sehr gut besetzten Wettkämpfen, auf denen ich gegen Großmeister zu spielen hatte. Das fand zum ersten Mal bei der Meisterschaft der RSFSR 1970 statt. Das Turnier war schwer. Auf den Championtitel konnten Anspruch erheben die Großmeister Antoschin, A. Saizew, Krogius und viele erfahrene Meister. Zur Verbissenheit des Kampfes trug bei, daß die vier ersten Preisträger das Recht zur Teilnahme am Finale der Landesmeisterschaft erhielten. Es gelang mir, dieses Turnier zu gewinnen.

Bald erhielt ich die Möglichkeit, meine Kräfte auch mit ausländischen Großmeistern zu messen. Das internationale Turnier in Caracas begann für mich ausgezeichnet – 6 aus 7! Ich sah mich in Gedanken schon als Großmeister, da kam es zu einem unangenehmen Versagen – ich spielte in vier Partien nur zwei Unentschieden. Da war es, das gefährliche Gefühl der Nähe des Ziels! Die Großmeisternorm habe ich trotzdem erfüllt...

29. f4! Te8 30. fxe5. In Betracht kam auch 30. f5; hat der Gegner aber nur eine Schwäche (hier der Bauer

Karpow–Parma, Caracas 1970

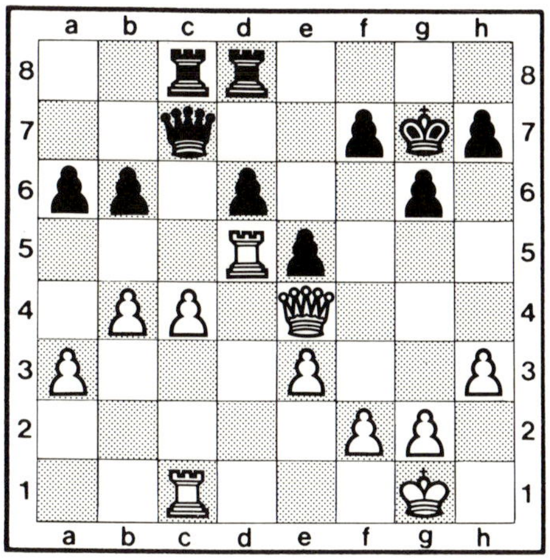

d6), ist ein Gewinn sehr schwer zu erzielen. Jetzt kommen zu dem schwachen Be5 noch andere Vorzüge meiner Stellung, die Beherrschung der offenen Linie und die Möglichkeit, ein kombiniertes Spiel zu führen. **30. ...dxe5.** Falls 30. ... Txe5 dann 31. Dd4. **31. c5 Te6 32. Dd3 bxc5 33. bxc5.** Nach 33. Tdxc5 Td8! wäre die Lage ganz ausgeglichen. **33. ... Dc6 34. Tb1 Dc7 35. Tf1 Tf8 36. Kh1 Dc6 37. Te1 Dc7 38. e4 Tb8 39. Tf1 Tb7 40. Dc3 Tb5 41. a4 Tb8 42. Tc1 Tc8 43. Tb1 Kg8 44. Tbd1 De7 45. Tf1 Tc7 46. a5 Tec6 47. Tc1 f6** Der Gegner hat nicht standgehalten. **48. Dd2 Kf7 49. Kh2 Ke8 50. Td6 Td7.** Keinesfalls das kleinere Übel war für Schwarz 50. ... Txc5 51. Txc5 Txc5 52. Txa6; und es ist sehr schwer, gleichzeitig die achte Reihe und das Feld d5 zu verteidigen. **51. Td1 Tcxd6 52. cxd6 De6 53. Dd3 Da2 54. Dxa6 Dc2 55. Da8+ Kf7 56. Dd5+ Kg7 57. Td2.** Überzeugt, daß der Partner nur mechanisch zieht und bald aufgibt, spielte ich im Blitztempo; dabei hätte sofort gewonnen 57. a6 Da4 58. Dd3 Dc6 59. Ta1. **57. ... Dc3 58. Ta2? h5!** Es droht ewiges Schach nach ... h4. Es zeigt sich, daß mein Turm auf der zweiten Reihe nicht richtig steht; er sollte auf der ersten oder dritten Reihe stehen. Lange – 40 Minuten – mußte ich mich zwingen, **59. Td2** abzugeben. Ja, vielleicht ist es am schwersten für viele Schachspieler, »einen Zug zurückzunehmen«. Nun, der Rest war schon leichter. **59. ... h4 60. Td1 Dc2 61. a6 Da4 62. Dd3 g5 63. Tb1 f5 64. Tb7 g4 65. hxg4 fxg4 66. De2!** Schwarz gab auf.

Am Ende desselben Jahres 1970 nahm ich das erste Mal an der Meisterschaft der Sowjetunion teil. Mir lag sehr daran, ohne Fehler zu spielen. Deswegen war ich am Anfang übervorsichtig und machte zunächst hintereinander 8 Remis. Nachdem ich im Ergebnis den 5. bis 7. Platz teilte, meine ich, nicht schlecht gespielt zu haben; man erwartete aber offenbar mehr von mir. Gerade von diesem Turnier an erschienen in der Presse kritische Äußerungen über einen übermäßigen Rationalismus in meinem Spiel. Ich kann dem nicht zustimmen, weil ein Rationalist in meinem Verständnis ein Mensch ist, der vor allem sinnvoll und genau mit seiner Zeit und seinen Kräften umzugehen versteht.

Unter die ersten Drei kam ich in der ersten, sehr stark besetzten Meisterschaft der Sowjetunion nicht. Hierfür gab es verschiedene Gründe, einschließlich des üblichen Turnierpechs. Es muß ge-

sagt werden, daß die Meisterschaften der Sowjetunion eine äußerst ernsthafte Prüfung für jeden Schachspieler darstellen. Vorweg will ich sagen, daß ich Landesmeister erst im vierten Anlauf 1976 wurde, als ich schon Weltmeister war.
Äußerst wichtig war für mich die Teilnahme an dem enorm stark besetzten internationalen Aljechin-Gedenkturnier im November 1971. Nach 10 Runden hatte ich nur einen Sieg bei neun Remisen aufzuweisen. Besser zu stehen, brachte nichts; so entschied ich mich für das Risiko. Die Partie mit Hort war ein Erfolg.

Karpow–Hort, Moskau 1971

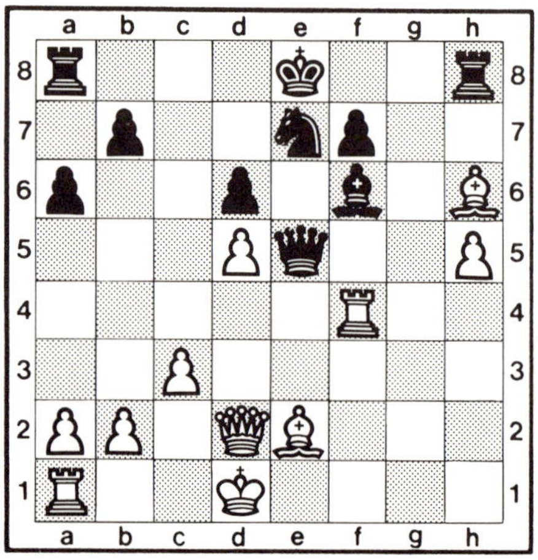

27. Tf3. Der manchmal so unbewegliche Turm zeigt in dieser Stellung Wunder an Manövrierfähigkeit. **27. ... Sxd5 28. Td3 Txh6** Etwas Besseres ist nicht ersichtlich. Auf 28. ... Se7 folgt 29. Lf4. **29. Txd5** Falsch wäre 29. Dxh6 wegen 29. ... Lg5 und 30. ... Se3+. **29. ... De4 30. Td3!** Ein Hoch dem Turm! Der Schachspieler denkt gewöhnlich an den wirksamsten Einsatz aller Figuren; hinsichtlich der Türme gilt das aber, wie Sie mir werden zugeben müssen, hauptsächlich fürs Endspiel.
30. ... Dh1+ 31. Kc2 Dxa1 32. Dxh6 Le5 33. Dg5 In dieser aussichtslosen Stellung überschritt Hort die Zeit. Die Partie wurde als beste des Aljechin-Gedenkturniers bewertet, und der jugoslawische Berichterstatter nannte sie eine der besten Leistungen des Jahres 1971. Ich muß zugeben, daß auch ich diese Partie sehr schätze. Der Erfolg beflügelte mich; von nun an lief mein Spiel anders. Ich überspielte Bronstein und Kortschnoi. Vor der letzten Runde lag ich einen halben Punkt zurück hinter dem an der Spitze stehenden Leonid Stein. Durch einen Sieg in der letzten Runde über den damaligen Champion der UdSSR, Sawon, schloß ich zur Spitze auf. Ich möchte bemerken, daß es mir von nun an im großen und ganzen gelang, mich erfolgreich auf den Kampf in entscheidenden Partien einzustellen.
Nach dem Sieg im Aljechin-Gedenkturnier schrieb Petrosjan in der Wochenzeitung »64«: »Erfreulich ist, daß er [d. h. ich, Karpow] nicht nur zu Hoffnungen berechtigt, sondern sie auch erfüllt. Heutzutage ist gerade Karpow unsere größte Hoffnung. Vielleicht wird gerade er in den nächsten Jahren zum unüberwindlichen Hindernis für die ausländischen Schachspieler, die nach der Weltmeisterschaft streben.« Diese Äußerung freute mich natürlich.
Eine ernsthafte Prüfung war für mich die Teilnahme an dem großen internationalen Turnier in San Antonio 1972. Hier traf ich wieder mit vielen Schachmeistern der Extraklasse zusammen und spielte gegen sie gar nicht schlecht (1. bis 3. Preis). Die Reifeprüfung hatte ich also erfolgreich bestanden; jetzt begann eine neue Etappe meines Lebens, der Kampf um die Weltmeisterschaft.
Meine Chancen beurteilte ich ziemlich nüchtern und meinte, daß der anlaufende Weltmeisterschafts-Zyklus mir nicht »gehören« würde, weil ich noch ungenügende Erfahrung in Wettkämpfen hatte. Aber irgendwo in der Tiefe der Seele hegte ich trotzdem die Hoffnung, auch in diesem Zyklus auf die Zielgerade gelangen zu können. Im Interzonenturnier stellte ich mir die klare Aufgabe, einer der drei Sieger zu werden. Dieser Aufgabe war ich gewachsen.
Die schwarze Stellung sieht nicht gerade anziehend aus. Die Figuren wirken nicht zusammen, der Sh7 ist vom Zentrum der Ereignisse abgeschnitten. Weiß erlangt mit einem Qualitätsopfer entscheidenden Großangriff (s. Diagramm S. 85).
20. Txd5 exd5 21. Sf5. Droht 22. Sxe7+ und 22. e6. Die Antwort ist erzwungen. **21. ... Dd8 22. Dg4 g6 23. Sxh6+ Kg7 24. Sf5+** Schneller führte zum Sieg 24. Sd4 Kxh6 25. h5 (wahrscheinlich gewinnt auch das effektvollere 25. Sf5+ gxf5 26. Lf4+ Sg5 27. hxg5+ Kg7 28. Dxf5 Th8 29. Th6 mit Mattangriff). Auf 25. ... g5 folgt das hübsche Matt 26. Sf5, auf 25.

Karpow–Quinteros, Interzonenturnier in Leningrad 1973

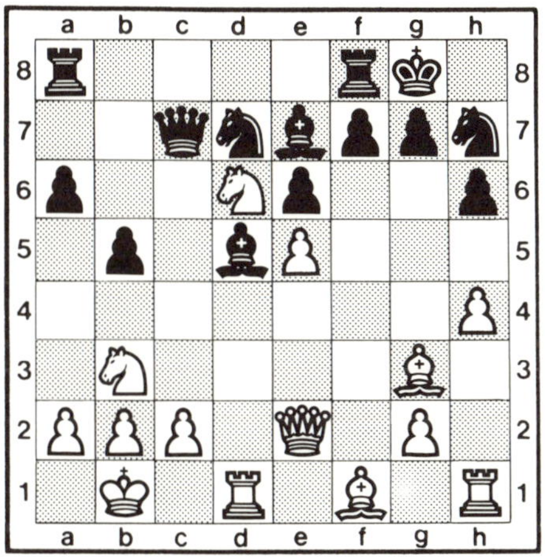

... Kg7 geschieht aber 26. hxg6 fxg6 27. Se6+ oder 26. ... Sg5 27. Sf5+ Kg8 28. g7. **24. ... Kh8 25. Ld3 Tg8 26. Sh6 Tg7 27. h5 De8 28. e6 Sdf6 29. exf7 Dc8.** Auf 29. ... Df8 gewann Weiß einfach mit 30. Dd4, aber auch mit der hübschen Folge 30. hxg6! Sxg4 31. Sxg4 Ld6 32. Sf6 Lxg3 33. Sxh7 Dd6 34. Sf6+ Lh2 35. Se8! Txd6 36. Lxg6 **30. Dd4 Sxh5 31. Le5 Lf6 32. Te1 Lxe5 33. Txe5 S5 f6 34. g4 Df8 35. g5 Se4 36. Lxe4 dxe4 37. Dxe4.** Schwarz gab auf.

Das Los führte mich im Viertelfinale-Wettkampf mit Polugajewski zusammen. Gespielt wurde auf drei Siege aus 16 Partien. Der Wettkampf war jedoch nach acht Partien beendet. Seelische Unausgeglichenheit und Fehler in der fünften Spielstunde stürzten Polugajewski ins Verderben. Außerdem gelang es mir, gegen ihn ein wichtiges theoretisches Duell zu gewinnen, indem ich eine von ihm speziell vorbereitete Variante der Sizilianischen Verteidigung unschädlich machte.

Vor dem Halbfinal-Wettkampf mit Spasski (20 Partien bis zu vier Siegen) gab es noch mehr Prognosen. Fast alle waren zugunsten des Ex-Weltmeisters. In den vorangegangenen 11 Jahren hatte er an sieben Zweikämpfen der Prätendenten teilgenommen, wobei er alle gewann, und dreimal um die Schachkrone gekämpft.

Der Beginn unseres Wettkampfes bestätigte gewissermaßen die allgemeine Auffassung. Ich war nicht gesund und verlor die erste Partie. Dann aber schaffte ich es, wechselte auf Anraten meines Trainers häufig die Eröffnungen, glich aus und erreichte schließlich auch einen Vorsprung.

Mein Trainer Furman wiederholte ständig, daß Spasski das Match in Reykjavik in erster Linie wegen seiner mißlungenen Eröffnungsvorbereitung verloren habe. Deshalb hielt ich für ihn eine ganze Anzahl von Überraschungen in der Eröffnung bereit. Auf **1. e4** spielte ich erstmals in meinem Leben mit ihm Caro-Kann; einige Male begann ich mit dem Damen-Bauern. Eigenartigerweise erzielte ich gerade in den geschlossenen Eröffnungen ein fühlbares Übergewicht, +2 =2.

Karpow–Spasski, 9. Partie des Halbfinal-Wettkampfes, Leningrad 1974

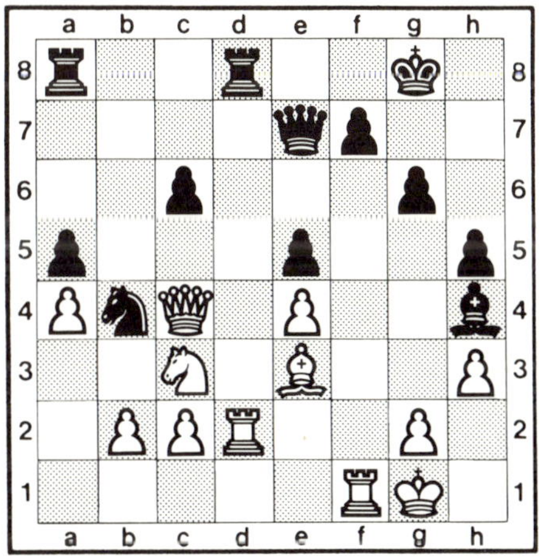

24. Sb1! Der Witz des Zuges besteht darin, im geeignetsten Moment den Springer in eine aktivere Stellung zu bringen; das kann besonders schnell geschehen, wenn Schwarz die Türme tauscht. **24. ... Db7 25. Kh2!** Ein seltener Fall, daß die Beweglichkeit eines feindlichen Läufers im Mittelspiel durch den König eingeschränkt wird. **25. ... Kg7 26. c3 Sa6 27. Te2.** Nebenbei wird ein Feld für den Springer freigemacht, außerdem droht 28. g3 Lf6 29. Tef2 Td6. 30. Lg5. **27. ... Tf8 28. Sd2 Ld8 29. Sf3 f6 30. Td2! Le7.** Auf 30. ... Sb8 gewann sofort Sg5. **31. De6 Tad8.** Hinziehen ließ sich der Widerstand lediglich durch 31. ... Sb8, womit gewissermaßen die

Figuren für eine neue Partie aufgestellt werden. **32. Txd8 Lxd8.** Falls 32. ... Txd8, so 33. Sxe5 Dc7 34. Df7+ Kh8 und am einfachsten 35. Dxe7 Dxe5+ 36. Dxe5 fxe 37.Tf6.

33. Td1 Sb8 34. Lc5 Th8 35. Txd8 Schwarz gab auf. Nach 35. ... Txd8 gewinnt Weiß sofort durch 36. Le7.

Erst nach dem Sieg über Spasski dachte ich, daß dieser Weltmeisterschafts-Zyklus trotz allem mir gehören könnte. Und obgleich ich noch sehr starke Gegner vor mir hatte, Kortschnoi und den Weltmeister Fischer, fühlte ich mich nicht unsicher.

Auf das Kandidatenfinale mit Kortschnoi bereitete ich mich sehr sorgfältig vor. Der Wettkampf verlief sehr angespannt. Nach 18 Partien führte ich 3:0; dann aber zwangen mich Fehler in der 19. und in der 21. Partie beinahe wieder zu einem neuen Anfang. Ich mußte alle meine Kräfte aufbieten.

Karpow–Kortschnoi, 2. Partie des Prätendenten-Finales, Moskau 1974

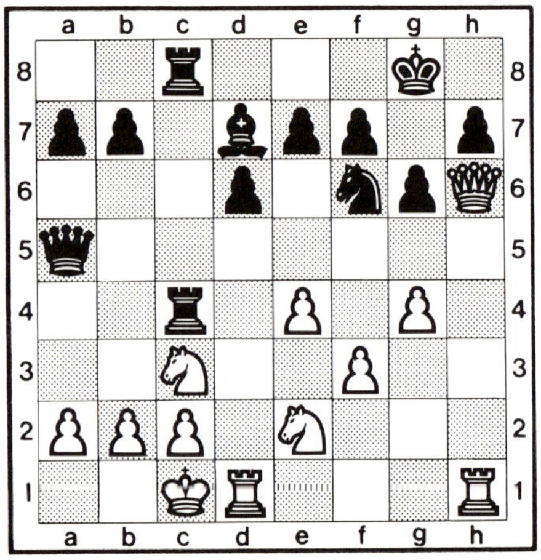

19. Td3! Eine Neuerung. Weiß überdeckt den Punkt c3 und macht den Se2 in einer Anzahl von Varianten gleichzeitig zum Angriff frei. Wäre ohne diesen Zug Weiß gleich mit 19. g5 Sh5 20. Sg3 vorgegangen, hätte es mit dem unangenehmen Gegenschlag 20. ... Txc3 rechnen müssen. Jetzt wäre das nicht zu fürchten.

19. ... T4c5. Bei der Vorbereitung auf den Wettkampf kamen wir zu dem Schluß, daß die beste Antwort 19. ... T8c5 sei. Möglicherweise kam nach 36 Minuten währendem Nachdenken Kortschnoi am Brett auch zu dem Schluß, daß er sich um jeden Preis gegen die ständig drohenden Bauernvorstöße e5 und g5 sichern müsse. Ich meine trotzdem, daß die beste praktische Chance für Schwarz in dem von Botwinnik empfohlenen Rückzug 19. ... Dd8 lag. Nachdem ich jetzt 18 Minuten über die Widerlegung von 19. ... T4c5 nachgedacht hatte, fand ich eine hübsche forcierte Kombination. **20. g5 Txg5 21. Td5! Txd5 22. Sxd5 Te8.** Hier taugt 22. ... Dd8 schon nicht mehr wegen 23. Sef4 Df8 24. Sxf6 nebst 25. Dxh7 **23. Sef4 Lc6 24. e5! Lxd5.** Nach 24. ... dxe5 25. Sxf6+ exf6 26. Sh5 ist das Matt unvermeidlich. **25. exf6 exf6.** In solchen Stellungen ist das Wesentliche die Selbstbeherrschung! Man möchte möglichst schnell einen schönen Zug machen. Noch konnte die Partie verloren werden: auf 26. Sh5, um nach 26. ... gxh5 27. Tg1+ und 28. Dg7 zu spielen, käme das ernüchternde 26. ... Te1+.

26. Dxh7+ Kf8 27. Dh8+ Schwarz gab auf.

Auf 27. ... Ke7 folgt 28. Sxd5+ Dxd5 29. Te1+.

War ich zufrieden mit meinem Sieg im Wettkampf? Natürlich. Er berechtigte mich, gegen Fischer anzutreten. Damals ahnte ich noch nicht, daß es zu dieser Begegnung nicht kommen würde. Wissen konnte ich auch nicht, daß ich vier Jahre später in einem noch längeren Wettkampf erneut auf Kortschnoi treffen würde und daß der neue Wettkampf in der Substanz dem vorangegangenen in Moskau sehr ähnlich sein würde.

Wie bekannt, trat Fischer nicht an, und am 3. April 1975 wurde ich zum Weltmeister erklärt. Hierbei sagte ich vor allen Anwesenden: »Ich meine, daß eine der Hauptverpflichtungen des Weltmeisters darin besteht, ein spielender Schachmeister zu sein, damit die Menschen verschiedener Länder den Champion am Schachbrett sehen, die Großmeister und Meister ihre Kräfte mit ihm messen und von ihm lernen und ihn auch etwas lehren können. Deshalb bin ich fest entschlossen, systematisch an nationalen und internationalen Turnieren teilzunehmen.«

Blickt man in die Vergangenheit zurück, stellt man mit Verwunderung fest, daß viele, wenn nicht alle Weltmeister, nachdem sie den Titel gewonnen hatten, auf lange Zeit den Geschmack am Schach verloren. In den sechs Jahren seiner Weltmeisterschaft nahm Capablanca nur an vier Turnieren teil. Alje-

Dieses Bild verdeutlicht die gesellschaftliche Bedeutung, die der Schachweltmeister in der UdSSR besitzt. Karpow spielt gegen den Kosmonauten und Präsidenten der sowjetischen Schachföderation, Sewastianow.

chin trat nach Erstürmung des Olymps zwei Jahre lang nicht in größeren Veranstaltungen an. Botwinnik setzte sich nach seinem Sieg im Match-Turnier 1948 drei Jahre überhaupt nicht ans Schachbrett und hätte 1951 beinahe einen Wettkampf gegen Bronstein verloren. Das Verhalten Fischers läßt sich nicht voraussehen: Nichtsdestotrotz folgte er den genannten Beispielen, ja, er spielte überhaupt nicht mehr Schach.

Spielen muß man. Eine andere Sache ist, wie häufig man spielt. Für mich ist es die Regel, vier bis fünf Turniere jährlich zu spielen. Das ist nicht als Empfehlung für andere Spieler zu verstehen. Für mich ist das Kriterium, daß ich am Spiel, am Schach Spaß und Interesse haben muß. Botwinnik konnte es sich zum Beispiel leisten, Pausen einzulegen, sich vom Schach abzuwenden und anderer Arbeit nachzugehen, was sich aber auf seine Spielstärke auswirkte. Jetzt aber kann sich ein Schachspieler hohen Ranges das nicht mehr leisten. Die Verarbeitung von Informationen und eigenen Forschungen sind eine Sache; spielt man aber ein halbes Jahr nicht, spürt man eine Einbuße, einen Verlust an Sicherheit.

Kampflos Weltmeister geworden, mußte ich einfach beweisen, daß es kein Geschenk des Schicksals war, daß ich den höchsten Titel erreichte, der mir verliehen wurde. Bald gelang es mir, in dem starken Turnier in Mailand zu siegen und damit mein Weltmeisterprestige zu festigen. Des weiteren siegte ich in der großen Mehrzahl der Turniere, an denen ich teilnahm; wobei der Weltmeister überhaupt nicht verpflichtet ist, wie manche annehmen, absolut in jedem Wettkampf zu siegen.

Mein Versprechen, ein spielender Weltmeister zu sein, habe ich gehalten. In den ersten sechs Jahren meiner Weltmeisterschaft bis zum Wettkampf in Italien nahm ich an 27 Veranstaltungen teil und ging nur viermal nicht als Sieger daraus hervor. Zwischen Baguio und Meran nahm ich an 12 internationalen Turnieren teil, darunter an den Turnieren der Extraklasse in Montreal, Tilburg, Amsterdam, Bugojno, Moskau, und gewann zehn erste Preise. Als Beispiel für mein Spiel führe ich die Partie Timman–Karpow aus dem Turnier in Bugojno an.

Timman–Karpow, Bugojno 1980

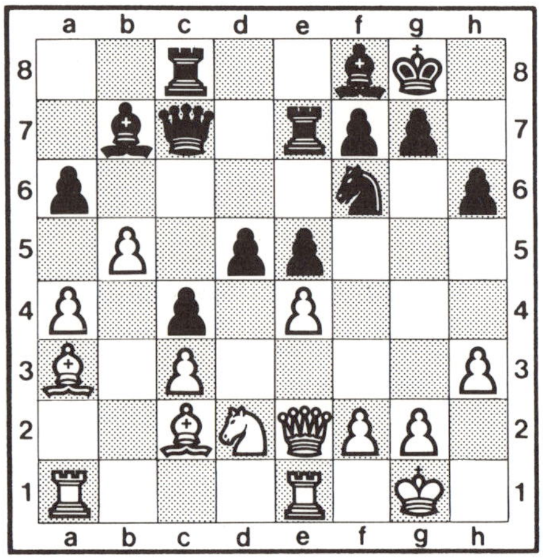

25. ... d4. Es ist eine interessante und für die Spanische Partie nicht alltägliche Stellung entstanden. **26. cxd4 exd4 27. Sxc4 axb5.** Ein wichtiger Zwischenzug. **28. axb5 Dxc4 29. Dxc4 Txc4 30. Ld3 Tc3 31. Lxe7 Lxe7 32. Ta7 Txd3 33. Txb7 Lc5 34. Tb1 Tc3 35. b6 Ld6 36. g3 d3 37. Kg2 g5 38. Ta7 Kg7.** Beachtung verdiente 38. ... Tc2. **39. Ta4 Le5 40. Ta5 Lb8 41. b7.** Nicht der beste Zug. Nach 41. Ta8 Sd7 42. b7 Tc7 43. Tb2! wäre die Partie wahrscheinlich Remis geworden. **41. ... d2 42. Td1 Tb3!** Diesen Zug hat Weiß offenbar nicht richtig gewürdigt. **43. Ta4 Tb2 44. Td4 Txb7 45. T1xd2 h5 46. Ta4 Tb5.** Nicht schlecht sah auch 46. ... Te7 mit Druck auf den Be4 aus. **47. Tdd4! Lc7 48. Tab4 Te5 49. Tdc4 Ld6 50. Ta4.** Remischancen gab 50. f4. **50. ... Tb5 51. Tc2 Le5 52. Tac4 Tb7 53. Tc5 Te7 54. Ta5 Sxe4 55. Te2 Lf6 56. f3 Sc5!** Der Gegner rechnete nur mit 56. ... Sd6 57. Txe7 Lxe7 58. h4 mit Bauerntausch.

57. Txe7 Lxe7 58. Ta7 Ld6 59. Ta3 h4. Der Rest ist Technik. **60. gxh4 gxh4 61. Kf2 Se6 62. Ta1 Lg3+ 63. Ke3 Sf4 64. Th1 Kf6 65. Ke4 Ke6 66. Kd4 Kf5 67. Kc3 Se6 68. Kd3 Kf4 69. Ke2 Sg5.** Zugzwang. Weiß gab auf.

Vier Runden vor Schluß des Turniers in Bugojno lag Bent Larsen 1½ Punkte vor mir; wer Erster werden würde, war anscheinend schon klar. Als aber Larsen sah, daß ich trotz dieses Abstandes weiter verbissen kämpfte, begann er, sich Sorgen zu machen. Im Ergebnis überholte ich ihn um einen halben Punkt. Hier ein Beispiel aus einem anderen Turnier.

Weiß ist es gelungen, die Positionsvorteile zu erhalten, die er anstrebte. Schwarz verfügt seinerseits über eine gewisse Aktivität; wenn er dazu kommt, hat er ein aussichtsreiches Endspiel wegen der Bauernmehrheit auf dem Damenflügel (siehe folgendes Diagramm).

19. Tc1. Vielleicht bot größere Festigkeit 19. Dd2, worauf Schwarz entweder gleich die Damen tauscht: 19. ... Dxd2 20. Sxd2! (schlechter ist 20. Txd2 Tc8! mit Vorteil für Schwarz) 20. ... Sc5 oder vorher den Läufer herauslockt: 19. ... Tc8 20. Lh3 Dxd2 21. Sxd2 Td8, was mir etwas aussichtsreicher erscheint. **19. ... Dxe2 20. Dxd6?** Anscheinend übersah Larsen die Antwort, die ihn in eine kritische Lage brachte. Interessant war 20. Dd4, wonach anscheinend bei Schwarz alles in Ordnung ist; bei den Varianten 20. ... Txe3 21. Dxd7 Te7, es folgt aber das mörderische 22. Dxb7. Auf 20. Dd4 muß 20. ... Td8 21. Tc7 La6! mit aktivem Spiel geschehen. **20. ... Sf8 21. Sd4** verliert sofort. Es ist aber nicht so leicht, Weiß etwas zu empfehlen, was die Stellung noch hält. Angegriffen sind Le3, Ba2 und Bd5. **21. ... Lxd4 22. Lxd4 Dd2.** Die mangelnde

Larsen–Karpow, Amsterdam 1980

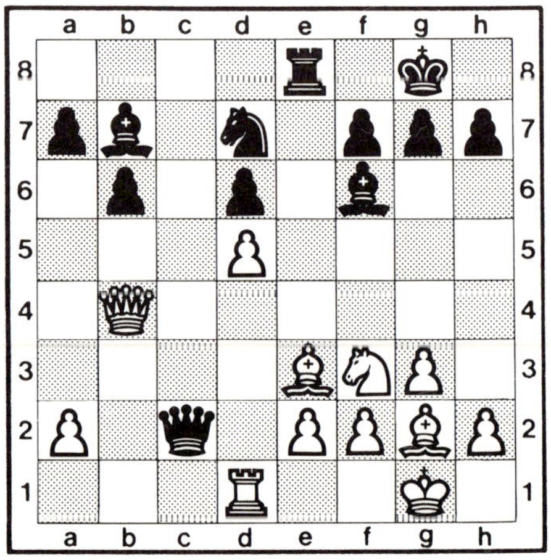

Koordinierung ist die Ursache allen Unglücks von Weiß. Jetzt gibt es nur eine einzige Möglichkeit, beide Figuren zu schützen: Es zeigt sich aber, daß die weiße Königsstellung hoffnungslos schwach ist. **23. Df4 Te1+.** Weiß gab wegen der folgenden 24. Txe1 Dxe1+ 25. Lf1 La6 auf.

Über die Wettkämpfe in Baguio und Meran ist eine Menge geschrieben und erzählt worden. Ungeachtet der unterschiedlichen Dauer verliefen sie eigenartigerweise nach einem höchst ähnlichen Schema; der Stand zu meinen Gunsten entwickelte sich folgendermaßen: 1:0, 3:1, 4:1, 4:2, 5:2. Der wesentliche Unterschied besteht allerdings darin, daß der Stand 3:1 auf den Philippinen und in Italien auf unterschiedliche Weise erreicht wurde und daß ich bei dem Stand 5:2 in Meran mir keine Schwäche geleistet habe.

Unter dem Aspekt der Ausfeilung des Stils in diesen Wettkämpfen kann ich folgendes sagen: Im ersten Wettkampf 1974 in Moskau war ich, für viele unerwartet, dem Gegner in einfachen Stellungen überlegen, obgleich er gerade hierin als besonders stark galt. Das war deshalb unerwartet, weil gewöhnlich die jungen Schachspieler gerade komplizierte Stellungen besser spielen; meine schachliche Entwicklung verlief aber anders. Besonders was komplizierte Stellungen anlangte, stand ich Kortschnoi nur sehr wenig nach.

In Baguio war es genau umgekehrt. In Anbetracht des Ergebnisses des vorangegangenen Wettkampfes fühlte ich mich in komplizierten Situationen sehr sicher; allerdings mußte ich dafür teuer bezahlen. Ich war in der Behandlung von einfachen Stellungen und Endspielen schwächer als der Gegner. In Meran gelang es mir, die gewünschte Harmonie in der Behandlung einfacher und komplizierter Stellungen zu erreichen.

(Siehe Diagramm Karpow–Kortschnoi)

18. Lh6! Lf8 19. Tad1 Dd5 20. Lxd3 cd 21. Txd3 Dc6 22. Lxf8 Db6+ 23. Kh1 Kxf8 24. Df3 Te8 25. Sh6 Tg7. Jetzt folgt ein effektvoller Schluß: **26. Td7 Tb8 27. Sxf7 Lxd7 28. Sd8+ 1-0.**

Nach Beendigung des Wettkampfes in Meran verfolgte ich mein Hauptziel weiter, die Teilnahme an größten Turnieren mit den stärksten Teilnehmern.

(Siehe Diagramm Karpow–Portisch)

22. g4!! unerwartet und stark. **22. ... Dd7.** Etwas hartnäckiger war 22. ... Df4 23. Lxd6 Dxd6 24. Df3

Karpow–Kortschnoi, 8. Partie, Baguio City 1978

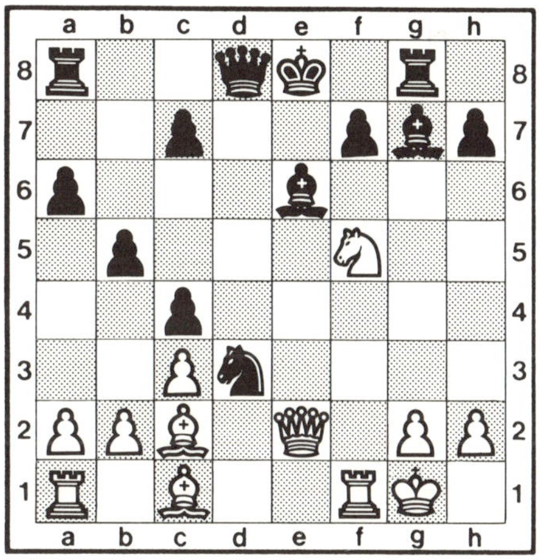

Karpow–Portisch, Turin 1982

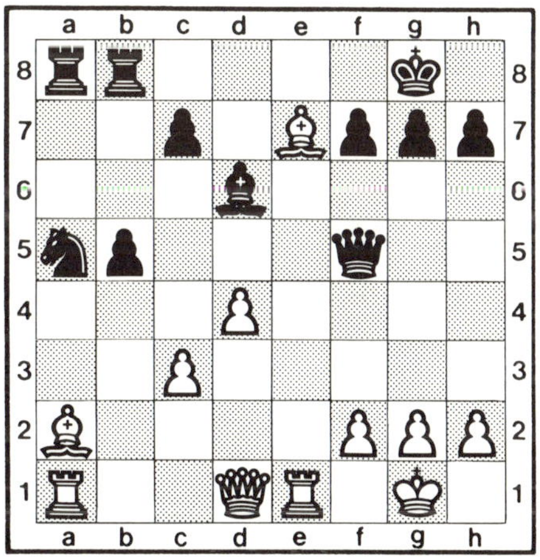

Dd7, obgleich Weiß auch dann ein offensichtliches Übergewicht hat. **23. Lxf7+! Kh8.** 23. ... Kf7 geht nicht, weil 24. Txa5! Txa5 25. Db3+ sofort gewinnt. **24. Lxd6 Dxf7 25. Te7 Df8 26. Lc5 Df4 27. De2 h6 28. Te4 Df7 29. Te5 Sc4 30. Txa8 Txa8 31. Tf5 Dg6 32. De4 Kh7 33. h3 Ta1+ 34. Kg2 Tc1 35. Lb4 Sd6 36. Lxd6 cxd6 37. Dd3 d5 38. f3!**

Es droht unabwendbar h4 – h5. Daher ist keine Verteidigung zu sehen; Schwarz gab deshalb auf.

Ein weiteres Beispiel (siehe Diagramm S. 90):

22. Td6! Dg4 23. De5 Kg8 24. Te1. Natürlich nicht 24. Txf6 Lxf6 25. Dxf6 wegen 25. ... De6.

Karpow–Hübner, Tilburg 1982

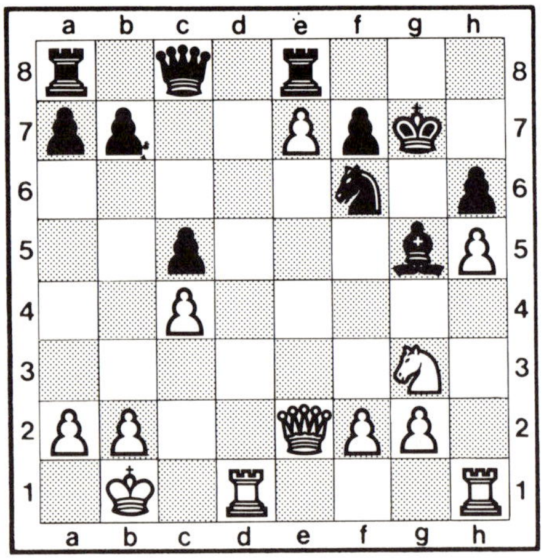

24. ... Sd7 25. Txd7! Dxd7! 26. Sf5 f6 27. Dd5+! Obgleich Weiß einen Turm weniger hat, ist der Damentausch der kürzeste und bequemste Weg zum Sieg.

27. ... Dxd5 28. cxd5 Lf4 29. g3 Lc7 30. Kc2 b5 31. Sxh6+ Kh7 32. Sf5 Tg8 33. d6 La5 34. Te6 Tg5 35. Txf6 Txh5 36. d7.

Es kommt selten vor, daß im Mittelspiel ein Bauernpaar so weit vormarschiert. **36. ... Th2 37. Se3!** Schwarz gab auf.

In jeder Stellung gibt es eine objektive Wahrheit; sie wird aber von den Kontrahenten ganz verschieden aufgefaßt.

Wie über jede bekannte Persönlichkeit sind über mich Artikel und Bücher geschrieben worden, deren Autor und Mitautor zum Teil ich selbst war. Es besteht somit kein Mangel an Lebensbeschreibungen des gegenwärtigen Weltmeisters. Wegen der Begrenztheit des mir hier zur Verfügung stehenden Platzes wollte ich mit den Lesern nur meine sozusagen sportliche Biographie kurz erörtern. Dennoch erscheint es mir nach der Durchsicht des Niedergeschriebenen notwendig, einige allgemeine Anmerkungen zu machen.

Wie entsteht ein Talent? Mit dem Menschen. Das ist die richtigste und selbstverständlich unvollständige Antwort. Die Beurteilung unserer Talente, auch wenn sie manchmal als hervorragend bezeichnet werden, ist Sache von anderen. Ich erinnere mich, wie Prof. Max Euwe, der Ex-Weltmeister und nunmehr verstorbene Präsident der FIDE, öffentlich äußerte: »Als ich meinen 50. Geburtstag feierte, konnte ich nicht annehmen, daß drei Tage später, am 23. Mai 1951, ein Schachgenius geboren wird.« Dieses Zitat des ehemaligen Weltmeisters, der bestimmt keineswegs an Talentmangel litt, führe ich nicht aus Eitelkeit an. Tatsächlich ist das zyklische Erscheinen einer ganzen Anzahl von später höchst angesehenen Schachspielern auffällig und amüsant. Das ist aber noch längst nicht alles.

Euwe wurde geboren 1901, Botwinnik 1911, Smyslow 1921, Kortschnoi 1931, Gaprindaschwili 1941, Karpow 1951, Tschiburdanidse 1961.

Das sagt natürlich gar nichts, sondern unterstreicht die Sinnlosigkeit eines »Schlusses« auf Gesetzmäßigkeiten (es gibt auch andere Berühmtheiten), abgesehen davon, daß allen großen Meistern eignet, daß sie schachlich hoch belastbar sind und eigene Wege für die Entwicklung ihrer angeborenen Fähigkeiten suchen.

In meinem kurz beschriebenen Lebensweg gab es in einem relativ kurzen Zeitabschnitt – ich befinde mich jetzt erst in der vierten Lebensdekade – viele Freuden, aber auch schwerste Verluste. Mein Vater starb und ebenso Großmeister Semjon Abramowitsch Furman, mein liebster Freund und Lehrer, der immer darauf verzichtet hatte, schachlich allwissend sein zu wollen, ein Mann, der mir sehr half, die Hauptaufgabe, die Mission, wenn Sie so wollen, zu erfüllen. Hier muß man vielleicht ein paar Worte über die Berater junger Schachspieler sagen. Furman gehörte zu denjenigen, die unabhängig beurteilen, objektiv sein konnten und die Ratschläge in Betracht zogen, die anderen gegeben wurden, ohne von den Maßstäben auszugehen, die sie im eigenen Leben anlegten. Kategorisch war er nur in prinzipiellen Fragen, die eine einzige Lösung hatten.

In meinen kurzen biographischen Bemerkungen will ich nicht gegen Botwinnik polemisieren. Ich halte aber in vieler Hinsicht seine Methoden nicht für akzeptabel. Seine Methoden habe ich nicht angenommen auf einigen Etappen meines sportlichen Weges und bei der Auswahl meiner – wohlgemerkt meiner – Prinzipien für das Schachspiel. Ich will ein Beispiel anführen. Schon 1973 wollte der Ex-Weltmeister, daß ich nicht am internationalen Turnier von Madrid teilnehmen sollte – das sei abträglich für die bevorstehenden Prätendentenkämpfe. Ich ent-

Der Herausforderer des Jahres 1984, Garri Kasparow, in einem Match im Jahre 1981 in Moskau gegen den Weltmeister. Beim WM-Finale werden sie sich im September wieder begegnen

schied anders und gewann das Turnier wie auch die folgenden Wettkämpfe. Hier geht es nicht um Halsstarrigkeit oder gar um eigene Charaktermerkmale. Es geht darum, daß ich schon damals die Geschichte des Schachs ganz gut kannte und sich aus ihr ergab, daß eben Botwinnik nicht einen Wettkampf um die Weltmeisterschaft mit Vorsprung gewann und seinen Titel nur aufgrund von Revanchewettkämpfen zurückgewann, das heißt, nachdem er zuerst eine bestimmte Praxis erreicht hatte. Das Vermögen, Schlüsse zu ziehen nicht nur aus eigenen, sondern auch aus fremden Fehleinschätzungen, ist eine wichtige Eigenschaft, der meiner Meinung nach viele Erfolge zu verdanken sind.

Ich suche im Schach immer etwas Eigenes. Riskantes Spiel im Stile schachlicher Musketiere ist nicht meine Sache, auch wenn es vielen Freunden scharfer Wendungen gefällt. Es geht nicht um die Gefahr der Niederlage. Diese fürchte ich nicht und habe das vielfach bewiesen. Bei dieser Gelegenheit ein paar Worte zum »trockenen Spiel«. Nach der Partie mit Hort (1971) habe ich mehr als einmal Schönheitspreise bekommen. Die genannte Partie wurde aber nicht nur als die beste im Aljechin-Gedenkturnier anerkannt; diese Anerkennung bezog sich insgesamt auf einen erheblichen Zeitraum. Mit den gleichen Attributen wurde eine der letzten hier angeführten Partien belegt (mit Hübner), die als die absolut beste anerkannt wurde von den Lesern und von der kompetenten Jury des jugoslawischen (internationalen) »Informator«. Ich sehe die Sache anders. Bei hoher Spielklasse liegt die echte Schönheit viel tiefer verborgen, als es auf den ersten Blick scheint. Kombinationen und scharfe Angriffe sind meiner Meinung nach nur dann gut, wenn sie durch sorgfältig durchdachtes und technisch vollkommenes Spiel vorbereitet und nicht Folge von Fehlern und Versehen sind. Mein Credo ist, man muß alles gut machen können, was die Gegner gut zu machen imstande sind, darüber hinaus aber etwas sehr gut. So habe

In seiner Freizeit betreibt Anatoli Karpow Ausgleichssport; neben Tennis auch Billard

ich versucht, meinen Schachstil zu bestimmen... Der Weltmeister ist üblicherweise ein Gesetzgeber der Schachmode. Als Tal Weltmeister wurde, kam in den Schachsport ein romantischer Zug. Tal verlor einen Wettkampf in der Weltmeisterschaft, und diese Welle war verschwunden. Sie wurde abgelöst von dem trockenen positionellen Stil Petrosjans. Danach wurden Spasski und Fischer Weltmeister... im Schach setzte sich der vielleicht lebendigste, der universelle Stil durch. Ich glaube, daß auch ich diesen Stil vertrete.

Die Schachgeschichte zeigt, daß die jeweiligen Weltmeister Führungsfiguren, Organisatoren und Propagandisten ihres Spiels sind. Es ist etwas peinlich, von einer eigenen Führungsposition zu sprechen, auch wenn diese durch den Gewinn vieler Superturniere bestätigt wird, eine Anzahl von Wettkämpfen, den höchsten Elo-Koeffizienten im Laufe vieler Jahre, acht »Schach-Oscars«... Viel Zeit widme ich der organisatorischen Arbeit im Schachverband der Sowjetunion und in der FIDE. Einem ausländischen Leser könnten viele gesellschaftliche Aufgaben unverständlich sein, die ich in der Sowjetunion habe. Wenigstens zwei dieser Aufgaben bedürfen keiner zusätzlichen Erklärung: Ich habe mich aktiv in den Kampf um den Frieden eingeschaltet und bin gewählter Vorsitzender des sowjetischen Friedensfonds und Chefredakteur der größten Fachzeitschrift der Welt, »64 – Schachrundschau«. Die letztgenannte Aufgabe belegt, daß mir die Funktionen eines Schachpropagandisten nicht fremd sind. Seit meinen Studienjahren an der Universität veröffentliche ich Kommentare und Berichte über Wettkämpfe und schrieb auch Bücher. Ich hoffe, daß auch diese biographischen Bemerkungen der Sache des Schachspiels dienen.

Sportliche Erfolge seit der Erringung des Meistertitels bis zum Jahr 1983

		Platz	Gewonnen	Remis	Verloren
1966	Meister gegen Meisterschaftskandidaten	3	5	10	0
	Jugendmannschaftsmeisterschaft der Sowjetunion	1. Brett des jüngsten Teilnehmers	5	3	0
	Wettkampf der Jugendmannschaften der Sowjetunion und Skandinaviens	6. Brett	1	0	1
1966/67	Trinec (Tschechoslowakei)	1	9	4	0
1967	Vorturnier zur Jugendweltmeisterschaft	5	3	1	3
	Spartakiade der RSFSR	2. Brett	4	1	2
	Unions-Spartakiade der Schüler	2. Brett	5	4	0

		Platz	Gewonnen	Remis	Verloren
1967/68	Groningen (Niederlande)	1. Brett	6	8	0
1968	Wettkampf Sowjetunion-Jugoslawien	2. Jugendbrett	3	1	0
	Wettkampf der Jugendmannschaften der Sowjetunion und Skandinaviens	2. Brett	0	1	1
	Meisterschaft der Moskauer Universität	1	7	6	0
	Mannschaftsmeisterschaft der UdSSR	1. Jugendbrett	9	2	0
1969	Vorturnier zur Jugendweltmeisterschaft	1	5	5	2
	Wettkampf der Jugendmannschaften der Sowjetunion und Jugoslawiens	3. Brett	2	2	0
	Mannschaftsturnier der befreundeten Armeen, Warschau	Ersatzmann	1	0	0
	Mannschaftsmeisterschaft der Streitkräfte der Sowjetunion	2. Brett	5	1	1
	Jugendweltmeisterschaft, Stockholm	1	12	5	0
	Wettkampf Ungarn–RSFSR, Budapest	Jugendbrett	0	2	2
1970	Meisterschaft der RSFSR, Halbfinale der Meisterschaft der UdSSR, Kuibyschew	1	8	9	0
	Caracas	4.–8.	8	7	2
	38. Meisterschaft der Sowjetunion, Riga	5.–7.	5	14	2
1971	Halbfinale der 39. Meisterschaft der Sowjetunion, Daugawpils	1	9	8	0
	18. Studentenolympiade, Puerto Rico	3. Brett	7	1	0
	Mannschaftsmeisterschaft der Streitkräfte der Sowjetunion	1. Brett	3	3	1
	Mannschaftsmeisterschaft der Sowjetunion, Rostow am Don	Jugendbrett	6	1	0
	39. Meisterschaft der UdSSR, Leningrad	4	7	12	2
	Aljechin-Gedenkturnier, Moskau	1.–2.	5	12	0
1971/72	Hastings, England	1.–2.	8	6	1
1972	Olympiade der UdSSR, Moskau	2. Brett	4	3	2
	19. Studenten-Olympiade, Graz	1. Brett	5	4	0
	20. Olympiade Skopje	1. Reserve	12	2	1
	San Antonio (USA)	1.–3.	7	7	1
1973	Budapest	2	4	11	0
	Wettkampf von Auswahlmannschaften der Sowjetunion, Moskau	1. Brett	2	2	0
	Interzonenturnier Leningrad	1.–2.	10	7	0
	Europäische Mannschaftsmeisterschaft Bath (England)	4. Brett	4	2	0
	41. Meisterschaft der SU-Oberliga, Moskau	2.–6.	5	11	1
	Madrid	1	7	8	0
1974	Viertelfinalwettkampf mit Polugajewski, Moskau	Gewinn	3	5	0
	Wettkampf im Halbfinale der Prätendenten mit Spasski, Leningrad	Gewinn	4	6	1
	21. Olympiade Nizza (Frankreich)	1. Brett	10	4	0
	Finalwettkampf der Prätendenten mit Kortschnoi, Moskau	Gewinn	3	19	2

		Platz	Gewonnen	Remis	Verloren
1975	3. April zum Weltmeister erklärt				
	Portoroz – Ljubljana (Jugoslawien)	1	7	8	0
	Spartakiade der Völker der Sowjetunion	1. Brett	4	3	0
	Turnier in Turnussen, Mailand	2	3	7	1
	Halbfinal-Wettkampf mit Petrosjan	unentschieden	0	4	0
	Final-Wettkampf mit Portisch	Gewinn	1	5	0
1976	Skopje	1	10	5	0
	7. Mannschaftspokal der UdSSR, Tiflis	1. Brett	2	4	0
	Amsterdam	1	2	4	0
	Manila (Philippinen)	2	1	4	1
	Montilla (Spanien)	1	5	4	0
	Meisterschaft der SU-Oberliga, Moskau	1	8	8	1
1977	Bad Lauterberg (BRD)	1	9	6	0
	Europäische Mannschaftsmeisterschaft, Moskau	1. Brett	5	0	0
	Las Palmas (Spanien)	1	12	3	0
	Turnier zu Ehren des 60. Jahrestages der Oktoberrevolution, Leningrad	4.–5.	5	10	2
	Tilburg (Niederlande)	1	5	6	0
1978	Bugojno (Jugoslawien)	1.–2.	6	8	1
	WM mit Kortschnoi	Gewinn	6	21	5
1979	Montreal	1.–2.	7	10	1
	Spartakiade der Völker der Sowjetunion	1. Brett	3	3	1
	Tilburg	1	4	7	0
1980	Bad Kissingen	1	3	3	0
	Bugojno	1	5	6	0
	Tilburg	1	5	5	1
	24. Olympiade, Malta	1. Brett	6	6	0
1981	Linares (Spanien)	1	5	6	0
	Kampf von vier Mannschaften, Moskau	1. Brett	1	5	0
	Amsterdam	2.–3.	4	7	2
	WM mit Kortschnoi, Meran	Gewinn	6	10	2
1982	Mar del Plata	3.–5.	4	7	2
	London	1.–2.	5	7	1
	Turin	1.–2.	3	8	1
	Hamburg	1	3	3	0
	Wettkampf mit Spasski	Gewinn	2	1	1
	Tilburg	1	5	5	1
	25. Olympiade, Luzern	1. Brett	5	3	0
1983	Linares	2.–3.	2	8	0
	50. Meisterschaft der UdSSR, Moskau	1	5	9	1
	Spartakiade der Völker der Sowjetunion	1. Brett	2	3	0
	Hannover	1	8	6	1

Raymond Keene
Garri Kasparow – der neue Star

Kampfschach« ist der Titel von Garri Kasparows Buch mit von ihm selbst ausgewählten Glanzpartien, doch mit gleicher Berechtigung ist diese Bezeichnung auf Viktor Kortschnois Stil anzuwenden. Der englische Großmeister Jon Speelman hat eindrucksvoll beschrieben, was es für ein unangenehmes Gefühl ist, Kasparow am Brett gegenüberzusitzen – es geht einem so, als würde man von einer unablässigen Folge von Energiewellen getroffen. Ein Mann, der so intensiv Kraft ausstrahlt, wird sich nicht leicht geschlagen geben. Er wird bis zum bitteren Ende kämpfen, um seinen jeweiligen Gegner niederzuringen, sei er, wer er wolle. Das gleiche trifft auf Kortschnoi zu. Obwohl auch seine »Hirnmuskeln« bei jeder Partie sichtbar bis zum äußersten angespannt sind, wird das äußerlich weniger spürbar als bei Kasparow, es sei denn in den Kampfesphasen, wo Kortschnoi seine Züge in Mikrosekunden herunterschmettern muß, um nicht durch Zeitüberschreitung zu verlieren. Nichtsdestoweniger ist Kortschnois gesamte Laufbahn ein einziger langer Kampf gewesen, abseits vom Schachbrett gegen die sowjetischen Funktionäre und Bürokraten, am Brett seit über 20 Jahren, um die Schachkrone zu erobern, von der er überzeugt ist, daß sie ihm gehören könnte.

Zweifellos besitzen diese beiden Großmeister ein Charisma, das dem amtierenden Weltmeister Anatoli Karpow fehlt. Er, trotz seiner praktisch noch nie dagewesenen Erfolge als Champion, ist als farbloser Spieler abgestempelt, so ungerecht das auch sein mag. Angesichts der traurigen Tatsache von Fischers endgültigem Winterschlaf und der gleichgültigen Reaktion der Öffentlichkeit auf Karpows Leistungen, gelten jetzt Kasparow und Kortschnoi weiterhin als die attraktivsten und populärsten Spieler auf dem Erdball. Dies erinnert ziemlich genau an die Lage um die Mitte der siebziger Jahre, als jedermann vom Aufeinanderstoßen Fischers und Spasskis ungeheuer beeindruckt war. Hätte man damals den einfachen Mann z. B. in einem Berliner Omnibus gefragt, wer der stärkste Schachspieler der Welt sei, hätte er höchstwahrscheinlich geantwortet »Boris Spasski«, obwohl doch Karpow unangefochten auf seinem Moskauer Thron saß.

Sogar die obersten britischen Schachfunktionäre waren hiervon angesteckt. Als 1978 die Weltmeisterschaft zwischen Karpow und Kortschnoi auf den Philippinen beginnen sollte, fragte ein aufstrebender Jungmeister, der jetzige GM-Aspirant Jim Plaskett, den Präsidenten der britischen Schachföderation, wer seiner Meinung nach gewinnen werde. Der ehrenwerte Mann, dessen Name hier verschwiegen sei, grübelte eine Weile nach und verkündete dann seinen Urteilsspruch: Spasski!

Vielleicht hat dieses unterschiedliche Image damit zu tun, auf welche Weise Kortschnoi, Kasparow und Karpow jeweils mit ihren Gegnern fertig werden. In der öffentlichen Meinung steht Kortschnoi da als ein Anarchist, der seine Gegner bei hellem Tage in die Luft zu jagen sucht; Kasparow als ein junger Napoleon des Schachs, der über außerordentlich starke Geschütze verfügt; Karpow aber wirkt wie ein Gendarm, der seine Gegner am liebsten in Handschellen und Ketten unter Verschluß hält.

Wenn Kortschnoi, Kasparow und, natürlich, Michail Tal ein siegbringendes Opfer aus dem Ärmel zaubern, wird das stets als neuer glänzender Geniestreich begrüßt; wenn Karpow genau das gleiche tut, so wird das gewöhnlich als Ergebnis seiner ausgiebigen Eröffnungsvorbereitung heruntergespielt oder als ungesunde Spekulation abgetan, selbst wenn es geklappt hat!

Der Beachtung wert war es allerdings, daß Kaspa-

Garri Kasparow, der 21jährige Herausforderer des Weltmeisters Anatoli Karpow – ein junger Napoleon des Schachs, der über außerordentlich starke Geschütze verfügt

row in seinem Halbfinalmatch gegen Kortschnoi wie im Kandidatenfinale des Zyklus 1983/84 gegen Smyslow begann, einen in hohem Maße positionellen Stil zu entwickeln. Tatsächlich gab es in diesen Wettkämpfen nur sehr wenige taktische Feuerwerke. Besonders im Match gegen Smyslow zeigte der Jüngere lupenreine Technik und schlug so den altgedienten Ex-Weltmeister auf seinem ureigenen Gebiet. Nach meinem Gefühl wird dieser Trend sich fortsetzen, vielleicht sogar verstärken, bis Garri im Weltmeisterschaftskampf 1984 auf Karpow getroffen ist. Ähnliches geschah mit dem feurigen Aljechin, Kasparows Vorbild, der seine taktische Phantasie zügelte, bis er auf sichere Weise mit Capablanca fertig geworden war. Dann erst kehrte er zu dem risikofreudigen, abenteuerlichen Stil zurück, dem seine erste Liebe galt.

Geboren am 13. April 1963, ist Garri Kasparow der sensationellste Spieler, der seit den Tagen Bobby Fischers hervorgetreten ist. Ich habe bereits erklärt, wie es kommt, daß sein sich rasant entwickelnder Spielstil mehr Bewunderer anzieht als der des Weltmeisters; und jetzt, mit gerade erst 21 Jahren, hat sich Kasparow bereits als der jüngste Herausforderer qualifiziert, den es je gab! Sein Treffen mit Karpow soll im September 1984 stattfinden.

Kasparows außerordentliches Talent fiel Botwinnik auf, noch bevor Garri zehn Jahre zählte, und folgerichtig gewährte ihm der Ex-Weltmeister das große Privileg, ihn persönlich zu unterrichten. Kasparows Fortschritte kamen Schlag auf Schlag: 1980 Jugendweltmeister; 1981 UdSSR-Champion; 1982 Sieger im Interzonenturnier zu Moskau mit anderthalb Punkten Vorsprung; 1983/84 Sieger im Kandidatenzyklus, in dem er Beljawski in Moskau, Kortschnoi in London und schließlich Smyslow in Wilna bezwang. Kasparow könnte nach seinem Wettkampf gegen Karpow im September 1984 der jüngste Weltmeister der Schachgeschichte werden.

Weiß: Kortschnoi Schwarz: Kasparow
Schacholympiade, Luzern 1982
(Moderne Benoni-Verteidigung)

1. d4 Sf6 2. c4 g6 3. g3 Lg7 4. Lg2 c5 5. d5 d6 6. Sc3 0-0 7. Sf3 e6. Leitet ins Benoni über, das für Kasparows kompromißlosen Stil wie geschaffen ist.

8. 0-0 exd5 9. cxd5 a6 10. a4 Te8 11. Sd2 Sbd7 12. h3 Tb8 13. Sc4 Se5 14. Sa3 Sh5 15. e4 Tf8 16. Kh2. Sicherer war 16. De2, gegen b5 gerichtet. **16. ... f5!?** Wahrscheinlich stärker ist 16. ... Ld7!, um auf 17. f4 mit 17. ... b5! zu antworten. **17. f4.** Nicht 17. exf5 Lxf5 18. g4? Lxg4! 19. hxg4 Dh4+ und gewinnt. Falls jetzt aber der schwarze Springer den Rückzug antritt, wäre 18. exf5 wirklich stark. Jedoch... **17. ... b5!!**

Eine prachtvolle Konzeption, ob sie nun völlig korrekt ist oder nicht. Sieben Züge lang überläßt Schwarz jetzt den angegriffenen Springer seinem Geschick und verläßt sich auf ablenkende taktische Wendungen. **18. axb5 axb5 19. Saxb5.** Falls 19. fxe5, so 19. ... Lxe5! mit den starken Drohungen 20. ... b4 und 20. ... Sxg3. **19. ... fxe4** (Diagramm unten) **20. Lxe4** Falls hier 20. fxe5, so erhält Schwarz mit 20. ... Lxe5 21. Lf4 Sxf4 22. gxf4 Lxf4+ 23. Kh1 Dh4 einen mörderischen Angriff; 22. Txf4 mag

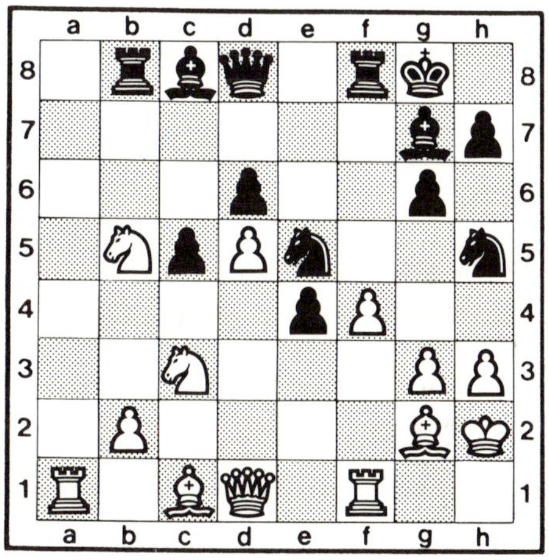

allerdings eine Verbesserung sein. Kasparow wußte aber nicht, daß all dies schon einmal dagewesen war! Die Partie Alburt–H. Olafsson 1982 in Reykjavik war 20. Sa7 e3!? weitergegangen. Und was war mit Kortschnoi? Er war in Reykjavik dabeigewesen und hatte bei der Post-mortem-Analyse der Partie Alburt–Olafsson mitgeholfen!

20. ... Ld7 21. De2 Db6 22. Sa3 Tbe8

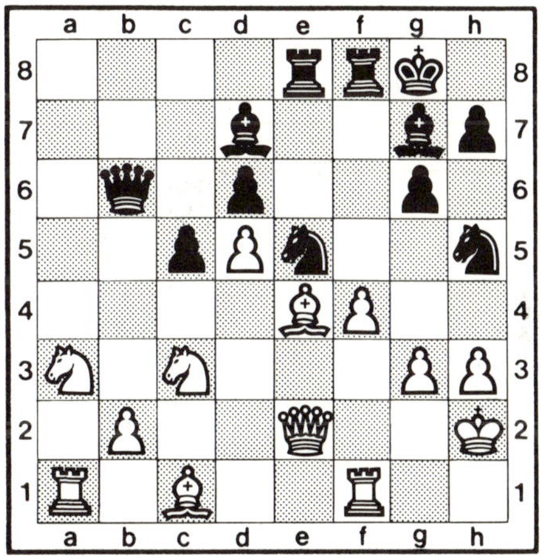

An dieser Stelle betrat ich den Turniersaal und beschloß zu versuchen, bei der Partie Kortschnoi–Kasparow zu kiebitzen. Natürlich war es unmöglich, auch nur irgend etwas zu sehen – Hunderte von Zuschauern waren um das Brett zusammengeströmt, und es standen sogar Leute auf Stühlen, um mehr sehen zu konnen. Ich schaute dann auf das manuell bediente Demonstrationsbrett, das zu Häupten der Spieler hing, und erblickte die Stellung des vorstehenden Diagramms. Meine unmittelbare Reaktion war, armer Garri, er hat einen Bauern weniger, und wenn er seinen angegriffenen Springer von e5 zurückzieht, hat Weiß den starken Zug Sc4. Dann begriff ich, daß Kortschnoi auch noch am Zuge war! In der Tat ist dies der kritischste Moment. Hören wir Kasparow selbst: »Was ist jetzt zu tun, falls Kortschnoi den Springer schlägt? Nach 23. fxe5 kann man 23...Lxe5 (23...Txf1 ist auch möglich) 24. Lf4 Sxf4 25. gxf4 Lxf4x+! 26. Kg2 Dd8 prüfen, wobei Weiß zwar eine Figur mehr hat, seine Steine aber nicht besonders wirkungsvoll postiert sind, insbesondere der Springer a3, während Schwarz vielerlei Vorteile auf dem Königsflügel hat. Auch 24. Sc4 Lxg3+ 25. Kg1 Dd8, ist meinem Gefühl nach für Schwarz spielbar. An dieser Stelle beging mein Gegner nun einen schwerwiegenden Fehler. Er hätte 23. Dg2 spielen können, um sich mittels Schlagen auf e5 und nachfolgendem Se2 zu konsolidieren. Nach einigen Kommentatoren hätte dies den Zug **16...f5** widerlegt. Aber nach 23...Sf7 24. Sc4 Db8 wäre der Kampf doch sicher weiterhin offen? Der weiße Mehrbauer muß durch seine Schwächen auf den Zentralfeldern und die mangelhafte Koordination seiner Figuren aufgewogen sein. Nach 23. Le3 Sf7 24. Sc4 Dd8 leidet Weiß an Luftmangel.«

23. Ld2? Dxb2 24. fxe5. Endlich kann Weiß der Lockung nicht länger widerstehen – und seine Stellung fällt rasch auseinander. Das unmittelbare 24. Tfb1 scheiterte an 24...Sf3+, aber 24. Kg2 mit der Drohung 25. Tfb1 stellt das schwarze Spiel auf eine harte Probe. Eine einfache Variante wäre 24. Kg2 Sf7 25. Tfb1 Lxc3 26. Txb2 Lxb2 27. Ta2 Ld4 28. Dd3 Sg5 29. Lxg6, und Weiß behält die Oberhand. Das heikle 24...Db4 läßt den Schwarzen allerdings im Rennen.

24. ... Lxe5 25. Sc4 Sxg3 26. Txf8+ Txf8 27. De1. Gesteht die Niederlage ein, aber es gab keine genügende Alternative. **27. ... Sxe4+ 28. Kg2 Dc2 29. Sxe5.** Oder 29. Tc1 Dd3 mit der Drohung 30 ...Dxh3+. Jetzt gewann 29...Sxd2. **29. ... Tf2+?** Kasparow: »Dies verdirbt die Partie und macht den Sieg fraglich. Ich hatte mit 30. Kg1 gerechnet,

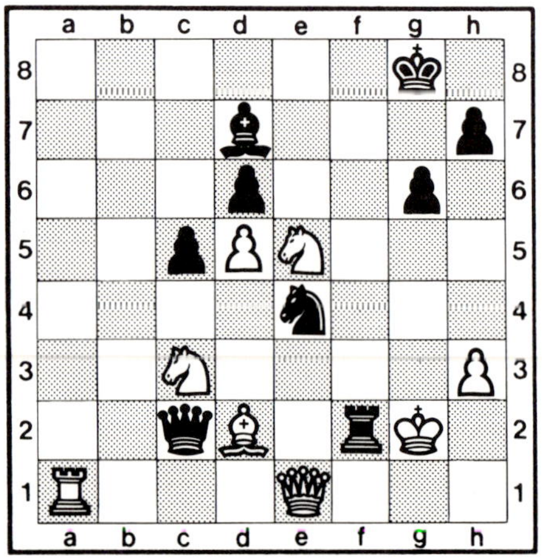

aber... **30. Dxf2!** ... läßt mir die Wahl zwischen 30...Sxf2 und 30...Lxh3+. Im letzteren Falle stellt 31. Kg1! Sxf2 32. Ta2! Schwarz vor das Problem, wohin er mit seiner Dame ausweichen soll; auf 32...Df5 führt 33. Ta8+ zu ewigem Schach; auf 32...Db3 kommt 33. Ta8+ Kg7 34. Ta7+ Kf8 35. Lh6+Ke8 36. Ta8+Ke7 37. Lg5 matt; und falls Schwarz in dieser Variante versucht, mit seinem König zum Zentrum hinauszulaufen, hat Weiß auf 34...Kf6 den Zug 35. Sf3, drohend Matt in vier durch 36. Lg5+ Kf5 37. Tf7+ usw., und nach 35...Sd3 kommt eine andere Königsjagd mittels 36. Se4+ Kf5 37. Sxd6+ Kg4 38. Sh2+ Kg3 39. Se4+ Kh3 40. Txh7 matt. Diese Varianten illustrieren das aktive Zusammenwirken der weißen Figuren auf 30...Lxh3+. Intuitiv entschied ich mich für...« **30. ... Sxf2 31. Ta2! Df5! 32. Sxd7 Sd3.**

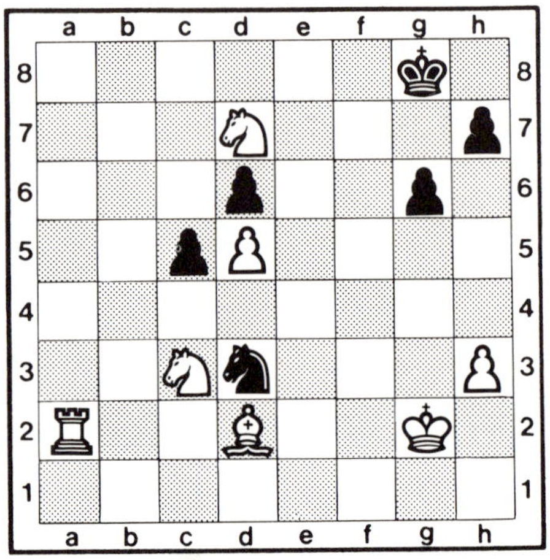

»Nach der Partie verbrachte ich sehr viel Zeit bei der Analyse dieser Stellung. In schwerer Zeitnot fand Kortschnoi nicht das Beste...« **33. Lh6?.** Er sollte 33. Ta8+ Kf7 34. Ta7! spielen, wie Kortschnoi unmittelbar nach Ende der Partie angab.

33. ... Dxd7 34. Ta8+ Kf7 35. Th8? Kf6 36. Kf3?? Dxh3+ Weiß überschritt die Zeit.

Weiß: Kasparow Schwarz: Smyslow
Kandidatenfinale 1984, 9. Partie
(Cambridge-Springs-Verteidigung)

1. d4 d5 2. Sf3 Sf6 3. c4 c6 4. Sc3 e6 5. Lg5 Sbd7 6. e3

Da5 7. cxd5 Sxd5 8. Dd2. Bezeichnenderweise ist dies Aljechins Variante gegen die Cambridge-Springs-Verteidigung. **8. ... Lb4.** Schwarz kann auch scharf mit 8...S7b6 fortsetzen, aber die daraus entstehenden Abspiele sind, seit Aljechin die Sache konzipierte (1935), als vorteilhaft für Weiß ausanalysiert worden: 8...S7b6 9. Tc1 Sxc3 10. bxc3 Sd5 11. Lc4 Sxc3 12. 0-0. (Schlagen kann Weiß nicht wegen 12...Lb4 mit siegbringender Fesselung.) 12...b5 13. d5! bxc4 14. d6 f6 15. Lh 4 mit machtvollem Angriff.

9. Tc1 e5 10. a3 Ld6 11. dxe5 Sxe5 12. Sxe5 Lxe5 13. b4 Lxc3 14. Dxc3!. Nichts weiter als ein komplizierter Weg, die Damen zu tauschen.

14. ... Sxc3 15. bxa5 Se4 16. Lf4 0-0 17. f3 Sf6 18. e4 Te8 19. Kf2 a6. Dieser Entschluß könnte unrichtig gewesen sein. Möglicherweise sollte Schwarz sich b7-b6 offenhalten, um unter Bauernopfer den gesamten Damenflügel aufzulösen, wodurch seine Verteidigungsprobleme auf einen Flügel beschränkt würden.

20. Le2 Le6 21. Tb1 Te7 22. Thd1 Tae8 23. Tb2 Lc8 24. Tbd2 Td7 25. Txd7 Sxd7 26. g4 Sc5 27. Le3 Sd7 28. g5. Weiß hat ausgezeichnete Gewinnchancen, die auf seinem Läuferpaar und der mobilen Bauernmajorität am Königsflügel beruhen, welche letztendlich zu einem gefährlichen Freibauern führen wird.

28. ... Se5 29. Ld4 Sg6 30. Kg3 Sf8 31. h4 Td8 32. f4 Le6 33. Lc3 Txd1 34. Lxd1 Sd7 35. f5 Lc4 36. h5

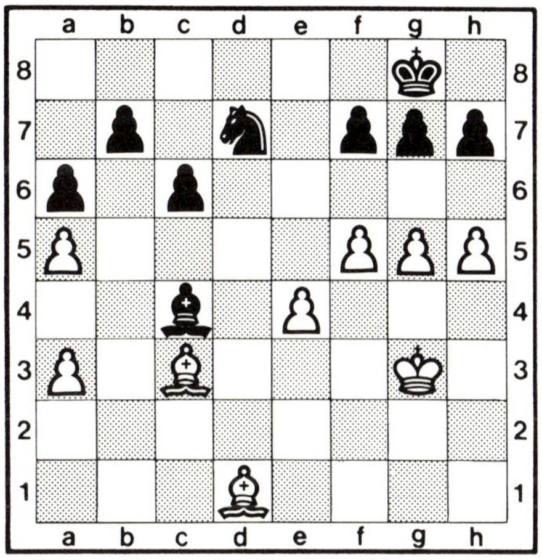

In majestätischer und eindrucksvoller Weise segeln die weißen Bauern vorwärts. Schwarz kann es sich nicht leisten, sich weiter ruhig zu verhalten, er muß etwas gegen ihren Vormarsch tun (Diagramm).

36. ... h6 37. gxh6 gxh6 38. e5 Sc5 39. Kf4 Ld5 40. Lc2 f6. Eine schwerwiegende Entscheidung, aber Weiß drohte 41. e6 fxe6 42. f6 gefolgt von Ke5.

41. e6 Kg7 42. Lb4 Sb3 43. Ke3 c5?. 43...Kg8 bietet bessere Überlebenschancen. Nach 43...c5 büßen die schwarzen Bauern ihren defensiven Zusammenhalt ein. **44. Lc3.**

Schwarz gab einen Zug ab, gab aber dann auf, ohne die Partie wiederaufzunehmen. 44...c4 45. Le4 Lxe4 46. Kxe4 Sc5+ 47. Kd5 oder 44...c4 45. Le4 Lc6 46. Lxc6 bxc6 47. e7 Kf7 48. Lxf6 gewinnen leicht. Übrigens war der schwarze Abgabezug das sinnlose **44...Kf8.**

Stefan Kindermann
Die Ungekrönten

In der Geschichte des Schachs gibt es unter den ganz großen Spielern einige Ausnahmeerscheinungen, die fast im Verlauf ihrer ganzen Karriere zur Weltspitze gehörten, denen es aber dennoch nie gelang, den obersten Gipfel, den WM-Titel, zu erreichen. Hier sollen nun die Bedeutendsten unter ihnen vorgestellt, der Verlauf ihrer Karriere geschildert und die Gründe erforscht werden, die ihnen den WM-Titel verwehrten. Teils können die Ursachen auf »Pech« zurückgeführt werden, soweit das im Schach möglich ist, d.h. auf eine besonders ungünstige Konstellation verschiedener Umstände in kritischen Momenten, teils aber auch auf besondere psychologische Probleme in der Auseinandersetzung mit dem jeweiligen Gegner. Das bedeutet, daß diese Spieler unter großer psychischer Anspannung nicht in der Lage waren, ihr ganzes schachliches Können einzusetzen, und somit einem Gegner unterlagen, dem sie vom schachspielerischen Können her gesehen durchaus ebenbürtig waren.

Siegbert Tarrasch

»Ihnen, Herr Lasker, habe ich nur drei Worte zu sagen: Schach und Matt!« In diesem berühmt gewordenen Zitat wird sofort die Spannung zwischen Tarrasch und seinem großen Rivalen, dem langjährigen Weltmeister Emanuel Lasker, deutlich. Denn dieser Lasker war für Tarrasch das einzige echte Hindernis, den WM-Titel zu erreichen; sonst hatte er in seiner besten Zeit niemanden zu fürchten, und so liegt für Tarrasch seine ganze Problematik als Schachspieler in der Beziehung zu Lasker.

Tarrasch wird 1862 in Breslau geboren und ist damit sechs Jahre älter als Lasker. Er lernt Schach mit 15 Jahren, also eigentlich relativ spät, und gewinnt 1883 in Nürnberg sein erstes Turnier. In der Zeit zwischen 1889 und 1903 ist Tarrasch der erfolgreichste Turnierspieler der Welt, er gewinnt die großen Turniere in Breslau 1889, Manchester 1890, Dresden 1892, Leipzig 1894, Wien 1898 und Monte Carlo 1903, bei denen jeweils ein großer Teil der damaligen Weltelite versammelt war. Es ist ein interessanter Zufall, daß der um sechs Jahre jüngere Lasker ebenfalls in Breslau das dem Meisterturnier untergeordnete Hauptturnier gewinnt und damit seinen ersten bedeutsamen Erfolg erringt, während, wie bereits erwähnt, Tarrasch in brillanter Manier im Meisterturnier triumphiert und damit neben Steinitz, dem damals amtierenden, wenn auch bereits alternden Weltmeister, als wohl bester Spieler der Welt gelten kann.

Tarrasch begeht einen bedeutsamen Fehler, als er 1891 eine Einladung des Schachclubs Havanna ablehnt, dort einen WM-Kampf mit Steinitz auszutragen, der zweifellos schon nicht mehr im Vollbesitz seiner schachlichen Kräfte war. Die eigentlichen Gründe für seine Ablehnung sind nicht bekannt; Tarrasch selber schob berufliche Unabkömmlichkeit vor. Er war niemals »Profi« im heutigen Sinn, sondern betrieb zunächst in Nürnberg und dann in München eine Arztpraxis: eine Tatsache, die ganz seinem Charakter und seiner Weltanschauung entspricht, auf die ich später näher eingehen will. Unter Berücksichtigung der großen Bedeutung eines Weltmeisterschaftskampfes sowie von Tarraschs immensem Ehrgeiz aber erscheint die Begründung des »Zeitmangels« als unzureichend. Angeführt wurde auch, daß Tarrasch die lange Reise scheute. Aber wesentlich scheint, daß ihm in dieser kritischen Situation die erforderliche Entschlußkraft fehlte, um seinen Lebenstraum zu verwirklichen; denn Tarrasch wäre in diesem Kampf gegen den alternden Champion deutlich favorisiert gewesen. 1894 gelang

Siegbert Tarrasch (1862–1934)

es dann dem damals noch relativ unbekannten Lasker ohne sonderliche Mühe, Steinitz zu schlagen, und spätestens da wird Tarrasch seinen Entschluß bzw. seinen Nichtentschluß bitter bereut haben.
Interessant ist, daß Lasker Tarrasch noch 1892 zu einem Wettkampf herausforderte, was von diesem mit der bei ihm gegenüber – vermeintlich – schwächeren üblichen »Präpotenz« beantwortet wurde, nämlich: Lasker möge erst einmal in einem großen internationalen Turnier den ersten Preis gewinnen, dann werde man weitersehen. Tarrasch besaß in starkem Maße die Überheblichkeit des »deutschen Großbürgers« der wilhelminischen Zeit, er hielt sich viel auf seinen sozialen Status zugute und übertrug das auch auf seine Stellung in der Schachwelt, was naturgemäß seine Objektivität trüben mußte. Lasker kam eben nur aus sehr einfachen Verhältnissen und war damals Berufsspieler, beides Dinge, die nicht gerade nach Tarraschs sehr standesbewußtem Geschmack waren.
Tarraschs größte und bis heute andauernde Bedeutung aber lag in seiner schachliterarischen Arbeit, und nicht zu Unrecht wurde er als »praeceptor Germaniae« bezeichnet. Er verfaßte eine Reihe ausgezeichneter Lehrbücher, die gerade durch ihre strenge Dogmatik und ihre völlig geradlinigen strategischen Ideen und Prinzipien für den Schachschüler das Verständnis der Materie stark erleichtern. Schreitet der Schacheleve weiter fort, wird er natürlich die Relativität vieler Prinzipien und teilweise auch deren völlige Ungültigkeit erkennen. Aber gerade für den noch nicht so erfahrenen Lernenden sind Tarraschs Bücher bis heute mit das beste Lernmaterial überhaupt. Jedoch gerade dadurch, daß Tarrasch sich auch in seinen Partien an seine dogmatisch starren Grundsätze hielt, fehlte es ihm etwas an Flexibilität, besonders in ungewöhnlichen Spielsituationen.
Lasker dagegen war ein schachlicher Freigeist, der jede Position auf ihren konkreten Gehalt prüfte und sich keinerlei allgemeinen Prinzipien unterwarf. Er scheute nicht davor zurück, große Risiken einzugehen, und er war in der Lage, sein Spiel nicht nur den objektiven Gegebenheiten auf dem Brett, sondern auch den rein psychologischen Stärken und Schwächen seines Gegners anzupassen. Sehr interessant ist Laskers folgende Bemerkung über seinen Gegenspieler Tarrasch: »Mein Gegner [Tarrasch] hat den Glauben an die Schönheit, ich an die Kraft. Ich glaube, daß das Kräftige auch schön sei. Er verehrt einen Gedanken, der tief ist, ich einen solchen, der Arbeit leistet.«
Zur Verdeutlichung dieses Gegensatzes will ich hier die zweite Wettkampfpartie aus dem großen Match Lasker–Tarrasch in Düsseldorf 1908 um die Weltmeisterschaft anführen, in welcher es Lasker trotz einer objektiv sehr schlechten Stellung gelingt, die psychischen Schwächen seines Gegners auf unnachahmliche Weise auszunutzen. Diese Partie entschied in höherem Sinne wohl schon den gesamten Wettkampf, der schließlich mit 8:3 bei fünf Remisen deutlich von Lasker gewonnen wurde. Hier wurde Tarraschs psychische Kraft gebrochen. Obwohl er noch bis 1928 an internationalen Turnieren teilnahm, gewann er nie wieder ein Turnier, und ein zweiter Wettkampf gegen Lasker 1916 ging noch

deutlicher mit 0:5 bei einem Remis verloren. Im Hinblick auf den Traum von der Weltmeisterschaft war also der Wettkampf von 1908 der entscheidende Knick in Tarraschs Karriere.

Weiß: Dr. Siegbert Tarrasch
Schwarz: Dr. Emanuel Lasker
1. e4 e5 2. Sf3 Sc6 3. Lb5 Sf6 4. 0–0 d6. Dies ist die sogenannte »Alte Steinitzverteidigung«, die heute kaum noch gespielt wird, da sie als zu passiv gilt. Lasker pflegte sie aber häufig anzuwenden. **5. d4 Ld7 6. Sc3 Le7 7. Te1 exd4 8. Sxd4 0–0 9. Sxc 6.** Die moderne Theorie empfiehlt 9. Lxc6, da der Springer auf d4 sehr gut steht und in vielen Varianten günstig nach f5 gehen kann. **9. ... Lxc6.** 9. ... bxc6 ist ebenfalls möglich, doch hatte Tarrasch 1898 in dieser Variante einen schönen Sieg gegen Steinitz errungen, und so galt 9. ... bxc6 als zweifelhaft. **10. Lxc6 bxc6.** Schwarz steht hier recht gut, da Weiß den befreienden Vorstoß d5 nicht verhindern kann. **11. Se2.** Eine interessante Idee: Tarrasch will den Springer nach g3 überführen, von wo er f5 beobachtet. 11. ... Sxe4? scheitert an 12. Sd4, wonach sowohl c6 als auch e4 bedroht sind. Am besten für Schwarz wäre jetzt wohl, einfach plangemäß mit 11. ... d5 fortzusetzen. Auf den ersten Blick sieht daraufhin 12. Sd4 gefährlich aus, aber nach der ruhigen Antwort 12. ... Dd7 hat Schwarz ein gutes Spiel, z.B. 13. e5 Se4 oder 13. Sf5 Lc5, wonach 14. Lg5 an 14. ... Sxe4 oder sogar an 14. ... Lxf2+ scheitert. – Lasker will den Vorstoß d5 noch vorbereiten, wählt

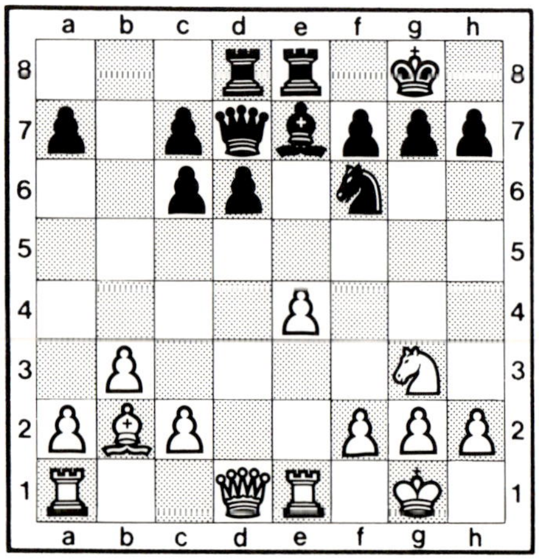

dazu aber eine verfehlte Aufstellung. **11. ... Dd7 12. Sg3 Tfe8?.** Dieser Zug hat den wesentlichen Nachteil, daß er dem Springer das Rückzugsfeld e8 verstellt, so daß Schwarz nicht mehr d5 ziehen kann, da nach der Antwort e5 der schwarze Springer keinen Ausweg hätte. Réti empfiehlt die Aufstellung Tfd8 und Tab8. **13. b3 Tad8 14. Lb2.** (Siehe Diagramm links unten)
Die entstandene Situation ist äußerst schwierig für Schwarz: Weiß droht den Druck mittels Sf5, Df3, Tad1 usw. entscheidend zu verstärken, während Schwarz eigentlich nichts unternehmen kann. Wie erwähnt, scheitert 14. ... d5 an 15. e5, und 15. ... Sg4 würde mit 16. e6 widerlegt. – 14. ... g6 würde die Diagonale a1–h8 tödlich schwächen. – Der Zug, den Lasker wählt, verliert objektiv zumindest einen Bauern bei schlechterer Stellung, und außerdem hat Weiß eine zweite, sogar noch stärkere Fortsetzung, die zu einem entscheidenden Angriff führt. Was mag sich Lasker also bei diesem »Hazardzug« gedacht haben? Nun, er suchte einfach nach der besten praktischen Chance, nachdem er erkannt hatte, daß seine Position bereits äußerst schwierig geworden war. Dabei verließ er sich auf seine Einschätzung von Tarraschs Charakter: Der Dogmatiker und Lehrmeister Tarrasch würde auf jeden Fall einen Mehrbauern bei besserer Stellung einem sehr, sehr starken Angriff vorziehen, der bei Materialgleichheit immerhin nicht völlig zu berechnen war. Und im ersteren Fall sah Lasker noch relativ gute praktische Kampfchancen. Lasker soll zu diesem Zug später gesagt haben: »Gegen Tarrasch ist dieser Zug stark, gegen Janowski [damals ein sehr gefährlicher Angriffsspieler] wäre er ein grober Fehler.«
14. ... Sg4!?! 15. Lxg7. 15. Sf5 würde wegen 15. ... Lf6 nichts einbringen. **15. ... Sxf2.** 15. ... Kxg7 16. Sf5+ nebst Dxg4 wäre katastrophal für Schwarz. Laskers Idee liegt darin, den weißen e-Bauern zu isolieren, wodurch er auf e5 ein starkes Feld erhält.
16. Kxf2. Objektiv gesehen gut und sollte bei genauem Spiel zum Sieg führen. Jedoch erhält Schwarz jetzt Gegenchancen. Nach 16. Dd4! Sg4 17. Sf5 hat Weiß eine vernichtende Angriffsstellung, z.B. 17. ... f6 18.h3 Se5 19. Tf1 und f6 fällt, oder 17. ... De6 18. Te3! nebst Tg3 usw.
16. ... Kxg7 17. Sf5+ Kh8 18. Dd4+ f6 19. Dxa7. Jetzt hat Weiß einen gesunden Mehrbauern und einen starken Springer, die Stellung muß bei richti-

gem Spiel gewonnen sein. Aber Tarrasch, offenbar unter dem Eindruck, daß »alles« gewinnt, läßt jetzt deutlich nach und die Zügel schleifen, während Lasker mit äußerster Energie kämpft. Das schwarze Konzept beruht darauf, in der e-Linie zu verdoppeln und gegen e4 zu drücken, wobei der schwarze Turm ein sehr gutes Feld auf e5 hat. Im geeigneten Moment will er dann mit d5 durchbrechen.

19. ... Lf8 20. Dd4 Te5 21. Tad1. Von hier an macht das weiße Spiel einen etwas planlosen Eindruck, jedoch sollte alles noch ausreichend zum Gewinn sein. **21. ... Tde8 22. Dc3 Df7 23. Sg3.** Warum den Springer zurückziehen? 23. Df3 sieht viel natürlicher aus. Jetzt kommt der schwarze Läufer ins Spiel. **23. ... Lh6 24. Df3 d5 25. exd5 Le3+.** Schwarz hat deutlich Fortschritte gemacht. **26. Kf1 cxd5 27. Td3?.** Ein entscheidender Fehler, nach welchem Weiß in eine ganz passive Lage gerät. Offenbar hat Tarrasch durch den unerwartet zähen Widerstand völlig den Faden verloren. Wie er selber später sagte, würde Weiß nach 27. Sf5 immer noch klaren Vorteil haben. **27. ... De6.** Jetzt kommt der Springer nicht mehr ins Spiel. **28. Te2 f5 29. Td1 f4 30. Sh1 d4.** Sehr traurig für Weiß! Man vergleiche diese Stellung – siehe folgendes Diagramm – mit der nach dem 20. Zuge. Weiß hat nicht die geringsten Fortschritte gemacht (im Gegenteil!), während Schwarz seine Traumposition erreicht hat. Den Rest spielt Lasker schön und energisch.

31. Sf2 Da6 32. Sd3 Tg5 33. Ta1 Dh6. Sehr stark, auf 34. h3 folgt Tg3 nebst Dxh3! **34. Ke1 Dxh2.** Jetzt ist

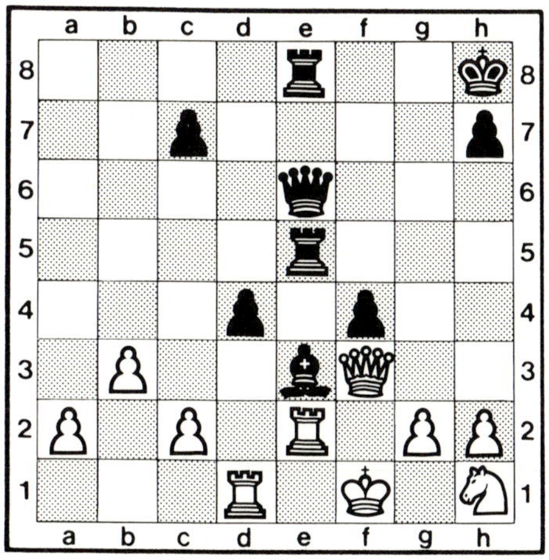

Weiß völlig verloren. **35. Kd1 Dg1+ 36. Se1 Tge5 37. Dc6.** Der letzte Versuch: Auf 37. ... Lf2? hätte Weiß 38. Dxe8+. **37. ... T5e6 38. Dxc7 T8e7 39. Dd8+ Kg7 40. a4 f3! 41. gxf3 Lg5.** Darin liegt die Idee, der Te7 ist jetzt vom Läufer gedeckt, und nach 42. Txe6 Txe6 43. Dd7+ Te7 wird Weiß matt oder verliert die Dame. Darum: aufgegeben, und wie erwähnt, gewann Lasker daraufhin das Match ohne größere Probleme, und Tarraschs großer Traum von der Weltmeisterschaft war ausgeträumt.

David Bronstein

»Bronstein hat gewaltigen Eindruck auf mich gemacht. Er ist ein Genie, und er sieht unglaublich tief. Er berechnet gut und gerne 20 Züge im voraus.« Niemand Geringerer als Ex-Weltmeister Euwe hat sich so in seinen Schacherinnerungen geäußert. Wenn man das Schach in die drei Aspekte des Sportlich-Kämpferischen, des Wissenschaftlichen und des Künstlerischen unterteilt, darf man sagen, daß David Bronstein der größte Vertreter der künstlerischen Richtung im modernen Schach ist. Er ist ein echter Romantiker, der das Schach an sich mehr liebt als den Erfolg, was (leider) im modernen Turnierbetrieb äußerst selten geworden ist. Es kam vor, daß er schon beim ersten Zug (!) in ein bis zu 50minütiges, tranceähnliches Grübeln versank, was bei einem pragmatisch erfolgsorientierten Spieler niemals vorkommen würde.

David Bronstein galt (und gilt) als außerordentlich exzentrischer und origineller Spieler mit einer Vielzahl ausgefallener, bizarrer Einfälle, oftmals bereits im Eröffnungsstadium. Seine große Zeit im sportlich-kompetitiven Sinne lag zwischen 1948 und 1951. Seit 1948, als er als 24jähriger das Interzonenturnier in Saltsjöbaden gewann, mußte man ihn zur absoluten Weltspitze rechnen. – Er wurde am 19. Februar 1924 geboren und errang bereits als 16jähriger den Meistertitel. Schon früh machte er durch seinen außerordentlich scharfen, vor keinem Risiko zurückschreckenden Angriffsstil auf sich aufmerksam. Er spielte damals mit Vorliebe die längst als inkorrekt und »widerlegt« betrachtete »Waffe der Romantiker«, das Königsgambit; eine Eröffnung, die auf jeden Fall äußerst riskant ist. 1948 und 1949 teilte er jeweils den ersten Platz bei der immer außerordentlich stark besetzten sowjetischen Meisterschaft. Am 9. April 1950 begann dann das entscheidende Kandidatenturnier in Budapest, dessen Gewinner den amtierenden Weltmeister Botwinnik herausfordern sollte. Während des ganzen Turniers hatte der starke russische Großmeister Boleslawski geführt, aber als er in der letzten Runde mit einem halben Punkt Vorsprung und dazu mit Weiß gegen den Schweden Stahlberg rasch Remis gab, gelang es Bronstein, in einer scharfen und verwickelten Partie den großen Keres zu schlagen und dadurch mit Boleslawski gleichzuziehen. So wurde ein Match zwischen den beiden nötig, um endgültig den Herausforderer zu ermitteln.

Dieser Wettkampf verlief ziemlich ungewöhnlich. Nachdem Bronstein nach 7 Partien schon mit 2 Punkten in Führung lag (es wurde auf 12 Partien gespielt), gelang es Boleslawski aufzuholen, so daß nach 12 Partien Gleichstand erreicht war. Dadurch wurde eine Verlängerung notwendig, wobei der erste Siegpunkt entscheiden sollte. In der ominösen 13. Partie war Boleslawski der »Pechvogel«; in großer Zeitnot vergab er im 55. Zug eine klare Gewinnstellung, so daß Bronstein ins Remis entschlüpfen konnte. Der dadurch offenbar stark demoralisierte Boleslawski geriet jetzt in der 14. Partie in eine vorbereitete Analyse Bronsteins und verlor sang- und klanglos, obwohl er die weißen Steine führte. Somit war Bronstein mit 26 Jahren Herausforderer des Weltmeisters.

David Bronstein (geb. 1924)

Und dieser Weltmeisterschaftskampf war, in dieser Hinsicht vergleichbar mit Tarraschs Match gegen Lasker, der entscheidende Wendepunkt in Bronsteins Karriere; denn danach war er und ist bis heute zwar ein guter Großmeister, der viele geniale Partien spielte, aber der Anschluß an die absolute Weltspitze gelang ihm nicht mehr. – Das Match entwickelte sich sehr abwechslungsreich. Ursprünglich war der um 13 Jahre ältere, viel erfahrenere Botwinnik, der natürlich auch viel mehr Erfolge aufzuweisen hatte, klar favorisiert. Und obwohl das Match auf 24 Partien hart umkämpft war, schien nach 20 Partien alles gelaufen, da Botwinnik mit einem Punkt Vorsprung führte und aus den letzten vier Spielen nur anderthalb Punkte erreichen mußte, um Weltmeister zu bleiben: denn bei Gleichstand sollte der Weltmeister seinen Thron behalten. Aber in der 21. und 22. Partie trumpfte Bronstein gewaltig auf und zertrümmerte Botwinnik nach allen Regeln der (Positions-)Kunst. Somit hatte sich das Blatt plötzlich gewendet, und Botwinnik war nun gezwungen, anderthalb Punkte aus den beiden letzten Partien zu holen. So konzentrierte sich die gesamte Spannung auf die entscheidende 23. Partie, die das Match und Bronsteins schachliches Schicksal entscheiden sollte; denn Botwinnik hatte Weiß, und sollte es ihm nicht gelingen, diese Partie zu gewinnen, dann war Bronstein praktisch Weltmeister. Und diese Partie wurde, ganz im Sinne des großen Lasker, nicht eigentlich durch besseres schachliches Können, sondern durch das bessere psychologische Konzept Botwinniks entschieden: normalerweise hätte man denken sollen, daß Botwinnik diese Partie sehr scharf und risikoreich anlegen würde, um nur ja das Remis zu vermeiden. Aber er ging davon aus, daß dem impulsiven, phantasievollen Bronstein gerade einfache, »langweilige« Stellungen und Endspiele weniger behagten, während Botwinnik darin eine viel größere Erfahrung besaß. Also erlaubte Botwinnik seinem Gegner einen objektiv leichten Ausgleich, um ihn in einen Stellungstyp zu locken, der dem Herausforderer nicht lag. Und letztlich führte diese Taktik auch zum Erfolg; vielleicht hätte Bronstein also besser zu einer ihm »gemäßen« scharfen Verteidigung wie der königsindischen gegriffen, aber das ist im nachhinein natürlich leicht zu raten. – Diese schachhistorisch wichtige Partie stelle ich dem Leser hier mit kurzen Anmerkungen vor.

Weiß: Michail Botwinnik
Schwarz: David Bronstein

1. d4 Sf6 2. c4 g6 3. g3 c6 4. Lg2 d5 5. cxd5 cxd5 6. Sc3 Lg7. Eine sehr ruhige Symmetrievariante. **7. Sh3 Lxh3.** Objektiv ein guter Zug, da der Springer in dieser geschlossenen Position dem Läufer durchaus gleichwertig ist; allerdings kann bei ungenauem Spiel das Läuferpaar natürlich später sehr stark werden. **8. Lxh3 Sc6 9. Lg2 e6 10. e3 0–0 11. Ld2.** Ziemlich passiv; der russische Großmeister Kotow empfahl hier 0–0 nebst b3 und La3. **11. ... Tc8 12. 0–0 Sd7.**

Jetzt beginnt eine schwierige Lavierungsphase, da keine der beiden Seiten über einen klaren, der Stellung entspringenden Plan verfügt. **13. Se2 Db6 14. Lc3.** Besser war wohl sofort 14. Db3, da dieser Zug auf die Dauer doch nicht zu vermeiden und der Läufer auf c3 schlecht postiert ist. Aber Botwinnik konnte sich noch nicht zum Damentausch entschließen.

14. ... Tfd8 15. Sf4 Sf6 16. Db3. Sonst spielt Schwarz Se4 nebst e5 und kommt in Vorteil. **16. ... Se4.** Ebenfalls objektiv gut, aber verpflichtend. Risikoloser war es, selber die Damen zu tauschen. **17. Dxb6 axb6 18. Le1 Sa5 19. Sd3 Lf8.** Das naheliegende 19. ... Tc2 bringt wegen 20. Sb4 Txb2? 21. Lxe4 dxe4 22. Lc3 Te2 23. Tfc1 nebst Kf1 nichts ein. Pachman empfiehlt hier 19. ... Sc4. **20. f3 Sd6 21. Lf2 Lh6 22. Tac1 Sac4 23. Tfe1 Sa5.**

23. ... Sf5 würde nach 24. g4 Sfxe3 25. Lh3 Sxg4 26. fxg4 Lxc1 27. Txc1 zu sehr unklaren Komplikationen führen, was Bronstein natürlich nicht riskieren wollte. **24. Kf1 Lg7 25. g4 Sc6 26. b3?!** Sehr bedenklich, da die Punkte a3 und c3 stark geschwächt werden. **26. ... Sb5 27. Ke2 Lf8 28. a4 Sc7 29. Lg3 Sa6 30. Lf1 f6 31. Ted1 Sa5.**

Interessanterweise befand sich Botwinnik hier in heftiger Zeitnot, während Bronstein noch über etwa eine halbe Stunde verfügte. Aber es ist ein jedem erfahrenen Turnierspieler vertrautes Phänomen, daß gerade derjenige Spieler, der *nicht* in Zeitnot ist, nervös wird und anfängt, ungenau zu spielen. – Kotow empfahl hier 31. ... Kf7.

32. Txc8 Txc8 33. Tc1. Damit bietet Botwinnik ein Bauernopfer an, das Schwarz ablehnen sollte. **33. ... Txc1 34. Sxc1 La3 35. Kd1 Lxc1?.** Ein schwerer grundsätzlicher Fehler, denn der schwarze Mehrbauer ist ohne Bedeutung, während das weiße Läuferpaar jetzt außerordentlich stark wird. **36. Kxc1 Sxb3+ 37. Kc2 Sa5 38. Kc3.** Schwarz steht zwar noch ziemlich fest, aber sehr passiv; Botwinnik beginnt jetzt, das Spiel für seine beiden Läufer zu öffnen. **38. ... Kf7 39. e4 f5?.** Ein Fehlzug, der nur die eigenen Bauern schwächt. H. Müller empfahl hier 39. ... Sc6 nebst Sab8-d7. **40. gxf5 gxf5 41. Ld3 Kg6.** Hier wurde die Partie abgebrochen, und Botwinnik gab seinen Zug ab.

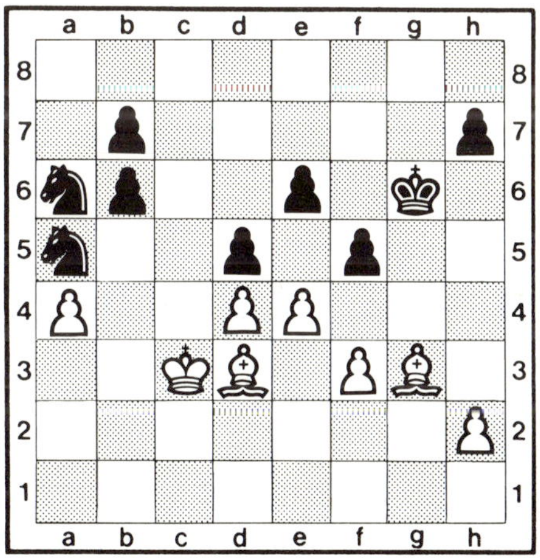

42. Ld6?! Objektiv war 42. Lb1 stärker, mit der Idee 43. exd5 nebst La2; andererseits wurde Bronstein durch den unerwarteten Abgabezug, den er kaum analysiert hatte, überrascht und fand nicht die korrekte Verteidigung.

42. ... Sc6 43. Lb1 Kf6. Wohl der entscheidende Fehler, nach 43. ... Sa7 nebst b5 kann sich Schwarz wahrscheinlich verteidigen. **44. Lg3!.** Sehr stark und führt eine Zugzwangposition herbei. **44. ... fxe4 45.**

fxe4 h6 46. Lf4 h5 47. exd5 exd5 48. h4 Sab8 49. Lg5+ Kf7 50. Lf5 Sa7. Etwas besser war 50. ... Se7, aber auch nach 51. Lh3 nebst Lg2 sollte Weiß gewinnen.

51. Lf4 S8c6 52. Ld3 Sc8 53. Le2 Kg6 54. Ld3+ Kf6 55. Le2 Kg6 56. Lf3 S6e7 57. Lg5. Und hier gab Bronstein die aussichtslose Partie auf, denn Schwarz befindet sich in absolutem Zugzwang, und jeder Zug kostet einen entscheidenden Bauern, z. B. 57. ... Sc6 58. Lxd5 Sd6 59. Lf3 Kf5 60. Lc1 b5 61. Lxc6 bxc6 62. a5 Ke6 63. a6 Sc8 64. Lf4 und gewinnt.

Nach dem Verlust dieser schicksalhaften Partie gelang es Bronstein in der 24. Partie nicht, die Abwehr Botwinniks zu durchbrechen, so daß das Match 12:12 unentschieden endete und der Titel in Botwinniks Händen blieb...

Paul Keres

Er dürfte der Größte unter den »ewigen Zweiten« sein, sein Name war schon zu seinen Lebzeiten eine Legende: Paul Keres stellt in mehrfacher Hinsicht eine Ausnahmeerscheinung unter den großen Meistern dar. Seine Schachkarriere erstreckt sich über einen Zeitraum von etwa 40 Jahren, und fast während dieser gesamten Zeit gehörte er der absoluten Weltspitze an. Wenn man bei jemandem davon reden kann, daß er in seiner Schachlaufbahn Pech gehabt habe, dann ist es Keres. Er galt als der große Gentleman unter den Schachmeistern und ist einer der ganz wenigen, über die niemals etwas persönlich Negatives geschrieben wurde. Auch seine Objektivität war berühmt, und niemand Geringerer als der große »Schachskeptiker« Robert Hübner meint, daß Keres' Analysen zum Objektivsten und Genauesten zählen, das in der gesamten Schachliteratur existiert. Keres hat auch einige ausgezeichnete eröffnungstheoretische Bücher verfaßt.

Paul Keres wurde am 7. Januar 1916 in Narwa, Estland, geboren und erregte bereits 1935, also mit 19 Jahren, großes internationales Aufsehen, als er bei der Warschauer Schacholympiade am 1. Brett der estnischen Mannschaft ein glänzendes Resultat erreichte. Sein kühner Angriffsstil wurde bewundert. Nach einigen anderen Erfolgen kam die eigentliche Bewährungsprobe: das AVRO-Turnier 1938, wohl eines der am stärksten besetzten Turniere aller Zeiten; der Sieger sollte das Recht erhalten,

Paul Keres (1916–1975)

den amtierenden Weltmeister Aljechin herauszufordern, bzw. sollte Aljechin selber, der unter den Teilnehmern war, gewinnen, sollte dieses Recht dem Zweiten zugesprochen werden. Überraschend gewann der 22jährige Keres nach besserer Wertung vor Fine mit je 8,5 Punkten, gefolgt von Botwinnik mit 7,5, Aljechin, Euwe und Reshevsky mit je 7, Capablanca mit 6 und Flohr mit 4,5 Punkten. Ein Sieg in einem derartigen Turnier bedeutet wirklich eine grandiose Leistung. Keres wurde in Estland zu einem Nationalhelden, er wurde vom Präsidenten empfangen, und die Kinder bekamen zur Feier seines Sieges schulfrei. Sofort wurden die Verhandlungen um ein Weltmeisterschaftsmatch mit Aljechin aufgenommen, aber diese zogen sich aufgrund technischer Probleme und verschiedener Forderungen Aljechins lange hin. Dann machte das Schicksal einen Strich durch alle Pläne – 1939 brach der Zweite Weltkrieg aus, und an die Austragung einer Schachweltmeisterschaft war nicht mehr zu denken. In einem Kampf gegen den alternden und deutlich schwächer werdenden Aljechin wäre Keres zweifellos favorisiert gewesen.

Der Zweite Weltkrieg hatte offenbar auf Keres wie auf alle Menschen dieser Zeit sehr bedrückend gewirkt, erst um 1950 gewann er seine alte Spielstärke zurück. Bei dem Matchturnier, das nach dem Tode Aljechins (1946) im Jahre 1948 stattfand, landete Keres enttäuschend nur auf dem 3./4. Platz, während Botwinnik überlegen siegte. Interessant ist, daß sich bei Keres nach dem Zweiten Weltkrieg ein deutlicher Stilwechsel vollzog: Aus dem wagemutigen Angriffs- wurde ein ruhiger Positions- und Defensivspieler, wenngleich natürlich immer wieder auch brillante Angriffspartien vorkamen. 1950 und 1951 gewann er dann die sehr starke sowjetische Meisterschaft und 1952 das große Maroczy-Gedenkturnier in Budapest vor Geller, Smyslow und Botwinnik. Aber jetzt begann Keres' einzigartige und für ihn tragische Serie: In vier aufeinanderfolgenden Kandidatenturnieren erreichte er den 2. Platz. In allen Turnieren zusammengenommen hatte er bei weitem das beste Resultat von allen Konkurrenten, aber im Einzelfall scheiterte er daran, daß einer seiner Gegenspieler sich gerade in der Form seines Lebens befand. Das bekannte Sprichwort schien geradezu auf Keres gemünzt, daß derjenige in einem Turnier Zweiter wird, der am besten spielt, der aber, der am meisten Glück hat, gewinnt.

In Zürich 1953 befand sich Smyslow in Überform, und nachdem Keres in der entscheidenden Partie gegen ihn alles auf eine Karte setzte und verlor, belegte er den geteilten 2. bis 4. Platz mit Bronstein und Reshevsky. In Amsterdam 1956 gelang es wiederum Smyslow, ihn knapp zu überholen; diesmal war Keres alleiniger Zweiter. In Bled 1959 lag Keres wieder ausgezeichnet im Rennen, aber der junge, kometenhaft aufgestiegene Tal befand sich in einem unwiderstehlichen Siegeslauf, und als Tal in der entscheidenden Runde eine aussichtslos erscheinende Stellung gegen Fischer noch gewann, fand sich Keres wiederum nur auf dem 2. Platz. Sein letzter ernsthafter Anlauf kam 1962 auf der heißen Karibikinsel Curaçao, wo er fast bis zum Ende in Führung lag, dann aber seine physischen Kräfte nachließen: da er die letzte Runde gegen seinen »Stammkunden« Benkö verlor, gegen den er bis dahin jede Partie gewonnen hatte, setzte sich die energiesparende Remistaktik Petrosjans durch. Mit einem Sieg wäre Keres Herausforderer gewesen... Dennoch blieb Keres bis zu seinem Tod einer der besten Spieler der Welt. Er starb an einem Herzanfall am 5. Juni 1975 in Helsinki während der Rückreise von seinem letzten Turnier in Kanada, das er überzeugend gewonnen hatte.

Hans-Joachim Hecht
Die Schacholympiaden

Die ersten Olympischen Spiele der Neuzeit wurden 1896 in Athen durchgeführt. Schachwettkämpfe als Disziplin wird man dort jedoch vergeblich suchen – ebensowenig findet sich Schach auf dem Programm der danach ausgetragenen Olympischen Spiele. Aber halt! Schließlich gibt es die Olympischen Winterspiele auch erst seit 1924; vielleicht ist das mit dem Schach auch so? Tatsächlich dachte man anläßlich der VIII. Olympischen Spiele 1924 in Paris daran, Schach in das Wettkampfprogramm einzubeziehen. Selbstverständlich wäre dann auch für diese Disziplin das 1894 gegründete »Internationale Olympische Komitee« (IOC) der Dachverband.

Es sollte anders kommen: Am 20. Juli 1924 wurde in Paris die FIDE (Fédération Internationale des Échecs) mit 15 Ländern als Gründungsmitglieder aus der Taufe gehoben. Diese Organisation sorgte selbst dafür, daß internationale Länderwettkämpfe regelmäßig stattfanden. Es sollte sich hierbei um eine offizielle Mannschafts-Weltmeisterschaft für Ländervertretungen handeln, die auch nicht alle vier Jahre, sondern in kürzerem Zeitrhythmus abzuhalten sei. Der Begriff »Schacholympiade« wurde gar nicht benutzt. Immerhin hielt man den olympischen Gedanken, daß die Teilnahme wichtiger als der Sieg sei und nur lupenreine Amateure die Wettkämpfe bestreiten sollten, für adoptionswürdig.

Schon auf dem FIDE-Kongreß in Den Haag 1928 aber wurde klar, daß die Grenzen zwischen dem Amateur und dem Berufsschachspieler fließend sind und eine vernünftige Abgrenzung nicht möglich ist. So waren die Länderkämpfe ab 1929 dann auch offen für alle Spieler, gleich ob sie nun Amateur- oder Berufsspieler waren. Es wurde mit Vierermannschaften plus einem, später zwei Ersatzspielern gespielt.

Und wie steht es mit dem Begriff »Olympiade«? Als Deutschland 1936 die Olympischen Sommerspiele ausrichtete, fand im selben Jahr in München ein großes Schach-Länderturnier mit Achtermannschaften statt. Der Begriff »Schacholympiade« wurde hier erstmals verwendet. Die FIDE übernahm dann diese klangvolle Bezeichnung für ihre offizielle Mannschafts-Weltmeisterschaft. Zwar gab es mit dem IOC wegen dieses Namens einige Streitigkeiten, die aber bald beigelegt wurden, nachdem die FIDE auf den speziellen Namen *Schacholympiade* verwiesen hatte.

Einigen wir uns also auf diesen schönen Namen und merken uns, daß es sich dabei um die offizielle Weltmeisterschaft für Nationalmannschaften des Weltschachbundes handelt. Deshalb sollen uns die zwischen 1924 und 1928 durchgeführten Einzelturniere für Amateure auch nicht interessieren.

Das Miniaturturnier 1926 in Budapest war zwar ein echtes Länderturnier, aber aus verschiedenen Gründen traten nur vier Mannschaften an (1. Ungarn 9, 2. Jugoslawien 8, 3. Rumänien 5, 4. Deutschland 2). Es gilt deshalb auch nur als Vorläufer der ab 1927 stattfindenden Schacholympiaden.

Eine Vorbemerkung ist noch angebracht: Seit es Schacholympiaden gibt, entscheidet über Sieg und Plazierung die Summe der erzielten Punkte an den einzelnen vier Brettern, nicht aber die Anzahl der Mannschaftssiege, wie es in vielen anderen Sportarten üblich ist.

Chronik der Schacholympiaden

Der Reigen der Schacholympiaden beginnt 1927 in London. In den Startlöchern der I. Schacholympiade saßen sechzehn Mannschaften, bis auf Argentinien nur europäische. Man begegnete so bekannten

und klangvollen Namen wie Tarrasch (Deutschland), Maroczy (Ungarn), Réti (Tschechoslowakei), Grünfeld (Österreich) oder Euwe (Niederlande).
Den ersten Sieg in der Geschichte der Schacholympiaden erstritten die Ungarn, die sich danach nicht nur mit dem Titel eines Mannschafts-Weltmeisters schmücken, sondern außerdem den HAMILTON-RUSSELL-Pokal entgegennehmen konnten. Dieser goldene Wanderpokal wurde 1927 von Frederick George Hamilton-Russell (1867–1941), einem englischen Schachmäzen, gestiftet.
Mit den Ungarn gewann ein Land, das seit jeher zu den stärksten Schachnationen in der Welt gehört. Seine markantesten Spieler waren bzw. sind G. Maroczy, L. Szabo und L. Portisch. Ein Jahr später in Den Haag verteidigte Ungarn seinen Titel mit Bravour. Es sollte für viele Jahre der letzte Weltmeistertitel für Ungarn sein. 50 Jahre später sprechen wir uns wieder...!
Die USA und Polen, die 1927 noch fehlten, waren in Den Haag dabei und meldeten sogleich ihre Ansprüche auf Spitzenplätze an. Bei den Amerikanern fiel besonders der junge Kashdan mit glänzenden 13 Punkten aus 15 Partien auf. Er führte die amerikanische Equipe an und war der überragende Spieler in Den Haag.
1930 gab es in der Hansestadt Hamburg die erste von vier Olympiaden auf deutschem Boden. Der Wegfall der Amateurbestimmung hatte kolossale Wirkung, so daß ein illustres Feld von Weltklassespielern in den Kampf zog. Prominentester Teilnehmer war zweifelsohne Aljechin, der amtierende Weltmeister, der für Frankreich in die Schranken trat. Dazu gesellten sich so fuhrende Meister wie Rubinstein und Tartakower (beide Polen), Maroczy (Ungarn), Kashdan und Marshall (USA). Besonderes Augenmerk schenkte man dem jungen aufstrebenden Flohr (ČSSR) und dem erst 17jährigen Eliskases (Österreich). Schillerndste Persönlichkeit dieser Jahre war Sultan Khan, gebürtiger Inder, der zeitweise in England lebte, kometenhaft aufstieg und genauso schnell wieder verschwand, als er seinem Herrn, einem indischen Maharadscha, nach Indien zurückfolgen mußte.
In Hamburg waren erstmals alle skandinavischen Länder vertreten – auch Island. Einen langsamen, aber stetigen Aufstieg nahm die schwedische Mannschaft mit dem lange dominierenden Dreigestirn Stoltz, Stahlberg und Lundin. 1928 lag Schweden noch auf Rang 13, um schließlich in Warschau 1935 auf dem märchenhaften 2. Platz zu landen. Nach dem Zweiten Weltkrieg konnte Schweden nie wieder diese Rolle spielen.
Die Polen trugen den Siegeslorbeer davon, nicht zuletzt dank des überragend agierenden Rubinstein, dessen phantastische 15 Punkte aus 17 Partien höher einzuschätzen waren als Aljechins 100 Prozent, der nur neunmal spielte, ansonsten aber viele Simultanvorstellungen gab. Einen seiner größten Erfolge in der Geschichte der Schacholympiaden errang Deutschland mit dem 3. Platz.
Bereits ein Jahr später war Prag Schauplatz der Wettkämpfe. Neben den bereits in Hamburg spielenden großen Meistern traf man in Prag unter anderem auf Bogoljubow, der die deutsche Mannschaft mit glänzendem Resultat anführte. Nach aufregendem Verlauf siegten die USA vor Polen. Bei den Polen überragte allein Tartakower, der es wie Aljechin auf 13,5 aus 18 brachte. Der kauzige Tartakower stand nach der 8. Runde kopfschüttelnd vor der Turniertabelle und erklärte auf die Frage, was denn los sei: »Es ist unglaublich, aber Litauen hat schon mehr Punkte als ich!« Zu diesem Zeitpunkt hatte er 7,5 Punkte, Litauen aber schon 10,5. Vielleicht aber hat er sich mit Norwegen getröstet, das in diesem Moment erst 5,5 Punkte auf seinem Konto hatte!
Noch ein Wort zu den Tschechen und Ungarn. Während die Tschechoslowakei bis zum heutigen Tag bei allen Olympiaden eine ausgesprochen gute Figur macht – in Prag feierte sie einen ihrer größten Erfolge –, waren die Leistungen der Ungarn stärkeren Schwankungen unterworfen. In Prag war der 10. Rang ein dunkler Punkt in ihrer ruhmreichen Schachgeschichte.
Welche Bedeutung die Schacholympiade in ihrer erst jungen Geschichte bereits erreicht hat, drückt der »Schachwart« vom August 1931 so aus: »Das Schlußbankett im Repräsentantenhaus sah noch einmal alle Teilnehmer friedlich vereint; wenn auch jeder froh war, daß die Zeit der großen geistigen Anstrengungen vorbei war, so schied er doch nur ungern von dem Schauplatz des vierzehntägigen Ringens. Kein größeres schachliches Schauspiel, keine interessantere sportliche Schachveranstaltung als diese Länderkämpfe ließe sich denken. Sie ha-

ben sich eingebürgert, halten die Schachwelt zwei Wochen in Atem, bringen fast alle Meister der Welt an einem Ort zusammen und bilden mit einem Wort das schachliche Schauspiel des Jahres.«
Seit 1933 fanden die Schacholympiaden regelmäßig alle zwei Jahre statt. Auffällig war das Fehlen Deutschlands, wovon an anderer Stelle noch zu erzählen ist. Die USA behaupteten ihre Vormachtstellung; insbesondere 1937 war ihre Überlegenheit eklatant. Die Meistermannschaft jenes Jahres mit Reshewsky, Fine, Kashdan und Marshall war wirklich enorm stark. Im übrigen behaupteten Polen und Ungarn ihre europäische Vormachtstellung. Neben den Amerikanern etablierten sich die Argentinier als zweite Macht aus Übersee.
Unübersehbar kündigte sich ein Generationenwechsel an. Viele junge Meister, die in der zweiten Jahrhunderthälfte eine führende Rolle spielen sollten, stiegen kometenhaft auf. Neben den bereits erwähnten Schweden sind in erster Linie Najdorf (Polen), L. Szabo (Ungarn), Keres (Estland) und Reshevsky (USA) zu nennen.
An dieser Stelle soll kurz auf das schon erwähnte große Mannschaftsturnier 1936 in München hingewiesen werden. Die Schachspieler mochten sich hinter den Olympischen Spielen von Berlin 1936 nicht verstecken und verwendeten den Namen Schacholympiade logischerweise für ihre Veranstaltung. Da Deutschland zu diesem Zeitpunkt aber nicht Mitglied des Weltschachbundes war, wurde diese Mammutveranstaltung – 21 Länder traten mit Achtermannschaften an – auch nicht als offizielle Schacholympiade der FIDE anerkannt. Der Endstand ist sicher interessant: 1. Ungarn 110,5, 2. Polen 108, 3. Deutschland 106,5, 4. Jugoslawien 104,5, 5. Tschechoslowakei 104.
Kommen wir nun zur letzten Schacholympiade der Vorkriegszeit im Jahre 1939. Erstmals war mit Buenos Aires eine nichteuropäische Stadt Ausrichter. Da diese Olympiade von lateinamerikanischen Mannschaften geradezu überflutet wurde, mußte erstmals auf das System ›jeder gegen jeden‹ verzichtet werden. Es wurde in vier Vorgruppen und zwei Finalen gespielt.
Obwohl die Argentinier großzügigerweise den europäischen Mannschaften kostenfreie Anreise mit der »M/S Pirapolis« einräumten, waren doch nicht mehr Teams vom alten Kontinent dabei als sonst. Zeit brauchte man vor allem für dieses moderne Abenteuer. Die lange Seereise und über drei Wochen Turnierdauer warfen Probleme auf, wie sie bei keiner anderen Schacholympiade wieder auftraten. Die Hinfahrt fand Ende Juli 1939 statt. Zur Rückreise im Oktober ist es für viele Teilnehmer nie gekommen, denn am 1. September 1939 brach der Zweite Weltkrieg mit all seinen Schrecken aus. So gesehen war die »M/S Pirapolis« eine Art Arche Noah für einhundert der besten Schachspieler Europas (so formuliert von A. Arnlaugsson im Bulletin der Luzerner Schacholympiade 1982).
Viele starke Meister, wie Najdorf, blieben ganz oder für längere Zeit in Südamerika, so auch die komplette deutsche Mannschaft.
Deutschland, das seit 1939 wieder FIDE-Mitglied war, sandte ein Team, das aufgrund der politischen Gegebenheiten auch die starken Österreicher einschloß. Die Begeisterung der Argentinier war riesengroß, hatte man doch die seltene Gelegenheit, die stärksten Schachmeister der Welt am Brett leibhaftig vor sich zu sehen. So herrschte dann auch täglich ein gewaltiger Andrang im 3000 Zuschauer fassenden Teatro Politeana.
Just, als die Vorrundenkämpfe beendet waren, platzte die Nachricht vom Kriegsausbruch in die Schachrunde. Plötzlich standen einige Länder vor der Situation, sich am Brett im friedlichen Wettstreit messen zu sollen, während Tausende von Kilometern entfernt in der Heimat ihre Völker gegeneinander in den Krieg zogen. Sofort traten die Engländer die Heimreise an; die anderen Länder konnten nur mit großer Mühe von den argentinischen Gastgebern zum Bleiben bewogen werden. Die freundschaftliche und gesellige Atmosphäre war natürlich schlagartig verschwunden.
Die Finalkämpfe nahmen sportlich einen nicht ganz korrekten Verlauf, denn die Kämpfe der kriegführenden Nationen wurden kampflos 2:2 gewertet. Betroffen waren Deutschland und Böhmen/Mähren auf der einen, Frankreich, Polen und Palästina auf der anderen Seite. Am Ende erreichte Deutschland knapp vor Polen seinen ersten und einzigen Olympiasieg – so recht freuen konnte man sich dieses Erfolges aber kaum.
Mit Buenos Aires endet die Geschichte der Vorkriegsolympiaden. Das Schachereignis hatte aber über die Jahre eine so große Popularität erlangt, daß

Auf der Schacholympiade 1960 in Leipzig trifft Wolfgang Unzicker auf den 17jährigen Bobby Fischer

nach den Kriegsjahren die Tradition der Schacholympiaden vom Weltschachbund zwangsläufig wiederaufleben mußte. Immerhin dauerte es 11 Jahre, bis man sich wieder traf. Derweil hatte sich viel in der Schachlandschaft verändert.
Die ältere Schachgeneration war von der internationalen Schachbühne fast vollständig abgetreten, und einige Länder hatten infolge der Kriegsereignisse vollständig ihr Gesicht verändert (Deutschland) und dabei auch erheblich an spielerischer Potenz eingebüßt (Polen). Andere Föderationen verschwanden von der Bildfläche, weil sie ihre Eigenständigkeit verloren hatten (Lettland, Litauen und Estland), wieder andere wurden in die Selbständigkeit entlassen, wie etwa Österreich.
Als Jugoslawien die Ausrichtung der IX. Olympiade 1950 in Dubrovnik anbot, war man jedenfalls mit großer Begeisterung dabei. Ein dicker Wermutstropfen fiel dennoch in den Freudenbecher. Weil Jugoslawien unter Tito 1948 mit der UdSSR gebrochen hatte und daraufhin aus dem KOMINFORM ausgeschlossen wurde, verzichteten sämtliche Staaten Osteuropas auf die Teilnahme. So gab es in Dubrovnik sowohl zahlenmäßig als auch spielstärkemäßig nur einen bescheidenen Anfang. Immerhin wurden 1950 klare Regularien hinsichtlich der Ersatzspielerzahl (nämlich zwei) und der Zeitbegrenzung (40 Züge in 2,5 Stunden) getroffen, die bis heute Gültigkeit haben.
Noch eine Besonderheit erlebte Dubrovnik: Frankreich räumte dem schwachen Geschlecht in Gestalt von Madame Chaudé de Silans eine Chance ein. Später folgten einige andere Länder diesem Beispiel. Mehr als ein paar verlorene Farbtupfer waren es aber nicht. Ab 1957 hatten die Damen ohnehin ihre eigene Schacholympiade.
Die Favoriten Jugoslawien, Argentinien, Deutschland, USA setzten sich tatsächlich klar durch. Ihre

Spitzenspieler Gligorić, Najdorf, Unzicker und Reshewsky blieben über lange Jahre hinweg überragende Spielerpersönlichkeiten.
In Helsinki 1952 kam es endlich zum längst fälligen Auftreten einer Mannschaft der Sowjetunion. Und da trat nicht irgendeine Mannschaft der unbekannten Namen auf: Nein, jeder einzelne Spieler bürgte für Qualität der Extraklasse. Zwar fehlte ausgerechnet der 1948 gekürte neue Weltmeister Botwinnik, aber Keres, Smyslow, Bronstein, Geller, Boleslawski und Kotow hatten in der Schachwelt bereits einen klangvollen Namen. Hier begann der beispiellose Siegeszug einer Mannschaft, die zeitweise eine geradezu erdrückende Überlegenheit demonstrierte.
Spannt man den Bogen von Helsinki 1952 bis hin zu Varna 1962, so fällt auf: Nach wie vor kommen die Veranstalter vom europäischen Kontinent. Nur zögernd werden lateinamerikanische Länder Dauergäste. Asiatische Gesichter sieht man erstmals in Moskau 1956 (Indien, Iran, Mongolei, Philippinen) und afrikanische in noch geringerer Zahl ab München 1958 (Südafrika, Tunesien).
Langsam, aber stetig vergrößerte sich die Zahl der der FIDE angeschlossenen Schachföderationen, und damit wuchs auch die Teilnehmerzahl von 25 in Helsinki bis auf 40 in Leipzig 1960. Es mußte nun mit Vor- und Endrunden gespielt werden – die zu bewältigende Rundenzahl stieg allmählich von 15 auf 20 an, und so wurde die Schacholympiade zeitlich zu einem aufwendigen Unternehmen. In den Finalgruppen hatte jeder gegen jeden zu spielen, und so war ein sportlich einwandfreies Resultat gewährleistet – wenn, ja, wenn man in seiner Vorgruppe nicht einen größeren Unfall erlitt. Von den Mannschaften, die in diesen Jahren stets die vorderen Ränge im A-Finale belegten (das waren die Dauerbrenner UdSSR, die USA, Jugoslawien, Ungarn, Argentinien und die ČSSR), gab es einen schmerzlichen Sturz in die Tiefe nur ein einziges Mal: 1958, in München, scheiterten die starken Magyaren in ihrer Vorgruppe und kamen nur ins B-Finale.
Die Schacholympiaden seit 1964 waren gekennzeichnet durch einen sprunghaften Anstieg bei der Zahl der teilnehmenden Länder, und mit Israel und Kuba richteten auch nichteuropäische Länder die Schacholympiade aus. Seit der Teilnahme Australiens im Jahre 1964 waren erstmals alle Kontinente vertreten, dazu kamen eine kaum noch zu überblickende Zahl von schachlichen Entwicklungsländern und Zwergstaaten aus allen Himmelsrichtungen. Es bot sich ein so buntes Bild, daß keine Veranstaltung des Weltschachbundes dem Wahlspruch der FIDE »gens una sumus« – »Wir sind eine Familie« – besser gerecht werden konnte, zumal ab 1972 auch noch die Damenolympiade fest installiert wurde. Nach wie vor dominierte die UdSSR, die in Nizza 1974 ihren 12. Sieg in Reihenfolge feiern konnte; dahinter kämpften zumeist Jugoslawien, Ungarn und die USA um die Ehrenplätze. Der Stern Argentiniens sank in dieser Periode, dafür mogelten sich hin und wieder Deutschland und die immer stärker werdenden Bulgaren unter die Großen Vier. Einige Länder, die anfangs als Exoten und schachlich unterentwickelt galten, mauserten sich mittlerweile zu ernstzunehmenden Gegnern. Besonders schmerzlich bekamen dies 1974 in Nizza Ungarn und die ČSSR zu spüren, die jeweils mit 1:3 gegen die Philippinen untergingen.
In einem Agentur-Bericht zum Wettkampf UdSSR–Australien heißt es: »Vier junge Australier, zwischen 18 und 20 Jahre alt, in krassem Gegensatz zu den sowjetischen Großmeistern mit langen Beatles-Mähnen und in legerer Kleidung, ließen die weltüberragende Position der UdSSR leicht ins Wanken geraten.«
Einer der genialsten Schachspieler, den die neuere Schachgeschichte kennt, der Amerikaner Robert Fischer, der von Ende der fünfziger Jahre bis zu seinem Gewinn der Weltmeisterschaft gegen Spasski 1972 in Reykjavik einen steilen Aufstieg hatte, machte sich auf den Schacholympiaden rar. In München 1958 fehlte er, weil er schon nicht mehr hinter Reshewsky am 2. Brett spielen mochte. In Tel Aviv 1964 fehlte er ebenfalls. In Lugano 1968 stellte er spezielle Forderungen an die Veranstalter hinsichtlich Beleuchtung, Material und Abstand zum Zuschauer. Er erschien auch, aber nur, um wieder abzureisen. Letztmals trat er zur Freude der deutschen Schachöffentlichkeit in Siegen 1970 an.
Eine der aufwendigsten Schacholympiaden in der Nachkriegsgeschichte war zweifellos Havanna 1966. Einige Superlative: Die Reisekosten für alle Teilnehmer wurden bezahlt – für jedes Team stand ein Pkw samt Chauffeur zur Verfügung – weit über 200

Helfer waren während der Olympiade tätig – ein riesiges, elektronisches Schachbrett im Stadtzentrum von Havanna zeigte direkt die jeweils interessantesten Partien – am Ende der Schacholympiade wurde auf dem Platz der Revolution ein Massensimultan an 6840 Brettern veranstaltet. Abgerundet wurde der Erfolg dadurch, daß Kuba erstmals das Finale A erreichte. Die Begeisterung war riesengroß!

Mit den Olympiaden von Haifa 1976 bis Luzern 1982 kommen wir in die Gegenwart.

Haifa 1976 stand unter einem unglückseligen Stern, da sämtliche Ostblockstaaten und die arabischen Länder diese Schacholympiade boykottierten. So blieb nur ein kleiner Stamm spielstarker Länder übrig, die ohne große Probleme die ersten Plätze unter sich ausmachten. Obwohl die FIDE mittlerweile 97 Mitglieder hatte, waren nur 48 Länder am Start.

Malta 1980 und Luzern 1982 brachten dann aber nochmals eine gewaltige Steigerung auf über 80 bzw. 90 Teilnehmer. Bei diesen Dimensionen war es äußerst schwierig, einen passenden Turniersaal, ausreichend gute Unterkünfte und eine vernünftige Regelung hinsichtlich der Verpflegung zu finden. Nach den schlechten Erfahrungen von Buenos Aires 1978 und Malta 1980 erschien es nahezu ausgeschlossen, zufriedenstellende Lösungen zu finden. Wenn man schon in Prag 1931 bei nur 19 teilnehmenden Ländern die Massenabfütterung bemängelte, so war sie fünfzig Jahre später teilweise entwürdigend. Die Spielbedingungen in den Rundgängen des »River Plate«-Stadions von Buenos Aires waren eine Katastrophe, die täglichen langen Busfahrten von den Unterkünften zum Spielsaal entnervend. Um so mehr überraschte, daß in Luzern 1982 so ungefähr alles zum Besten bestellt war. Die Organisationskunst der Schweizer war unübertroffen.

Die enorme Erweiterung des Teilnehmerfeldes erforderte eine immense Organisation, immer mehr

Blick auf die dichtumlagerte Finalgruppe A bei der Schacholympiade in Siegen im Jahre 1970

Zeit bei der Abwicklung (in Nizza 1974 waren bereits 22 Runden durchzustehen) und sehr viel Geld. In Siegen 1970 sprach man von ca. 800000 DM. Zwei Jahre später in Skopje, als auch noch die Damenolympiade mitzuorganisieren war, kostete das Schachspektakel schon 2 Millionen DM. Um die Kosten zu senken, beschloß der FIDE-Kongreß, ab 1976 den Austragungsmodus zu ändern und 14 Runden Schweizer System zu spielen. Dieses System hat den Nachteil zu nivellieren, und für mindestens 80 Prozent der Teilnehmer wird die Sache zu einem Roulettespiel. Nach der letzten Runde heißt es »Riens ne va plus!«, und wer zuletzt verloren hat, den beißen die Hunde. Betrachtet man die letzten vier Olympiaden unter diesem Aspekt, so ergibt sich nur noch für eine sehr kleine Spitze eine einigermaßen klare Rangfolge. Alles, was danach kommt, gleicht einer amöbenhaften Masse, aus der sich hie und da ein Scheinfüßchen streckt. – Trotz der Verkürzung um eine Woche mußten die Schweizer doch noch 2,4 Millionen Schweizer Franken aufbringen.
Nachdem die UdSSR 1976 den Titel kampflos abgeben mußte, verlor sie ihn zwei Jahre später auch am Brett. Die Ungarn, mit einer jungen Garde um ihren Vorkämpfer L. Portisch, wurden zu einem starken Gegner, der in Buenos Aires – 50 Jahre nach dem letzten Triumph in Den Haag 1928 – der Sowjetunion erfolgreich Paroli bot und Weltmeister wurde. Auch auf Malta 1980 gab es einen packenden Zweikampf zwischen diesen Schachsupermächten, der zunächst im toten Rennen endete. Eine Zusatzwertung bescherte der UdSSR dann den Titel. Das war echt »Russisch Roulette«!
In Luzern 1982 gewann die UdSSR zum 14. Mal – und diesmal deutlich. In ihren Reihen stand mit Kasparow ein begabter Jungmeister, dessen attraktive Spielweise stark an Bobby Fischer erinnert. Die interessanteste Mannschaft hatten sicherlich die USA, die wahrhaft internationalen Ansprüchen genügt. Ihre Spitzenspieler stammen aus Australien (Browne), Arabien (Seirawan), der UdSSR (Alburt) und der ČSSR (Kavalek).
Für die Zukunft wird man sich etwas einfallen lassen müssen. Die Schacholympiaden herkömmlicher Art mit ihrem bunten Bild sollten erhalten bleiben, aber nur noch alle vier Jahre durchgeführt werden. Dazwischen könnte eine echte Mannschafts-Weltmei-

Emblem der Olympiade 1982

sterschaft in Klassen mit Auf- und Abstieg liegen. So wäre auch dem sportlichen Gedanken Genüge getan.
Zunächst aber heißt es: Auf zur nächsten Schacholympiade nach Thessaloniki 1984!

Deutschland auf den Schacholympiaden

Deutschland hat in der Schachwelt von jeher einen guten Ruf gehabt. In den letzten hundert Jahren waren die markantesten Vertreter Adolf Anderssen, Siegbert Tarrasch, Emanuel Lasker, Wolfgang Unzicker und Robert Hübner, um einmal einen großen Bogen zu schlagen. Und da eine starke Spitze bekanntlich auch einer guten Breite förderlich ist, soll nun kurz gezeigt werden, wie sich die deutschen Mannschaften seit 1927 auf den Schacholympiaden geschlagen haben.
Unter wenig günstigen Umständen begannen die Deutschen Ende der zwanziger Jahre. In London war die Mannschaft nominell nicht schlecht, hatte aber mit den beiden über 60jährigen Tarrasch und

Emblem der Olympiade 1980 in Malta

Mieses ein recht hohes Durchschnittsalter. Ein Jahr später in Den Haag trat eigentlich nur eine bessere Verbandsmannschaft an; schuld daran waren die heillosen Verbandsstreitigkeiten, so daß beispielsweise die starken Berliner Spieler nicht dabeisein konnten.
Nach der Einigung im Deutschen Schachbund trumpfte sowohl in Hamburg 1930 als auch in Prag 1931 Deutschland um so kräftiger auf. In Hamburg wurde der 3. Rang erreicht, der in Prag jedoch erst kurz vor Schluß durch eine katastrophale Niederlage gegen England verpaßt wurde. Besonders Efim Bogoljubow, der erst 1927 die deutsche Staatsbürgerschaft erworben hatte, machte in Prag eine prächtige Figur. A. Wagner, der als einziger alle Olympiaden zwischen 1927 und 1931 mitspielte, hinterließ in seiner Heimatstadt Hamburg einen besonders guten Eindruck. Zwischen 1933 und 1937 sucht man Deutschland vergeblich in den Teilnehmerlisten der Schacholympiaden. Das dunkelste Kapitel in der deutschen Geschichte warf auch lange Schatten auf die Schachbretter. Der Großdeutsche Schachbund wurde gegründet, und man verließ den Weltschachbund. Von der in eigener Regie durchgeführten inoffiziellen Schacholympiade in München 1936 war ja schon die Rede.
Erst 1939 beantragte Deutschland wieder die Aufnahme in die FIDE. Nach der Annektierung Österreichs trat es in Buenos Aires dann auch gleich mit einer ausgezeichneten Mannschaft an. Die Österreicher Eliskases und Prof. A. Becker spielten zu dieser Zeit sehr erfolgreich, und so schwamm die deutsche Mannschaft mit großen Erwartungen über den großen Teich. Tatsächlich erkämpfte sich Deutschland zum ersten- und letztenmal den Titel eines Mannschafts-Weltmeisters, wozu Eliskases und in hohem Maße Engels entscheidend beitrugen. Das war die Weltmeister-Mannschaft: Eliskases, Michel, Engels, Becker, Reinhardt.
Nach dem Wiederaufleben der Schacholympiaden ab 1950 beteiligte sich auch Deutschland mit zumeist starken Spielern am Reigen der Mannschafts-Weltmeisterschaften. 11 Jahre nach dem Krieg hatte die Mannschaft wieder einmal ein ganz anderes Gesicht bekommen.
Zuvor aber kommen wir um eine Begriffsbestimmung nicht herum. Der Zweite Weltkrieg hatte die Teilung Deutschlands zur Folge. Wir treffen also zwei deutsche Mannschaften an, nämlich die der Bundesrepublik Deutschland und die der Deutschen Demokratischen Republik.
Aber halt, da ist noch eine dritte deutsche Mannschaft zu erwähnen. Bevor das Saarland ab 1. Januar 1957 in Deutschland eingegliedert wurde, trat es als selbständiges Mitglied der FIDE auf den drei Olympiaden 1952 bis 1956 auf. Die erreichten Plätze waren zwar nicht gerade berauschend; dennoch gab es 1954 in Amsterdam mit dem 2,5:1,5-Sieg über Jugoslawien einen bemerkenswerten Erfolg. Saarländische Spitzenspieler in diesen Jahren waren Benkner und Lorson.
Nun zur DDR. Erstaunlicherweise gab es auf den Olympischen Spielen unter der Regie des IOC bis 1964 eine aus den besten Athleten der DDR und der Bundesrepublik gebildete gemeinsame deutsche Mannschaft. Im Schach hat es das nie gegeben. Erstmals 1952 trat die DDR mit recht bescheidenem Erfolg auf. Auch 1956 in Moskau war der 20. Rang schwach. Dann kam eine sprunghafte Verbesserung: Ab 1958 erreichte die DDR, bis auf Tel Aviv 1964,

wo sie wenigstens das B-Finale gewann, auf allen Olympiaden bis 1972 stets das Finale A. Die Plazierungen dort zwischen Rang 7 und 10 befriedigten offenbar die Sportführung und die politischen Instanzen nicht, zumal die Bundesrepublik auch nie überflügelt werden konnte. Der Schnitt war drastisch: Die Schacholympiaden wurden wegen Erfolglosigkeit seit 1974 einfach nicht mehr beschickt! Spannungsgeladen aber waren die Wettkämpfe zwischen den deutschen Mannschaften, bei denen die DDR selten schlecht aussah. In München 1958 triumphierte die DDR sensationell 3,5:0,5, zweimal gewann die Bundesrepublik knapp 2,5:1,5, und viermal trennte man sich 2:2. Spitzenspieler der DDR war Wolfgang Uhlmann, der auch heute noch zu den besten DDR-Spielern gehört. Er ist das glatte Pendant zu dem anderen Wolfgang, der das bundesdeutsche Schach bis 1970 beherrschte.

Gemeint ist Wolfgang Unzicker; womit wir zur Bundesrepublik kommen, die mit Deutschland bezeichnet werden soll. Schon 1950 stand Wolfgang Unzikker an der Spitze der deutschen Mannschaft. Im selben Atemzug muß aber noch ein Name genannt werden: Lothar Schmid. Beide kämpften zumeist Seite an Seite, sprich an Brett 1 und 2, gleichsam wie siamesische Zwillinge nicht weniger als zehn Schacholympiaden gemeinsam für Deutschland. Es dauerte gar nicht lange, da wurde aus dem Duo ein Trio, denn ab Moskau 1956 stieß Klaus Darga in die Lücke, die durch das Abtreten einiger älterer Spieler gerissen worden war. Diese drei waren Garanten dafür, daß Deutschland seit Beginn der Nachkriegsolympiaden nicht nur stets in das Finale A kam, sondern zumeist respektable Plätze erreichte und im Konzert der »Großen« gut mithalten konnte.

Nicht vergessen wollen wir G. Pfeiffer, der sechsmal nacheinander (von 1950 bis 1960) an den Olympiaden mitwirkte, ehe er sich ganz vom Schach zurückzog.

Fleißigster Spieler war regelmäßig W. Unzicker, der kaum eine Partie ausließ und selten ein schlechtes Resultat mit nach Hause brachte. Sein bestes Ergebnis erzielte er in Tel Aviv 1964, als er am 1. Brett 13 Punkte aus 18 Partien erkämpfte. Tel Aviv war zugleich eine der erfolgreichsten Stationen der Deutschen überhaupt. Es gab einen beispiellosen Siegeszug, der mit dem 3. Rang abschloß und als Höhepunkt einen märchenhaften Sieg von 3:1 über den Weltmeister UdSSR brachte. Damals besiegte Unzicker Smyslow, Schmid bezwang Keres, dazu kamen zwei Remispartien von Bialas gegen Spasski und Pfleger gegen Stein. In den Jahren zuvor hatte es nämlich recht oft deftige Niederlagen gesetzt.

In den sechziger Jahren verjüngte sich die deutsche Mannschaft: 1962 betraten Hecht und Mohrlok die olympische Arena, und 1964 hieß der Newcomer Pfleger, der hier mit 12,5 (15) brillierte. Die einzige Olympiade, die Deutschland nicht bestritt, war Havanna 1966. An den Spielern hat es sicher nicht gelegen. Es hieß, die alten »Brittanicas« der kubanischen Fluggesellschaft wären nicht sicher genug, was so ganz falsch nicht war; technische Pannen traten wirklich öfters auf. Womöglich hielt man sich aber an die USA, die ursprünglich nicht spielen sollten, kurzfristig aber doch teilnahmen. Vielleicht war es da für Deutschland zu spät...!

Ab 1968 taucht der Name Robert Hübner in den Mannschaftslisten des Deutschen Schachbundes für die Olympiaden auf. In Lugano 1968 war er 1. Ersatzspieler, in Siegen 1970 spielte er nicht, und in Skopje 1972 war er bereits unumstrittener Spitzenspieler Deutschlands und erzielte sogleich mit 15 Punkten aus 18 Partien ein Bombenresultat. In letzter Zeit drängt die junge Garde mit Lobron und Kindermann an der Spitze nach vorne.

Den letzten großen Erfolg buchte Deutschland in Buenos Aires 1978. Wieder wurde die UdSSR geschlagen (2,5:1,5), und man erreichte einen hervorragenden 4. Platz. Danach erging es Deutschland wesentlich schlechter. Auf Malta 1980 spielte eine stark ersatzgeschwächte Mannschaft, die zudem noch unter ihren Möglichkeiten blieb. In Luzern 1982 aber war die Mannschaft nicht schlechter besetzt als 1978, man erzielte auch nur lumpige 1,5 Punkte weniger. Bei dem praktizierten Schweizer System aber kostet jeder Punkt wenigstens 8 Ränge; ein wenig Glück fehlte auch.

Olympischer Rekordauswahlspieler Deutschlands ist unumstritten Unzicker, der es auf 13 Olympiaden

Wolfgang Unzicker und Ludek Pachman bei der Schacholympiade 1976 in Haifa beim Spiel gegen Argentinien (oben). Skopje 1972: Robert Hübner, der erfolgreichste Spieler dieser Olympiade am 1. Brett, gegen Medina aus Spanien (unten)

O. PANNO
W. UNZICKER
L. PACHMAN

Р. ХИБНЕР
СОЈУЗНА РЕПУБЛИКА ГЕРМАНИЈА
VELEMAJSTOR
R. HÜBNER
ALLEMAGNE FEDERALE
1
А. МЕДИНА
ШПАНИЈА
A. MEDINA
ESPAGNE

1968 in Lugano. Die bundesdeutsche und die sowjetische Mannschaft: Links Unzicker, L. Schmid, Pfleger, Hübner, rechts Spasski, Kortschnoi, Smyslow (von vorn nach hinten)

brachte, auf denen er weit über 200 Partien spielte. Es folgen L. Schmid (11), Darga (10), Hecht (8), Pfleger (7) und Pfeiffer (6).

Politik und Schacholympiaden

Der Weltschachbund sieht in seinen Statuten Neutralität in politischer, rassischer, religiöser, sozialer und nationaler Hinsicht vor. Der gute Wille und schöne Worte tun es aber eben nicht – die Tatsachen sehen anders aus. Zweimal boykottierte der Ostblock die Schacholympiade aus politischen Gründen (Dubrovnik 1950 und Haifa 1976). 1976 gab es in Tripolis sogar eine sogenannte Gegenolympiade, die von der FIDE nicht getragen wurde und an der auch kein osteuropäisches Land teilnahm.

Albanien trat in Siegen 1970 gegen Südafrika aus Protest gegen die Apartheidpolitik dieses Landes nicht an, und 1972 weigerte sich erneut Albanien, diesmal gegen Israel anzutreten. Hier wie dort verlor Albanien kampflos 0:4 zum Schaden anderer Länder. In Skopje reiste Albanien sogar ab.
Zu den Überlegungen der FIDE, Südafrika und Rhodesien aus dem Weltschachbund auszuschließen, schreibt Raymond Keene in seinem Olympiabuch über Siegen 1970: »... Es scheint mir, daß sich die FIDE auf gefährlichen Boden begibt, wenn sie die Moral einer Nation als Ausschließungsgrund betrachtet. Wer ist sicher, wenn solche Kriterien Bewertungsmaßstab werden? Jede Nation begeht Handlungen, wegen derer sie sich schämen müßte! ...« Wie wahr!

Tatsächlich wurden Südafrika und Rhodesien wenig später ausgeschlossen, um dann doch wieder aufgenommen zu werden (Rhodesien heißt mittlerweile Zimbabwe).
Aber auch sportpolitische Gründe führten hier und da zur Nichtteilnahme an Schacholympiaden: Wie schon beschrieben, verfolgt die DDR seit 1974 einen ganz harten Kurs. Nachdem der Schachverband der ČSSR nicht einen Platz ganz oben an der Sonne garantieren konnte, durfte die ČSSR 1978 nicht nach Buenos Aires fahren.
»GENS UNA SUMUS«!?

Die »Großen« auf den Schacholympiaden

Für die starken Schachländer geht es auf den Olympiaden natürlich seriös und sportlich zu. Es geht um den Titel eines Mannschafts-Weltmeisters oder um einen möglichst hohen Platz. Um so diebischer freut man sich über gelegentliche Ausrutscher der Etablierten, für die so ein »Erlebnis« nicht gerade spaßig ist. Gelegentlich war ja davon schon die Rede.
An dieser Stelle soll deshalb nur noch vom Schachgiganten UdSSR die Rede sein. Es wurde immer bedauert, daß die starken Russen vor dem Zweiten Weltkrieg nie dabei waren. Ab Helsinki 1952 waren sie endlich da – und wurden fast zu einem Alptraum! Nicht weniger als vierzehnmal gewann die UdSSR den Titel, davon zwölfmal in Serie. Lediglich die Nichtteilnahme 1976 hinderte sie am Sieg, und zwei Jahre später liefen ihnen – wenigstens einmal – die Ungarn den Rang ab. Ungarn war es auch, das den Sowjets ausgerechnet in Moskau 1956 ihre bis dahin einzige Niederlage zufügte. Später wiederholten die Deutschen dieses Kunststück gleich zweimal und Ungarn noch einmal.
Die seltenen Siege waren besondere Höhepunkte auf den Olympiaden. Schon einzelne Partieverluste der sowjetischen Spieler empfand man als sensationell; es gab Olympiaden, auf denen die UdSSR nicht einmal eine einzige Partie verlor.
Hohe Punktekonten der russischen Spieler waren an der Tagesordnung, so Tal in München 1958 mit 13,5 (15) oder Petrosjan mit 11,5 (13) in Havanna 1966 oder noch furchterregender Keres in Amsterdam 1954 mit 13,5 (14)! Mitunter mußten außergewöhnliche Umstände herhalten, um zum vollen Punkt gegen einen Russen zu kommen. So kam der Spanier del Corral in Siegen 1970 kampflos zum Sieg, weil Kortschnoi verschlafen hatte. Vier Jahre zuvor, in Havanna, unterlag Kortschnoi, diesmal am Brett, in nur 18 Zügen auch gegen einen Spanier, nämlich Calvo.
In Leipzig 1960 glaubte schon niemand mehr an Wunder, als in der letzten Runde der Engländer Penrose ausgerechnet dem frischgebackenen Weltmeister Tal eine Niederlage zufügte. In Skopje 1972 beendete Robert Hübner eine geradezu unglaubliche Serie des Ex-Weltmeisters Petrosjan. Auf 8 Olympiaden war er ungeschlagen geblieben, feierte 61 Siege bei 34 Remisen. In seiner 96. Olympiapartie erwischte es ihn gegen Hübner, wenn auch »nur« durch Zeitüberschreitung.

Die »Kleinen«

Das Salz in der Suppe waren und sind die »Kleinen«, die Schachzwerge. Sportlich gesehen sind sie keine Bereicherung, auch wenn sie in seltenen Fällen den Großen einmal den einen oder anderen halben oder ganzen Punkt abzwacken können. Sie gehören aber ganz einfach zur großen Schachfamilie. Man wundert sich gelegentlich, daß in so manchem weit entlegenen Land überhaupt Schach gespielt wird.
Anläßlich der Schacholympiade in Haifa 1976 be-

Fernost am Schachbrett 1968 in Lugano: die Mongolische Volksrepublik

merkte Dückstein (Österreich) im »Volksblatt« launig: »Mit großem Interesse erwartete man das erstmalige Auftreten von Papua-Neuguinea. Die Enttäuschung war beträchtlich: statt der erhofften Kannibalen kamen Weiße.«
Prügelknaben sind sie schon, die Schachzwerge. Andorra verlor in Lugano 1968 alle sieben Vorrundenkämpfe mit 0:4. Immerhin gewannen sie wenigstens einen Kampf: In der untersten Finalgruppe wurde der Libanon mit 2,5:1,5 bezwungen!

Rekorde

Von London 1927 bis Luzern 1982 gab es 25 Schacholympiaden. Zwei Länder waren immer vertreten: Schweden und Dänemark. Die meisten Schacholympiaden spielten mit:
S. Gligoric (Jugoslawien) 15 Olympiaden mit 223 Partien, M. Najdorf (Polen/Argentinien) 14 Olympiaden, L. Portisch (Ungarn), G. Stahlberg (Schweden), W. Unzicker (Deutschland) je 13. Hoen (Norwegen) spielte alle seine 12 Olympiaden in ununterbrochener Reihenfolge (von 1960 bis 1982). T. Petrosjan gewann mit der UdSSR neunmal den Titel – dazu kam ein zweiter Platz 1978.
Einer der ältesten Teilnehmer an einer Olympiade war Ossip Bernstein, der in Amsterdam 1954 72 Jahre alt war. Jüngster Spieler war Andy Sherman, der 11jährig die Siegener Olympiade für die Jungferninseln spielte.
Die kürzeste Entscheidungspartie dauerte ganze vier Züge. Hier sind sie: Combe (Schottland) – Hasenfuß (Lettland)
1. d4 c5 2. c4 cxd4 3. Sf3 e5 4. Sxe5 Da5+ 0–1
Sie wurde auf der Schacholympiade Folkstone 1933 verbrochen. Die längste Olympiapartie mit 149 Zügen sah Varna 1962 zwischen Thorsteinsson (Island) und Momo (Mongolei).
Den größten Vorsprung, den jemals ein Olympiasieger erkämpfte, erzielte, wie könnte es anders sein, die UdSSR. 1968 und 1974 siegte sie mit nicht weniger als 8,5 Punkten Vorsprung. Anläßlich der Leipziger Schacholympiade gab es die größte Schachausstellung »Schach im Wandel der Zeiten«. 145 Museen aus dem In- und Ausland zeigten dort wertvolle Exponate.
Den längsten Spielsaal hatte vermutlich Leipzig mit 150 Metern; aber auch Malta hatte einen Turniersaal, den zu durchqueren eine Ewigkeit dauerte. Die größte Zuschauermenge kam an einem einzigen Tag ins Leipziger Ringmessehaus: Etwa 8000 wurden gezählt. Die Zuschauer hatten es übrigens zumeist schwer, günstige Standorte zu erwischen. Kamen sie zu nahe an die Bretter, fühlten sich die Meister gestört.

Anekdotisches und Merkwürdigkeiten

Die »Sunday Times« vom 25. Oktober 1970 berichtet von einer außerordentlichen Begebenheit im Match Indonesien–Schweiz (Siegen 1970): »Der Indonesier opferte die Dame, der Schweizer [es war Gereben] nahm sie, und der Indonesier rief ›Patt!‹, ergriff des Gegners Hand, schüttelte sie und unterschrieb das Partieformular. Er ließ es auch vom verdutzten Gegner unterschreiben und gab es dem Schiedsrichter. – Später sah Gereben, daß es gar nicht patt war – aber er hatte unterschrieben!«
Noch nicht ganz wach war wohl der Jugoslawe Kalabar in seiner Begegnung mit Palau (Argentinien) in London 1927, als er nach **1. d4 Sf6 2. c4 e6 3. Sf3 Lb4+ 4. Ld2** den angegriffenen Läufer mit der Dame decken wollte, aber **Ke7??** zog und nach **5. Lb4:+** frohgemut mit dem König auf **b4** erschien. Erst als sein Gegner ihn ungläubig anstarrte und die Zuschauer unruhig wurden, sah Kalabar, was er angerichtet hatte...
Die uneingelöste Wette:
In Helsinki 1952 gab es im Wettkampf Jugoslawien–ČSSR eine hoffnungslose Partie von Milić gegen Kottnauer. Der jugoslawische Champion Gligorić meinte, Milić solle doch aufgeben, doch Trifunović erinnerte an eine 1945 gespielte Partie Gligorić–Milić, die aus verlorener Position heraus noch remis wurde. Milić sollte also weiterspielen. Es gab eine Wette – und im Remisfalle sollte Gligorić im Turndreß den größten Boulevard Belgrads ablaufen. – Kottnauer spielte schlecht, und Milić hielt tatsächlich remis. Seither wartet der Boulevard auf den Auftritt Gligorićs.
Eine der auffälligsten Erscheinungen auf den Schacholympiaden ist Miguel Najdorf, der von 1935 bis 1939 zunächst für Polen, danach für Argentinien spielte. Wo er ist und spielt, gibt es stets etwas zum Amüsieren.
Najdorf in Amsterdam 1954: »Botwinnik und Euwe

Auf der Schacholympiade 1968 in Lugano: »Genie« Miguel Najdorf »kiebitzt«

sind große Schachspieler«, urteilt er freundlich, »aber ich bin ein Genie!« Während seiner Partien steht Najdorf oft auf, um Freunde, Kenner oder Zuschauer mit Kommentaren zu seiner Partie zu versorgen. Wenn er fragt: »Wie stehe ich?«, beeilt er sich immer hinzuzufügen: »Stehe ich nicht gut!?«

Einmal sagte er mit tiefer Verachtung: »Ich habe Szabo Remis angeboten, und er hat abgelehnt. Nun bin ich entschlossen, auf Angriff zu spielen.« Drei Züge später bot Szabo Remis an – und Najdorf akzeptierte.

In Leipzig informierte er seinen nächsten Gegner, den opferfreudigen Tal: »Herr Weltmeister! Nehmen Sie sich in acht. Falls Sie die Absicht haben zu opfern, so verspreche ich Ihnen, mit Dank alles wegzunehmen, was Sie mir großzügig anbieten werden.« Tal: »Gut, Herr Großmeister, ich versuche bestimmt, Ihnen etwas abzugeben.« In der nur 26 Züge langen Partie hielt Tal Wort; mehr noch, ein Danaergeschenk durfte Najdorf noch nicht einmal annehmen. Tal gewann in glänzendem Stil. In Lugano 1968 spielte Najdorf gegen Unzicker. Als Wolfgang Unzicker seine Jacke abnahm, um freier agieren zu können, stach dies Miguel ins Auge, und er fragte: »Ziehst du auch deine Hose aus?« Unzicker lächelte und erwiderte: »Das ist nicht nötig.« »O.k.«, gab Najdorf schelmisch zur Antwort, »dann will ich dir deine Hose ausziehen.« – Die Partie endete remis. Aber die Argentinier mußten die Hosen zurücklassen: Deutschland siegte mit 3,5:0,5.

Eine Schacholympiade lebt von solch kauzigen Spielern – aber auch von den emotionsgeladenen Partien der bekanntesten Spieler ihrer Zeit.

Als der junge Bobby Fischer in Leipzig 1960 erstmals an Olympia teilnahm, galt er als der begnadetste westliche Großmeister, der am ehesten am Weltmeisterthron, auf dem stets Russen saßen, rütteln könnte. Demzufolge zog seine Partie mit dem Weltmeister M. Tal eine riesige Menschenmenge an. Es gab ein spannendes Kampfremis, das auch viele Spieler in seinen Bann schlug.

Zwei Jahre später in Varna 1962 wurde Fischer schon offen als WM-Kandidat gehandelt. Botwinnik, der gerade seinen Weltmeistertitel von Tal zurückgeholt hatte, kämpfte gegen Bobby schwer um ein Remis; und als er es erreichte, wurde er mehr gefeiert als der großmäulig auftretende Fischer.

Als in Luzern 1982 Jungstar Kasparow am 2. Brett für die UdSSR auftauchte, war er in einer ähnlichen Situation wie Fischer damals. Sein mitreißender aggressiver Stil fasziniert, und er gilt ebenfalls als Weltmeisterkandidat Nummer eins. So war es nicht verwunderlich, daß seine Partie mit V. Kortschnoi (dem »schrecklichen Viktor«), der der UdSSR den Rücken gekehrt hatte, absolut im Mittelpunkt stand. Ich erlebte selbst die sehr gespannte Atmosphäre kurz vor Rundenbeginn mit, da Deutschland an den Nachbarbrettern gegen Ungarn zu spielen hatte. Niemand dachte an den Beginn der eigenen Partie. Spieler wie dichte Zuschauertrauben erwarteten gebannt, ob Kortschnoi kommen und wie er sich verhalten würde. Schließlich kam Kortschnoi hereingerauscht, würdigte seinen Gegner keines Blickes – es gab auch keinen Handschlag – und machte seinen ersten Zug. Die Spannung wich; die Partie aber gewann Kasparow großartig.

Farbig ist die Welt – farbig sind auch die Schacholympiaden.

Ergebnistabellen zu den Schacholympiaden 1927–1982

I London 1927

1	Ungarn	40
2	Dänemark	38,5
3	England	36,5
6	Deutschland	34

II Den Haag 1928

1	Ungarn	44
2	USA	39,5
3	Polen	37
9	Deutschland	31,5

III Hamburg 1930

1	Polen	48,5
2	Ungarn	47
3	Deutschland	44,5

IV Prag 1931

1	USA	48
2	Polen	47
3	Tschechoslowakei	46,5
5	Deutschland	45,5

V Folkestone 1933

1	USA	39
2	Tschechoslowakei	37,5
3	Polen	34

VI Warschau 1935

1	USA	54
2	Schweden	52,5
3	Polen	52

VII Stockholm 1937

1	USA	54,5
2	Ungarn	48,5
3	Polen	47

VIII Buenos Aires 1939 Gruppe A

1	Deutschland	36
2	Polen	35,5
3	Estland	33,5

IX Dubrovnik 1950

1	Jugoslawien	45,5
2	Argentinien	43,5
3	Deutschland	40,5

X Helsinki 1952 (Gruppe A)

1	UdSSR	21
2	Argentinien	19,5
3	Jugoslawien	19
8	Deutschland	10,5

XI Amsterdam 1954 (Gruppe A)

1	UdSSR	34
2	Argentinien	27
3	Jugoslawien	26,5
5	Deutschland	23,5

XII Moskau 1956 (Gruppe A)

1	UdSSR	31
2	Jugoslawien	26,5
3	Ungarn	26,5
5	Deutschland	22

XIII München 1958 (Gruppe A)

1	UdSSR	34,5
2	Jugoslawien	29
3	Argentinien	25,5
6	Deutschland	22

XIV Leipzig 1960 (Gruppe A)

1	UdSSR	34
2	USA	29
3	Jugoslawien	27
8	Deutschland	19,5

XV Varna 1962 (Gruppe A)

1	UdSSR	31,5
2	Jugoslawien	28
3	Argentinien	26
7	Deutschland	21

XVI Tel Aviv 1964 (Gruppe A)

1	UdSSR	36,5
2	Jugoslawien	32
3	Deutschland	30,5

XVII Havanna 1966 (Gruppe A)

1	UdSSR	39,5
2	USA	34,5
3	Ungarn	33,5

XVIII Lugano 1968 (Gruppe A)

1	UdSSR	39,5
2	Jugoslawien	31
3	Bulgarien	30
5	Deutschland	29

XIX Siegen 1970 (Gruppe A)

1	UdSSR	27,5
2	Ungarn	26,5
3	Jugoslawien	26
6	Deutschland	22

XX Skopje 1972 (Gruppe A)

1	UdSSR	42
2	Ungarn	40,5
3	Jugoslawien	38
5	Deutschland	35

XXI Nizza 1974 (Gruppe A)

1	UdSSR	46
2	Jugoslawien	37,5
3	USA	36,5
7	Deutschland	32

XXII Haifa 1976

1	USA	37
2	Niederlande	36,5
3	England	35,5
5	Deutschland	31

XXIII Buenos Aires 1978

1	Ungarn	37
2	UdSSR	36
3	USA	35
4	Deutschland	33

XXIV Malta 1980

1	UdSSR	39
2	Ungarn	39
3	Jugoslawien	35
24	Deutschland	30

XXV Luzern 1982

1	UdSSR	42,5
2	Tschechoslowakei	36
3	USA	35,5
15	Deutschland	31,5

Stefan Kindermann
Die schönsten Partien der Schachgeschichte

Eine Auswahl der »schönsten Partien aller Zeiten« zu treffen, ist natürlich eine äußerst delikate Angelegenheit, besonders wenn der Raum zur Darstellung begrenzt ist. Die Schwierigkeit liegt vor allem darin, daß es keine objektiven Kriterien gibt, was eine »besonders schöne Partie« ist. So habe ich meinem eigenen ästhetischen Geschmack nachgegeben und mich gleichzeitig bemüht, Kostproben aus dem Schaffen verschiedener Weltmeister zu bringen. Die beiden »Nichtweltmeister-Partien« sind solche, die mich persönlich immer besonders angesprochen haben. – In der Kommentierung habe ich mich bemüht, einerseits dem weniger erfahrenen Schachfreund allgemeine, gutverständliche Anmerkungen zu bieten und andererseits den Fortgeschrittenen, der tiefer in die Materie eindringen möchte, mit detaillierten Analysen zu versorgen. Jedenfalls hoffe ich, daß diese Partiensammlung Interesse weckt und vor allem Freude macht.

Die Partie in der Pariser Oper

Weiß: Morphy
Schwarz: Herzog v. Braunschweig
und Graf Isouard (Pariser Oper 1858)

Eine sehr flotte Angriffspartie, die außerordentlich kennzeichnend für Morphys perfektes Gefühl für die Angriffsführung in offenen Stellungen ist, wenn auch die Qualität des schwarzen Spiels stark zu wünschen übrigläßt. Bemerkenswert ist, daß diese Partie während einer Aufführung der Pariser Oper von Morphy in einer Loge gegen die adligen Nachziehenden vorgetragen wurde.
1. e4 e5 2. Sf3 d6. Die sogenannte Philidorverteidigung, die als spielbar, wenn auch etwas passiv, gilt, sperrt doch Schwarz freiwillig seinen Königsläufer ein. **3. d4 Lg4?** Dieser Zug führt bereits dazu, daß Schwarz unter sehr ungünstigen Umständen das Läuferpaar aufgeben muß, will er nicht einen Bauern verlieren. **4. dxe5 Lxf3.** Denn 4. ... dxe5 scheitert einfach an 5. Dxd8+ Kxd8 6. Sxe5. **5. Dxf3 dxe5 6. Lc4.** Dieser einfache Entwicklungszug ist hier schon von großer Kraft. **6. ... Sf6 7. Db3.** Gewinnt bereits einen Bauern, da f7 und b7 gleichzeitig bedroht sind. **7. ... De7.** Schwarz muß natürlich f7 decken, da ein Zug wie 7. ... b6? mit 8. Lxf7+ nebst De6 matt beantwortet würde. **8. Sc3.** Morphy verzichtet auf den Bauern b7, was zwar nicht einer korrekten »wissenschaftlichen« Spielweise entspricht, aber dafür zu einer Glanzpartie führt. Nach 8. Dxb7 würde Schwarz mit 8. ... Db4+ die Damen tauschen und könnte noch zähen, wenn auch letztlich wohl aussichtslosen Widerstand leisten. **8. ... c6 9. Lg5 b5?.** Der entscheidende Fehler, aber die schwarze Stellung, ist sowieso miserabel (Diagramm).

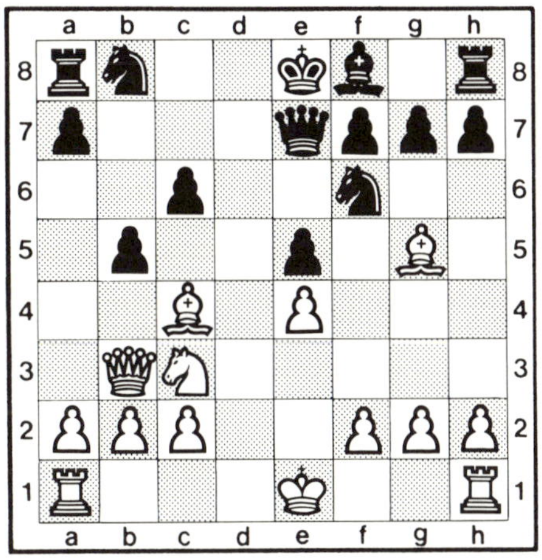

10. Sxb5. Dieses ebenso einfache wie starke Opfer leitet bereits den Schlußangriff ein. **10. ... cxb5 11. Lxb5+ Sbd7.** Nach 11. ... Kd8 würde Schwarz durch 12. 0–0–0+ Kc8 13. Td3 nebst Tc3+ zerschmettert. **12. 0–0–0.** Man beachte, wie jeder Entwicklungszug Morphys bereits mit einer starken Drohung verbunden ist! **12. ... Td8 13. Txd7!** Weiß nimmt mit dem Turm, einerseits um die letzte noch inaktive Reserve, den Th1, ins Gefecht werfen zu können, andererseits um die Fesselung auf der Diagonalen a4–e8 aufrechtzuhalten, während gleichzeitig ein schwarzer Verteidiger beseitigt wird. **13. ... Txd7 14. Td1 De6.** Es gibt keine sinnvolle Verteidigung mehr. Jetzt folgt ein stilvoller Abschluß:
15. Lxd7+ Sxd7 16. Db8+!

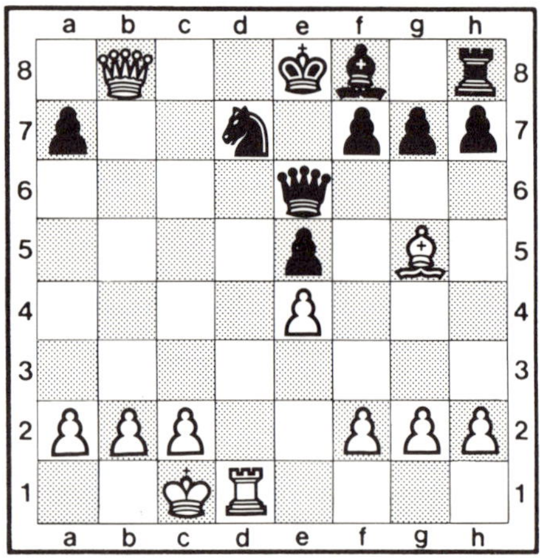

Das Damenopfer lenkt den letzten Verteidiger von der d-Linie weg. **16. ... Sxb8 17. Td8 matt.**

Der Geisterturm

Weiß: Steinitz Schwarz: von Bardeleben
(Hastings 1895)

Bemerkenswert ist, daß Steinitz diese Partie als soeben entthronter Weltmeister und im Alter von 60 Jahren mit jugendlicher Frische und äußerstem Elan vorträgt. (1894 hatte er seinen Titel im Match gegen Lasker verloren.) Diese Partie ging in die Schachgeschichte ein als die »Partie mit dem Geisterturm«.
1. e4 e5 2. Sf3 Sc6 3. Lc4 Lc5 4. c3. Weiß bereitet unverzüglich d4 vor, was zwar prinzipiell sehr logisch und erstrebenswert ist, aber dazu führt, daß die Spannung zu früh aufgelöst wird, was dem Schwarzen leichten Ausgleich ermöglicht – bei richtigem Spiel natürlich.
4. ... Sf6 5. d4 exd4 6. cxd4 Lb4+ 7. Sc3. Dies bietet ein sehr unklares Bauernopfer an. Solider ist 7. Ld2, was nach 7. ... Lxd2+ 8. Sbxd2 d5! 9. exd5 Sxd5 zum Ausgleich führt. **7. ... d5.** 7. ... Sxe4 gilt heutzutage als stärker. Weiß setzt mit 8. 0–0 Lxc3 9.d5 fort, und die Komplikationen, von denen lange angenommen wurde, daß sie zum Remis führen, scheinen doch Schwarz zu begünstigen. **8. exd5 Sxd5 9. 0–0 Le6 10. Lg5 Le7 11. Lxd5 Lxd5 12. Sxd5.** Alles einfach und logisch. Zunächst gelingt es Weiß, die schwarze Rochade zu verhindern. – Auf 12. ... Lxg5? gewinnt Weiß jetzt mit 13. Sx7+ einen Bauern. **12. ... Dxd5 13. Lxe7 Sxe7 14. Te1.** Damit ist zunächst der schwarze König in der Brettmitte festgenagelt. **14. ... f6 15. De2 Dd7 16. Tac1.** Die »Enzyklopädie der Schacheröffnungen« empfiehlt hier 16. De4 als noch stärker, z. B. 16. ... c6 17. Te2 Kf7 18. Tae1 Sd5 19. Dh4 mit leichtem Vorteil für Weiß. **16. ... c6?** Scheint bereits der entscheidende Fehler zu sein, da damit das folgende typische Räumungsopfer ermöglicht wird. Die Enzyklopädie empfiehlt 16. ... Kf7 und bewertet die Position als unklar. Den Rest der Partie führt Steinitz nun perfekt durch. **17. d5!** (Siehe Diagramm)
Das Räumungsopfer: Der Bauer gibt sein Leben, um dem weißen Springer zu ermöglichen, über d4

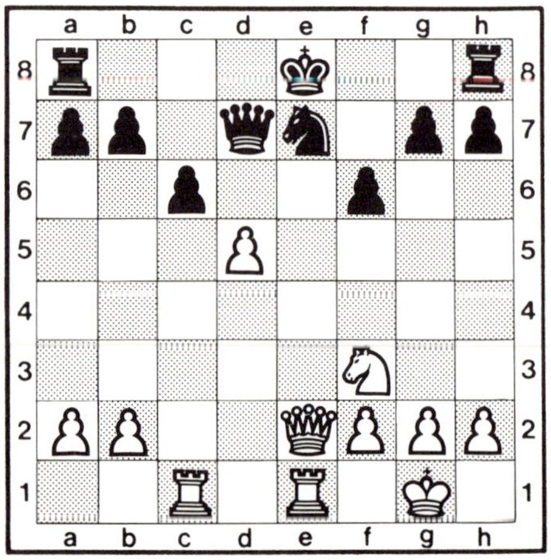

das »Loch« e6 zu erreichen. Schwarz muß das Danaergeschenk wohl oder übel annehmen, denn sonst öffnet Weiß mit dxc6 die d-Linie mit entscheidendem Effekt, z. B. 17. ... Kf7 18. dxc6 Sxc6 19. Tcd1 Dc8 20. Dc4+ Kf8 21. Sd4 (am einfachsten, aber auch andere Züge gewinnen, wie 21. Td3 mit der Idee Sg5) 21. ... Sxd4 22. Dxd4 Dc7 23. Dd7 mit glatter Gewinnstellung.

17. ... cxd5 18. Sd4 Kf7 19. Se6. Nun droht vernichtend Tc7, so daß die schwarze Antwort praktisch erzwungen ist. Auf 19. ... Sc6 käme nämlich nicht 20. Dg4 wegen 20. ... Kg8!, sondern einfach 20. Sc5, z. B. 20. ... Dc8 21. Dh5+ nebst Dxd5. **19. ... Thc8 20. Dg4.** Jeder Zug ein Keulenschlag. Schwarz hat keine andere Wahl, aber es hatte sich wohl auf seinen 22. Zug verlassen und hoffte, damit die weiße Kombination zu widerlegen. **20. ... g6 21. Sg5+ Ke8.** Das einzige, da Schwarz ja seine Dame decken muß. **22. Txe7+!** Wirkt auf den ersten Blick naheliegend, da 22. ... Dxe7 an 23. Txc8+ scheitert und 22. ... Kxe7 mit 23. Te1+ Kd6 (auf Kd8 folgt 24. Se6+ nebst Damengewinn durch 25. Sc5+) 24. Db4+ Kc7 25. Se6+ Kb8 26. Df4+ beantwortet wird. Aber... **22. ... Kf8!** Was jetzt? Plötzlich hängen alle vier weißen Figuren, und die schwarze Dame ist wegen des Grundlinienmatts tabu. Der Versuch 23. Tce1?, um 23. ... Dxg4? mit 24. Sxh7+ Kg8 25. Sxf6+ zu widerlegen, wird mit 23. ... Dxe7! ad absurdum geführt. Aber Steinitz hat viel weiter gesehen. **23. Tf7+!** Der »Geisterturm«, von unsichtbarer Hand geschützt, beginnt zu wüten. 23. ... Dxf7 ist jetzt wegen 24. Txc8+ unmöglich, ebenso 23. ... Ke8 wegen 24. Dxd7 matt. **23. ... Kg8 24. Tg7+!!** (Diagramm oben rechts)

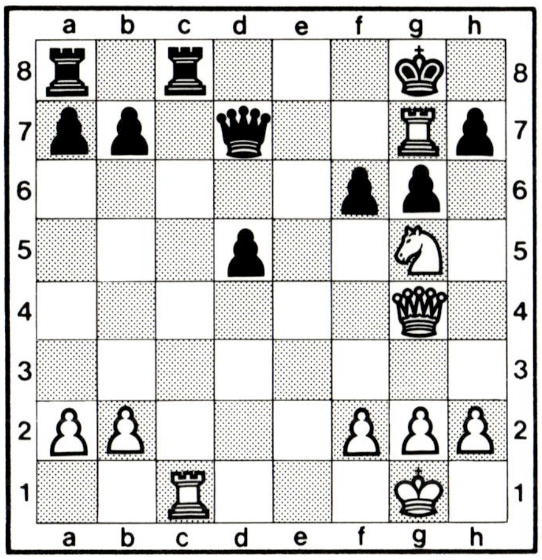

Die wahre Pointe der Kombination. Der Turm ist unantastbar, da weiterhin auf 24. ... Dxg7 25. Txc8+ folgt und auf 24. ... Kxg7 die schwarze Dame mit Schach fällt. 24. ... Kf8 dagegen wird mit 25. Sxh7+ beantwortet, wonach Weiß wiederum die schwarze Dame mit Schach erobert, so daß Schwarz keine Zeit erhält, seine Mattdrohung auf c1 auszuführen. **24. ... Kh8 25. Txh7+ Kg8 26. Tg7+ Kh8.** Nach dem Verschwinden des schwarzen h-Bauern ist nun ein Matt in spätestens 9 Zügen möglich: **27. Dh4+! Kxg7 28. Dh7+ Kf8 29. Dh8+ Ke7 30. Dg7+ Ke8 31. Dg8+ Ke7 32. Df7+ Kd8 33. Df8+ De8 34. Sf7+ Kd7 35. Dd6 matt.**

Es wird überliefert, daß der Führer der schwarzen Steine derart schockiert war, daß er, anstatt sich die letzten Züge der Mattführung noch zeigen zu lassen, wortlos den Turniersaal verließ und dort nicht mehr gesehen wurde.

Rubinsteins Unsterbliche

Weiß: Rotlewi Schwarz: Rubinstein
(Lodz 1907)

1. d4 d5 Seinerzeit galt dieser Zug als die einzig befriedigende Antwort auf den Doppelschritt des weißen Damen-Bauern. **2. Sf3 e6 3. e3.** Das ist etwas passiv, da der weiße Damenläufer eingesperrt wird. Aktiver ist 3. c4 nebst Sc3 und Lg5. **3. ... c5 4. c4 Sc6 5. Sc3 Sf6 6. dxc5?!.** Dies ist bereits etwas fragwürdig, da es Schwarz gestattet, seinen Königsläufer ohne Zeitverlust zu entwickeln. Heutzutage wird meistens 6. a3 gezogen, um erst auf c5 zu tauschen, nachdem Schwarz seinen Lf8 gezogen hat. Schwarz hätte dann zwei statt wie in dieser Partie einen Zug benötigt, um seinen Läufer nach c5 zu bringen, so daß Weiß den nützlichen Zug a3 gratis dazu hätte. **6. ... Lxc5 7. a3 a6 8. b4 Ld6.**

Auf der Diagonalen b8–h2 will der Läufer nach der früher oder später notwendigen kurzen Rochade des Weißen dessen Königsstellung beobachten. Der Bauer d5 ist natürlich tabu: 9. cxd5 exd5 10. Sxd5? Sxd5 11. Dxd5 Lxb4+ mit Damengewinn. **9. Lb2 0–0 10. Dd2?!** Das wird später ein weiteres Tempo kosten, da nach Öffnung der d-Linie die weiße

Dame auf d2 unsicher steht. Besser war 10. cxd5 exd5 11. Le2 nebst 0–0, wonach eine typische Stellung mit dem isolierten Bauern auf d5 und beiderseitigen Chancen entstanden wäre. **10. ... De7 11. Ld3.** Der Bauernraub 11. cxd5 exd5 12. Sxd5 Sxd5 13. Dxd5 würde nach 13. ... Le6 nebst Tc8 und Td8 zu großem Entwicklungsvorsprung und gefährlichem Angriff von Schwarz führen. Allerdings ist kein Weg ersichtlich, wie Schwarz danach forciert in Vorteil kommen könnte. **11. ... dxc4**

Schwarz schlägt erst jetzt, so daß der weiße Läufer ein weiteres Mal ziehen muß. **12. Lxc4 b5 13. Ld3 Td8 14. De2.** Hier zeigt sich der Nachteil von 10. Dd2: Um dem unangenehmen Vis-à-vis des Td8 auszuweichen, muß die weiße Dame ein Tempo verlieren. **14. ... Lb7 15. 0–0**

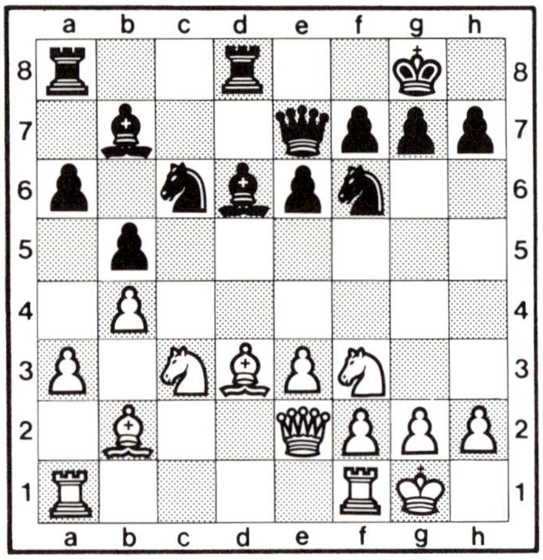

Hier ergibt die Zwischenbilanz, daß Schwarz durch einfaches, logisches Spiel eine Symmetriestellung mit zwei Mehrtempi erhalten hat. In Anbetracht der schwächenlosen weißen Stellung sollte dies allerdings noch nicht zum Sieg ausreichen. **15. ... Se5.** Schwarz tauscht den weißen Verteidigungsspringer und öffnet gleichzeitig die Diagonale des Lb7. **16. Sxe5 Lxe5 17. f4.** Schwarz drohte 17. ... Lxh2+ 18. Kxh2 Dd6+ und Dxd3; auf 17. Tfd1 wäre 17. ... Dc7 gefolgt mit Doppelangriff auf c3 und h2, z. B. 18. Tac1 Lxh2+ 19. Kh1 Db8 20. f4 Lg3 nebst e5. **17. ... Lc7 18. e4.** Bedenklich, da auch noch die Diagonale a7–g1 geöffnet wird. Aber Schwarz drohte sehr stark 18. ... e5!, wonach 19. f5 mit 19. ... e4 beantwortet würde. **18. ... Tac8 19. e5?** In schwieriger Stellung der entscheidende Fehler. Nach 19. Tac1 ließe sich die Stellung noch spielen. Jetzt läßt Rubinstein eine makellose, ungewöhnlich ästhetische Gewinnführung abrollen, welche die Partie zu einem Kunstwerk stempelt. **19. ... Lb6+ 20. Kh1 Sg4!**

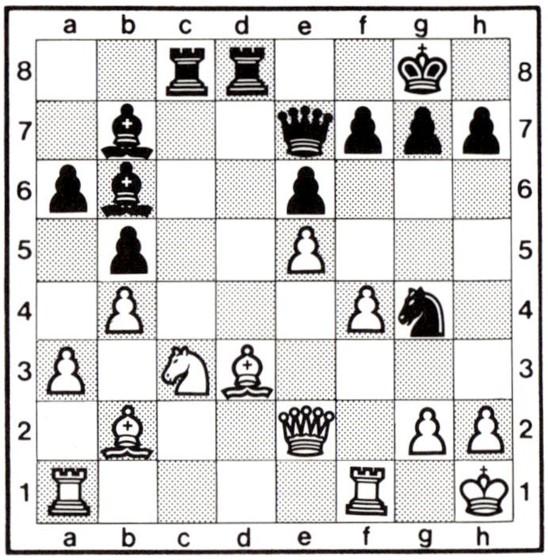

21. Le4. Noch der beste Zug. 21. Dxg4 Txd3 mit den Drohungen Td2 oder Tcxc3 verliert sofort, ebenso wie 21. Lxh7+ Kxh7 22. Dxg4 Td2. **21. ... Dh4 22. g3.** Auf 22. h3 folgt 22. ... Txc3! 23. Lxc3 Lxe4 und nun a) 24. Dxe4 Dg3! 25. hxg4 Dh4 matt oder b) 24. Dxg4 Dxg4 25. hxg4 Td3 mit der Doppeldrohung Txc3 und Th3 matt. Die schwarzen Läufer beherrschen das Brett! **22. ... Txc3!! 23. gxh4.** Auf 23. Lxc3 folgt einfach 23. ... Lxe4+ 24. Dxe4 Dxh2 matt, und 23. Lxb7 wird mit 23. ... Txg3 beantwortet. **23. ... Td2!!** Die Krönung der genialen Kombination. Immerhin hat Schwarz die Dame weniger, und vier seiner fünf restlichen Figuren hängen! **24. Dxd2** Was sonst? 24. Lxc3 führt nach 24. ... Lxe4+ 25. Dxe4 Txh2 zum Matt, ebenso 24. Lxb7 Txe2 25. Lg2 Th3! **24. ... Lxe4+ 25. Dg2 Th3!** Der »coup de grâce«. Das Matt durch Txh2 ist nur noch einen Zug aufzuschieben: Weiß gab auf.

Makellose Eleganz

Weiß: Capablanca Schwarz: Janowski
(New York 1918)

Diese mit müheloser Leichtigkeit vorgetragene Glanzleistung stehe hier stellvertretend für den Stil und das gesamte Schaffen Capablancas, eines der größten Schachgenies aller Zeiten.

1. d4 d5 2. Sf3 Sf6 3. c4 e6 4. Lg5 S8d7 5. e3 c6 6. Sbd2. Hinter diesem Zug Capablancas steckt folgende Absicht: Schwarz muß sein etwas beengtes Spiel früher oder später durch einen Schlag im Zentrum befreien, und zwar meistens mittels dxc4, gefolgt von c5 oder e5. Nun aber könnte der Springer, der ja normalerweise auf c3 steht, auf c4 widerschlagen und hätte dann von dort aus das ausgezeichnete Feld e5 zur Verfügung oder, wie in der Partie, sogar d6. **6. ... Le7 7. Ld3 dxc4?!.** Damit arbeitet Schwarz dem Weißen in die Hände. Die »Enzyklopädie der Schacheröffnungen« empfiehlt 7. ... 0–0 8. 0–0 h6 9. Lh4 c5 mit nur wenig besserem Spiel für Weiß. **8. Sxc4 0–0 9. 0–0 c5 10. Tc1 b6 11. De2 Lb7 12. Tfd1.** Damit ist der einfache, aber sehr wirkungsvolle weiße Aufmarsch vollendet. Die schwarze Dame fühlt sich peinlich vom Td1 angeblickt, und Schwarz muß sich entscheiden, wie es der Drohung 13. dxc5 nebst Se5 begegnet. Der weiße Aufbau enthält viel mehr Gift, als es den Anschein hat. 12. ... Se4 wird mit 13. Lf4 beantwortet, z.B. 13. ... cxd4 14. Lxe4! Lxe4 15. Txd4 Ld5 16. e4 Lxc4 17. Dxc4 mit starkem Druck. (Nicht aber 12. ... Se4 13. Lxe7?, da Schwarz nach 13. ... Dxe7 nebst Sdf6 sein Spiel völlig befreit hätte, und auch nicht 13. Lxe4 Lxe4 14. dxc5?, danach 14. ... Lxg5 15. Sxg5 Dxg5 matt auf g2 droht.) – Auf 12. ... cxd4 13. exd4 Sd5 folgt 14. De4 g6 15. Lh6 Te8 16. Sce5 mit der unangenehmen Drohung Lb5. **12. ... Sd5 13. Sd6!** (Siehe Diagramm oben rechts) Ein außergewöhnlich feiner Zug, mit der Idee, den Lb7 nach c6 zu zwingen, wo er der »Röntgenwirkung« des Tc1 ausgesetzt ist und wodurch der befreiende Abtausch cxd4 verhindert wird. Erst im 20. Zug wird die weiße Idee in ihren Auswirkungen völlig klar. **13. ... Lc6.** Nicht 13. ... Lxg5 14. Sxb7 De7 15. Sxg5 Dxg5 16. dxc5 mit Bauerngewinn für Weiß. **14. Se4 f5?**

Dieser nervöse Befreiungsversuch schafft zu viele Schwächen, e5, die Diagonale a2–g8 und später

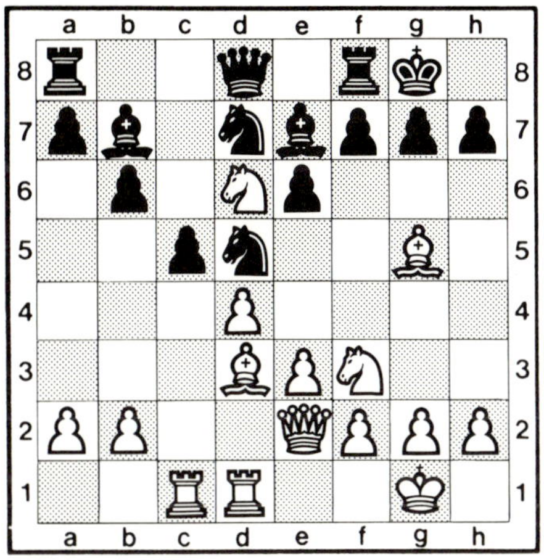

auch f5 selber. Golombek empfiehlt hier 14. ... Tc8 und meint, daß Schwarz nach 15. Lxe7 Dxe7 16. dxc5 Sxc5 17. Sxc5 bxc5 Kompensation für die Schwäche c5 hat; der Versuch 18. Dc2 scheint dann nach 18. ... Sb4 zu nichts zu führen. Sehr interessant wäre aber auch 14. ... Sb4 gewesen, was zu sehr verwickelten Varianten führt, z.B. 15. dxc5 (15. Lb1? Sxa2!) 15. ... Sxa2 (15. ... bxc5 16. Lb5) 16. Tc4! bxc5 17. Sxc5! Lxg5 18. Sxd7 Lxd7 19. Le4 Tb8 20. Sxg5 Dxg5 21. Txd7 mit etwas besserem Spiel für Weiß. **15. Lxe7 Dxe7 16. Sed2.** Jetzt droht der Springer über c4 das schwache Feld e5 zu besetzen. **16. ... e5.** Konsequent und offenbar schon bei 14. ... f5 beabsichtigt, aber schlecht, wie Capablanca überzeugend nachweist. **17. dxe5 Sxe5 18. Sxe5 Dxe5 19. Sf3 De7.** Auf 19. ... Df6 folgt 20. Lc4 Tad8 21. e4 fxe4 22. Dxe4 Df5 23. Dxf5 Txf5 24. Td2, und Schwarz kann sich aus der Fesselung nicht befreien; z.B. nach Golombek 24. ... Kf8 25. Tcd1 b5 26. Ld3 Th5 27. Le4 nebst g4. – Nach dem Partiezug dagegen wäre 20. Lc4 wegen Tad8 wirkungslos, da e4 verhindert ist. Aber nun zeigt sich die weiße Konzeption in ihrer ganzen Tiefe. **20. Sd4!** (Diagramm, S. 128 oben). Mit einem Schlag werden sämtliche Schwächen der schwarzen Stellung bloßgelegt, und sie bricht auseinander. **20. ... cxd4.** 20. ... Ld7 ging nicht wegen 21. Lc4. **21. Txc6.** Wegen der Drohung Lc4 erobert Weiß nun mindestens einen Bauern. **21. ... Sb4 22. Lc4+ Kh8 23. Te6.** Das weiße Spiel läuft mit der Präzision eines Uhrwerks ab. **23. ... d3.** Eine harmlose Demonstration. **24. Txd3 Dc5 25.**

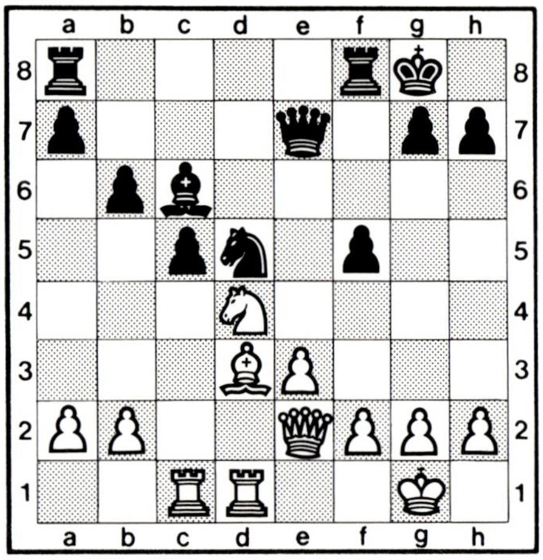

Td4 b5. Relativ besser war wohl 25. ... Tad8, aber Weiß steht in jedem Fall auf Gewinn. **26. Lxb5 Sxa2 27. Lc4 Sb4 28. Dh5.** Der Schlußangriff beginnt. Gegen die Drohung Th4 ist kein Kraut gewachsen. **28. ... g6 29. Txg6 Tad8 30. Tg7!** Der Gnadenstoß. Nach 30. ... Kxg7 31. Dg5+ Kh8 32. Txd8 kann Df6 matt nicht mehr sinnvoll abgewehrt werden. Schwarz gab daher auf.

Ein Modellangriff

Weiß: Aljechin Schwarz: Lasker
(Zürich 1934)

Diese Partie zeigt Aljechin, den wohl größten Angriffsspieler aller Zeiten, auf dem Höhepunkt seiner Kraft, während Lasker, der 27 Jahre lang den Weltmeistertitel innegehabt hatte, seinen Zenit bereits seit längerer Zeit überschritten hatte.
1. d4 d5 2. c4 e6 3. Sc3 Sf6. Das orthodoxe Damengambit war damals mit Abstand die beliebteste und häufigste Eröffnung. **4. Sf3 Le7 5. Lg5 S8d7 6. e3 0–0 7. Tc1 c6 8. Ld3 dxc4 9. Lxc4 Sd5.** Das typische Befreiungsmanöver in solchen Stellungen, hier als »Capablancas Entlastungssystem« bekannt. **10. Lxe7 Dxe7 11. Se4.** Eine Erfindung Aljechins mit der Idee, die Vereinfachung 11. ... Sxc3 12. Txc3 e5 zu vermeiden, die auf 11. 0–0 folgen würde. **11. ... S5f6** Nicht gut wäre 11. ... S7f6, da nach 12. Sg3 die Befreiungszüge c5 und e5 unmöglich wären. **12. Sg3 e5.** Schwarz kann hier auch mittels 12. ... Db4+ 13. Dd2 Dxd2+ 14. Kxd2 die Damen tauschen, wenn auch Weiß danach immer etwas besser steht. **13. 0–0 exd4 14. Sf5.** Das sollte bei korrekter Verteidigung nur zum Ausgleich führen. Aljechin empfahl später statt dessen 14. exd4 mit der Idee, nach der Folge 14. ... Sb6 15. Te1 Dd6 16. Lb3 Lg4 mit 17. h3 Lxf3 18. Dxf3 ein chancenreiches Bauernopfer anzubieten. **14. ... Dd8 15. S3xd4 Se5 16. Lb3 Lxf5 17. Sxf5.** Bis hierher hat Schwarz ausgezeichnet gespielt, und nach dem einfachen 17. ... g6 hätte er vollen Ausgleich. Nach seinem leichtsinnigen nächsten Zug jedoch trägt Aljechin einen brillanten Angriff vor, und unglaublicherweise scheint es, daß Schwarz von hier ab bereits verloren ist. Das nachzuweisen, konnte allerdings nur einem Mann wie Aljechin gelingen. **17. ... Db6? 18. Dd6!**

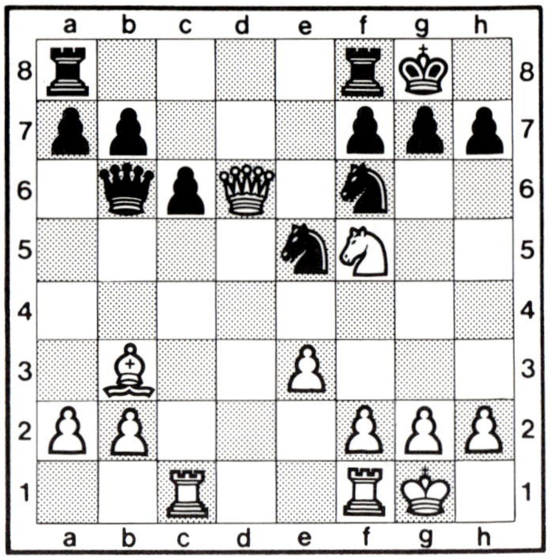

18. ... Scd7. Erzwungen, da 18. ... Sg6 wegen 19. Sh6+! schlecht wäre und der Versuch 18. ... Tfe8 19. Se7+ Kh8 20. Dxe5 Sg8 an 21. Sd5! (nicht aber 21. Lxf7 Txe7 und Weiß verliert in allen Varianten eine Figur!) scheitert, z.B. 21. ... Txe5 22. Sxb6 axb6 23. Lxf7. **19. Tfd1 Tad8 20. Dg3 g6 21. Dg5!** Dieser einfache Zug ist enorm stark, da vernichtend 22. Td6 droht, wonach Sc4 mit 23. Txg6+! hxg6 24. Dxg6+ nebst Matt widerlegt würde. Sofort 21. ... Se4 würde nun am einfachsten mit 22. De7 beantwortet. **21. ... Kh8 22. Sd6 Kg7 23. e4.** Droht sowohl Vormarsch des Bauern als auch Aktivierung des Turms über die dritte Reihe. **23. ... Sg8.** Um der

Drohung e5 nebst Sxf7 zu begegnen. **24. Td3.** Droht schlicht Turmverdoppelung nebst Sxf7. Schwarz kann dem weißen Würgegriff nicht mehr standhalten. **24. ... f6.** Beschleunigte das Ende, aber es gab keine Rettung mehr. Auf 24. ... h6 wäre die Echowendung 25. Sf5+ Kh7 26. Sxh6! f6 (26. ... Sxh6 27. Th3) 27. Sf5! fxg5 28. Th4 nebst Matt gefolgt. **25. Sf5+ Kh8 26. Dxg6!**

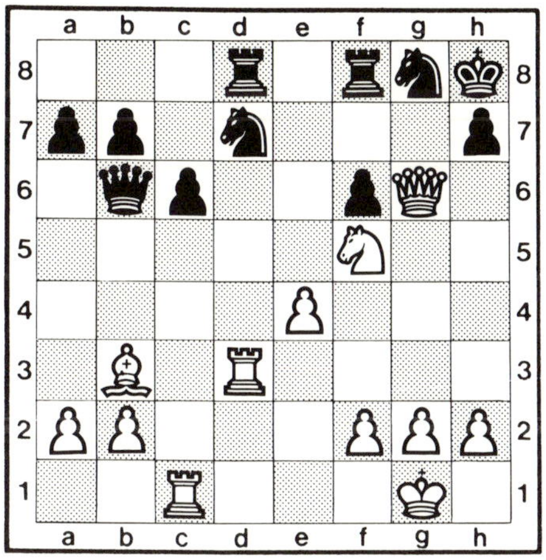

Die Zertrümmerung. Auf 26. ... hxg6 folgt 27. Th3+ Sh6 28. Txh6 matt. Ab dem 18. Zug wurde der Angriff perfekt vorgetragen.

Weißfeldrige Hinrichtung

Weiß: Robert Byrne Schwarz: Fischer
(New York 1964)

1. d4 Sf6 2. c4 g6 3. g3 c6. Gilt als eine sehr solide, wenn auch etwas passive Verteidigung. Man wird aber sehen, was unter den Händen Fischers daraus wird. **4. Lg2 d5 5. cxd5 cxd5 6. Sc3 Lg7 7. e3 0–0 8. Sge2 Sc6 9. 0–0 b6 10. b3 La6 11. La3 Te8 12. Dd2 e5!** Ein betont scharfer und unternehmungslustiger Zug, der große Risiken eingeht, um dynamisches Spiel zu erhalten. Nach 12. ... e6 wäre die Position total ausgeglichen. **13. dxe5 Sxe5** (Diagramm oben rechts). Diese Stellung ist strategisch äußerst interessant. Als Kompensation für die sofort ins Auge stechende Schwäche von d5 hat Schwarz sehr akti-

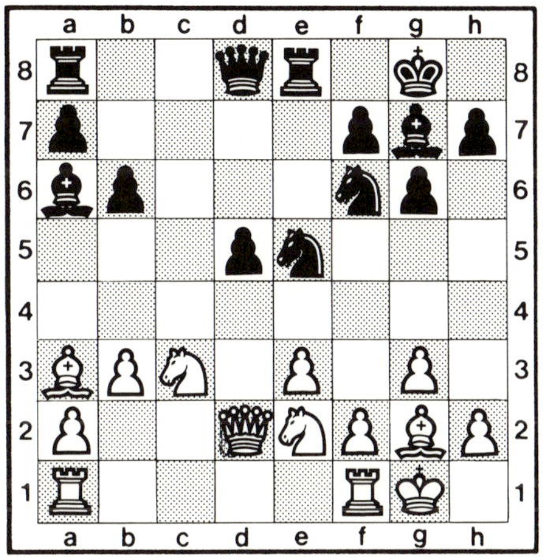

ves Figurenspiel, und die weißen Felder im weißen Lager, vor allem d3, f3, e4, tendieren zur Schwäche. Außerdem schießt der La3 ins Leere, während der La6 eine ganze Reihe wichtiger Felder bestreicht. Weiß kann sich natürlich nicht sofort am Bauern d5 vergreifen, da der Se2 dann hängen würde. Schwarz verfügt über die strategische Drohung Sd3 nebst Se4, wonach Weiß gezwungen wäre, durch Tausch auf e4 den schwarzen Schwächling d5 in einen Riesen auf e4 zu verwandeln und zugleich den schwarzen Springer auf d3 einzubetonieren. Das würde großen Vorteil für Schwarz bedeuten. Was also soll Weiß tun? Es ist ziemlich evident, daß der korrekte Zug ein Turmzug nach d1 ist, um einerseits d5 nochmals anzugreifen und andererseits Sd3 mit Dc2 zu beantworten, wonach der Springer hängen würde und Schwarz keine Zeit zu Se4 hätte. Welcher Turm aber gehört nach d1? Byrne entschied sich für Tfd1, wohl aus der Erwägung heraus, daß dadurch der Se2 entfesselt und somit Sf4 möglich wird. Aber Fischer weist in der Folge auf geniale Art Tfd1 als Fehler nach, der f2 entscheidend schwächt. Richtig wäre 14. Tad1! gewesen, wie Fischer in seinem berühmten Buch »My 60 Memorable Games« überzeugend zeigt. Schwarz hätte darauf nach Fischers Analysen am besten 14. ... Dc8! gezogen, mit der Idee, 15. Sxd5 durch 15. ... Sxd5 16. Lxd5 Td8 (droht Sf3+) 17. f4 Txd5 18. Dxd5 Lb7! (die weißen Felder!) 19. Dd2 Dh3 mit sehr starkem Angriff zu beantworten; z.B. 20. Sd4 Sg4 21. Tfe1 Sxe3! 22. Txe3? Lxd4 23. Dxd4 Dg2 matt.

14. Tfd1? Sd3! Bereits die Einleitung zur entscheidenden Kombination. **15. Dc2.** Wie schon erwähnt, würde sonst Se4 folgen; und 15. f3 würde durch 15. ... Lh6 erwidert. **15. ... Sxf2!!** Sowohl Byrne als auch sämtliche Zuschauer, unter ihnen einige Großmeister, hielten dies für eine Fehlkombination, da sie die Pointe im 18. Zug übersehen hatten. **16. Kxf2.** Hätte Weiß den anderen Turm nach d1 gezogen, könnte er Txf2 antworten! **16. ... Sg4+ 17. Kg1 Sxe3 18. Dd2**

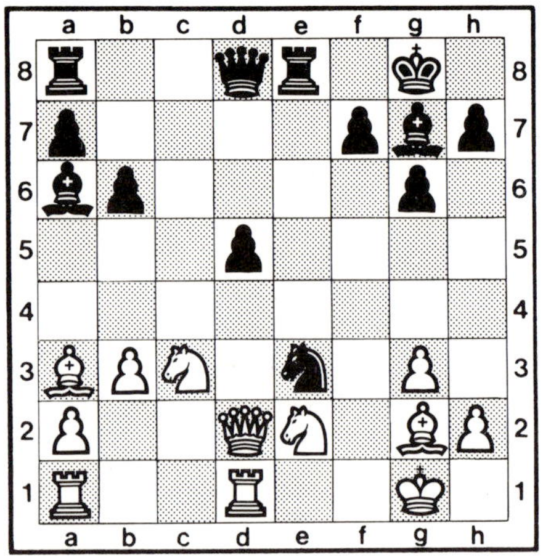

18. ... Sxg2!! Die Pointe. Nach dem allgemein erwarteten 18. ... Sxd1? stünde Weiß besser. Aber

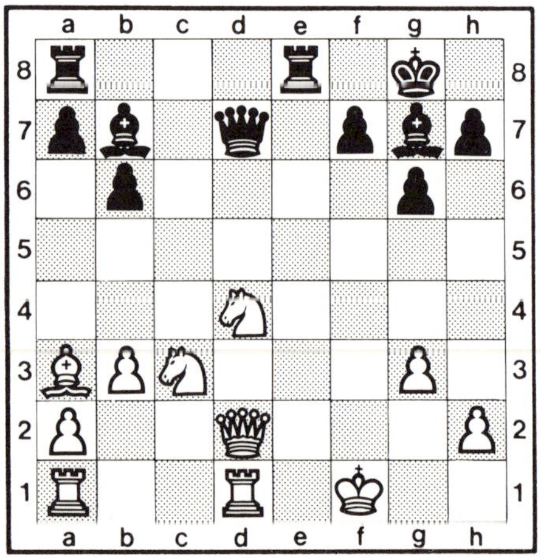

die weißen Felder sind viel wichtiger als die Qualität und wiegen eine ganze Figur auf.

19. Kxg2 d4. Räumt die lange Diagonale. **20. Sxd4 Lb7+ 21. Kf1.** 21. Kg1 scheitert an der typischen Kombination 22. ... Lxd4+ 23. Dxd4 Te1+! 24. Kf2 Dxd4+ 25. Txd4 Txa1, während 21. Kf2 mit 21. ... Dd7 beantwortet wird, z. B. 22. Tac1 Dh3 23. Sf3 Lh6 24. Dd3 Le3+ 25. Dxe3 Txe3 26. Kxe3 Te8+ 27. Kf2 Df5 und gewinnt, oder 22. Sce2 Dd5! 23. Tg1 Txe2+ nebst Lxd4. **21. ... Dd7.** (Diagramm unten links) Der letzte Hieb auf den weißen Feldern, denn zu Bobbys Enttäuschung gab Weiß hier auf, anstatt sich den wunderschönen Schluß zeigen zu lassen: 22. Df2 Dh3+ 23. Kg1 Te1+!! 24. Txe1 Lxd4 25. Dxd4 Dg2 matt, oder auch 22. Sdb5 Dh3+ 23. Kg1 Lh6! nebst Le3+.

Triumph der Phantasie

Weiß: Vaganian Schwarz: Planinc
(Hastings 1974/75)

Diese Partie stellt in unserer Kollektion insofern eine Ausnahme dar, als der Sieger keineswegs ein Weltklassespieler ist. Er ist, wie es in einem jugoslawischen Buch treffend ausgedrückt ist, ein Don Quixote des modernen Schachs, ein Spieler, der die Schönheit sucht und nicht den Erfolg. Diese Partie ist für mich persönlich eine meiner absoluten Lieblingspartien, und ich möchte sie dem Leser nicht vorenthalten.

1. d4 Sf6 2. c4 c5 3. Sf3. Schärfer ist 3. d5, was zur sogenannten Benoni-Verteidigung führt. **3. ... cxd4 4. Sxd4 e6 6. Sc3 Lb4 6. Sdb5.** Das gilt heute als ungefährlich, chancenreicher ist 6. g3. **6. ... 0–0 7. a3 Lxc3+ 8. Sxc3 d5.** Schwarz hat als Kompensation für das Läuferpaar die bessere Entwicklung; die Stellung ist etwa ausgeglichen. **9. Lg5 h6.** Bietet ein sehr chancenreiches Bauernopfer an. **10. Lxf6 Dxf6 11. cxd5 exd5 12. Dxd5?** Zu riskant, nun erhält Schwarz gewaltigen Entwicklungsvorsprung und sehr gefährlichen Angriff. Nach 12. e3 ist die Stellung ausgeglichen. **12. ... Td8 13. Df3 Db6!** Schon tauchen die ersten Probleme auf. **14. Td1 Txd1 15. Sxd1 Sc6 16. De3.** Auch nach 16. e3 Le6 17. Le2 Td8 hat Schwarz eine riesige Angriffsstellung, z. B. 18. b4? Sxb4! oder 18. 0–0 Td2. **16. ... Sd4!** Leitet bereits die Entscheidung ein. Weiß hat keine Wahl mehr. **17. De8+ Kh7 18. e3 Sc2+ 19. Kd2.** Auf diese Position hatte Weiß seine Hoffnungen gesetzt. Der Sc2 hängt, und es droht Ld3+. Das naheliegende 17. ... Dd6+ 20. Ld3+ Dxd3+ 21. Kxd3 Lf5+ führt nach 22. e4 zu nichts. Aber: **19. ... Lf5!!**

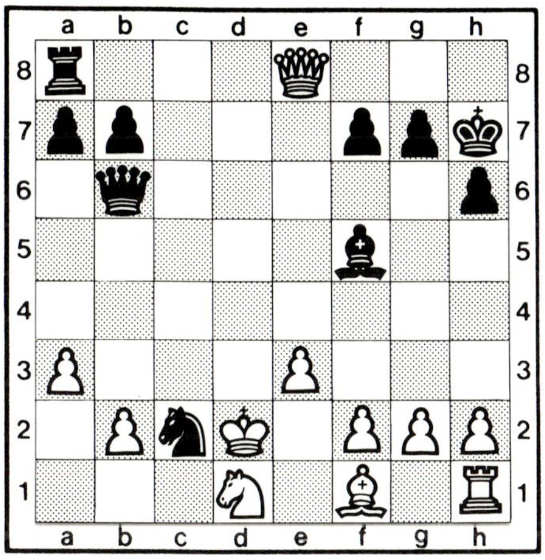

Wunderschön! Weiß ist gezwungen, den Turm zu fressen, da nach z.B. 20. De5 Lg6 seine Stellung aussichtslos wäre. **20. Dxa8 Dd6+ 21. Kc1 Sa1!!** Die erste Pointe: Es droht Sb3 matt, und 22. Lc4 wird mit 22. ... Dc5 23. b3 Sxb3+ nebst Dxc4 beantwortet. **22. Dxb7 Dc7+!**

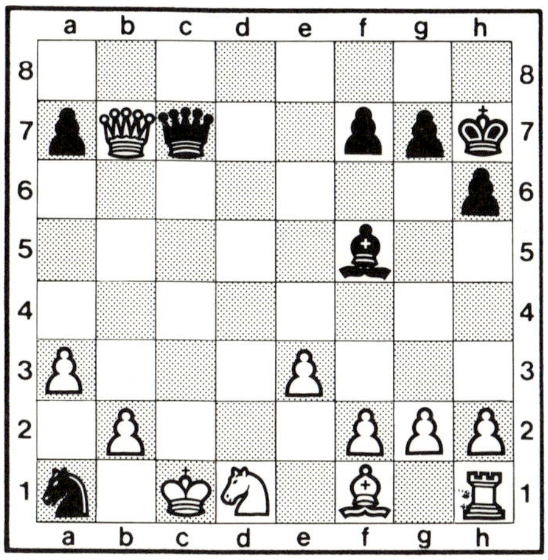

Der letzte Keulenschlag. Nach 23. Dxc7 ist 23. ... Sb3 ein wahres Problemmatt.

Der Weltmeister als Supertaktiker

Weiß: Karpow Schwarz: Sax
(Linares 1983)

Dieses Beispiel aus dem jüngsten Schaffen des amtierenden Weltmeisters ist insofern bemerkenswert, als Karpow, der im allgemeinen einen ruhigen Positionsstil pflegt, hier von dem für sein extrem scharfes Spiel bekannten Sax zu einem »Kampf auf Leben und Tod« gezwungen wird und sich hier auch als brillanter Taktiker erweist.
1. e4 c5 2. Sf3 e6 3. d4 cxd4 4. Sxd4 Sf6 5. Sc3 d6 6. g4. Dieser Zug stammt von dem verstorbenen Großmeister Keres und beabsichtigt, den Sf6 sofort zu vertreiben und gleichzeitig am Königsflügel Raum zu gewinnen. **6. ... h6** Dieser prophylaktische Zug wird zur Zeit fast ausschließlich gespielt. **7. Tg1.** Möglich ist auch das sofortige 7. h4. **7. ... Le7.** Hier wird häufig 7. ... Sc6 gespielt, um 8. h4 mit dem interessanten 8. ... h5!? 9. g5 Sg4 zu beantworten. **8. Lc3 Sc6 9. Dc2.** Räumt die d-Linie und bereitet die lange Rochade vor. **9. ... Ld7.** Normal sieht hier 9. ... Sxd4 10. Lxd4 e5 11. Le3 Le6 aus, worauf Karpow wohl mit 12. 0–0–0 nebst h4 und g5 fortgesetzt hätte. **10. h4 Sxd4 11. Lxd4 e5 12. Le3 Lc6 13. Dd3.** Deckt e4 und verhindert d5. **13. ... Da5 14. 0–0–0.** Weiß droht nun, früher oder später mit g5 vorzugehen und den schwarzen Springer zurückzuwerfen. Nach dem naheliegenden 14. ... 0–0–0 15. g5 hxg5 16. hxg5 ist 16. ... Sxe4 unzureichend, wie der englische Großmeister Nunn in einer ausgezeichneten Analyse nachweist: 17. Sxe4 d5 18. Sc3 d4 19. Df5+ Ld7 (19. ... Kb8 20. Lxd4) 20. Dxf7 dxc3 21. Dxe7 Dxa2 22. Da3, und Weiß gewinnt. Und 14. ... 0–0–0 15. g5 hxg5 16. hxg5 Sd7 wird sehr kräftig mit 17. Dc4! beantwortet, z.B. 17. ... Tdf8 18. Sd5 Ld8 19. Sb4 Dc7 20. Lxa7 usw. Sax findet statt dessen eine äußerst interessante Idee, die nur aufgrund des wirklich genialen Spiels Karpows scheitert. **14. ... Sxe4!? 15. Sxe4 d5** (Diagramm, S. 132 oben) Die konsequente Fortsetzung; 15. ... Dxa2 könnte am einfachsten mit 16. Sc3 Da1+ 17. Sb1 pariert werden. **16. Db3!** Die erste Pointe. Nach Zügen wie 16. Sc3? d4 oder 16. Sg3

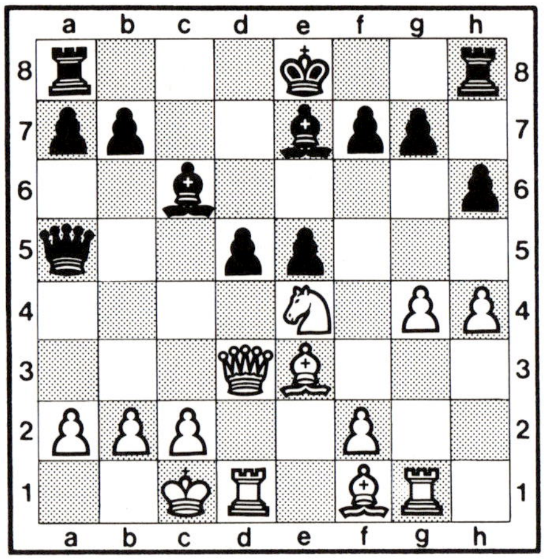

Dxa2 oder 16. Sd2 d4 17. Sb3 Dxa2 18. Ld2 a5 nebst a4 (Nunn) stünde Schwarz besser. Weiß gibt statt dessen unter Bauernopfer die Figur zurück und erlangt plötzlich seinerseits heftigen Angriff **16. ... dxe4 17. Lc4 Tf8.** Nach 17. ... 0–0 liegt Weiß mit 18. g5 in sehr starkem Angriff, z.B. 18. ... hxg5 19. Lxg5 Lxg5 20. Txg5 nebst Tdg1 usw. oder 18. ... h5 19. g6 oder 18. ... La4 19. Dxb7 Tac8 20. Dxe4! mit Gewinnstellung – nicht aber 20. Dxe7 Txc4 21. b3? Dc3!, und es ist Schwarz, das gewinnt.

Mit dem Partiezug möchte sich Schwarz durch 18. ... Db4 nebst Damentausch entlasten, was dem weißen Angriff die Spitze abbrechen würde. **18. Td5!!** Die nächste Keule. Dies Qualitätsopfer zwingt Schwarz praktisch dazu, seine beste Verteidigungsfigur zu geben, wonach die weißen Läufer in Verbindung mit der Dame das Brett beherrschen. **18. ... Lxd5** 18. ... Dc7 19. Tgd1 sieht auch nicht gerade angenehm für Schwarz aus, z.B. 19. ... Td8 20. Txd8 Lxd8 21. Lc5 Le7 22. Lxa7 b5? 23. Lxb5. **19. Lxd5 Td8.** Nach 19. ... Db4 folgt 20. Lxb7 Dxb3 21. axb3 Tb8 22. Lc6+ Kd8 23. Lxa7 Tb4, aber nach 24. c3 nun nicht 24. ... Txb3 25. Kc2 Kc7 26. Kxb3 Kxc6 mit klarem Vorteil für Weiß, wie Nunn angibt, sondern 24. ... Kc7 (sofort!), da nach 25. cxb4 Kxc6 die weißen Bauern total entwertet sind und nach 25. Ld5 Tb5 26. Lxe4 Ta5 27. Le3 Ta1+ 28. Lb1 Lxh4 nebst Lg5 die Stellung völlig unklar ist.

Es folgt daraus, daß 19. ... Db4 wohl die beste Chance für Schwarz dargestellt hätte. Vielleicht ist es allerdings in der angegebenen Variante besser für Weiß, statt 22. Lc6+ einfach 22. Lxe4 zu spielen, z.B. 22. ... a5 23. Td1 Tc8 24. Lb6 Lxh4 25. Lf5 oder 22. ... Lxh4 23. Lc6+ Kd8 24. Lxa7 Tb4 25. Lc5 usw. Auf jeden Fall hat Weiß ausgezeichnetes Spiel für die Qualität. **20. Lc4!** Auf 20. Lxb7 könnte Schwarz mittels Th8 nebst Kf8 seinen König evakuieren oder gar 20. ... Lxh4!? 21. Lc6+ Ke7 22. Db7+ Kf6 versuchen. Darum hält Karpow den Druck gegen f7 weiter aufrecht. **20. ... Lb4.** Wieder ein geschickter taktischer Einfall, der aber nicht ganz ausreicht. Nunn empfiehlt 20. ... Th8 als das relativ geringste Übel: 21. Lxf7+ Kf8, da Schwarz nach 22. Lg6 mit 22. ... Dd5 den Damentausch erzwingen kann (23. Da4 Dc6). Allerdings dürfte Weiß nach 23. Dxd5 Txd5 24. Lxe4 Td7 25. g5 im Endspiel die besseren Aussichten haben.

Auf 20. ... a6, um Lb5+ zu verhindern, folgt einfach 21. Dxb7 nebst Dxe4, und Weiß steht klar besser; nicht aber 21. Lb6?? Dd2+ 22. Kb1 Dd1+ nebst Matt. **21. c3 b5.** Das war die Pointe des Schwarzen: 22. cxb4 würde nun mit 22. ... bxc4 beantwortet. **22. Le2! Ld6.** Schwarz erwartete nun wohl 23. Lxb5+ Ke7, was ihm einige Überlebenschancen eröffnet hätte, aber wieder folgt eine Überraschung. **23. Dd5!** (Diagramm unten)

Dieser stille Zentralisierungszug ist wieder die stärkste Fortsetzung. 23. ... Dxc3+ würde mit 24. Kb1 (nicht 24. bxc3?? La3+) Dxb2+ 25. Kxb2 La3+ 26. Kxa3 Txd5 27. Lxa7 beantwortet mit klarem Endspielvorteil für Weiß, z.B. 27. ... Kd7 28. Kb4 Ta8 29. Le3 und 29. ... Txa2 geht nicht wegen 30.

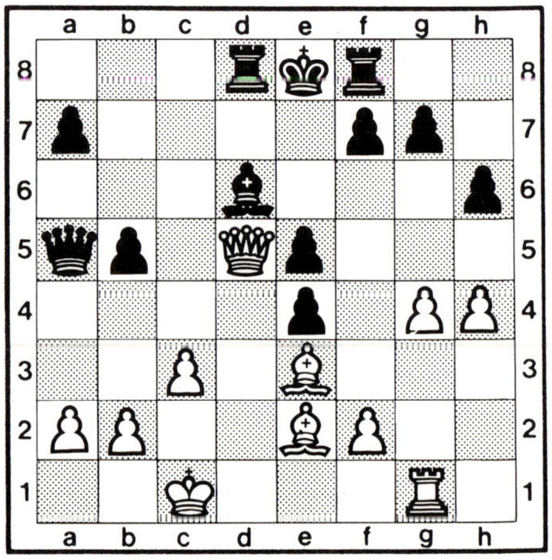

Lxb5+ nebst Lc4. Vielleicht wäre in der Diagrammstellung 23. ... Dc7 noch der beste Versuch, um 24. Lxb5+ Ke7 25. Dxe4 mit 25. ... Tb8 nebst Lc5 zu beantworten. **23. ... Ke7?! 24. Lc5!** Die Pointe von **23. Dd5**. Nun fällt e5, da 24. ... f6 am tödlichen 25. Lc4! bxc4 26. Lxd6+ mit Damengewinn scheitert. **24. ... Lxc5 25. Dxe5+ Kd7 26. Dxc5.** Jetzt steht der schwarze König mutterseelenallein im Kreuzfeuer der weißen Offiziere. **26. ... Dc7 27. Df5+** Um den König nicht nach c8 entkommen zu lassen. **27. ... Ke7 28. Dxe4+ Kd7 29. Df5+ Ke7 30. Te1.** Wirft die letzten Reserven in die Schlacht. **30. ... Td6.** Er will 31. Lxb5+ mit 31. ... Te6 parieren. Sax tut das Menschenmögliche, aber es reicht nicht. **31. Lc4+ Kd8 32. Lxb5 a6 33. La4 g6 34. Df3 Kc8?!** Nunn meint, daß 34. ... f5 dem Schwarzen noch gewisse Chancen eingeräumt hätte. Tatsächlich ist darauf kein direkter Gewinn ersichtlich, da 35. gxf5 gxf5 36. Dxf5?? an 36. ... Dxc3+ scheitert. Weiß müßte wohl mit 35. De3 (Doppeldrohung gegen h6 und e8) fortsetzen, z. B. 35. ... Dg7 36. Df4 mit sehr starkem Druck (siehe Diagramm rechts). **35. Te7!** Noch ein Keulenschlag. 35. ... Dxe7 verliert nach 36. Da8+ Kc7 37. Da7+ entweder die Dame oder

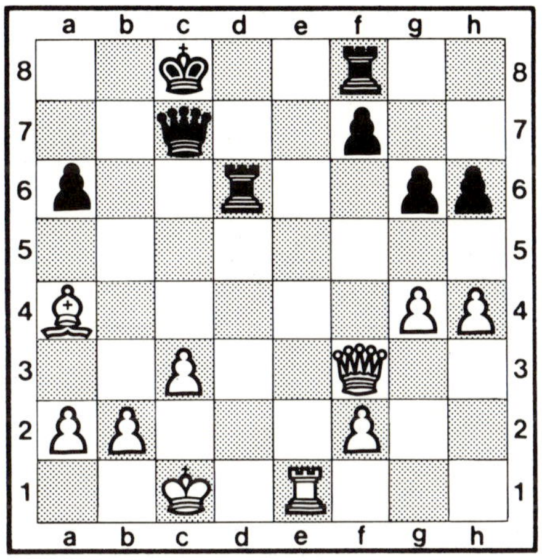

führt zu Matt. **35. ... Td1+.** Verzweiflung. **36. Kxd1 Dxe7.** Nach 36. ... Td8+ 37. Ld7+ Txd7+ 38. Txd7 Dxd7+ 39. Kc1 wäre das Damenendspiel aussichtslos. **37. Da8+.** Beginn der Exekution. **37. ... Kc7 38. Da7+ Kd6.** Der König steigt aufs Schafott... **39. Db6+** ... und Finis, da auf 39. ... Ke5 oder Kd5 40. Dd4+ Ke6 41. Lb3 matt folgt.

Erwin Rieger
Schach in der Kunst

Kein anderes Spiel der Welt kann auf eine 1500jährige Tradition zurückblicken, genießt eine so starke Wertschätzung, ist so weit verbreitet und weist eine so große Vielfalt in der Gestaltungsmöglichkeit auf. Wenn auch Stefan Zweig sagt, daß Schach eine Kunst ohne Werke und ohne bleibende Werte sei, so hat dieses Spiel doch viele Künstler angeregt und zu bedeutenden Werken inspiriert.
Schach symbolisiert die Schlacht von 32 Figuren auf 64 Feldern. Psychologen vertreten die Auffassung, daß Schach jedem Spieler fast alles abverlangt, was instinktiv in ihm schlummert und nach außen drängt: das Bedürfnis nach Machtausübung, Aggression, Wagnis und Kampf, wiewohl das Spiel auch große Selbstbeherrschung erfordert.

Schachfiguren

Im Jahre 1977 grub eine sowjetische Expedition des Instituts für Archäologie, unter Leitung des Doktors für Geschichtswissenschaft, Juri Burjakow, bei der Freilegung einer Moschee in Afrassiab, einer Stadt am Unterlauf des Hindus in Samarkand, sieben kunstvoll geschnitzte Figuren aus Elfenbein aus. Bei diesen dürfte es sich um die ältesten bisher gefundenen Schachfiguren handeln.
Leider wurde nicht der komplette Schachsatz gefunden. Vor allem fehlen die vier Eckfiguren, heute die Türme, die Klarheit darüber gebracht hätten, in welcher Form diese Schachfiguren damals dargestellt wurden.
Die Zentralfigur des sassanidischen Schachsatzes war, wie heute, der König. Die Kunsthandwerker jener Zeit stellten ihn als Reiter auf einem Dreigespann dar. Der König (Schah) ist auch die größte der gefundenen Figuren; sie ist 4,1 cm hoch. Die Bewegungsfreiheit des Königs war im Rahmen der Spielregeln damals schon sehr eingeschränkt. Er durfte nur auf die angrenzenden Felder rund um seinen Standort ziehen.
Die neben dem König stehende Figur war bereits zu diesem Zeitpunkt immer die wichtigste und mächtigste. Heute ist es die Dame oder Königin; damals war es der *Farzin* oder *Al-Farzim,* der Weise und königliche Berater. Diese Figur des Fundes ist stark beschädigt. Der Farzin sitzt als Reiter auf einem Pferd, in einem Sessel, mit einem Helm in der linken und einem Schwert in der rechten Hand. Vor ihm ein zweiter Reiter, vermutlich der Pferdeführer. Die Figur ist nur 3,4 cm hoch.
Interessant, daß der königliche Berater damals auch nur eine beschränkte Bewegungsfreiheit hatte. Erst im 15. Jahrhundert wurde aus dieser Figur die Dame oder Königin. Der Königin sollte künftig keine andere Figur an Stärke gleich sein. Ihr Aktionsradius wurde daher erheblich erweitert; bis heute ist sie die wichtigste Figur im Schachspiel geblieben.
Gefunden wurde in Afrassiab auch ein Läufer, dargestellt als Elefant. Er ist durch eine Panzerdecke geschützt; auf seinem Rücken sitzt ein Reiter, bewehrt mit Helm und Schwert. Seine Höhe beträgt 3,7 cm. Auch diese Figur ist stark beschädigt.
Sowohl die damalige wie auch die heutige Verwendung des Läufers sind von Interesse. Der *Al-Fil* (Elefant oder Läufer) konnte sich in der Frühzeit des Schachspiels nur über zwei diagonal angrenzende Felder bewegen. Es war ihm jedoch erlaubt, was wichtig ist, die Figur auf dem angrenzenden Feld zu überspringen. Seine Bedeutung wurde ebenfalls erst nach der Verbreitung des Schachspiels in Europa erhöht. Neben dem König und der Königin sollte in der Hierarchie des Spiels der Geistliche folgen, der Bischof. Deshalb gibt es im Englischen heute noch die Bezeichnung »Bishop«, dargestellt in Form einer

Die Schachfigur des Raja. Sie wurde vermutlich im 8. oder 9. Jahrhundert in Indien hergestellt

Bischofsmütze. Nur im deutschen Sprachgebrauch heißt die Figur »Läufer«. Ihre Bewegungsfreiheit war der Machtfülle eines Bischofs anzupassen: Sie durfte fortan die Diagonale in voller Länge überqueren, jedoch keine andere Figur mehr überspringen.
Burjakow grub in Afrassiab auch zwei Springer aus, damals schon in Pferden versinnbildlicht. Auf jedem Roß sitzt ein Krieger, ausgerüstet mit Schild und Schwert und einem Köcher für die Pfeile. Die Gangart der Springer ist bis heute unverändert geblieben; nur sie konnten auf dem Schlachtfeld feindliche Soldaten überspringen.

Zu dem Fund zählten des weiteren zwei kniende Fußsoldaten, zwei Bauern. Sie tragen einen Schild in der linken und ein kurzes Schwert in der rechten Hand und sind verschieden groß, nämlich 2,6 und 3,0cm. Ihre Bewegungsfreiheit war gering, das ist heute nicht anders. Sie durften nur je ein Feld vorwärtsmarschieren und je ein Feld diagonal nach rechts oder links schlagen. Aber es war schon möglich, einen Bauern zu verwandeln, jedoch nur in den Farzin. Der Doppelschritt des Bauern, das Schlagen »en passant«, und die Verwandlung in eine beliebige Figur wurden erst im Mittelalter erlaubt.
Für den Fund in Samarkand läßt sich die Herstellungszeit der Figuren sehr genau festlegen. Aufgrund der Keramiken und Münzen, die an derselben Stelle gefunden wurden, kann das Jahr 677 mit ziemlicher Sicherheit errechnet werden.
Mit der Verbreitung des Schachspiels, zunächst nach Persien, in den arabischen Raum und bald danach nach Europa und in den Fernen Osten, verfeinerte und vervielfältigte sich auch die künstlerische Gestaltung der Schachfiguren ständig. Die ältesten und wertvollsten Figurensätze befinden sich heute fast ausschließlich in den bekannten Museen der Welt oder in öffentlichen Sammlungen. Viele wertvolle Schachspiele wurden während der Kriegswirren vernichtet oder schon früher in Krisenzeiten eingeschmolzen, zum Beispiel die kostbaren, aus purem Gold bestehenden Figuren der Herzogin Anna von Bayern aus dem Jahr 1552.
Die in Deutschland gefundenen ältesten Schachfiguren stammen aus dem 8./9. Jahrhundert. Es sind Einzelfiguren aus Bein, vermutlich nach arabischem Vorbild gestaltet. Sie befinden sich im Germanischen Nationalmuseum in Nürnberg.
Etwa im 8./9. Jahrhundert dürfte die im Cabinet des Médailles in Paris aufbewahrte und aus Elfenbein geschnitzte Schachfigur des Raja gefertigt worden sein. Sie wird als eine der am kunstvollsten geschnitzten und am meisterlichsten bearbeiteten Figuren eines arabischen Kunsthandwerkers angesehen. Diese Figur hat eine Höhe von 15,6cm und stellt einen Elefanten dar. Auf dem Rücken des Elefanten befindet sich ein Thronsitz, darauf ein König in Meditationshaltung; um ihn herum, ebenfalls auf dem Rücken des Elefanten, acht Krieger seiner Leibwache. Der schreitende Elefant hebt mit dem Rüssel einen Krieger aus dem Sattel.

Die künstlerischen Gestaltungsmöglichkeiten für Schachspiele sind unerschöpflich. In der Frühzeit wurde als Material das Elfenbein bevorzugt. Die Höfe und die vornehme Gesellschaft des Mittelalters legten großen Wert auf kostbar ausgearbeitete Figuren. So gibt es wertvolle Schachspiele nicht nur aus Holz, Knochen und Stein, aus Porzellan oder Bergkristall, sondern sogar aus Gold, Silber und Bronze, jedoch auch aus Kunststoff und Karton.

Eine Sammlung von Schachfiguren kann ein Spiegelbild der Kunst- und Kulturgeschichte abbilden. Die Menschen der Frühzeit und des Mittelalters bevorzugten die Darstellung kriegerischer Figuren. Könige und Feldherren kämpften mit ihren Truppen gegeneinander; Ritterheere kämpften gegen die Türken und die Ungläubigen. Dies änderte sich im 17. und 18. Jahrhundert, in der Zeit des Rokoko. Der Kunststil dieser Zeit beeinflußt die Gestaltung der Schachfiguren bis heute. Aus dem »Kampf« wurde wieder ein »Spiel«. Das in Europa neu entdeckte Porzellan eignete sich vorzüglich für die Gestaltung. Bis zur Gegenwart werden aus Meißner Porzellan herrliche Figurensätze hergestellt. Die beiden erwähnten Jahrhunderte waren wohl die schöpferisch wertvollste Zeit. Nur ein Kunstwerk aus dieser Zeit soll noch besonders erwähnt werden: Es ist ein Schachspiel aus Ebenholz, Schildpatt und Perlmutter, ein Geschenk des türkischen Sultans an den polnischen Feldherrn Adam Sieniawski, aus dem Jahr 1726.

Zu Beginn des 19. Jahrhunderts betrat Napoleon das Schachbrett. Es gibt zahlreiche Figurensätze, mit denen er selbst gespielt haben soll. Er kämpfte als Schachfigur gegen die Preußen, Österreicher und Russen, alle Figuren in historischen Uniformen, meisterlich gestaltet.

In der künstlerischen Schachgeschichte ist dann wieder das Jahr 1848 von Bedeutung. Es war das Geburtsjahr der *Staunton*-Figuren. (Sie illustrieren übrigens das Einleitungskapitel dieses Buches.) Der Engländer Howard Staunton weigerte sich damals, an einem Turnier teilzunehmen, in dem an jedem Brett andere Figuren standen. Diese unterschiedlichen Figuren würden ihn beim Spiel ablenken und seine Konzentrationsfähigkeit beeinträchtigen. Einer seiner Freunde, Nathaniel Cook, entwarf daher für ihn einheitliche Figuren, die Staunton-Figuren genannt wurden. Wegen ihrer strengen Sachlichkeit werden sie noch heute in fast gleicher Form bei allen Turnieren auf der ganzen Welt verwendet.

Links: Ein Schachbrett, hergestellt um 1615 in Augsburg, vermutlich von Ulrich Baumgartner. Es mißt 39,5 × 26 cm und ist aus Ebenholz, Batukholz und graviertem Elfenbein gefertigt

Oben: Figurensatz, Türken (weiße Partei) und Mohren (schwarze Partei) darstellend, nach Entwürfen von Kaendler (1706–1775) hergestellt aus Porzellan in Meißen im 20. Jahrhundert

Schach in Kunstwerken

Während bei der Gestaltung von Schachfiguren eine große Vielfalt besteht, sind Schachdarstellungen in der Bildhauerkunst kaum vertreten und wenig bekannt.
Die wohl älteste und sich einwandfrei auf das Schachspiel beziehende Darstellung finden wir an der Nordseite des Naumburger Doms. Das Kapitell zeigt zwei in Stein gehauene Schach spielende Affen. Seine Deutung bleibt rätselhaft. Vielleicht sollten die Gläubigen vom Schachspiel abgehalten werden. Das Relief stammt aus der ersten Hälfte des 13. Jahrhunderts. Ein Kapitell an der Kathedrale von Winchester in England aus dem Jahre 1369 bildet einen Menschen mit einem Spielbrett ab. Das Brett ist schachbrettartig gegliedert, in hellen und dunklen Farben. Es ist jedoch nicht sicher, ob es sich um ein Brett für das Schachspiel handelt.
Weitere bedeutsame künstlerische Darstellungen dieser frühen Zeit gibt es im Frankreich der ersten Hälfte des 14. Jahrhunderts. Eine reizvolle Elfenbeinarbeit zeigt in einem runden Relief im oberen Teil eine Schach spielende Gesellschaft, im unteren Teil eine Jagdgesellschaft. Das Relief wurde als Spiegelrücken verwendet. Ein Elfenbeinrelief, das um 1340 entstanden sein dürfte, finden wir ebenfalls als Arbeit eines französischen Künstlers in Paris. Auf ihr ist ein junges Paar in langen Gewändern beim Schachspiel zu sehen. Das runde Bild, durch Tiergrotesken zum Quadrat geformt, war eine Spiegelkapsel. Dieser wertvolle Spiegel wurde 1856 von Sauvageot dem MUSÉE DU LOUVRE geschenkt, wo er noch heute zu besichtigen ist. Die Künstler dieser Arbeiten sind unbekannt.
Ähnliche Spiegelkapseln aus Elfenbein, einfacher und weniger fein ausgearbeitet und später entstanden, alle der französischen Arbeit nachempfunden, sind im Deutschen Museum in Berlin, in der Nationalgalerie in Perugia und im VICTORIA AND ALBERT MUSEUM in London ausgestellt.
Im 14. Jahrhundert entstanden vergleichbare Schachdarstellungen, weiterhin häufig aus Elfenbein. Immer wieder mit fast dem gleichen Motiv: ein junger Mann und eine junge Frau beim Schachspiel. Nur selten sind weitere Figuren hinzugefügt worden. Gespielt wurde meist in einem Garten oder in einem Zelt. Die Spielenden wurden oft von grotesken Figuren umrahmt, die das Mystische des Schachspiels hervorheben sollten.

Napoleon-Schachfigur aus dem 19. Jahrhundert (Frankreich) aus Elfenbein

Gleich zwei Stücke dieser Art birgt der Kirchenschatz der Basilika St. Ursula in Köln. Die schönere Arbeit ist ein Flachrelief französischen Ursprungs. Es ziert die Schmalseite eines Reliquienkastens. Dieser Reliquienkasten hat seine besondere Geschichte. Er diente ursprünglich weltlichen Zwekken. Nach der Überlieferung soll darin der weltliche Putz der heiligen Ursula aufbewahrt worden sein. Die übrigen Seiten des Kastens und der Deckel zeigen nämlich liebkosende Paare. Bei Reliquienkästen sonst sicherlich eher unüblich.
Weitere sogenannte Minnekästen, aus verschiedenen Hölzern, aber stets mit dem bekannten Schach spielenden Paar, finden wir noch im Kunstgewerbemuseum in Köln, in der Fürstlichen Sammlung in Sigmaringen, auf der Wartburg in Thüringen, im

Landesmuseum Zürich und im MUSEO CIVICO in Turin.
Ein weiteres Werk der Bildhauerkunst beherbergt das Schloß von Bourges in Frankreich. Die Skulptur zeigt wiederum einen Mann und eine Frau beim Schachspiel. Da sie Gewänder aus der Zeit Karls VII. tragen, kann ihre Entstehung für den Anfang des 15. Jahrhunderts vermutet werden.
Eine plastische Schachdarstellung führt uns in eine ganz andere Richtung. Eine Ofenplatte böhmischer Herkunft, ebenfalls aus der ersten Hälfte des 15. Jahrhunderts, zeigt auf einem Flachrelief Fuchs und Wolf beim Schachspiel und eine Ente als Kiebitz. Eine seltene, amüsante Darstellungsform! Aus dem Jahre 1772 stammt die Porzellangruppe »Zwei altdeutsche Soldaten beim Schachspiel«, modelliert von Carl Anton Luplau für die Porzellanmanufaktur Fürstenberg. Die farbig bemalte Gruppe zeigt zwei Soldaten in germanischer Kriegstracht, an einem Spieltisch sitzend. Als Vorlage hat dem Künstler vermutlich ein alter Stich gedient, der fast die gleiche Figurengruppe aufweist. Eine historisch etwas gewagte Darstellung; denn den germanischen Kriegern war das Schachspiel sicherlich noch unbekannt.
In der Zeit des Rokoko entstanden in den neu gegründeten thüringischen und sächsischen Porzellanmanufakturen weitere Figurengruppen. Bekannt sind die »Schachspieler« der Volkstetter Porzellanmanufaktur (gegründet 1762), die durch ihre Feinheit und ihre zarten Farben und Formen bestechen. Diese Gruppe zeigt einen Kavalier und eine Dame des Hofs in Gewändern der Zeit in anmutiger Haltung beim Schachspiel. Ähnliche Figurengruppen der Manufakturen Scheibe-Alsbach (gegründet 1836) mit drei Personen, gestaltet von dem Bildhauer Felix Zeh sowie die Gruppe der Unterweißbacher Werkstätten (gegründet 1880). Nach diesen alten Mustern werden diese Schachgruppen noch heute hergestellt. (Schach spielende Figurengruppen aus Porzellan kennen wir auch aus Italien, allerdings in einfacheren Formen.)
Schachdarstellungen in der Bildhauerkunst sind in

Gerhard Marcks' Bronzeplastik
SCHACHSPIELER
aus dem Jahre 1940

neuerer Zeit seltener geworden. Bekannt ist ein Flachrelief aus Bronze, nach dem bekannten Gemälde »Die Schachspieler« von Johann Peter Hasenclever (1810–1853), entstanden um die Jahrhundertwende. Es diente als Deckel für Tabakdosen oder sonstige Kassetten. 1930 schuf Gerhard Marcks (1889–1981) seine eindrucksvolle Bronzeplastik »Schachspieler«. Leider war sie die einzige Arbeit dieses bekannten Künstlers zum Thema Schach. Die wenigen Exemplare dieser Plastik befinden sich ausnahmslos in den Händen von Sammlern. Nicht weniger eindrucksvoll ist die Bronzeplastik von Max Ernst »Der König spielt mit seiner Königin«. Dieses Werk ist im Museum of Modern Art in New York ausgestellt.

1956 errichtete die FIDE ein Denkmal aus Anlaß des zehnten Todestages des Schachweltmeisters Aljechin auf dem Friedhof Montparnasse in Paris.

Das noch unvollständig erforschte Gebiet »Schach in der Malerei und Graphik« soll im folgenden kurz angesprochen werden.

In der Universitätsbibliothek in Heidelberg wird die »Manessische Liederhandschrift« aufbewahrt. Sie ist das bedeutendste Zeugnis der gemalten mittelhochdeutschen Liederhandschriften. In ihr befindet sich ein Blatt mit dem Titel »Markgraf Otto IV. von Brandenburg mit dem Pfeil beim Schachspiel«, gemalt in Farben und Gold auf Pergament. Dieses Blatt dürfte im Jahre 1320 entstanden sein.

Eines der ältesten und schönsten Blätter der frühen Druckkunst stammt von Meister E. S., auch als »Meister von 1466« bekannt. Sein Vor- und Familienname sind unbekannt. E. S. lebte im Gebiet des Oberrheins. Seine Arbeiten sind zwischen 1440 bis 1468 entstanden. Der Kupferstich zeigt in einem Garten ein Schach spielendes Paar an einem achteckigen Tisch, links und rechts zwei verliebte Paare. Blumen, Vögel und Bäume verleihen dem »Paradiesgärtlein« einen besonderen Reiz.

Ein zweiter bekannter Kupferstich ist kurze Zeit später ebenfalls am Oberrhein entstanden. Monogrammist ist BR, ein Schüler Schongauers (um 1445–1491). Das Blatt wird als »Schachspiel mit dem Tode« oder auch als »Schach dem König« bezeichnet. An einem Schachtisch sitzt links der König, rechts steht der Tod, der auf das verlorene Spiel des Königs zeigt. Im Hintergrund ein Engel mit ausgebreiteten Flügeln, der auf die abgelaufene Sanduhr deutet. Umgeben wird die Gruppe von zahlreichen geistlichen und weltlichen Würdenträgern. Ein be-

Oben: Figurensatz aus Holz, entworfen von J. Hartwig im »Bauhaus« zu Weimar, 1924
Rechts: Figurensatz, entworfen von Man Ray, aus dem Jahre 1927. Die Figuren bestehen aus Silber und Kupfer

Bronzeplastik von Max Ernst aus dem Jahre 1944:
DER KÖNIG SPIELT MIT SEINER KÖNIGIN

sonders schönes Exemplar dieses Blattes befindet sich im Kupferstichkabinett der Staatlichen Museen in Berlin.

Die Staatlichen Museen in Berlin beherbergen im übrigen drei weitere Kunstwerke, die zu den schönsten Schachdarstellungen der mittelalterlichen Kunst gehören. Es ist einmal das bekannte Bild Lucas van Leydens »Die Schachpartie«, entstanden um 1508. Das Schachbrett weist 12 × 8 Felder auf, eine damals gebräuchliche Abart, das sogenannte »Kurierschach« (siehe Farbtafelteil).

Das zweite Bild stammt von einem venezianischen Maler, Paris Bordone (1500–1571), Öl auf Leinwand, Titel »Zwei Schachspieler«. Es handelt sich um ein Doppelporträt. Das Schachspiel erscheint hier nur als Zeitvertreib venezianischer Edelleute auf ihrem Landsitz. Auch das dritte Bild ist vermutlich venezianischen Ursprungs: »Die Schachspieler«, entstanden etwa um 1590. Es soll von dem bolognesischen Maler Ludovico Carracci (1553 bis 1619) stammen.

Vom 16. Jahrhundert bis zur Gegenwart finden wir in der Malerei und Graphik viele Schachdarstellungen. Die italienischen Künstler des 16. und 17. Jahrhunderts haben zahlreiche Bilder geschaffen, die heute in fast allen Museen der Welt zu bewundern sind. Von den Künstlern der neueren Zeit sollen nur einige wenige Namen und Werke erwähnt werden.

Honoré Daumier (1808–1878) schuf »Die Schachspieler«, die im MUSÉE DU PETIT in Paris zu sehen sind. Lovis Corinth (1858–1925) behandelte das Thema in mehreren graphischen Blättern. Von Henri Matisse (1869–1954) sind »Odalisken beim Schachspiel«, 1928, Sammlung Ralf Colin, New York, und »Die Familie des Malers beim Schachspiel«, 1911, ÉREMITAGE MUSEUM Leningrad, bekannt. Paul Klee schuf sein »Überschach«, 1937, Kunsthaus Zürich (siehe Farbtafelteil), und Willi Baumeister 1920 seine »Schachspieler in Aktion« und andere Werke. Für A. Paul Weber war Schach bei vielen Lithographien ein unerschöpfliches Thema, während Victor Vasarely mit seinem »Vega-Schach« und mehreren ähnlichen Bildern die Phantasie des Betrachters anzuregen versucht. Die sowjetische Künstlerin Galina Satonina hat die letzten Jahre ihres Schaffens fast ausschließlich dem Thema Schach gewidmet. Es gibt zahlreiche weitere Arbeiten zum Schachspiel von Künstlern aus Ost und West, die im Rahmen dieses Beitrags keine Erwähnung finden konnten.

Schachbriefmarken

Das Schachspiel hat auch als Bildmotiv in die Philatelie Einzug gehalten, allerdings zeitlich erst sehr spät (siehe Farbtafelteil). Das Motivgebiet ist trotz einer erheblichen Steigerung von Neuausgaben während der jüngsten Jahre klein geblieben. Es gibt zur Zeit etwas mehr als 500 verschiedene Schachbriefmarken und Blocks. Anlaß für diese Ausgaben waren meist bedeutende Schachereignisse, Weltmeisterschaften, Schacholympiaden, seltener jedoch

Gedenktage für große Meister. In jüngster Zeit häufen sich Ausgaben ohne besonderen Anlaß. Sie sind zwar eine Werbung für das Schachspiel, jedoch ist ihr spekulativer Charakter erkennbar.

Als Bildmotiv dient in den meisten Fällen eine Schachfigur. Die erste Schachbriefmarke wurde 1947 in Bulgarien aus Anlaß der Balkanspiele verausgabt. Sie zeigt einen Springer, die Figur, die wohl am häufigsten dargestellt wird. Einen Springer finden wir auch auf dem höchsten Wert des Satzes der jugoslawischen Post aus dem Jahr 1950. Anlaß war die 9. Schacholympiade in Dubrovnik.

1951 folgte Kuba mit einer besonders eindrucksvollen Serie. Das Heimatland des Schachweltmeisters José Raul Capablanca ehrte diesen mit sieben Marken. Auf einem Wert dieser Serie sind ein Springer und das Gebäude des Schachclubs Capablanca in Havanna zu sehen.

Neben der Darstellung aller Schachfiguren in moderner und gebräuchlicher Ausführung werden auf den Briefmarken auch gern historische Figuren abgebildet. Auf einer Serie von Fujeira 1972 sehen wir neben der Staunton-Form auch die 1831 auf der Lowis-Insel gefundenen Figuren aus Walroßzähnen, die etwa aus dem Jahre 1200 stammen und im Altertumsmuseum in Edinburgh aufbewahrt werden. Klein- und Kleinststaaten haben eine besondere Vorliebe für die Historie. So überraschte der kleine Inselstaat San Tomé mit Figuren aus Walroßzähnen skandinavischen Ursprungs aus dem 12. Jahrhundert in einer umfangreichen Ausgabe. Ein weiterer Kleinstaat, Djibouti, in dem erst 1980 ein Schachverband gegründet wurde, übertrifft seither alle anderen Länder mit seiner Ausgabefreudigkeit. Auf farbenfrohen Marken dieses Landes finden wir den sogenannten »Stockholmer Turm«, eine »Västergötland-Dame« und einen »Öland-Solberga-Bauern« (13. Jh.) aus den Staatlichen Museen in Stockholm.

Reizvoll ist die Wiedergabe von Schachgemälden und sonstigen Kunstwerken auf Briefmarken. Ein Land tut sich hier besonders hervor: Paraguay. In drei Serien aus den Jahren 1978, 1980 und 1982 wurden 20 Gemäldemarken und drei Blocks ausgegeben. Leider ist die Qualität der Nachbildungen schlecht, die Beschreibung schwer zu lesen und voller Fehler. So steht auf einer Marke, daß es sich um das Gemälde »Die Schachspieler« von Jérome de Cremone (1864–1873) handeln soll. In Wirklichkeit wird jedoch ein Teil des Gemäldes von Francesco di Giorgio gezeigt, das schon um 1485 entstanden ist. Ähnliche Ungenauigkeiten sind auf weiteren Marken zu finden.

Besser in der Wiedergabe ist ein schöner Gemäldesatz aus Nicaragua. Im Jahre 1976 erschienen hier elf Marken und ein Block. Dieser Block hat die zusätzliche Inschrift: »Der König wird zum Bettler, nun ist das Spiel vorbei.« Ein Zitat aus »Ende gut, alles gut« von William Shakespeare. (Der Ausspruch hat jedoch im Stück nichts mit dem Schach zu tun.)

Eine Gemäldemarke soll noch erwähnt werden, und zwar die Ausgabe Israels 1975. In dem Gedenksatz »Gemälde berühmter Meister« wird Moritz D. Oppenheims Bild »Hanukka« aus dem Israelischen Museum in Jerusalem gezeigt.

Auch alte Stiche und Buchillustrationen finden wir auf Briefmarken. Ungarn veröffentlicht auf mehreren Marken aus dem Jahre 1974 Kupferstiche aus Jacob van der Heydens Buch »Schach oder das Königspiel«, Leipzig 1616. Außerdem einen Kupferstich aus dem Schachbuch des Jacobus de Cessolis. Diese Darstellung übernahm auch die Post des

Links: SCHACHSPIEL MIT DEM TODE, *ein Kupferstich von einem Schüler Martin Schongauers (um 1445–1491)*
Rechts: Satirische Grafik von A. Paul Weber mit dem Titel DER AFFE HAT GEZOGEN

Zwergstaates Guinea-Bissau auf einem Gedenkblock von 1983. Das Königreich Jemen würdigte die maurische Kunst in Spanien mit einer Ausgabe von 1967. Eine Marke dieses Satzes zeigt das Bild der beiden Schachspieler aus dem Buch Alfons' X., des Weisen (1226–1284), König von Kastilien, der in seinem 1283 verfaßten Werk das Schachspiel in Wort und Bild erwähnt. Alfons X. selbst ist auf einer Marke von Spanien aus dem Jahre 1965 dargestellt.

Eine weitere Abbildung aus diesem Buch, von dem ein Exemplar in der Prager Burg aufbewahrt wird, können wir auf einer Marke der ČSSR aus dem Jahre 1973 sehen. Es ist ein Reiter auf einem Pferd, das damals dem Turm entsprach. Am Rande des Bildes bezeichnen Buchstaben und Zeichen die Schachfelder.

Wegen der Vielfalt immer neuer Schachausgaben haben sich einige Sammler auf Untergebiete spezialisiert. Bevorzugt werden Schacholympiaden und Weltmeisterschaften. So können fast alle bisher ausgetragenen Schacholympiaden philatelistisch belegt werden; wenn auch nicht immer mit Briefmarken, so doch mit Schach-Sonderstempelabdrukken.

Sogar eine vielfach unbekannte Gegenolympiade ist philatelistisch mehrfach verewigt. 1976 boykottierten zahlreiche Länder die Schacholympiade in Israel. Libyen veranstaltete daraufhin gleichzeitig eine Gegenolympiade und gab aus diesem Anlaß drei Marken heraus, die heute nicht leicht zu beschaffen sind. Das siegreiche Land dieser Gegenolympiade, El Salvador (!), wollte nicht nachstehen und folgte mit zwei weiteren Sondermarken.

Ein weiteres Spezialgebiet sind Meister und Weltmeister auf Briefmarken. Hier ist nochmals Kuba zu erwähnen. Es ehrt fleißig seinen Weltmeister Capablanca. Jährlich finden in Kuba Memoriam-Turniere statt. Stets werden Sonderstempelabdrucke, oft auch Gedenkmarken angefertigt. Capablanca wird in vielen Lebensabschnitten wiedergegeben, beginnend mit einem Bild, das ihn als Klosterschüler zeigt, bis zu seinen großen Weltmeisterschaftstriumphen. Interessant ist auf einem Gedenkblock von 1966 die Endstellung seiner Partie mit Dr. Emanuel Lasker, die im Mai 1914 in Berlin gespielt wurde.

Bei den Briefmarkenausgaben zur Erinnerung an die großen Weltmeisterschaftskämpfe ist das klassische Land des Schachspiels, die Sowjetunion, führend. Schon die erste Schachausgabe der UdSSR am 20. November 1948 erinnert an das Turnier um die Weltmeisterschaft 1948 in Den Haag und Moskau, bei dem Dr. Michail Botwinnik als erster russischer Schachweltmeister gekrönt wurde.

Mehrfach erscheinen auf Briefmarken der große Lehrmeister der russischen Schachschule, Tschigorin, der französische Vorkämpfer Philidor, die Deutschen Anderssen und Lasker sowie die Altmeister Staunton, Steinitz und Morphy. Der unvergessene Weltmeisterschaftskampf zwischen Fischer und Spasski in Reykjavik 1972 wurde natürlich von mehreren Postverwaltungen gewürdigt. Diese Feststellung gilt ebenso für die Weltmeisterschaftskämpfe zwischen Karpow und Kortschnoi in Baguio 1978 und Meran 1981. Tschad und Zentralafrika, schachlich noch nie in Erscheinung getretene Länder, waren mit einfachen Marken und Blocks zu diesen Anlässen nicht zufrieden: Ihre Gedenkausgaben erschienen in Gold. Zum Leidwesen der Sammler!

Auch verhältnismäßig unbekannte Schachspieler sind auf Briefmarken abgebildet. Auf einer vier Werte umfassenden Ausgabe der Republik Mali von 1979 sehen wir neben Aljechin die Deutschen Janowski, Schlage und Bogoljubow. Es wird ein Geheimnis der dortigen Postverwaltung bleiben, warum gerade diesen Spielern die Ehre zuteil wurde, auf Briefmarken verewigt zu werden.

Etwas aus dem Rahmen fallen die Gedenkmarken für das Fernschach (Brasilien, 1980), eine Sondermarke für die Schachpartie mit lebenden Figuren in Marostica (Italien, 1981) sowie mehrere Marken und Blocks mit Schachmotiven zum »Jahr des Kindes« oder zu »Pfadfinderkongressen«. Eine weitere Kuriosität stammt aus dem Iran. Zum Gedenken an die Olympischen Sommerspiele in München 1972 erschien dort eine Schachmarke, obwohl Schach keine olympische Sportart ist und im olympischen Programm von München 1972 nicht vertreten war.

Nicht nur Schachmeister, auch Staatsmänner und Nationalhelden finden wir auf Schachbriefmarken. Eine Marke des Scheichtums Oman zeigt den ägyptischen Staatspräsidenten Nasser bei einer seiner liebsten Freizeitbeschäftigungen, dem Schachspiel. Die Philippinen ehrten ihren Nationalhelden Dr. José Rizal. Die Marke zeigt ihn Schach spielend auf einem Schiff bei seiner Rückkehr in die Heimat.

Schachtisch und -spiel aus Indien, vermutlich 18. Jahrhundert, gefertigt aus Ebenholz und Bein. Das Spiel diente offenbar ausschließlich repräsentativen Zwecken, es weist keine Gebrauchsspuren auf.

Oben: Handschriftenblatt aus dem persischen Manuskript Schach-Name *vom Beginn des 14. Jahrhunderts. Die Abbildung zeigt einen persischen Weisen, an der rechten Seite des Brettes sitzend, der einem indischen Gesandten, der ihm gegenüber Platz genommen hat, das Schachspiel erklärt. In der Mitte thront König Chosröes. Die Abbildung illustriert eine der Legenden über die Entstehung des Schachspiels. (Erläuterungen auf der Seite 147)*
Rechts: Miniatur aus dem »Schachbuch« Alfons' X., des Weisen, von Kastilien. Die erste Fassung dieser Sammlung von arabischen Schachproblemen (Mansuben) *wurde im Jahre 1283 fertiggestellt. Die Abbildung zeigt eines der 103 Schachprobleme, das* Matt des Abu-Naam. *(Erläuterungen auf den Seiten 23 bis 25)*

Este es otro iuego departido en que a .x. trebejos que an a seer entablados assi como esta en la figura del entablamiento. & an se de iogar desta guisa:

Los prietos iuegan primero & dan mate al rey blanco en quatro uezes o en menos delos sus iuegos mismos si los blancos no lo sopieren alongar. ¶ El primero iuego dar la xaque con el peon prieto en la tercera casa del cauallo blanco. & iogara el rey blanco en la casa de so cauallo. & si entrasse en casa de so roque. serie mate ala primera uez con el roque prieto en la casa del cauallo blanco. ¶ El segundo iuego dar la xaque con el roque prieto en la casa del cauallo blanco. & encobrir sa el rey blanco con so alffil. ¶ El tercero iuego dar la xaque con el roque prieto que esta en su casa poniendol en la casa del roque blanco. & el rey blanco tomar loa por fuerça. ¶ El quarto iuego dar la xaque & mate con el roque prieto tomando el alffil blanco que esta en su casa. ¶ E si los prietos entienden de dar xaque cada uez al rey blanco. es el rey prieto mate al primero iuego con el roque blanco poniendol en la segunda casa del alffil prieto. ¶ Este es el departimiento deste iuego. & esta es la figura dell entablamiento.

Ich prüder Jacob von Cassalis pre-
diger ordens bin über wunden von der
prüder gepet vnd werntlicher stu-
denten vnd auch ander edeln laute
die mich da habn gehort predign
daz spil daz da heißt Schachzagel
daz ich do von han gemacht diz
buch vnd han daz getan ze nutz
menschlicher siten vnd zu einer ler-
streites vnd menschliche geslehts

Oben: Zwei Miniaturen aus einem moralistischen Schachbuch, anonym verfaßt zu Beginn des 14. Jahrhunderts in der Gegend von Prag.
Links: Blatt mit einem Porträt des Verfassers aus dem berühmten Buch von Jacobus de Cessolis über das Schachspiel, LIBER DE MORIBUS HOMINUM ET OFFICIIS NOBILIUM SUPER LUDO SCACCORUM, *erstmals erschienen 1275. Das Buch wurde nach der Erfindung der Buchdruckerei unzählige Male, auch mit Varianten, nachgedruckt oder plagiiert.*

Oben: Spanisches Schachspiel aus dem 20. Jahrhundert. Das Spiel ist aus Holz und handbemalt. Rechts: Schachspiel aus Silber und Bronze aus Dänemark, gefertigt um das Jahr 1875. Die Figuren des Spiels tragen eine eigenartige Mischung aus zeitgenössischen und historischen Kleidungsstücken. Vorherige Doppelseite: Französisches Schachspiel aus dem 18. Jahrhundert, vermutlich aus der Gegend von Dieppe. Das Spiel wurde nach einem historischen Ereignis mit dem Titel Die Schlacht von Pavia *versehen. Die Figuren entsprechen in ihrer Kleidung dem frühen 16. Jahrhundert.*

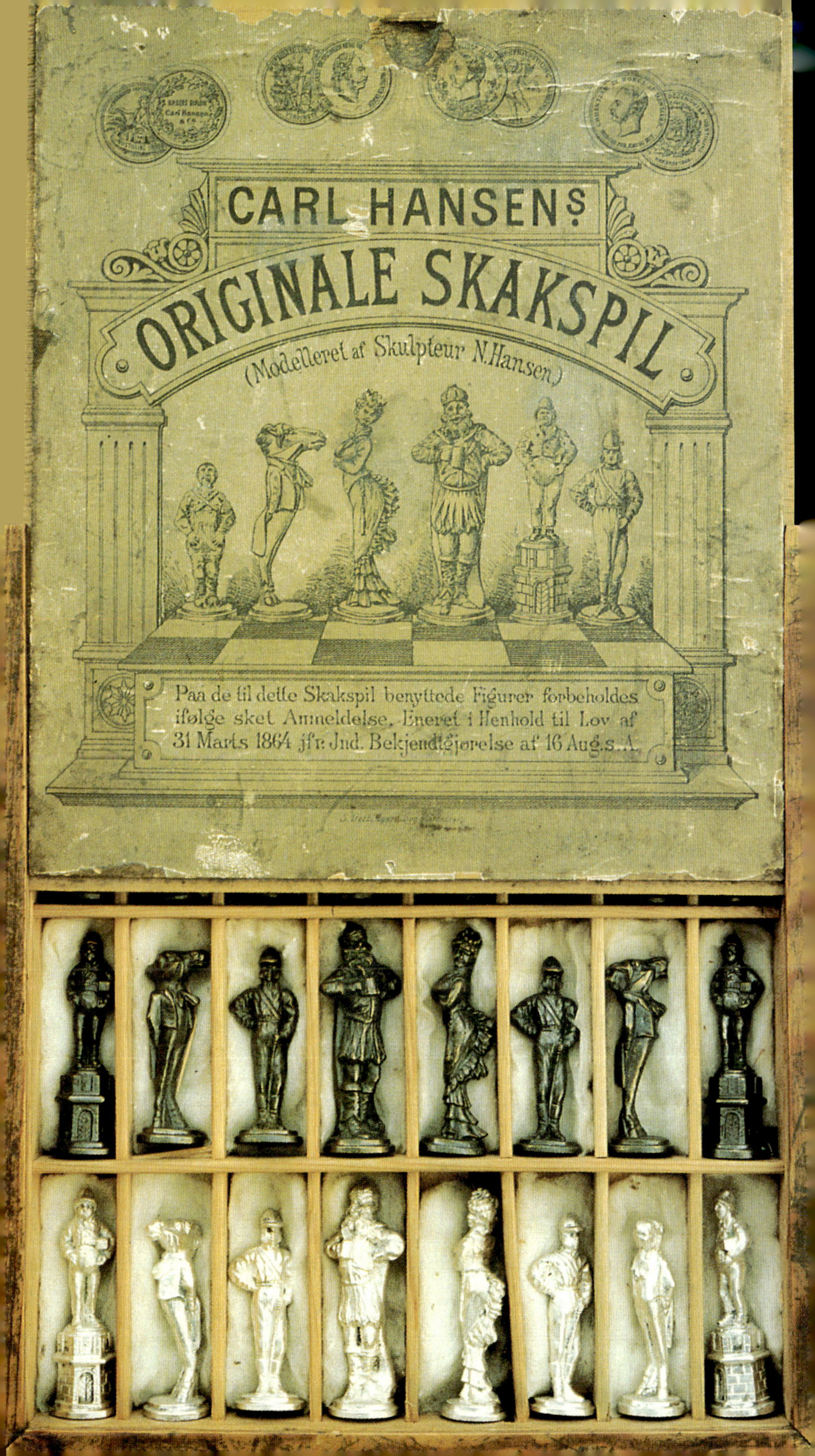
CARL HANSENS
ORIGINALE SKAKSPIL
(Modelleret af Skulpteur N. Hansen)
Paa de til dette Skakspil benyttede Figurer forbeholdes ifølge sket Anmeldelse, Eneret i Henhold til Lov af 31 Marts 1864 jfr. Jnd. Bekjendtgjørelse af 16 Aug. s. A.

Lucas van Leyden Die Schachpartie, *um 1508. Das Schachbrett auf dem Gemälde weist 12 × 8 Felder auf und illustriert damit eine damals übliche Abart des Spiels, das sogenannte Kurierschach.*

THE SPHYNX
WHITE PLAYING FIRST MATES IN ELEVEN MOVES

Oben: Der »Türke« des ungarischen Barons Wolfgang von Kempelen aus dem Jahre 1769. Kupfertafel aus dem Buch des Freiherrn Friedrich zu Racknitz ÜBER DEN SCHACHSPIELER DES HERRN VON KEMPELEN UND DESSEN NACHBILDUNG *aus dem Jahre 1789. Der erste Schachautomat, der konstruiert und gebaut wurde. Er erregte im 18. und 19. Jahrhundert großes Aufsehen und ist bis heute die berühmteste Maschine dieser Art geblieben. (Erläuterungen auf den Seiten 171 bis 173)*
Links: Schachproblem THE SPHYNX *aus dem Buch von Howard Staunton* THE CHESS-PLAYERS HANDBOOK *aus dem Jahre 1887. Weiß ist am Zug. Erstes Matt nach elf Zügen.*

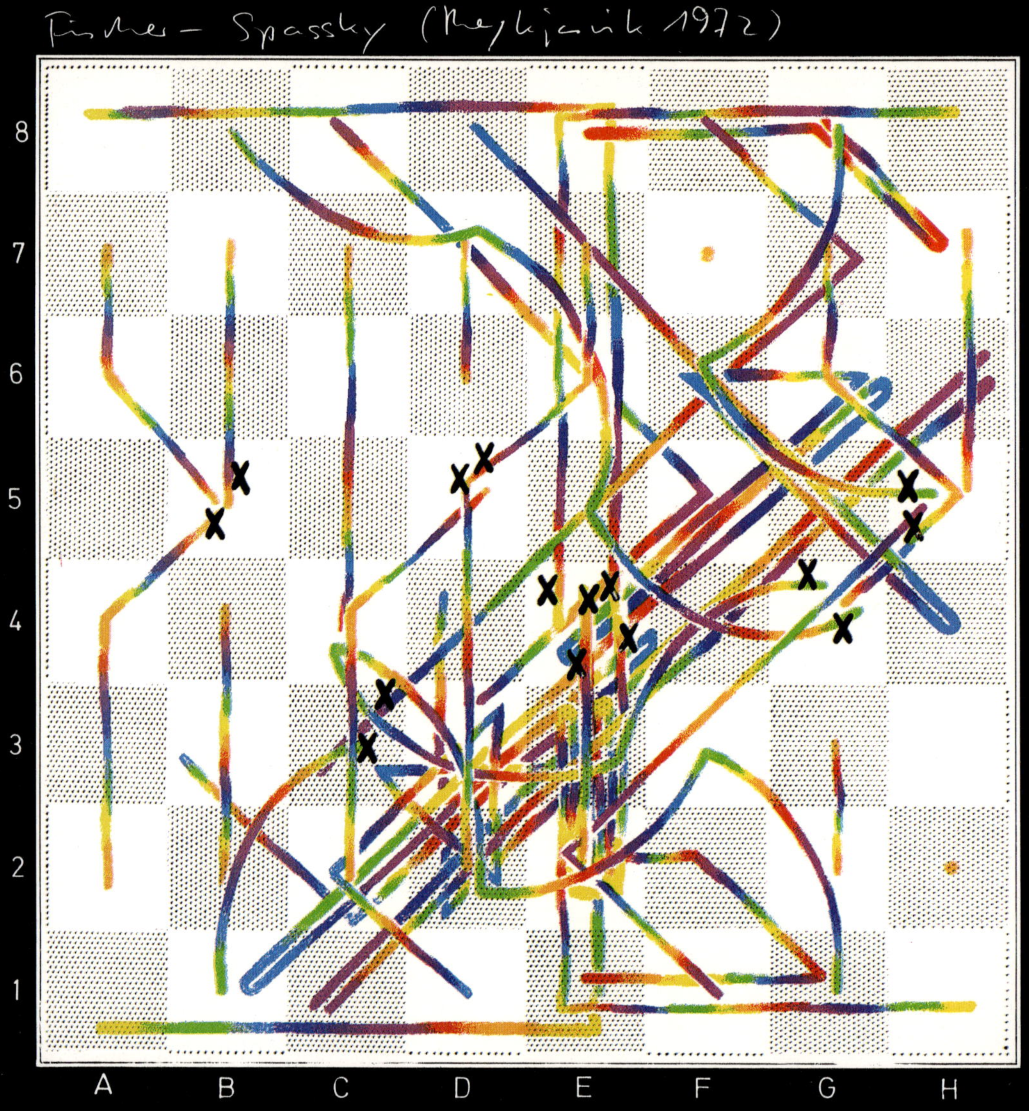

Ugo Dossi FISCHER – SPASSKI, REYKJAVIK 1972. *Das Blatt (verkleinert) zeichnet im oberen Teil in der Art einer Langzeitbelichtung die Spuren sämtlicher Züge des Spiels nach. Im unteren Teil ist eine künstlerisch verfremdete Stadtansicht von Reykjavik, dem Ort der Schach-Weltmeisterschaft 1972, zu sehen*

Schachfiguren des surrealistischen Malers und Bildhauers Max Ernst aus patiniertem Silber. Nach Entwürfen des Künstlers ausgeführt von François Hugo im Jahr 1967. Darunter das berühmteste Schachgemälde der modernen Malerei, Überschach *von Paul Klee aus dem Jahre 1937.*

Zur Zeit sind ungefähr 500 verschiedene Schachbriefmarken und Blocks auf dem Markt. Die erste Schachbriefmarke – sie ist oben links abgebildet – wurde im Jahre 1947 herausgegeben. Vielfach verwendete Motive sind Schachfiguren, Porträts berühmter Spieler oder Hinweise auf bedeutende Schachereignisse.

Und noch einmal zwei kleine Leckerbissen für die Kunstliebhaber: Marke und Block nach dem Gemälde von Edward Harrison May »Lady Howe setzt Benjamin Franklin matt« oder eine Marke nach dem Bild von Laillon: »Napoleon beim Schachspiel im Exil auf St. Helena«, beide in Paraguay im Jahr 1978 verausgabt.

Es gibt also kaum noch ein Ereignis der Schachgeschichte, das nicht mit Briefmarken zu belegen wäre. Erwähnen wir noch die schöne Gedenkmarke an Petrus Domiani. Die italienische Post gab die Briefmarke zu seinem 900. Todestag heraus. Domiani starb am 22. Februar 1072. Durch seinen Brief an Papst Alexander II., den er im Jahre 1061 schrieb, verdanken wir ihm das älteste Dokument über die Existenz des Schachspiels im Abendland. Nicht vergessen seien eine Gedenkmarke an Wolfgang von Kempelen, den legendären Erfinder des Schachautomaten (Ungarn 1974), und eine Gedenkmarke an den spanischen Erfinder Leonardo Torres y Quevedo (1852–1932), der einen elektrischen Automaten bastelte, der von jeder beliebigen Stellung aus mit König und Turm den gegnerischen König matt setzen konnte. Ein »Vorgänger« der heute so beliebten Schachcomputer.

Die Schachphilatelie ist ein weites, ja fast unerschöpfliches Sammelgebiet geworden, nicht nur für die Philatelisten, sondern für die zahlreichen Liebhaber des Schachspiels, für die Freunde der grafischen Kleinkunst, für Forscher und Historiker. Auch die Briefmarken tragen also viel zur Verbreitung des Schachspiels durch die schönen Künste, die diese »Aufgabe« bereits seit vielen hundert Jahren erfüllen, bei.

Sergiu Samarian
Schach und Literatur

In seinem Monumentalwerk »History of Chess« vertritt der englische Orientalist H. J. Murray aufgrund zahlreicher historischer Dokumente die Auffassung, daß erste Erwähnungen des Schachspiels in der Literatur verschiedener Völker meist etwa ein halbes Jahrhundert nach dem Einzug des Spiels in der entsprechenden geographischen Zone vorkommen. Dies belegt zum einen die schnelle räumliche und zeitliche Ausbreitung des Schachs, was entscheidend zur Klärung der Schachgeschichte beiträgt, zum anderen die hohe Beliebtheit, welche das Spiel in relativ kurzer Zeit erringen konnte. So können wir über die Jahrhunderte, in denen sich das Schach seinen Weg vom Ursprungsland Indien nach Europa bahnte, seine Entwicklung in vielen literarischen Werken verfolgen; ein Beweis für die Beachtung, die es fand, um nicht zu sagen, die Faszination, welche es seit Urzeiten auf die schreibende Zunft ausübte.

Mehr als ein Jahrtausend trennen die alten persischen Gedichte, in denen Schachlegenden so poetisch beschrieben werden, von den modernen (patho-)psychologischen Schachromanen der Zweig, Nabokov oder Arrabal. Dazwischen, wie ein Band durch die Zeiten, war das Schachspiel – diese wunderbare Erfindung des menschlichen Geistes – immer in der geschriebenen Erinnerung der Menschheit gegenwärtig.

Legende und Wahrheit über die Anfänge des Schachspiels

In der indo-persischen Periode der Anfänge des Schachs (6.–9. Jahrhundert n. Chr.) wurde die Vorstellungskraft der Meister des geschriebenen Wortes jener Zeit von der geheimnisvollen Atmosphäre angezogen, die das neue Spiel umgab. Von wo kam es? Welcher geniale Geist schuf es? Antwort auf diese Fragen finden wir in zahlreichen Legenden über die »Erfindung« des Schachs. In poetischer Form wird das Schach als eine überragende Erfindung des menschlichen Geistes geschildert – »eine reine Schöpfung des Intellekts wie die Zahlen, harmonisch und unvergleichlich wie diese«, wie es der große rumänische Schriftsteller Michail Sadoveanu in seiner *Schacherzählung* definiert – dazu bestimmt, statt eines grausamen Krieges den edlen Wettkampf des Denkens zu führen. Das Schachspiel verkörpert die militärische Strategie in reiner Form: Es stellt den Befehlshabern zweier in jeglicher Hinsicht gleicher Heere die Aufgabe, den Sieg nur dank überlegener Kampfesführung zu erringen. Die blutige Auseinandersetzung auf dem Schlachtfeld wird durch ritterlichen Wettkampf ersetzt, in dem nur die geistigen Kräfte zählen. In jener Zeit wird Schach mit moralischen und sozialen Werten verbunden. Kennzeichnend hierfür ist eine Stelle aus dem *Sanskrit-Gedicht von Bana* (Anfang des 7. Jahrhunderts n. Chr.), in dem das Wohlergehen im Königreich Kanaui (im Norden Indiens) zur Zeit des Radschas Harscha (606–648) beschrieben wird. »Unter seiner Regierung habe kein andrer Streit stattgefunden, als der zwischen Honig sammelnden Bienen, keine anderen Füße habe man abgeschnitten als Versfüße, und keine anderen Heere (Tschaturanga) habe man unterhalten als die auf dem Brett von 8 × 8 Feldern (Ashtapada).«

Wir wollen hier nicht alle Legenden über die Erfindung des Schachs aufzählen. Einige, wie z. B. die des Brahmanen Sissa, der als Belohnung für seine Erfindung einen Radscha um ein Weizenkorn auf dem ersten Feld des Schachbretts, um zwei auf dem zweiten, vier auf dem dritten und so in geometrischer Folge weiter bis zum 64sten Feld – insgesamt entsteht so eine gewaltige Menge, die sich in einer Zahl mit 18 Ziffern niederschlägt – bat, erfuhren eine weite Verbreitung (Dante zitiert sie in der *Göttlichen Komödie*) und gehören heutzutage zum Grundwissen der Schachinteressierten. Andere, die in literarisch-schöpferischer Hinsicht zweifellos höher einzustufen sind, aber längst vergessenen geschichtlichen Ereignissen angehören, blieben weit weniger bekannt und wurden erst im letzten Jahrhundert wiederentdeckt und -geschätzt. Hierzu gehören zwei Darstellungen der Erfindung des Schachspiels, welche im großen, epischen Poem des Persers Firdausi (932–1020) mit dem Titel SCHACH-NAME im »Buch der Könige« (d.i. eine Geschichte der persischen Herrscher von ältester Zeit an bis zum Jahre 632) enthalten sind.

Die erste Legende, welche wir auch in der ältesten persischen Erzählung TSCHATRANG-NAMAK finden, legt die Einführung des Schachs in Persien in die Zeit des Königs Chosröes I. (531–579) und hat, in Kürze, folgenden Inhalt:

Am Hof des Königs Chosröes, mit dem Beinamen Nuschirwan (d.h. der Gerechte), erscheinen indische Abgesandte mit reichen Gaben, darunter ein wunderbares Schachbrett mit entsprechenden Figuren. Sie sagen dem König, daß dies ein neues Spiel sei, welches in vollendeter Weise die Kriegskunst widerspiegle, und schlagen ihm folgendes vor: Wenn die persischen Gelehrten, wobei sie nur die Namen der Figuren kennen sollen, das Geheimnis dieses Spiels ergründen, die Figuren richtig aufstellen und deren Gangart beim Kampf angeben können, beweisen sie ihre Einzigartigkeit in dieser Welt – und der indische König wird bereit sein, einen geforderten Tribut zu entrichten. Wenn sie aber das Geheimnis des Spiels nicht entdecken, bedeutet dies ihre Unterlegenheit gegenüber den indischen Gelehrten – in diesem Fall muß der persische König dem indischen Herrscher Tribut zahlen. Denn die Gelehrsamkeit steht über allen anderen menschlichen Gütern, und wir alle müssen uns vor ihr verneigen...

Nuschirwan bat um sieben Tage Bedenkzeit, um am achten zu antworten. Inzwischen befahl er allen seinen Gelehrten, das Geheimnis des neuen Spiels zu ergründen. Indes vergingen die Tage schnell, und die Lösung blieb verborgen. Als die Morgensonne den siebten Tag ankündigte, erschienen sie vor Nuschirwan und gestanden ihr Unvermögen. Nur der engste Berater des Königs gab sich noch nicht geschlagen. An einem abgeschiedenen Ort brütete er unentwegt über dem Problem, und zu guter Letzt waren seine Bemühungen von Erfolg gekrönt. In der Nacht zum achten Tag gelang es ihm, das Geheimnis des Spiels zu erkennen, und voller Freude teilte er dies dem Herrscher mit.

Am achten Tag zur Mittagszeit versammelte sich der Hof in seiner ganzen Pracht. Vor dem König und den erstaunten Abgesandten setzte der treue Berater die Figuren auf die richtigen Felder und erklärte ihre Gangart.

Firdausi erzählt weiter, wie Nuschirwan seinen Berater mit Gaben und Ehren überhäufte und den Befehl erließ, daß dieses wunderbare Spiel, das gelehrteste und schönste unter allen, von allen seinen Untertanen erlernt werden solle.

Die zweite von Firdausi überlieferte Legende hat als Hauptperson die Witwe eines indischen Königs, von dem man sagt, er war berühmter als Porus (welcher gegen Alexander den Großen kämpfte). Die Legende heißt *Gau und Talhand* nach dem Namen ihrer zwei Söhne, die sich nach dem Tod des Vaters um das Erbe des Königreichs stritten. Talhand wird getötet, ohne indes im Kampf besiegt worden zu sein, woraufhin die Königin Gau beschuldigt, den Bruder ermordet zu haben. Dieser will seiner Mutter erläutern, wie jemand sterben kann, ohne im Kampf besiegt zu werden, und fordert deshalb die Gelehrten des Reichs auf, ein diese Situation widerspiegelndes Spiel zu erfinden. Der schönste Teil der Legende heißt *Die Erfindung des Schachspiels für die Mutter von Talhand* und beschreibt poetisch, doch zugleich sehr eingehend die damaligen Spielregeln.

Das Erscheinen der Schachlegenden in einem Gedicht vom literarischen Rang des »Buches der Könige« (wie übrigens auch in anderen literarischen Werken der Zeit) bestätigt die blühende Entwicklung des Schachs in der muselmanischen, persisch-arabischen Welt.

Historische Mitteilungen, die das Aufeinandertreffen verschiedener *»Al-Hiyat«* (Spieler erster Klasse), oftmals im Beisein ihrer Schutzherren, der Kalifen Bagdads, schildern, sind weitere Belege dafür, welch bedeutende Rolle das königliche Spiel in diesem Kulturkreis spielte.

Die Schachliteratur im Mittelalter und in der Renaissance

Diese Zeit des Erblühens des »Schatransch« verging allmählich, parallel zum Niedergang der arabischen Kultur insgesamt. Die Staffette wurde von den Europäern übernommen: Das Abendland erlernte das Spiel von den Mauren, während die Russen unmittelbare Berührung mit dem muselmanischen Teil Zentralasiens hatten. Das Erscheinen des Schachspiels in den Ländern des westlichen Europas schlug sich laut Murray auch in der Literatur nieder.
Neben rein schachtechnischen Werken, wie zum Beispiel das berühmte Pergamentmanuskript von Alfons X., »dem Weisen«, König von Kastilien und Leon (1283), welches 103 »Mansuben« (von den Arabern übernommene Schachprobleme) enthält (s. den Beitrag von Calvo »Zur Geschichte des Schachspiels«), tauchen auch andere Erwähnungen des Spiels auf. So hat beispielsweise in einem der ältesten Romane germanischer Literatur, *Ruodlieb*, der von einem unbekannten Mönch des bayrischen Klosters Tegernsee um das Jahr 1050 geschrieben wurde, der Waidmann Ruodlieb Gelegenheit, seine schachliche Meisterschaft im Spiel mit einem ersten Marschall und dann mit einem König zu zeigen – selbstverständlich besiegt er beide.
Schach wird auch im Gedicht Gottfrieds von Straßburg *Tristan* erwähnt. In Italien beklagt sich der Kardinal Damiani in einem Brief an den Papst (1061) über einen florentinischen Bischof, welcher der Leidenschaft des Schachs verfiel. Als Strafe mußte der »sündige« Bischof dreimal den Psalter mit lauter Stimme sprechen, die Füße von 12 Armen waschen und ihnen überdies Almosen geben.
Die Verbreitung des Schachs im abendländischen Europa wird inbesondere durch die Tatsache unterstrichen, daß ein Dominikanerprediger aus Italien, Jacobus de Cessolis, das Schachspiel mit seinen Regeln und Figuren geeignet fand, seine Moralpredigten symbolisch zu erläutern. Diese später gesammelten Predigten erschienen um das Jahr 1275 mit beträchtlichem Erfolg in einem Band unter dem Titel LIBER DE MORIBUS HOMINUM ET OFFICIIS NOBILIUM SUPER LUDO SCACCORUM – oder besser bekannt als DE LUDO SCACCORUM (Über das Schachspiel). Nach der Erfindung der Buchdruckerei wurden die Predigten des Jacobus de Cessolis in Utrecht (1473, mit gotischen Buchstaben) gedruckt und in den folgenden Jahrhunderten unzählige Male wiedergedruckt. In Mailand erschien nach ungefähr sechs Jahrhunderten (1829) eine volkstümliche Ausgabe, welche Reproduktionen nach Holzschnitten der Florenzer Inkunabeln aus dem Jahre 1493 enthielt.
Die Bedeutung dieses Buchs für die mittelalterliche Schachliteratur wird vom deutschen Schachgeschichtsforscher von der Lasa folgendermaßen dargestellt: »Nicht nur mit Rücksicht auf das Schachspiel, sondern auch in allgemein-literarischer Beziehung ist diese Schrift eine der beachtenswertesten Veröffentlichungen im ganzen Mittelalter, denn sie war jahrhundertelang das verbreitetste Buch nach der Bibel. Diese große Verbreitung bestätigt uns, was auch die Romane jener Zeit erkennen lassen: Das Schachspiel hatte in jener Zeit eine viel größere soziale Bedeutung, als dies heute der Fall ist. An den Höfen sowie in den höheren Ständen, selbst bei den Frauen gehörte es zur allgemeinen Bildung, fehlte aber auch in der bürgerlichen Gesellschaft nicht. Sogar bei den Dienstboten und in den Ställen wird Schach als etwas Gewöhnliches erwähnt. Nur durch eine so allgemeine Bekanntschaft mit diesem Spiel läßt es sich erklären, daß lateinische Predigten, die mit den Namen der Schachfiguren und mit ihrer Gangart moralische Betrachtungen verknüpfen, solch ungeheure Beliebtheit zu erlangen und jahrhundertelang zu behaupten vermochten.«
Wegen der relativ geringen »Stärke« seiner Figuren (die stärkste war der Turm mit der gleichen Gangart wie heutzutage, während die Dame nur einen kurzen Diagonalschritt machen konnte und so die schwächste Figur war), war das »Schatransch« ein langsames Spiel, wohl seinem orientalischen Ursprung gemäß. Das Europa der Renaissance hingegen war eine aktive, energische Welt, in voller Entwicklung. Deshalb verordnete sie dem »Schatransch«, welches seit langem in seiner arabischen Form bekannt war, eine radikale »Verjüngungskur«. Innerhalb kurzer Zeit, gegen Ende des 15. und Anfang des 16. Jahrhunderts, veränderten sich die Regeln des alten Spiels (»del viejo« – wie es in Spanien hieß) beträchtlich. Insbesondere nahm die Kraft der Figuren sehr zu. Lediglich Turm, Springer und König blieben in ihren Gangarten unverändert. Hingegen verlängerte der Läufer seine Reichweite über die ganze Diagonale, und die Dame wurde zur

ICh brůder Jacob võ Caſſalis prediger
ordens bin überwunden worden von der
brůder ge pet wegen vnd der weltlichen
ſtudenten vnd ander edler leüt die mich
haben hörẽ predigen dz ſpil das do heyſt
ſchachzabel·das ich dauon gemacht hab
diß půch·vnnd hab das bracht zů nucz menſchliches ge-
ſchlecht·vnd hab es geheiſſen das bůch menſchlicher ſitẽ
vnd der ampt der edlen·An dem bůche hab ich vor ge-
ſeczt wie manig teil das bůch hab·vnd wie manig teyle
ein yegklich capitel hab·darumb das man deſter leichter
vind darjnn was einer ſůcht vnd auch haben will·
¶ Das půch hat vier teyle·Das erſt teil warumb doch
das ſpil ſchachzabel erfunden ſey Das erſt capitel des
erſten teils iſt·Vnder welchem künig das ſpil erfunden
ſeÿ Das erſt capitel des andern teÿls iſt von des küni
ges geſtalt auff dem ſchaffzabel vnd von ſeinen ſiten/vñ
was den künig angehöret· ¶ Das ander von d' küni-
gin wie die geſtalt ſeÿ vnnd auch von iren gůten ſitten·
¶ Das dritt von den alten vnd iren ſittẽ ¶ Das vierd
iſt von den rittern vnd von iren ſiten vnnd auch võ iren
ampten· ¶ Das fünfft iſt von den rochen vnd auch
von iren ſitten vnd irer geſtalt vnnd von iren ampten·
¶ Das erſt capitel des dritten teils iſt von den bauleüten
¶ Das ander von den ſchmiden· ¶ Daz dritte võ dẽ
wolwürckern· ¶ Das vierd von den kauffleüten vñ
von dẽ wechßlern· ¶ Das fünfft von dẽ erczten vñ võ
dẽ appoteckern· ¶ Daz ſechſt von den gaſtgeben vnd
wirten/ ¶ Das ſibent iſt von den amptleüten vñ ſtat-
pflegern vnd von der gemein· ¶ Das acht iſt von dẽ
güfftern ſpilern vnnd lottern· ¶ Das erſt capitel des
vierden teils iſt/wie ſich yedes geſtein gemeingklich võ
ſtat hebet/ ¶ Das ander von des künigs gang võ ſtat
¶ Das vierd der alten gang von ſtatt· ¶ Das fünffte

Erste Textseite aus dem Buch des Jacobus de Cessolis Schachzabel *aus der Ausgabe bei Johann Schönsperger, Augsburg 1483*

stärksten Figur, indem sie in sich die Kraft des Turms und Läufers vereinigte. Der Bauer erlangte schon im 13. Jahrhundert die Fähigkeit, seinen Vormarsch mit einem Doppelschritt zu beginnen, diese Eigenschaft führte zur Regel des »en passant«-Schlagens. Der König, welcher im »Schatransch« eine der mächtigsten Figuren war, mußte nun vor Angriffen durch die Rochaderegel behütet werden. All diese Änderungen machten das Schach interessanter und lebendiger. Nicht zufällig wurde diese Spielart in einigen italienischen Schriften vom Anfang des 16. Jahrhunderts »alla rabiosa«, d.h. stürmisch, genannt.

Das neue Schach, mit seinen noch nicht allseits akzeptierten Veränderungen, mußte erläutert und verbreitet werden. Diese Arbeit wurde mit Hilfe der Druckkunst durch eine ganze Reihe von meist italienischen und spanischen Schriften geleistet. Ihr hauptsächliches Charakteristikum war das Bemühen, die Regeln und sogar die Theorie des neuen Spiels möglichst attraktiv darzustellen. Zu diesem Zweck verwendete man die Technik des Schelmenromans in der Art, daß der Held, der gewöhnlich ein bekannter Spieler war, alle möglichen, mehr oder weniger wahrscheinlichen Abenteuer erlebte, alles auf dem Hintergrund des Schachspiels. Typisch dafür ist das Buch des Italieners Alessandro Salvio mit dem Titel Il puttino, altramente detto il cavaliere errante (Der Kleine, mit anderen Worten der verirrte Ritter), das im Jahre 1634 in Neapel erschien. Die Erzählung beschreibt die Schach-Liebes-Abenteuer des kleinen (von Gestalt), aber berühmten italienischen Spielers Leonardo da Cutri, wie auch anderer bedeutender Spieler dieser Zeit, wie z.B. des Syrakusers Paolo Boi. Neben einer Menge unwahrscheinlicher Vorkommnisse enthält das Buch auch eine sehr wertvolle Beschreibung eines wahren historischen Ereignisses, nämlich das »Turnier«, in dem 1575 in Madrid die besten italienischen und spanischen Spieler aufeinandertrafen. Ich zitiere die Beschreibung, ganz im blumigen Sprachstil dieser Zeit, der Begegnung zwischen Leonardo und Ruy López in Anwesenheit des spanischen Königs Philipp II., der einen Preis von 1000 Escudos für den aussetzte, welcher als erster drei Partien gewann.

»Leonardo spielte die erste Partie mit erstaunlicher Geschicklichkeit und hätte sie durch ein schönes Matt in sieben Zügen beenden müssen. Von der Stimmung des glänzenden Hofes stark bewegt, verwechselte er aber die Reihenfolge der ersten zwei Züge und verlor wie ein Schüler. Der König erhob sich, sagte, daß dieser Italiener nicht in der Lage sei, mit López zu spielen, und wollte weggehen. Daraufhin warf sich Leonardo vor seine Füße und sprach voller Verzweiflung: ›Eure Hoheit, bleibt! Ich verlor die Partie, weil meine Hand fehlgriff. Man möge mir aufgrund meiner Verwirrung verzeihen – erstmals befinde ich mich vor dem Angesicht eines großen Monarchen. Ich bin aber überzeugt, stärker als López zu sein. Bleibt, Eure Hoheit, und wenn ich ihn nicht in drei Partien hintereinander schlage, so laßt mich wie einen nichtswürdigen Prahlhans fortjagen!‹

Der König erhörte seine Bitte und blieb, und der beseelte Leonardo gewann drei Partien hintereinander.

Erstaunt ließ ihm Philipp II. die 1000 Escudos geben, schenkte ihm zudem einen wertvollen Diamanten und fragte ihn, ob er ihm irgendeinen Wunsch erfüllen könne. Leonardo bat ihn, daß seinem Geburtsstädtchen Cutri ein Jahr lang die Steuern erlassen werden – aber der König gewährte dies sogar auf 20 Jahre.«

Die Gedichte von Vida und Kochanowski

In der Nachfolge der persisch-arabischen Tradition erfuhr auch das moderne Schach seine »Rhapsodien«. Der italienische Bischof Hyeronimus Vida (1490–1560) in seiner lateinischen Dichtung Scacchia ludus (1527) und der polnische Dichter Jan Kochanowski in seinem Gedicht Szachy (Das Schachspiel, 1564) nahmen das alte Thema der Erfindung des Schachspiels wieder auf und verbanden es mit der Schilderung einer dramatischen Schachpartie, voller unerwarteter Wendungen. Bei Hyeronimus Vida wird diese Partie zwischen Apollo und Merkur (im Beisein Jupiters und anderer Götter, welche sich in den Kampfverlauf einmischen), bei Kochanowski zwischen zwei slawischen Freiern, Fjedor und Borsuj, welche sich um die Hand der schönen Tochter des dänischen Königs Tarses bewerben, ausgetragen.

Zwischen beiden Dichtungen gibt es unzweifelhaft Ähnlichkeiten, was einige Literaturforscher bewogen hat, das Gedicht Kochanowskis lediglich als

Titelblatt der Erstausgabe des polnischen Gedichtes Szachy *von Jan Kochanowski aus dem Jahre 1564*

Umarbeitung der Dichtung von Vida zu betrachten, zum Beispiel: In beiden Dichtungen heißt es, daß die Gegner das Spiel vor der Partie nicht kannten – natürlich war dessen Aneignung für die Götter leicht, während die zwei Freier eine Frist von zwei Wochen zum Erlernen bekamen.

Im Verlauf beider Partien ereignen sich ähnliche Vorfälle: Merkur und Borsuj machen sich beide eines »pièce touchée« schuldig, nehmen aber den Zug unter heftigem Protest der Gegner zurück. Man sehe, wie sich Fjedor über diese Unregelmäßigkeit beklagt: »Doch Fjedor sprach:

Wenn bessern man dürft an jedem Zug,
Wär bis zum jüngsten Tage zum Spiel nicht Zeit genug.
Du hast ihn schon betastet – und wer etwas berühret,
Den schützt keine Ausflucht, der Streiter wird ins
Feld geführet.«

(Nach einer Übersetzung von Arthur Rhode, 1931)

Später erscheint eine geschlagene und bereits vom Brett entfernte Figur »illegal« wieder im Spiel (bei Vida heimlich vom Gott Mars [!] eingeschmuggelt) und führt zu Verwirrung und Streit. Den Gegnern wird mit nicht gerade lauteren Mitteln geholfen: Venus und Vulkan sind auf seiten Apollos, Mars hält es mit Merkur, und Fjedor wird von der Tochter des dänischen Königs selbst, die ihn vorzieht, unterstützt; diese findet bei der nächtlichen Analyse der Partie, welche für Fjedor verloren scheint, einen verborgenen Gewinnweg (ein Matt in drei Zügen) und zeigt es ihm an, indem sie Fjedors Turm umwirft – eben die Figur, mit der die gewinnbringende Kombination beginnt.

Es ist sehr wahrscheinlich, daß Kochanowski durch die Dichtung von Vida beeinflußt wurde, aber seine kernig-humorvolle Art und lebendige Sprache geben seinem Gedicht eine unbestreitbare Frische.

Eine interessante und – wie wir glauben – objektivere Würdigung als die anderer gibt der polnische Literaturforscher Julian Krzyzanowski von diesem Gedicht:

»Der polnische Dichter bewies zugleich viel Selbständigkeit, Originalität und guten literarischen Geschmack, er entnahm nämlich einerseits der Idee des Italieners das Klassische, indem er die Schachpartie vom Olymp an den dänischen Hof verlegte und die klassisch-mythologische Umwelt durch moderne Konzepte ersetzte, anderseits schuf er durch die Einführung des Nebenbuhlermotivs der beiden um die Hand der schönen Prinzessin werbenden Jünglinge eine anmutige Novelle, die in Einfall und Ausführung anderen populären novellistischen Werken der damaligen Zeit verwandt war. Das wesentlichste ist, daß er das vollbrachte, was keiner seiner unmittelbaren Nachahmer zu tun imstande war... er verlieh seiner gereimten Erzählung den Glanz echten Humors, dessen Reiz der heutige Leser nicht widerstehen kann...«

Wie die Schachspieler eine Schutzgöttin erhielten

Das mythologische Thema wurde später vom englischen Orientalisten William Jones (1746–1794) in einem Gedicht wiederaufgenommen, das er in seiner Jugend mit 17 Jahren (allerdings erst im Jahre 1772 publiziert) unter dem Titel Caissa schrieb. Auch hier ist von der Erfindung des Schachs die Rede, diesmal durch Gott Mars, welcher es der Driade Caissa widmet, um ihre Gunst zu erringen.
Das Gedicht wurde später von Pratts in den »Studies of Chess« (1803) nachgedruckt, und der Name der Driade Caissa tauchte von nun an in etlichen Schachpublikationen auf, vor allem aus der Feder des englischen Spielers und Journalisten George Walker.
Die kleine Driade wurde zu gegebener Zeit zur »Göttin« des Schachspiels erklärt, und so fanden auch die Liebhaber unseres Spiels eine Beschützerin in der wundersamen Welt des Olymps! (Heute wird Caissa einhellig in diesem Sinn von der Schachwelt akzeptiert – einige Veröffentlichungen bzw. Spezialverlage nahmen sogar ihren Namen an.)
Kommen wir aber zur Literatur des »neuen« Schachs zurück. Nach der schnellen Entwicklung im 16. und 17. Jahrhundert, als die Mehrzahl der literarischen Werke lediglich der Erklärung der Spielregeln und der einfachen Theorie diente, folgte eine Zeit, in welcher vor allem Abhandlungen erschienen – immer umfangreichere und eingehendere Arbeiten über die Schachtheorie. Die Bücher der Italiener Gioacchino Greco (»der Kalabrier«), Gianbattista Lolli, Ercole del Rio, Ponziani, des Syriers Stamma und des Franzosen André Danican Philidor (mit seiner berühmten *Analyse du jeu des échecs*) waren in ganz Europa bekannt und verbreitet. Die alte Tradition des »Lehrbuches« mit einer Hintergrunderzählung verschwand fast vollständig. Ein letzter Versuch dieser Art, und vielleicht der geglückteste, ist der Roman von Wilhelm Heinse *Anastasia und das Schachspiel,* der 1803 erschien. Er bemühte die damals weitverbreitete Literaturform des Briefromans; als Vorwand nahm er die schachliche Vervollkommnung einer jungen, hübschen Griechin namens Anastasia, um dem Leser in weiten Passagen des Buches eine teilweise Übersetzung des Schachbuches des Italieners Gianbattista Lolli nahezubringen. Dem fügt er seine höchst bemerkenswerten und – für die damalige Zeit – fortschrittlichen Meinungen über den Wert des Schachs im Kulturleben hinzu.
Heinse sieht das Schach als ein Spiel der Phantasie – wie vorbestimmt für Schriftsteller und Dichter, da die Schachpartien eine nie endende Folge von Dramen darstellen. Auf der anderen Seite betont er die Parallele zwischen Schach und Krieg – er meint, daß Napoleon viele seiner Siege der guten Kenntnis der Schachstrategie verdankt.
Sowohl die Liebe zwischen Anastasia und einem Offizier wie auch der malerische Rahmen Italiens, von wo aus die Briefe geschrieben werden, sollen nur das Hauptthema möglichst anziehend machen. Dank der Tatsache, daß zum einen Wilhelm Heinse ein guter Spieler und Kenner der Schachtheorie war, zum anderen aber »einer der originellsten« (R. M. Meyer) Schriftsteller der deutschen Literatur, ist *Anastasia* auf einem bis dahin in den schachlichen Schelmenromanen der italienischen Renaissance nie erreichten Niveau geschrieben. Zwischen Il Puttino von Salvio und dem Roman Heinses ist in jeder Hinsicht ein gewaltiger Qualitätsunterschied. *Anastasia* kann als fortschrittlichste Form einer Schachabhandlung mit literarischem Charakter gelten – eine literarische Brücke zu späteren Schöpfungen, in denen das künstlerische Element vorherrscht und das Schachspiel nur einen geeigneten Rahmen für das Aufbrechen und Durchleben intensiver menschlicher Konflikte liefert.

Die moderne Schachliteratur

Mit *Anastasia* endet ein langes Kapitel der Schachliteraturgeschichte. Vom 19. Jahrhundert an entwickelt sich das Schach beträchtlich und erfährt eine weite Verbreitung, wobei es in etwa Schritt mit dem allgemeinen technischen, kulturellen und sozialen Fortschritt hält.
Mit dieser Entwicklung verschwand die Notwendigkeit, Schach literarisch zu »verbrämen«. Niemand mußte mehr die Schachregeln durch ein Gedicht mit lateinischen Versen erlernen oder die Theorie eingebettet in die Liebesabenteuer Anastasias studieren. Bedeutete dies also das Verschwinden des Themas Schach aus der Literatur? Keineswegs. Im Gegenteil bot die bewegte Welt der Schachbesessenen, vom

traditionellen »Patzer« des Wiener Cafés (so amüsant in der Skizze von Dezsö Monoszlóy *Hausmeister mit einnehmendem Wesen* beschrieben) bis hin zu den großen, in dem Ruf der Unbesiegbarkeit stehenden Meistern, den Schriftstellern neuen außergewöhnlichen und bislang unerforschten Stoff. Dieser Mikrokosmos mit seinen von der Schachleidenschaft beherrschten Persönlichkeiten – einer Leidenschaft, die alles um sich herum bestimmt und regiert – gibt ein wunderbares Feld für eine feine psychologische Analyse gewaltiger menschlicher Konflikte bis hin zu pathologischen Formen ab.

Viele Schriftsteller, darunter einige gute Kenner des Schachs, fühlten sich von der faszinierenden Atmosphäre dieser besonderen Welt und vor allem ihrer herausragenden Persönlichkeiten angezogen. Als Folge erschien eine Reihe von Arbeiten, die beinahe alle Literaturgattungen umfaßten, von der kurzen Skizze humoristischer Natur bis zum psychologischen Roman, vom Kriminalroman über Lyrik und Dramatik bis zu wissenschaftlich-phantastischen Erzählungen.

Im gesamtliterarischen Kontext nehmen diese nicht eben zahlreichen Veröffentlichungen nur einen bescheidenen Platz ein. Mit Ausnahme der *Schachnovelle* von Stefan Zweig, die aufgrund ihrer besonderen Qualität weltweit als eines der geglücktesten Werke dieses Meisters der Erzählkunst geschätzt wird, konnten die anderen Novellen und Romane mit dem Thema Schach – darunter einige bemerkenswerte – keine besondere Beachtung erringen und sind meist nur bei Schachliebhabern bekannt und geschätzt.

An der Spitze der literarischen Arbeiten, die sich dem Thema Schach widmen, stehen einige Romane, in deren Mittelpunkt die psychologische Analyse von Menschen steht, die die Schachleidenschaft langsam und unausweichlich in Zustände extremer nervlicher Anspannung treibt, die sich in Grenzbereichen des Normalen bewegen.

Die wichtigsten literarischen Werke dieser Art sind *Die Schachnovelle* von Stefan Zweig, *Luschins Verteidigung* von Vladimir Nabokov, *Spiel mit Valdivia* von Jakob Humms, *Die Blendung* von Elias Canetti und La tour prends garde von Fernando Arrabal. Nebenbei sei erwähnt, daß der Roman *Der Golem* von Gustav Meyrink, von dem verschiedenen Ortes behauptet wird, er beschreibe das Leben eines bemerkenswerten Spielers vom Ende des letzten Jahrhunderts, Rudolf Charousek, im Grunde gar nichts mit Schach zu tun hat. Im ganzen Roman gibt es nur eine einzige Passage, in der vom Schach die Rede ist, nämlich jene, in welcher der – wie sein schachlicher Doppelgänger – unheilbar kranke Student Innozenz Charousek einen Racheplan gegen seinen Vater entwirft: »Ich allein habe den Plan erdacht... wissen Sie, so wie man Schach spielt. Gerade so wie man Schach spielt.« Und weiter: »Auch diese Schachpartie habe ich ausgerechnet bis zum letzten Zug. Diesmal wird es ein Königsläufergambit sein. Da gibt es keinen einzigen Zug bis zum bitteren Ende, gegen den ich nicht eine verderbliche Entgegnung wüßte. Wer sich mit mir in ein solches Königsläufergambit einläßt, der hängt in der Luft, sage ich Ihnen, wie eine hilflose Marionette an feinen Fäden – an Fäden, die ich zupfe, hören Sie wohl, die *ich* zupfe, und mit dessen freiem Willen ist's dahin.«

Der Golem ist ein sehr interessantes Buch. Das Porträt von Charousek, einer eigenartigen, von unstillbarem Haß zerfressenen Person, ist bemerkenswert; nur genügt dies allein nicht, um es als Schachroman anzusehen.

Der gemeinsame Zug der erwähnten Werke ist die Pathopsychologie ihrer Protagonisten, die durch exzessives, monomanes Schachspielen hervorgerufen wird. Die Porträts dieser Personen mit ihrer ungewöhnlichen Wesensart sind fast immer originell und durch die Dramatik ihrer inneren Konflikte beeindruckend. So sind in der *Schachnovelle* Stefan Zweigs die zwei Protagonisten, der Weltmeister Mirko Czentovic und sein zufälliger Gegner Dr. B., völlig gegensätzliche Naturen, nicht nur in schachlicher, sondern auch in menschlicher Hinsicht, aber in der Konzeption des Autors wiederum sehr typisch, um extreme Formen einer Schachmonomanie darzustellen. Der Weltmeister Mirko Czentovic ist in der Schilderung Zweigs eine seltsame Mischung aus schachlicher Genialität und Mangel an Kultur, ja sogar an Intelligenz. »Czentovics intellektuelle Eigenschaften«, schreibt Zweig, »schienen ihm keineswegs solch eine blendende (Schach-)Karriere von vornherein zu weissagen.«

Das Schachtalent von Mirko, einem armen Waisen aus dem Banat (eine Region des einstigen österreichisch-ungarischen Imperiums, heute zwischen Jugoslawien, Ungarn und Rumänien aufgeteilt), wird vom Dorfpriester entdeckt, der ihn mit Unterstützung des Grafen Simczic nach Wien schickt, damit er die Theorie des Spiels erlerne.

»Nach einem halben Jahr beherrschte Mirko sämtliche Geheimnisse der Schachtechnik«, ansonsten bleibt er in seiner allgemeinen Entwicklung aber weit zurück: »Seine Unbildung war auf allen Gebieten gleich universell.« Der Horizont Czentovics ist auf die Welt der 64 schwarzen und weißen Felder beschränkt; außerhalb dieser blieb er »trotz seines feierlichen schwarzen Anzuges, seiner pompösen Krawatte mit der etwas aufdringlichen Perlennadel und seiner mühsam manikürten Finger in seinem Gehaben und seinen Manieren derselbe beschränkte Bauernjunge, der im Dorf die Stube des Pfarrers gefegt«.

Dieses Porträt eines beschränkten, ungebildeten, zugleich eitlen und geldgierigen (»ungeschickt und geradezu schamlos plump suchte er... aus seiner Begabung und seinem Ruhm mit einer kleinlichen und sogar oft ordinären Habgier herauszuholen, was an Geld herauszuholen war«) Schachroboters ist sicherlich nicht streng realistisch. Verschiedene negative Wesenszüge, die Zweig wahrscheinlich bei ihm bekannten Schachmeistern bemerkt hatte – vergessen wir nicht, daß das Wien Zweigs ein Schachzentrum von Weltgeltung war –, sind übertrieben und miteinander verwoben, so daß schließlich die groteske Figur eines Czentovic entsteht.

Einen solchen Weltmeister gab es nicht und wird es hoffentlich nie geben. Im Gegensatz zu Czentovic ist die andere Zentralfigur der *Schachnovelle,* Dr. B., ein feiner Intellektueller, von Kultur und Erziehung aus einer alteingesessenen Wiener Familie stammend, den das Schicksal nach der Besetzung Österreichs in die Hände der Gestapo fallen läßt. Bei täglichen Verhören und bei völliger Isolierung von der Außenwelt bemüht sich Dr. B., seine psychische Integrität und menschliche Würde zu bewahren. Allmählich läßt indes seine Widerstandskraft nach: »Ich spürte, meine Kraft ließ nach, ich spürte, immer näher rückte der Augenblick, in dem ich, um mich zu retten, alles sagen würde, was ich wußte, und vielleicht noch mehr...«

In dieser ausweglosen Lage hilft ihm der Zufall. Beim Warten auf das Verhör im Vorzimmer bietet sich ihm die Möglichkeit, aus der Tasche eines an der Garderobe aufgehängten Militärmantels ein kleines Büchlein zu stehlen, welches sich aber zu seiner Enttäuschung als Sammlung von Schachpartien entpuppt.

»Der erste Blick war eine Enttäuschung und sogar eine Art erbitterter Ärger; dieses mit so ungeheurer Gefahr erbeutete, mit so glühender Erwartung aufgesparte Buch war nichts anderes als ein Schachrepetitorium, eine Sammlung von hundertfünfzig Meisterpartien... was sollte mir dieses theoretische Zeug?«

Hier beginnt, unter der meisterhaften Feder Zweigs, die lange und beinahe unglaubliche Entwicklung des Dr. B. zu einem Schachmonomanen. Er lernt, anfangs auf einem Laken mit quadratischer Zeichnung und mit primitiven, aus Brot geformten Figuren, die Partien aus dem Buch zu rekonstruieren. Langsam wird ihm das Schachbrett vertraut, seine Vorstellungskraft wächst, und schließlich bedarf er nicht mehr des Brettes und der Figuren, um die Partien durchzuspielen. In der Schachsprache ausgedrückt, kann er schließlich »blindspielen«: »Die Umstellung war restlos gelungen: ich hatte das Schachbrett mit seinen Figuren nach innen projiziert und überblickte auch dank der bloßen Formeln die jeweilige Position, so wie einem geübten Musiker der bloße Anblick der Partitur schon genügt, um alle Stimmen und ihren Zusammenhang zu hören...«

In dem Maße, wie er unzählige Male dieselben Partien wieder und wieder spielt, wird Dr. B. vom Zauber der subtilen Logik des Spiels durchdrungen. Die Zeit vergeht, und nach ungefähr drei Monaten kennt Dr. B. alle 150 Partien des Buches auswendig. Ihre ewige Wiederkehr macht ihm keinen Spaß mehr, und unmerklich wächst in ihm die Idee, andere Partien zu schaffen. »Ich mußte versuchen, mit mir selbst oder vielmehr gegen mich selbst zu spielen.«

Bei einer gewöhnlichen Partie kennen die Gegner des anderen Absichten nicht; sie versuchen, sie durch logische Schlußfolgerung aus den erfolgten Zügen abzuleiten, gerade hierin liegen das Wesen und der Reiz der Auseinandersetzung – wie übrigens bei jedem strategischen Spiel. »Bildeten nun Schwarz und Weiß ein und dieselbe Person, so ergäbe sich der widersinnige Zustand, daß ein und dasselbe Gehirn gleichzeitig etwas wissen und doch nicht wissen sollte, daß es, als Partner Weiß funktionierend, auf Kommando völlig vergessen könnte, was es eine Minute vorher als Partner Schwarz gewollt und beabsichtigt. Ein solches Doppeldenken setzt eigentlich eine vollkommene Spaltung des Bewußtseins voraus, ein beliebiges Auf- und Abblendenkönnen der Gehirnfunktionen wie bei einem mechanischen Apparat; gegen sich selbst spielen zu wollen, bedeutet also im Schach eine solche Paradoxie, wie über seinen eigenen Schatten zu springen.«

Diese Notwendigkeit, sich selbst im engen Rahmen einer Schachpartie, und dies sogar »blind«, zu bekämpfen, führt den Helden der Erzählung unweigerlich auf den gefährlichen Pfad einer merkwürdigen Persönlichkeitsspaltung. Indem er abwechselnd »Weiß« und »Schwarz« ist – zwei getrennte und entgegengesetzte schachliche Personen, jedoch in einer einzigen Persönlichkeit vereint –, gleitet Dr. B. allmählich durch das ständige, intensive Spielen dieser Partien mit sich selbst in einen immer prekäreren psychischen Zustand, den Zweig so beschreibt: »Jedes meiner beiden Ich, mein Ich Schwarz und mein Ich Weiß, hatten zu wetteifern gegeneinander und gerieten jedes für sein Teil in einen Ehrgeiz, in eine Ungeduld, zu siegen, zu gewinnen; ich fieberte als Ich Schwarz nach jedem Zuge, was das Ich Weiß tun würde. Jedes meiner beiden Ich triumphierte, wenn das andere einen Fehler machte, und erbitterte sich gleichzeitig über sein eigenes Ungeschick.«

Dr. B. ist schließlich völlig von der zerstörerischen Leidenschaft dieser Partien gegen sich selbst besessen, zuletzt bricht er unter der gewaltigen Anspannung psychisch zusammen. Er wird in ein Krankenhaus eingeliefert, wo er wieder gesundet und von einem wohlwollenden Arzt für nicht zurechnungsfähig erklärt wird, so daß er frei und aus Österreich ausgewiesen wird.

Der Fall Dr. B. wirft das grundsätzliche Problem der Möglichkeit einer Persönlichkeitsspaltung durch die Struktur des Schachspiels auf. Interessanterweise wurde dieses Thema auch in einer kurzen Erzählung des Amerikaners Stanley Ellin *Das Huneker-Gambit* behandelt. Dort kann die von einer tyrannischen Ehefrau terrorisierte Hauptperson weder in den Club gehen noch jemanden zu sich nach Hause zum Schachspielen einladen und ist demzufolge gezwungen, mit sich selbst zu spielen. Auch hier entwickelt sich langsam eine Persönlichkeitsspaltung. Der Ehemann diskutiert mit »dem anderen«, den er »Weiß« nennt, wobei Konflikte entstehen und sie sich sogar streiten – doch in einem sind sie sich einig: Luise (die Ehefrau) ist daran schuld, daß sie nicht »normal« spielen können. Als schließlich zu gegebenem Zeitpunkt Luise dem Spiel mit sich allein ein Ende setzen will und die Figuren umwirft, wird sie von »Weiß« getötet (ganz gegen den Willen des »Gatten«).

Doch kehren wir zu den zwei Helden der Zweigschen Erzählung zurück, Mirko Czentovic und Dr. B. Ihr zufälliges Zusammentreffen an Bord eines Transatlantikschiffes auf dem Weg nach Südamerika, bei dem Dr. B. erstmals mit Brett und Figuren zwei Partien spielt, führt zu einer neuen Krise bei ihm. Als er mit Czentovic die zweite Partie spielt, verläßt er in einem bestimmten Augenblick die reale Partie und beginnt wie in der Zelle eine imaginäre Partie gegen sich selbst. Der Freund von Dr. B., der Erzähler, wird sich der Gefahr bewußt und lenkt Dr. B.s Aufmerksamkeit auf sich, dieser versteht, entschuldigt sich und gibt die Partie auf.

In der Tat dient die Begegnung auf dem Schiff in Zweigs Novelle nur dazu, den nötigen Rahmen für die Beschreibung dieser zwei Personen zu liefern. Die psychologischen Porträts sind so prägnant, daß man sich unwillkürlich fragt, ob Zweig nicht auf ihm bekannte »Beispiele« aus der Realität zurückgegriffen hat. Wenn in bezug auf Czentovic, wie ich schon oben schrieb, die Rede von einer Mischung charakteristischer Züge einer vielschichtigen Persönlichkeit ist, so ist das Porträt von Dr. B. viel schwerer zu interpretieren. Es wäre denkbar, daß, wie Gudmundur G. Thorariuson in einem Beitrag des Schacholympiade-Bulletins von Luzern annimmt, der Isländer Bjorn Palson Kalman, dessen Leben Züge des von Dr. B., einschließlich einer Begegnung auf einem Transatlantikschiff mit zwei Schachmeistern, die er besiegt, trägt, für Dr. B. Pate stand. Es wäre auch möglich, daß Zweig, der Amerika vor dem Ersten Weltkrieg besuchte, von der Geschichte des Isländers hörte, der ebenso wie Dr. B. das Schach aus der Angst, bei weiteren Spielen verrückt zu werden, aufgab. Selbst wenn es so wäre, bedeutete dies nur einen Nebenaspekt. Das komplexe psychologische Porträt von Dr. B., dessen intellektuelle Struktur, ebenso wie die Zweigs, ihre Wurzeln in

der verschwundenen Welt der k.u.k.-Monarchie hat, wird von einer ungeklärten Angst durchherrscht. Aus verschiedenen Gründen fürchten sowohl der Autor wie auch Dr. B. einen seelischen Absturz. Der Autor rettet auf dem Dampfer seinen Freund, indem er ihm das Wort »remember« (erinnere dich) zuflüstert. Zweig selbst konnte niemand helfen. Einige Monate nach Beendigung der *Schachnovelle* beging er Selbstmord.

Im Vergleich zu Mirko Czentovic und Dr. B. erscheinen andere ähnliche Figuren der Schachliteratur viel blasser, einige sogar schlichtweg unwahrscheinlich.

Die interessanteste Schöpfung stammt von Vladimir Nabokov, der in seinem Roman *Luschins Verteidigung* (1930) das nahezu groteske Bild eines großen, aber von seiner begrenzten Leidenschaft völlig besessenen Schachspielers zeichnet, der dem Alltagsleben völlig hilflos gegenübersteht. Luschin ist körperlich ungepflegt (im Unterschied zu Czentovic) und schwerfällig und trotz seiner Herkunft aus einer russischen Intellektuellenfamilie ohne Manieren, ja sogar grobschlächtig. »Dieses äußere Leben nahm er als etwas Unvermeidliches, wenn auch vollkommen Nichtssagendes hin. Ebenso folgte er bei der Wahl seiner Kleidung, in der Behandlung alltäglicher Fragen nur sehr unklaren Antrieben, dachte über nichts nach, wechselte selten seine Wäsche, zog für die Nacht mechanisch seine Uhr auf, rasierte sich mit ein und derselben Klinge, bis sich damit kein Haar mehr abschaben ließ...«

Das Drama Luschins liegt in seinem schachspielerischen Niedergang, der durch übermäßiges Spielen, besonders von »Blindsimultanvorstellungen«, hervorgerufen wird; für diesen Abstieg findet er keinen anderen Ausgleich. Seine Liebesbeziehung und Heirat mit der Tochter einer reichen russischen Emigrantenfamilie trägt einige seltsame Züge und ist offenbar, im Sinne einer psychischen Kompensation, unbefriedigend. Luschin sucht verzweifelt eine »Verteidigung«, sowohl gegen die Eröffnung seines Rivalen Turatti als auch allgemein in der Partie seines Lebens. Die Krise bricht am Ende des langerwarteten Aufeinandertreffens mit Turatti aus. Seine Psyche erträgt die Spannung dieser Partie – die er übrigens meisterhaft spielt – nicht, am Ende, nachdem er gerade den Gewinnzug gefunden hat, bricht er zusammen: »Da geschah etwas außerhalb seines Wesens, ein beißender Schmerz, ein lauter Aufschrei. Er schwenkte seine Hand, die mit dem brennenden Streichholz in Berührung gekommen war, das er angezündet und dann vergessen hatte, an die Zigarette zu führen. Der Schmerz verging sofort, aber in dem Schein des Flämmchens hatte er etwas unfaßbar Schreckliches erblickt. Das Grauen der Abgründe, in die er hinabgetaucht war, ergriff ihn... Aber das Schachspiel war unerbittlich, es hielt ihn fest und sog ihn förmlich auf. Schrecken barg es, doch lag in ihm auch die einzig mögliche Harmonie verborgen, denn was existierte schon in der Welt außer dem Schach? Banalität, Ungewißheit, Leere...«

Nach ärztlicher Behandlung erholt sich Luschin wieder, aber man empfiehlt ihm (wie auch Dr. B. in der *Schachnovelle*), nicht mehr Schach zu spielen. Er selbst ist von der Richtigkeit der Therapie überzeugt und »verteidigt« sich verzweifelt gegen die Versuchung. Jedoch ohne Erfolg. Allmählich beginnt er zu glauben, daß sich alles gegen ihn verbündet, um ihn wieder ans Schachbrett zurückzubringen. Das Wiederauftauchen seines einstigen Managers, Valentinow, der ihm vorschlägt, in einem Schachfilm eine Rolle zu übernehmen, gibt ihm den Todesstoß: »Das Ziel des Angriffs lag jetzt klar vor ihm. Durch fortwährende Zugwiederholungen sollte diese Leidenschaft wieder geweckt, sollten die den Traum eines Lebens zerstörenden Qualen erneut heraufbeschworen werden und mit ihnen Verödung, Grauen, Wahnsinn.« Die Verteidigung Luschins bricht zusammen, er begeht Selbstmord.

Nabokov war ein guter Schachspieler (sein autobiographisches Buch *Sprich, Erinnerung, sprich,* 1984, enthält sogar ein von ihm verfaßtes Schachproblem), und die Beschreibung der Persönlichkeit Luschins im Kontext der verschwundenen Welt Rußlands und dann der Emigranten der zwanziger Jahre enthält manches Wahre. Man sagt, daß einige Wesenszüge von Aljechin »geliehen« sind – vielleicht sein Talent betreffend, einschließlich der erstaunlichen Fähigkeit »blindzuspielen«, aber in anderer

Links: Mario Adorf als Czentovic und Curd Jürgens als Dr. B. spielen die Hauptrollen in der Verfilmung von Zweigs SCHACHNOVELLE.

Hinsicht ist der Vergleich abwegig; Aljechin war ein kultivierter, vielseitiger und eleganter Mensch.
Für den, der nie Kontakt mit der früheren russischen Emigration gehabt hat und darüber hinaus Schachkenntnisse besitzt, ist Nabokovs Buch unzweifelhaft sehr interessant, darüber hinaus von hoher literarischer Qualität.
Auch der Roman von Elias Canetti (Nobelpreisträger 1981), *Die Blendung*, aus dem Jahre 1931 ist glänzend geschrieben – in ihm wird der Hauptperson, einem besessenen Büchersammler, der übrigens in den Flammen seiner eigenen Bibliothek umkommt, in weiten Teilen des Buches die merkwürdige Gestalt eines buckligen Zwerges, der in seiner Schachleidenschaft geistige Kompensationen für seine körperliche Mißbildung findet, gegenübergestellt. »Ein Mensch, was ka Schach spielt, is ka Mensch, sag' ich. Da kann einer vier Meter lang sein, Schach muß er spielen, sonst ist er ein Tepp. Ich kann Schach.«
Der Zwerg, den der Autor Fischerle (sicher eine ganz zufällige Ähnlichkeit mit dem späteren Weltmeister Bobby Fischer. Canetti schrieb den Roman schon 1931, als Fischer noch nicht geboren war) nennt, ist der unschlagbare Schachkönig des Wiener Cafés »Zum idealen Himmel«. Er lebt zur Hälfte auf Kosten der »Patzer«, mit denen er Schach um Geld spielt, aber noch mehr als »Strizzi« einer Prostituierten, die in ihm eine Art hilfloses Kind sieht und ihn beschützt. Fischerle ist überzeugt, der größte Schachspieler der Welt zu sein, und entwickelt so in sich eine Haßliebe gegenüber dem damaligen Weltmeister Capablanca, der ein schöner Mann war. In seinen Träumen besiegt er Capablanca und erringt so Ehren und Geld, vor allem letzteres. Die Vision dieses Sieges ist bezeichnend: »Capablanca gab sich geschlagen. Er weinte sogar und war untröstlich. ›Nichts dauert ewig‹, sagte Fischerle und klopfte ihm auf die Schulter, ›wieviel Jahre waren Sie jetzt Weltmeister? Ein anderer will auch was vom Leben haben. Schauen Sie meinen Anzug an! Sind Sie allein auf der Welt?‹ Doch Capablanca war gebrochen, er sah aus wie ein alter Mann, sein Gesicht war voller Runzeln und die Handschuhe schmierig. ›Wissen Sie was‹, sagte Fischerle, der arme Teufel tat ihm leid, ›ich geb' Ihnen eine Partie vor.‹«
Um sich diesen Traum zu erfüllen, inszeniert Fischerle mit seinem scharfen Verstand einen Betrug an seinem Freund, dem Büchersammler, und zieht ihm mit verschiedenen unlauteren Mitteln Geld aus der Tasche. Das Ganze endet aber schlimm: Gerade als er genügend Geld für die Reise nach Amerika zusammenhat, um dorthin als Dr. Siegfried Fischer – und dies ohne Buckel, den er in Paris operieren lassen wollte – zu fahren, spielt ihm seine Schachleidenschaft einen letzten Streich. Er erinnert sich, daß sein Notizbuch mit den Lebensläufen und Partien großer Spieler im Zimmer der Prostituierten versteckt ist. Er verbirgt sich unter ihrem Bett, während diese einen »Besuch« empfängt, wird entdeckt und vom Besucher grausam getötet.
Die Gestalt des Fischerle, des Zwerges, der im rauchigen Café, auf einem Stuhl stehend, den Stümpern um sich herum die Partien der Großmeister vorführt und deren Spielweise bemängelt, um sich selbst in um so strahlenderes Licht zu rücken (»in drei Monaten bin ich Weltmeister, meine Herren«), ist so traurig wie der Ausdruck seiner Augen. Seinen Wunsch, der eigenen Misere zu entrinnen und sich selbst seinen Wert auf dem einzigen Gebiet, auf dem ihn seine Intelligenz überlegen macht, zu beweisen, erfüllt er sich in billig errungenen Siegen gegen unbedeutende Gegner am Schachbrett – eine ärmliche und krankhafte Kompensation. Fischerle ist ein typisches Produkt des Wiener Milieus der zwanziger Jahre und wird in diesem charakteristischen Rahmen mit bemerkenswerter Genauigkeit in einem an Kafka erinnernden Stil beschrieben. Irgendwie hat der Autor eine verborgene Sympathie für ihn: Indem er ihn grausam töten läßt, befreit er ihn mit einem Schlag sowohl von seinen illusionären Träumen als auch von seinem Buckel, den der Mißgestaltete so gern loswerden wollte ...
Die Protagonisten von Stefan Zweig und Vladimir Nabokov, Dr. B. und Luschin, führen einen verzweifelten inneren Kampf, um sich von ihrer Schachbesessenheit zu befreien. Ganz anders liegen die Dinge bei den beiden Hauptfiguren des höchst originellen Romans des Franco-Spaniers Fernando Arrabal LA TOUR PRENDS GARDE (auf spanisch LA TORRE HERIDA POR EL RAYO). Der eine, Marc Amary, leidet offensichtlich an paranoider Schizophrenie. Als er 12 Jahre alt ist, vergiftet er seine Mutter, und später ist er nach glänzendem Studium der Mathematik und Physik von der Idee besessen, alle Natur-

Umschlagmotiv der französischen Ausgabe des Romans La torre herida por el rayo *von Fernando Arrabal (mit einem Porträt des Autors)*

kräfte zu vereinen (»La grande unification«): »Je suis sur le point d'unifier la gravitation, l'électromagnetisme et les interactions, aussi bien les faibles que les fortes«, sagt er, und eines seiner Alter egos, »Mickey« – eine Spielzeugmaus aus Gummi, die neben »le petit« und der Puppe »Theresa« die Phantasie des Helden bevölkert, mit ihm diskutiert und streitet, ja, »le petit« bewegt ihn sogar, seine Mutter zu töten... –, meint: »Quand tu l'auras trouvée (la grande unification), tu seras comme Dieu face à la création.« Zugleich ist Amary (»le maître«) Mitglied einer terroristischen Gruppe und entführt mit dieser zusammen den sowjetischen Außenminister, Igor Iswoschikow, direkt zu Beginn seines Kampfes um die Weltmeisterschaft gegen Elias Tarsis.

Letzterer, von spanischer Herkunft, hat einen ungewöhnlich hohen IQ (er gewinnt bei einer Sonderprüfung für hochbegabte Kinder – eine Anspielung auf Robert Fischer, der auch bei einem Intelligenztest sehr gut abschnitt), ist aber von einem sexuell-religiösen Komplex mit sadistischen Tendenzen besessen. In einem Eliteinternat in Madrid quält er einen kleinen französischen Kameraden, den er zwingt, während der Pausen in einem stinkenden Klo zu bleiben, während er selbst mit den anderen Kindern spielt. Später erlernt er das Goldschmiedehandwerk, ist Zuhälter in Barcelona und erlebt die Vision der »unbefleckten Jungfrau«...

Sehr interessant ist die Tatsache, daß es im Unterschied zu Dr. B. und Luschin in diesem Roman nicht die Schachbesessenheit ist, welche die zwei Schachgroßmeister in ihre Lage gebracht hat. Aus der Beschreibung ihres Lebens, die in den Ablauf ihrer entscheidenden Wettkampfpartie zur Weltmeisterschaft – diese Partie kann in Notation und Diagrammen nachverfolgt und bis zu einer bestimmten Stellung einer Partie zwischen Capablanca und Tartakower vom Turnier 1922 in London wiederholt werden – eingeflochten ist, erkennt man, daß beide tatsächlich Opfer vererbter Anlagen und der sozialen Umgebung, in der sie aufwuchsen, sind. Bei der Analyse seiner Helden nimmt der Autor die Gelegenheit wahr, seine Ansichten kundzutun, nicht nur über Schach (Arrabal, ein leidenschaftlicher Schachspieler, schrieb auch ein interessantes Buch über das berühmte WM-Match zwischen Spasski und Fischer [1972] und 1983 das Drehbuch eines Films – The great Chess-Movie –, in dem die Helden Karpow und Kortschnoi ähneln), sondern auch über viele andere soziale und politische Probleme. Besonders die Kritik bestimmter Strömungen der extremen Linken, einschließlich des Terrorismus, ist von bemerkenswerter Klarsicht und Schärfe.

In der Schlußszene des Romans besucht Tarsis seinen am Schachbrett besiegten und wegen der Entführung verhafteten Rivalen. In der Zelle erkennt er in dem fettgewordenen Individuum, welches sich an der Klorückseite versteckt, den kleinen Franzosen wieder, den er einst im Internat in Madrid quälte.

Die spanische Originalversion des Romans bekam einen Preis. Es ist zweifellos ein ungewöhnliches Buch mit zuweilen schockierenden Ideen und Meinungen, die in einer häufig sehr drastischen Sprache ausgedrückt werden. Wohlgemerkt, jedermann ist frei, seine eigene Ansicht vom Schach und dessen

Meistern zu haben. Es fragt sich aber, ob Fernando Arrabal nichts anderes bei der Darstellung von Schachmeistern einfallen konnte als diese widerwärtigen Gestalten?!
Im Zusammenhang damit können wir den Vergleich mit der feinen Atmosphäre und den Gestalten von edler Gelöstheit, dem »alten Meister« und seinem jungen Gegner, die ebenfalls eine Partie um die Weltmeisterschaft austragen, im Roman THE MASTER OF GO des japanischen Nobelpreisträgers Yasunari Kawabata nicht vermeiden. Er fällt zuungunsten Arrabals aus.
Wir hielten uns lange, vor allem aufgrund der außergewöhnlichen Hauptpersonen, im psychischen Grenzbereich oder sogar jenseits davon bei der Betrachtung dieser Schachromane und -erzählungen auf. Es gibt viele andere literarische Arbeiten von geringer Bedeutung, die wir nur »en passant« streifen können. Auch in ihnen bemerkt man die Neigung der Autoren zu Ausnahmepersonen. So ist z. B. das Leben des genialen Paul Morphy, der Mitte des vergangenen Jahrhunderts in nur zwei Jahren alle großen Spieler seiner Zeit besiegt hat, um sich dann völlig zurückzuziehen und einer schweren psychischen Erkrankung anheimzufallen, im biographischen Roman des Amerikaners F. P. Keyes THE CHESSPLAYERS (1960) und in der Novelle des Sowjetrussen E. Sagorjanski *Erzählung über Morphy* (1947) beschrieben. Ein vergleichbares Schicksal eines Spielers, der enttäuscht das Schachspielen aufgibt, ist Gegenstand des Romans von Humms *Spiel mit Valdivia.*
Eine eigene Kategorie stellen die wissenschaftlich-phantastischen Romane mit dem Thema Schach

Nach einer Romanvorlage von Graham Greene wurde der berühmte Film UNSER MANN IN HAVANNA *mit Alec Guinness gedreht, in dem eine höchst ungewöhnliche Schachpartie gespielt wird*

dar, in denen insbesondere Computer mit ihrer unbegrenzten Rechenkapazität die Hauptrolle spielen. Beispielsweise verfällt im Roman des Rumänen Adrian Rogoz, *Der Preis des Abgrundes,* in der deutschen Übersetzung auf den Umfang einer Erzählung gekürzt, ein Schachmeister auf eine völlig ausgefallene Idee, um einen riesigen Computer auf einem entfernten Planeten, der seine Gegner, die nicht wenigstens ein Remis gegen ihn erringen konnten, tötete, zu besiegen. Er wandelt eine Reihe Bauern in Läufer (im rumänischen Original bedeutet »nebun« sowohl »Läufer« wie »Narr«) derselben Farbe um, was seinen mechanischen Gegner vollständig verwirrt.

In der Novelle von Pierre Boulle *Der vollkommene Roboter* endet man als Leser schließlich zwischen zwei perfekten Robotern bei einer nicht zu übertreffenden Schachpartie, die sich stets gleich bleibt. Um das Schach vor dem Tod in der Perfektion zu retten, findet der geniale Erfinder der Maschine keine andere Lösung... als die Schaltkreise etwas durcheinanderzubringen. Die Roboter beginnen, Fehler zu machen, und alles normalisiert sich...

Die geheime Sehnsucht des Menschen, immer perfektere Maschinen zu entwerfen, spiegelt sich in der Beliebtheit des »Türken« Barons von Kempelen – einem mechanischen Automaten, in dessen Inneren sehr findig ein Spieler verborgen war – seit seiner Erfindung Ende des 18. Jahrhunderts bis zum heutigen Tag (siehe auch den Beitrag von F. Friedel in diesem Buch). Über diesen Automaten, der landauf, landab als wundersame Kuriosität gezeigt wurde, wurde unglaublich viel geschrieben. Angefangen mit Edgar Allan Poe, der bewies, daß sich im Innern der Maschine ein menschliches Wesen befinden »muß«, bis zum Roman von Dupuy-Marzuel Le joueur d'échec (welcher eine der zahlreichen Legenden bezüglich der Erfindung des Automaten hervorrief), jenen zwei französischen Filmen zu diesem Thema (Le joueur d'échec muet, 1926 nach dem Roman von Dupuy-Mazuel, und eine andere Fassung als Tonfilm im Jahre 1938) und dem Theaterstück von Marcel Achard wurde das Thema des Kempelenschen Automaten in jeder Hinsicht behandelt.

Am Ende dieser kurzen und unvermeidlicherweise unvollständigen Darstellung des Themas »Schach in der Literatur im Lauf der Jahrhunderte« bleibt nur festzustellen, daß auch auf diesem Gebiet das Spiel der Könige einen weiten Weg zurückgelegt hat: von der Dichtung des Bana bis zu den psychoanalytischen Gedanken des Romans von Arrabal.

Die Literatur spiegelt das Leben in all seinen unendlich vielfältigen Aspekten wider. Die Präsenz des Schachs in der Literatur als »causa movens« gewaltiger und verwickelter menschlicher Erlebnisse und Konflikte bestätigt nur, daß dieses unübertroffene Spiel sich einen nicht unbedeutenden Platz im reichen und vielschichtigen sozialen und kulturellen Leben unserer modernen Gesellschaft erobert hat.

Hans-Joachim Hecht
Schacharten

Wenn sich zwei Spieler an einem Brett von 8 × 8 Feldern gegenübersitzen, unter gleichen Bedingungen abwechselnd, das eine Mal rascher, das andere Mal bedächtiger, mit Figuren unterschiedlicher Gangart ziehen, so entspricht dies der landläufigen und auch völlig richtigen Vorstellung, wie Schach gespielt wird.

Verändert man nun einen oder mehrere der Spielfaktoren, die das so beschriebene normale Schach – man könnte auch orthodoxes Schach sagen – auszeichnen, so begegnet man den unterschiedlichsten Erscheinungsformen, die wir mit Schacharten bezeichnen und die ich näher beschreiben will. Einige dieser Schacharten sind nur noch Geschichte, die meisten haben reinen Unterhaltungscharakter, und nur wenige sind so weit entwickelt worden und beliebt, daß sie eigenständige Bedeutung haben. Alle aber haben ihren Ursprung im orthodoxen Schach und sind Ausfluß und beredter Beweis für die Unerschöpflichkeit des Schachspiels.

Variieren kann man alles; das Material, die Brettgröße und seine Geometrie, die Spielpartner, Bedenkzeit, das Medium, allgemeine Spielbedingungen, die Gangart der Figuren, die Partieausgangsstellung.

Beginnen wir mit unseren Verwandlungskünsten: Schach birgt Sport, Kunst, Wissenschaft und Spielglück in einer erfrischenden Vielfalt. Je nachdem, welcher Schachart wir begegnen, ist auch die Gewichtung dieser Komponenten eine andere.

Das Material wird verändert

Überwiegend das künstlerische Moment beinhaltet das *Lebende Schach.* Die sonst hölzernen Figuren werden durch Menschen auf freilich größerem Feld ersetzt, wobei der Partieablauf gestellt oder gespielt werden kann.

Der Dominikaner Franzisco Colonna (oder Columna) schrieb 1467 ein mystisches Werk, das prächtig ausgestattet 1499 in Venedig unter dem Titel Hypnerotomachia Poliphili erschien und in dem er phantasievoll ausstaffierte Figuren mit ausgewählten Namen drei Schachpartien zu Musikklängen tänzerisch aufführen läßt. Dies ist die erste Erwähnung des *Lebenden Schachs* in der Literatur.

Zar Iwan IV. (der »Schreckliche«, 1533–1584) soll in Partien mit lebenden Schachfiguren um Tod oder Leben seiner wehrlosen Untertanen gespielt haben.

Von einer lebenden Schachpartie in der Dorpater Ressource wird 1799 berichtet. Die Figuren waren kostümierte Damen und Herren, die auf einem Schachteppich von Herolden geleitet wurden. »Gespielt« wurde diese Partie zwischen einem Baron von Manteuffel und C. Ph. Amelung. Dem Bericht zufolge soll die Darbietung zwei Stunden gedauert haben und den beteiligten Damen lästig geworden sein, weil sie den Contretanz verpaßten.

Auch in der Gegenwart sind Aufführungen mit lebenden Figuren ein Schauspiel besonderer Art. Zur Eröffnung der Schacholympiade in Havanna 1966 führte die Nationale Kunstschule Havanna ein Ballett mit dem Titel »Die lebende Partie« auf, das einen Sieg des Kubaners Capablanca über den Deutschen Lasker zeigte. Es war eine Mischung aus den Elementen Volksmusik, Bodenturnen, Tanz, Licht und Farbe.

Beliebt ist heute das Rasen- oder Gartenschach, das man recht häufig in Parkanlagen oder auf öffent-

In südlichen Ländern wird häufig Lebendes Schach *gespielt. Rechts oben eine Partie in Lugano (Schweiz), unten eine in Montilla (Spanien)*

D
E
F
G
H

Freizeit- oder Rasenschach *wird heute in vielen Parkanlagen als Freizeitbeschäftigung genutzt*

lichen Plätzen antreffen kann. Den Spielpartnern obliegt es dann, die größer geratenen Figuren aus Holz oder Plastik über das große Schachfeld zu schleppen.

Die Bedenkzeit wird verändert

Üblicherweise hat man früher in den großen Kaffeehäusern der europäischen Hauptstädte der *freien Partie* gefrönt, die ohne zeitliche Begrenzung für die ganze Partie oder den einzelnen Zug gespielt wurde. Unter großer Anteilnahme zahlreicher Kiebitze wurden die Partien in flottem Tempo gespielt, die naturgemäß mit Fehlern durchsetzt waren. Mit Fug und Recht konnte man sie *Kaffeehauspartien* nennen. Berühmt waren das CAFÉ DE LA RÉGENCE in Paris oder SLAUGHTER's Kaffeehaus in London insbesondere im 18./19. Jahrhundert.
Als große Turniere abgehalten wurden, kam man nicht umhin, die Bedenkzeit zu begrenzen; so vermied man das stundenlange Brüten über einzelnen Zügen. Die *Turnierpartie* entstand. Heute sind Turniere mit stark verkürzter Bedenkzeit sehr beliebt, weil sie sich bequem an einem Wochenende oder gar an einem einzigen Spielabend abwickeln lassen.
Berühmt-berüchtigt und am beliebtesten sind die sogenannten *Blitzpartien,* bei denen jeder Spieler für die ganze Partie lediglich fünf Minuten Zeit zur Verfügung hat. In dieser Schachart, bei der es insbesondere auf schnelle Reaktion, intuitives Erfassen der Situation sowie manuelle Fertigkeiten ankommt und bei der das Glück eine große Rolle spielt, gibt es sogar Meisterschaften.
Rekordwütig und offen für die Schau sind Schachspieler auch: Einen Beitrag für das »Guinness-Buch der Rekorde« leistete der Schweizer H.-J. Känel, als er vom 25. bis 28. März 1981 einen Weltrekord im Dauerblitzen aufstellte. In 60 Stunden und 39 Minuten (mit 8 Stunden Pause) spielte er gegen 56 verschiedene Gegner insgesamt 460 *Blitzpartien.*

Die Spielpartner wechseln

Vor fünfzig Jahren und früher waren *Beratungspartien* eine beliebte Art, das Schach zu betreiben. Entweder spielte ein Meister allein gegen eine Gruppe sich Beratender, oder ganze Gruppen spielten, gegebenenfalls jeweils unter Führung eines Meisters, gegeneinander. Man konnte also die Spielsituation und die in Betracht kommenden Züge diskutieren, um dann den bei der Beratung geborenen Zug auszuführen. Vorsicht! Viele Köche verderben den Brei!
Recht beliebt in geselliger Runde ist eine einfache Form des *Tandemschachs.* Jeweils zwei oder mehr Partner spielen zusammen und ziehen abwechselnd, ohne sich zu beraten. Die Fähigkeit, auf die Ideen des anderen einzugehen, ist hier gefragt.
Eine sehr wesentliche Eigenschaft haben alle bislang dargestellten Schacharten gemeinsam. Zwei oder mehr Spieler sitzen oder stehen sich an einem Schachbrett gegenüber. Es besteht also vor und

Bei der Blitzpartie *hat jeder Spieler meist nur ganze fünf Minuten Zeit, um seine Züge auszuführen. Auf der Schachuhr zeigt der Minutenzeiger genau die vorgeschriebene Minutenzahl vor der vollen Stunde an*

nach der Partie – gelegentlich auch während der Partie – die Möglichkeit, mit seinem Partner ins Gespräch zu kommen, sich über die Partie oder Gott und die Welt zu unterhalten. Neuerdings gibt es in verstärktem Maße den Einbruch der Elektronik in das Reich der Spiele. So reizvoll das Entwikkeln von Schachprogrammen und das Spielen gegen so ein Programm auch sein können, auf die Dauer ist ein stummer Partner, dem man bestenfalls ins kalte elektronische Auge schauen kann, kein Ersatz für das Spiel zwischen Menschen.
(Mehr zum Thema Schachautomat findet man in dem von Frederic Friedel verfaßten Kapitel »Schach und Mathematik«.)

Das Medium wird verändert

Mit der Entwicklung der Technik in der Neuzeit war man allmählich in der Lage, auch über größere Entfernungen mit anderen Menschen ohne allzu großen finanziellen Aufwand Kontakt zu bekommen. Sei es über Fernsprecher, Telegraph, Radio, die Zeitung, das Fernsehen oder auch mit Hilfe der guten alten Post, die dank der schnell gewordenen Transportmittel Entfernungen zusammenschrumpfen ließ.
Über Fernsprecher wurde schon 1891 (London–Liverpool) gespielt. Ein Match per Telegraph gab es zwischen Baltimore und Washington bereits 1844.

RADIO-SCHACH

Leichtfaßliches Lehrbuch für Funkhörer

von

Edm. Nebermann
Schachfunkleiter

Mit Schachspiel

Berlin und Leipzig
Walter de Gruyter & Co.
vormals G. J. Göschen'sche Verlagshandlung · J. Guttentag, Verlagsbuchhandlung · Georg Reimer · Karl J. Trübner · Veit & Comp.
1926

Ein kurioses Lehrbuch für Radio-Schach-*Spieler*

Auch ein Radiowettkampf UdSSR–USA wurde inszeniert. Besondere Verbreitung fanden diese Arten der Zugübermittlung allerdings nicht.
Eine Art der Zugübermittlung aber faszinierte schon immer: der Postweg. Er war mit Abstand der billigste, und man konnte sich in aller Ruhe mit den jeweiligen Stellungen im stillen Kämmerlein befassen. So eine *Fernpartie* dauert Monate und Jahre. Aber schließlich kann man ja, ohne in Zeitdruck zu geraten, mehrere Partien mit verschiedenen Partnern spielen, so daß die Schachpost in kürzeren Abständen ins Haus geflattert kommt. Außerdem bleibt immer noch Zeit, mit den Spielpartnern über die Züge hinaus ein wenig zu plaudern, ein paar nette Zeilen zu schreiben, den Briefmarkensammeltrieb zu befriedigen oder hübsche Ansichtskarten zu schicken.
Kurz, es kam, wie es kommen mußte:
Nach vereinzelten *Fernschachpartien* und ganzen Wettkämpfen – die ersten Fernpartien datieren aus den Jahren 1824 bis 1828 (London–Edinburgh), das erste Fernturnier mit 29 Teilnehmern gab es im Jahre 1902 – wurde 1928 in Berlin eine Organisation gegründet, die sich »Internationaler Fernschachbund« (IFSB) nannte und später in die INTERNATIONAL CORRESPONDENCE CHESS-FEDERATION (ICCF) überging. Die deutschen Fernschachspieler sind seit dem 25. August 1946 im »Bund deutscher Fernschachfreunde« (BDF) zusammengeschlossen und gehören dem Dachverband an.
Bekannte Meister, die sich sonst in der prickelnden und lebendigen Atmosphäre des Turnierschachs, bei dem man seinem Gegner Aug in Aug gegenübersitzt, wohl fühlen, haben zumindest vorübergehend dem *Fernschach* gehuldigt und dies auch nie bereut. Keres z.B. war in jungen Jahren ein begeisterter und starker Fernschachspieler.
So wie der Weltschachbund (FIDE) veranstaltet auch die ICCF Europameisterschaften, Weltmeisterschaften, Schacholympiaden. Auch Titel werden vergeben; vom internationalen Fernschachmeister bis zum internationalen Fernschach-Großmeister. Auch der BDF trägt selbstverständlich für seinen Bereich Meisterschaften und Turniere aller Arten aus, so daß jeder Fernschächer garantiert »sein« Turnier in »seiner« Klasse finden kann.
Eine sehr interessante Möglichkeit, das Schach der breiten Öffentlichkeit näherzubringen, bietet das Medium Fernsehen. Ab dem 24. September 1976 wurde zwischen dem Weltmeister Anatoli Karpow und den deutschen Fernsehzuschauern eine Partie gespielt, deren Stand in kurzen Fernsehsendungen für die gesamte Dauer der Partie (sie endete übrigens remis) dem Zuschauer von deutschen Großmeistern am Demonstrationsbrett erläutert wurde. Die Zuschauer sandten Zugvorschläge ein, der meistgenannte Zug wurde ausgewählt.
Im übrigen ist das Medium Fernsehen eher dazu geeignet, gut aufbereitete Partien zu präsentieren, um Schach breiten Publikumsschichten ein wenig näherzubringen. Seit 1975 gibt es das *Fernsehturnier,* das sich in England *Mastergame* und in Deutschland »Turnier der Schachgroßmeister«

Fernsehturniere vermitteln Hunderttausenden von Zuschauern die Spannung und Dramatik großer Partien. 1982 fand der TV-Worldcup *in Hamburg statt*

nennt. 1982 fand dieses Turnier in Hamburg statt unter dem Namen *TV-Worldcup*.

Ich erwähne diese interessante Art, Schach an den Mann zu bringen, nur am Rande, denn um eine Schachart handelt es sich nicht.

Ein Novum soll erwähnt werden. Wir befinden uns im Zeitalter der Weltraumfahrt. Die erste Partie Kosmos–Erde wurde von der russischen Besatzung der »Sojus 9« (A. Nikolajew und V. Sebastianow) am 9. Juni 1970 gegen die russische Bodenstation Baikonur (N. Kamanin und V. Gorbatko) gespielt. Acht Jahre später fand ein Wettkampf zwischen Schülermannschaften von Philadelphia und Belgrad statt, bei dem alle Züge per Satellit übermittelt wurden.

Die Spielbedingungen werden ungleich gestaltet

Wenn Schachspieler zusammenkommen, möchte wohl das eine oder andere Partiechen gewechselt werden. Haben die Partner jedoch zu unterschiedliche Stärkegrade, so schaut man sich, wie auch bei anderen Spielen, nach geeigneten Vorgaben um.

Im vorigen Jahrhundert war es üblich, dem schwächeren Gegner *Zug- oder Materialvorgaben* zu gewähren.

Bei einer Schiffsüberfahrt von Europa nach Amerika traf der ehemalige Weltmeister Emanuel Lasker auf einen sich wohl für stark haltenden Amateur, der Lasker jedenfalls nicht kannte. Auf die Frage nach einer Schachpartie gab Lasker zu, daß er ein wenig spielen könne. Der Amateur gab nun großzügig die Dame vor, und Lasker überließ ihm großzügig den Gewinn. Nun wollte Lasker seinerseits die Dame vorgeben, was sein Gegner unter Hinweis auf die eben gespielte Partie als unsinnig abtat. Aber Lasker bestand darauf, und der Amateur verlor diesmal zu seiner grenzenlosen Verwirrung. Lasker meinte dazu nur, daß es sich ohne Dame eben leichter spielen lasse...!

Noch ein Stücklein gefällig?

Der polnische Meister Winawer (1838–1919) gestattete seinen Gegnern, fünf Minuten lang mit den weißen Steinen so viele Züge zu machen, wie sie Lust hätten; die Steine dürften nur die Mittellinie nicht überschreiten. Eines schönen Tages servierte ihm ein listiger Gegner diese Zugfolge mit den weißen Steinen:

a4 – Sa3 – h4 – Sf3 – d4 – Sd2 – Th3 – Sac4 – T1a3 – Se4 – Dd2 – Tf3 – g3 – Lh3 – Df4 – Tae3.

Die restliche Zeit füllte er mit Grundlinien-Spaziergängen des Königs aus. Winawer, dessen Gesicht immer länger wurde, verzichtete ärgerlich auf seinen Zug, denn, was immer er nun tat, Matt in zwei Zügen war ihm gewiß. Wer es nicht glaubt, möge es nachprüfen.

Eine sehr beliebte Art der Vorgabe durch den Meister ist das *Reihenspiel,* in dem er simultan gegen mehrere Spieler antritt. Der Spieler, an dessen Brett der Meister tritt, hat zu ziehen – die Antwort erfolgt nach möglichst kurzer Bedenkzeit. Und so geht es weiter, Brett um Brett. Die Sache ist gar nicht so schwierig, wie es sich der Laie vorstellen mag, wenn sie auch hohe Konzentration seitens des Simultanspielers erfordert. Eine normale *Simultanvorstellung* kann sich durchaus über mehrere Stunden hinziehen.

Bei hoher Gegnerzahl und sehr langer Spieldauer wird der Simultanspieler auch konditionell besonders gefordert. K.-H. Podzielny (Essen) spielte an 53 Brettern mit wechselnden Gegnern insgesamt 575 Partien und soll dabei 50 km zurückgelegt und neun Kilo Gewicht verloren haben. Der Schweizer Hug hat diese Marke später noch übertroffen.

Die spektakulärste Art der Vorgabe ist und bleibt zweifelsohne das Spiel ohne Ansicht von Brett und Figuren, das *Blindspiel.* Schon im Jahre 970 erregte eine Blindpartie des Griechen J. Tschelebi in Tripolis viel Aufsehen.

Die erste Erwähnung einer *Blind-Simultan-Vorstellung* findet sich bei dem italienischen Geschichtsschreiber G. Villani: »Im Jahre 1266 kam in Florenz ein Sarazene an namens Buzecca, der ein großer Meister im Schachspiel war. Er spielte im Palazzo del Popolo auf eine Einladung des Grafen Guido Novello zu gleicher Zeit drei Schachpartien gegen die besten Spieler von Florenz, und zwar zwei aus dem Gedächtnis und die dritte sehend am Brette. Von den drei Partien gewann er zwei und machte die dritte unentschieden. Diese Vorstellung erregte große Bewunderung.«

Im 18. Jahrhundert war es insbesondere Danican Philidor, der wegen seiner Blindvorstellungen in Frankreich und England sehr bewundert wurde. Zumeist spielte er drei Partien gleichzeitig, wobei er teilweise noch Materialvorgaben gewährte.

Daß schon damals Bedenken gegen das *Blindspiel* laut wurden, geht aus einem Brief des französischen Schriftstellers Diderot hervor, den er am 10. April 1782 an Philidor schrieb. Darin heißt es unter anderem: »... Wenn Sie die drei Partien, ohne sie zu sehen, gespielt haben, ohne daß sich ein wichtiges Interesse für Sie damit verband, so muß ich sagen: Ich wäre geneigt, Ihnen diese gefährlichen Versuche zu verzeihen, wenn Sie dafür 500 oder 600 Guineen erhalten hätten; aber seinen Verstand und sein Talent für nichts zu riskieren, das begreift man nicht...« Dennoch haben etliche große Meister ihrer Zeit das *Blindspiel* in einem Maße betrieben, daß der Verdacht eines Kausalzusammenhangs zwischen der übergroßen geistigen Anspannung und dem anschließenden Verfall der geistigen Kräfte nahelag.

Paul Morphy spielte Mitte des 19. Jahrhunderts bis zu acht Partien gleichzeitig blind. H. Pillsbury, der als »König der Blindspieler« bezeichnet wurde und in geistiger Umnachtung starb, brachte es in Moskau 1902 auf 22 Partien. In den zwanziger Jahren trieben der Ungar Réti und der Weltmeister Aljechin die Marke endlich auf über 30 Partien.

1947 spielte M. Najdorf in São Paulo 45 Partien, bei denen er insgesamt 1440 Figuren zu dirigieren hatte, in knapp 24 Stunden und kämpfte danach verzweifelt um seinen Verstand, weil die aufgewühlten Nerven dem Körper den Schlaf verweigerten. Mittlerweile steht die Rekordmarke auf 62, aufgestellt 1970 durch den unlängst verstorbenen Ungarn J. Flesch.

In der Sowjetunion ist das *Blindspiel* nach eingehenden Untersuchungen seit 1930 wegen der Gefahr der gesundheitlichen Schädigung verboten.

Vom Spiel zur Konstruktion

Geht man von der Idee ab, eine Schachpartie spielen zu wollen, verzichtet also auf die zunächst gleiche Chancen bietende Partieaufstellung, so begibt man sich auf ein hochinteressantes Gebiet, das eine große Anhängerschar hat, das *Kunstschach.* Zwar wird die Geometrie des Brettes und die Gang- und Schlagart aller Figuren übernommen; aber man stellt eine Aufgabe, indem man eine bestimmte Stellung vorgibt und mit einer Forderung verknüpft, die üblicherweise lautet: Weiß zieht und gewinnt (und hält remis) oder Matt in n Zügen.
Beim ersten Typ handelt es sich um endspielartige Stellungen, sogenannte (Endspiel-)Studien, bei denen die Wahlverwandtschaft zum normalen Partieschach sehr groß ist.
Im anderen Falle geht es darum, eine ganz präzise formulierte Forderung, die u.U. sogar mit besonderen Bedingungen verknüpft sein kann, zu erfüllen. Hier beginnt das Reich des *Problemschachs.*
Die Studie beinhaltet viele taktische und positionelle Elemente wie Pattwendungen, Hineinziehungsopfer, Beherrschung und vieles mehr, was dem Schachspieler viele für das eigene praktische Spiel verwendbare Ideen liefert. Man kann diese Studien selbst zu knacken versuchen oder aber die Lösung genußvoll nachspielen. Den Anfang bildeten die Endspielstudien des Syrers Stamma, der 1737 eine »Sammlung von Endspielen« herausgab.
Gemeinsamer Ausgangspunkt für Studie wie Problem waren die sogenannten MANSUBEN aus Arabien. (Ein Beispiel findet sich im Farbtafelteil dieses Buches). Diese enthielten zwar nur die für die Stu-

Eine Simultanvorstellung des amtierenden Weltmeisters Anatoli Karpow an mehr als 15 Brettern

die typische Forderung »Weiß zieht und gewinnt«, führten aber praktisch immer unter Donner und Getöse und mit vielen Opfern erzwungenermaßen zum Matt des schwarzen Königs und hatten also auch Problemcharakter.
Das Schachproblem hat viele Aspekte. Anfangs waren die wichtigsten Kriterien der Rätselcharakter und die Schwierigkeit. Später kam es auf das größtmögliche Ausnutzen der Kräfte, das elegante Zusammenspiel der Figuren und Mustermattbilder an. Auch wurden die Stellungen entschlackt, überflüssige Figuren (»Nachtwächter«) entfernt. Sparsamkeit und Ökonomie der Mittel waren gefragt. Schließlich spielten die logischen Probleme die Hauptrolle.
Der Bogen der Problemkomponisten erstreckt sich vom König der Schachrätsel, Sam Lloyd (1841–1910), über C. A. White, der durch seine Problemsammlung CHRISTMAS-SERIE (44 Problembücher, zwischen 1905 und 1936 herausgegeben und zu Weihnachten an Freunde verschickt) berühmt wurde, die »Böhmische Schule« mit M. Havel und die Neudeutsche Schule mit H. Grasemann, um nur einige wenige markante Vertreter zu nennen.
Das sportliche Element kommt insoweit nicht zu kurz, als daß es sehr wohl Kompositions- als auch Lösungswettbewerbe gibt. Der erste Wettbewerb dieser Art fand 1854 in London statt.
Innerhalb des *Problemschachs* haben sich im Laufe der Jahrzehnte einige Nebenzweige herausgebildet: Da sind Karl Fabels Retroanalysen (Nachweis der Legalität einer bestimmten Stellung oder eines bestimmten Zuges usw.) oder das wichtigste und auch beliebteste Gewächs, das *Märchenschach*, das neue Figuren (»Circe«, »Superbauer«, »Grashüpfer« etc.) erfindet. Dazu kommen so selbstmörderische Forderungen wie Hilfs- oder Selbstmatt (oder -patt).
Damit kommen wir fast übergangslos zum letzten Kapitel unserer kurzen Wanderung durch die Schacharten.

Die Geometrie des Brettes, das Spielziel oder die Zug- und Schachregeln werden verändert

Ändert man das Schachbrett, so trifft man auf
1. das von Kieseritzky 1850 erfundene und von Maack 1907 aufgegriffene *Raumschach*, das in einem Würfel von $8^3 = 512$ Schachzellen gespielt wird.
2. Biegt man das Brett von 8×8 Feldern so, daß die a- und die h-Linie aneinanderstoßen, so haben wir das *Zylinderschach* vor uns.
3. Legt man zwei Bretter aneinander und spielt mit dem doppelten Figurensatz, so ist man beim *Doppelschach* angelangt, wo es allerdings gilt, schon zwei Könige mattzusetzen.
Ändert man das Spielziel, so fällt das putzige *Schlagschach* (»Räuberschach«) auf, bei dem der gewinnt, der bei Schlagzwang als erster alle Spielsteine los wird.
Ändert man einzelne Spielregeln, so eröffnen sich schier unübersehbare Möglichkeiten, bei der der Phantasie keine Grenzen gesetzt sind. Da müssen geschlagene Steine wieder auf ihre Partieanfangsstellung zurück *(Circeschach)* oder irgendwohin *(Kokonschach)*, oder der schlagende Stein nimmt den Wert des geschlagenen Steines an *(Metamorphoseschach)*.
Man kann jede Seite gleich zwei Züge nacheinander ausführen lassen *(Doppelzug- oder Marseiller Schach)*, oder die Anzahl der nacheinander auszuführenden Züge wird um jeweils einen gesteigert *(1-2-3-Schach)*. Man kann sich auch des einen oder anderen Hilfsmittels bedienen, was dann zu *Münzschach* (nur der Zug ist erlaubt, den eine auf dem Schachbrett liegende Münze nachvollziehen kann) oder *Würfelschach* führt. Amüsant ist das *Geisterschach* (auch *Kriegsschach* genannt), bei dem zwei Spieler an separaten Brettern jeweils mit ihren eigenen Steinen operieren, wohl gegeneinander spielen, aber die gegnerischen Züge nicht sehen. Ein Schiedsrichter überwacht den Ablauf.
Es gibt noch jede Menge solcher mehr oder weniger interessanten Abarten, von denen die meisten den Nachteil haben, entweder zu explosiv oder aber zu langatmig zu sein, und sich deshalb rasch erschöpfen. Solche Partien dienen mehr der Entspannung oder auch nur dem Jux und der Gaudi und sind nicht unter dem Blickwinkel der Seriosität zu sehen.
Wie gesagt, so unerschöpflich wie das Schach selbst sind auch seine Erscheinungsformen. Erlaubt ist, was gefällt.
Versuchen Sie doch einmal, zwei *Blitz-Blind-Zylinder-Schlag-Schachpartien* simultan zu spielen!

Frederic Friedel
Schach und Mathematik

An einem Sommertag des Jahres 1956 spielte eine junge Dame, Mitarbeiterin des berühmten Los Alamos Scientific Laboratory, eine Partie Schach. Erst eine Woche zuvor hatte sie das Spiel gelernt, jedenfalls eine vereinfachte Version davon: Man spielte auf einem 6 × 6 Schachbrett, ohne Läufer, ohne Doppelschritt der Bauern und ohne Rochade. Nach achtzehn Zügen war die folgende Stellung erreicht:

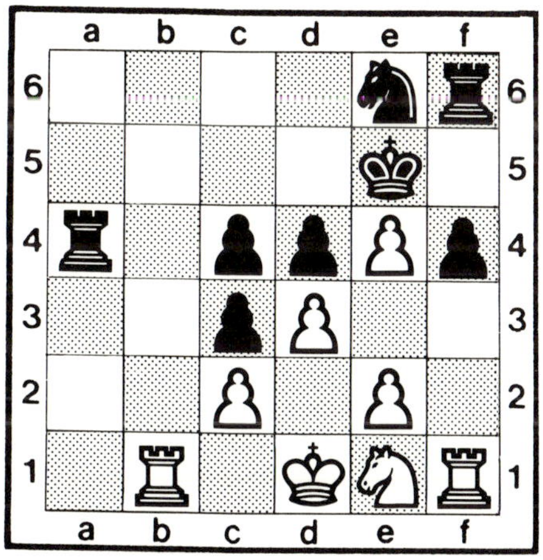

Weiß spielte nun kraftvoll **19.Sf3+ Kd6 20.e5+ Kd5 21. exf6D Sc5 22. Dxd4+ Kc6 23. Se5 matt.** Das Ereignis gewann sofort eine historische Dimension, denn der Gegner der jungen Dame, der die weißen Steine führte, war ein Computer! Zum ersten Mal in der Geschichte hatte ein Mensch gegen eine Maschine eine Schachpartie verloren.

Wie kam es dazu? Schon seit Hunderten von Jahren hatte der Gedanke einer Schach spielenden Maschine die Phantasie der Menschen beschäftigt. Es gibt zahlreiche Erzählungen, Spekulationen und Konstruktionsentwürfe, die von der Faszination dieser Vorstellung zeugen. Im 18. Jahrhundert baute der ungarische Ingenieur und Erfinder Baron Wolfgang von Kempelen dann tatsächlich einen richtigen »Schachautomaten«, der alsbald zu Weltruhm gelangte.

Diese Maschine hatte die Form eines orientalisch aussehenden Menschen, der vor einem hölzernen Schrank auf einem Stuhl saß. Der »Türke« – so wurde die Figur wegen ihrer Verkleidung genannt – bewegte nach jedem gegnerischen Zug Kopf und Augen, führte mit deutlich wahrnehmbaren mechanischen Geräuschen seine eigenen Züge aus – und gewann fast jede Partie. (Eine Abbildung des »Türken« findet sich im Farbtafelteil dieses Buches.)

Es gab unzählige Diskussionen über die Echtheit des Automaten, von der viele Zeitgenossen überzeugt waren. Zum einen schien es gänzlich unmöglich, daß sich ein Mensch in der Apparatur verstekken könnte. Zum anderen hatte gerade zu jener Zeit die Kunst des Automatenbaus einen Höhepunkt erreicht. Für das Publikum, das viele verblüffend lebensecht hantierende mechanische Figuren kannte, war die Vorstellung eines Schach spielenden Automaten nicht besonders abwegig.

Es gab aber auch Skeptiker. Daß von Kempelens Automat seine schachliche Leistung nicht auf rein mechanischem Wege vollbrachte, erkannte am deutlichsten der Engländer Robert Willis, der ein Buch über den Türken schrieb. Darin schilderte er genau, wie ein menschlicher Schachspieler trotz allem anderen Anschein auf raffinierte Weise in der Maschine versteckt werden konnte. Wahrscheinlich mußte er, während die Schranktüren in einer festgelegten Reihenfolge geöffnet wurden, seine Stellung mehrfach verändern. Während der Partie selbst verfolgte er in der rechten Kammer bei Kerzenlicht das Spielgeschehen (s. Abb. rechts). Die Züge des Gegners wurden ihm durch Magnetplättchen, die unter dem Schachbrett angebracht waren, automatisch übermittelt, die eigenen Züge am Brett führte er mit Hilfe einer »telechirischen« Vorrichtung, einem ferngesteuerten mechanischen Arm, aus.

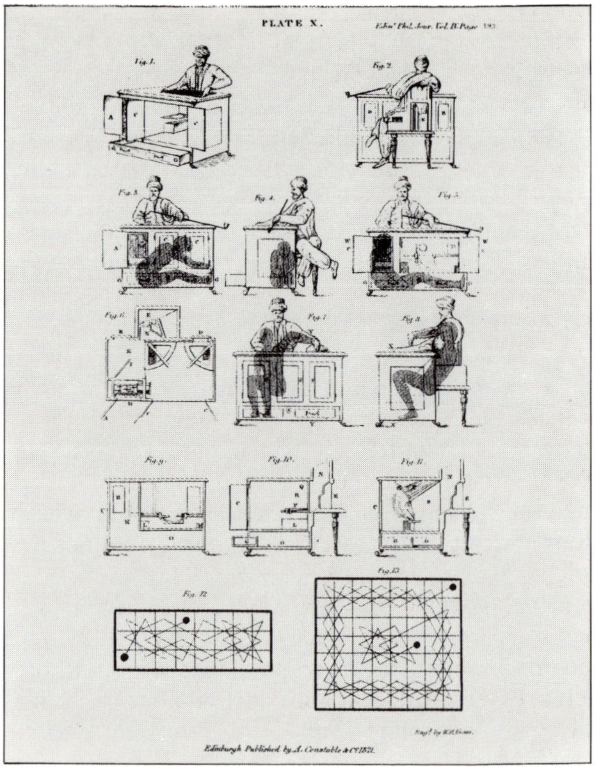

Die Illustrationen (Fig. 3–5) aus dem Buch von Willis verdeutlichen zutreffend, wie sich der im Innern des Kastens sitzende Mensch verbarg. Falsch ist hingegen die Erklärung, wie der Automat die Züge vollzog (Fig. 7–8)

Der damals erst 20jährige Willis beschränkte sich jedoch nicht allein auf die praktische Entlarvung des Türken. In seinem Buch finden wir auch eine sehr scharfsinnige theoretische Überlegung: »Die Maschine kann«, so schreibt er, »ohnehin schon aus prinzipiellen Gründen ohne menschliche Mitwirkung gar nicht funktionieren, denn einerlei wie erstaunlich die Leistungen der Automatenbauer sein mögen, beim Schach tritt eine neue Dimension hinzu, eine, die grundsätzlich von keiner vorstellbaren Mechanik der Welt zu bewältigen ist. Die Anzahl der nicht vorhersehbaren Situationen, die beim Schachspiel entstehen können, sind dermaßen groß, daß sie bei weitem die Leistungsgrenze einer bloßen Maschine übersteigen. Dieses zu bewältigen ist allein dem menschlichen Geist vorbehalten.«

»Bloße Maschinen« können in der Tat die Komplexität des Schachspiels niemals bewältigen, und ein »wirklicher« Schachautomat ließ lange auf sich warten. Erst in der zweiten Hälfte unseres eigenen Jahrhunderts konnte man ernsthaft daran denken, eine Schachmaschine zu bauen. Und diese stand naturgemäß im Zeichen einer völlig neuen Technologie: der elektronischen Datenverarbeitung.

Mit der Entwicklung des Computers wurde für jedermann offenkundig, daß solche Geräte viele, insbesondere mathematische und logische Aufgaben wesentlich schneller und präziser lösen können als der Mensch. Es ist daher nicht verwunderlich, daß viele der frühen Computerwissenschaftler sich sofort an die Aufgabe machten, Schachprogramme zu entwickeln. Die ersten Partien – wie die oben geschilderte – waren kaum aufs Brett gelegt, da kannte ihr Optimismus keine Grenzen: Herbert Simon und Allen Newell, Forscher der CARNEGIE-MELLON-Universität zu Pittsburgh, sagten 1957 voraus, daß binnen zehn Jahren ein digitalelektronischer Computer Schachweltmeister sein würde.

Diese Euphorie beruhte allerdings auf einem Fehlschluß, dem schon der Schriftsteller Edgar Allan Poe erlegen war. Poe, der 1836 mehrere Vorstellungen des Türken besucht hatte, schrieb eine vielgerühmte, in Wirklichkeit aber ziemlich unsinnige »Entlarvung«, in der er unter anderem von folgender Überlegung ausging:

»Ist das Princip erst einmal entdeckt, nach welchem man eine Maschine dazu bringen kann, Schach zu spielen, so bedarf's blos einer Erweiterung solchen Principes, sie das Spiel auch gewinnen, und einer neuerlichen Erweiterung, sie jedes Spiel gewinnen zu lassen, will sagen sie in den Stand zu setzen, jedweden Gegen-Spieler zu schlagen.« (Da jedoch der Türke gelegentlich eine Partie verlor, stand für Poe fest, daß ein Mensch für die Züge verantwortlich sein mußte!)

Daß die Sache gar so einfach nicht ist, mußten die ersten Computerwissenschaftler alsbald schmerzlich feststellen. Die Komplexität des Schachspiels errichtete vor ihnen eine Hürde, die brauchbare Ergebnisse prinzipiell auszuschließen schien. Jeder Versuch, einen Computer über die ersten bescheidenen Anfänge hinwegzubringen, scheiterte an einer »exponentiellen Explosion«, an der natürlichen Mathematik des Schachspiels.

Schach und Mathematik

Es wäre überhaupt kein Problem, einem Computer meisterliches Schach beizubringen, wenn man eine klare Formel hätte, mit der man zuverlässig gute Züge ermitteln könnte. Ähnliche Formeln kennt man für Spiele wie Nim und Superbrain. Für Schach könnte sie etwa so aussehen: Man spiele immer nur solche Züge, die dazu führen, daß dem Gegner genau zwei legale Züge weniger zur Verfügung stehen als einem selbst. Eine solche Formel würde von jedem Computer sofort verstanden und optimal ausgeführt werden. Sie könnte auch hundertmal komplizierter sein, ohne dem Rechner Schwierigkeiten zu bereiten.
Eine allgemeingültige Formel für das Schachspiel zu entdecken, bleibt allerdings trotz intensiver Bemühungen über viele Jahrhunderte reines Wunschdenken. Den Schachprogrammierern blieb daher nichts anderes übrig, als den Weg zu gehen, den alle Schachneulinge sehr wohl kennen: »Wenn ich das spiele, kann er das spielen, und dann kann ich das spielen.« Der Computer muß in seinem Speicher Züge und Gegenzüge ausprobieren, um möglichst günstige Fortsetzungen zu finden.
Es gibt aber ein großes Problem. Offensichtlich kann eine solche Strategie nur dann erfolgreich sein, wenn man möglichst weit vorausrechnet, wenn man Zugfolgen angemessen »tief« analysiert. Wie viele Stellungen man untersuchen muß, um eine bestimmte Suchtiefe zu erreichen, läßt sich ziemlich genau ausrechnen.
In einer normalen Schachpartie hat der Spieler, der am Zug ist, meist etwa 40 Züge zur Auswahl (diesen Wert erhält man, wenn man eine sehr große Anzahl von zufällig ausgewählten Stellungen aus Meisterpartien untersucht und einen Mittelwert ausrechnet). Soll nun ein Computer für jeden dieser möglichen Züge auch noch alle möglichen Antwortzüge des Gegners überprüfen, so muß er $40 \times 40 = 1600$ Fortsetzungen in Betracht ziehen. Wie das weitergeht, zeigt die folgende Tabelle.

Halbzüge	Anzahl der möglichen Stellungen	
1	50	
2	1600	
3	64000	
4	2,6 Millionen	
5	102 Millionen	← Menschenalter in Sekunden
6	4,1 Milliarden	
7	164 Milliarden	
8	6,5 Billionen (10^{12})	
9	262 Billionen	
10	10 Billiarden (10^{15})	
11	419 Billiarden	← Alter des Universums in Sekunden
12	17 Trillionen (10^{18})	
13	671 Trillionen	
14	$2{,}7 \times 10^{22}$	
.		
.		
.		
.		
49	$3{,}2 \times 10^{78}$	← Anzahl der Elementarteilchen im Universum
50	$1{,}3 \times 10^{80}$	
.		
.		
.		
.		
.		
.		
80	$1{,}5 \times 10^{128}$	

Die Zahlen, die im unteren Teil dieser Tabelle vorkommen, sind so gewaltig, daß sie sich kaum noch vorstellen lassen. Wäre jedes Elementarteilchen des Universums ein Supercomputer, der eine Million Stellungen pro Sekunde untersuchte, und hätten alle diese Computer wohlkoordiniert zu Beginn des Universums zu rechnen begonnen, wären sie bis heute erst beim 62. Halbzug angekommen!
Solche Zahlen beweisen deutlich, daß Schach für alle praktischen Zwecke ein unbegrenztes System ist und daß die Vorstellung, man könnte mit Hilfe eines

Computers irgendwann das Schachspiel vollständig erfassen, mit der Wirklichkeit nichts zu tun hat.
Glücklicherweise war dies aber nie das Ziel der Schachprogrammierer. Ihnen hätte es schon genügt, den amtierenden Weltmeister zu schlagen. Dazu braucht man sicherlich nicht 31 Züge weit im voraus zu rechnen. Acht bis zehn müßten auf alle Fälle reichen, jeden Großmeister das Fürchten zu lehren. Aber auch eine so »bescheidene« Zielsetzung bringt unlösbare Probleme mit sich.
In der Frühzeit der Schachprogrammierung standen Computer zur Verfügung, die etwa 500 Stellungen in der Sekunde erzeugen und bewerten konnten. In den durchschnittlich drei Minuten, die man bei einer Turnierpartie für einen Zug Zeit hat, konnten sie daher ca. 90000 Stellungen überprüfen.
Ein Blick auf die Tabelle zeigt, daß diese Leistung bequem ausreicht, um drei Halbzüge weit vorzudringen. Deutlich wird allerdings zugleich, daß man nicht darüber hinauskommt. Auch ein Rechner, der zehnmal schneller arbeitet, kann in drei Minuten keinesfalls die 2,5 Millionen Stellungen erzeugen und bewerten, die für eine Suchtiefe von vier Halbzügen nötig wären.
Drei Halbzüge sind aber herzlich wenig. Auch ungeübte Freizeit-Schachspieler kommen leicht damit zurecht und entwickeln Pläne, die wesentlich tiefer sind. Dementsprechend war die Spielstärke der ersten Programme ziemlich erbärmlich, und es war eigentlich nicht abzusehen, wie sich das je ändern sollte. Computer schienen auf absehbare Zeit dazu verdammt, bei öffentlichen Schachturnieren lediglich für amüsante Unterhaltung zu sorgen.

Das Alpha-Beta-Verfahren

Einen Ausweg aus dieser ersten Sackgasse der Schachprogrammierung brachte eine Entdeckung, die Computerwissenschaftler der CARNEGIE-MELLON-Universität 1958 machten. Wie so viele andere Entdeckungen war auch diese einfach, logisch, ja fast trivial. Und sie war längst überfällig. Man fragt sich, wie die klügsten Köpfe der Computerwissenschaft so lange (15 Jahre!) mit dem Problem befaßt sein konnten, *ohne* auf das Naheliegende zu kommen.
Den Wissenschaftlern aus Pittsburgh war bei der Arbeit an ihrem Schachprogramm aufgegangen, daß es nicht notwendig ist, in der Vorausberechnung sämtliche Stellungen, die möglich sind, tatsächlich zu erzeugen und zu bewerten. Man kann größere Teile des Suchbaums einfach ignorieren, *ohne dadurch das Ergebnis zu beeinflussen.*
Nehmen wir an, der Computer hat einen möglichen Zug A vollständig bis zu einer festgelegten Tiefe untersucht und festgestellt, daß dieser einen Bauern gewinnt. Nun beginnt er mit der Untersuchung eines zweiten Zuges B und stellt plötzlich fest, daß der Gegner eine sehr starke Erwiderung hat, die eine Figur erobert. Offensichtlich ist es unsinnig, den Rechner alle anderen Züge des Gegners auch noch untersuchen zu lassen, bevor er den eigenen Zug für schlecht befindet. Er kann sofort die Überprüfung von Zug B beenden und davon ausgehen, daß dieser Zug in der Endabrechnung auf jeden Fall schlechter abschneiden wird als der Zug A. Genau wieviel schlechter, das braucht den Computer nicht weiter zu interessieren.
Solche Abkürzungen, bei denen mögliche *gegnerische* Züge unberücksichtigt bleiben, nennt man »Alpha-Abschneidungen«. Ähnliche Abkürzungen gibt es auch bei den *eigenen* Zügen. Stellt der Rechner beispielsweise fest, daß ein bestimmter gegnerischer Zug einen ungünstigeren Wert für diesen herbeiführt als ein zuvor untersuchter, dann kann er auf die weitere Untersuchung dieses Zuges gleich verzichten. Er kann davon ausgehen, daß der Gegner sie ohnehin vermeiden und die erste Fortsetzung vorziehen wird. Solche Abkürzungen nennt man »Beta-Abschneidungen«, und das ganze Verfahren heißt »Alpha-Beta-Algorithmus«.
Durch das Alpha-Beta-Verfahren wird die Voraussuche auf dramatische Weise verkürzt. Eine einfache mathematische Analyse zeigt, daß bei optimaler Anwendung statt n nur jeweils $\sqrt{n}$ Stellungen tatsächlich untersucht werden müssen, d.h., bei drei Halbzügen wären anstatt 64000 Stellungen nur etwa 250 zu untersuchen. Die Tabelle auf S. 175 zeigt, was das für die Schachprogrammierung bedeutet.
Noch einmal ist die Anzahl der Stellungen aufgeführt, die in einer normalen Partie pro Halbzug entstehen können. In der dritten Spalte ist die Anzahl der Stellungen hinzugefügt, die bei einer durch Alpha-Beta verkürzten Suche tatsächlich zu überprüfen wären (also $\sqrt{n}$).
Eine optimale Anwendung des Alpha-Beta-Algo-

Halbzüge	n = Anzahl der möglichen Stellungen	$\sqrt{n}$	$5 \times \sqrt{n}$	Stellungen pro Sekunde
1	40	–	–	–
2	1600	40	200	1,1
3	64000	253	1265	7
4	2,6 Millionen	1600	8000	44
5	102 Millionen	10000	50000	281
6	4,1 Milliarden	64000	320000	1777
7	164 Milliarden	400000	2 Millionen	11000
8	6,5 Billionen	2,5 Millionen	12 Millionen	70000
9	262 Billionen	16 Millionen	80 Millionen	450000
10	10 Billiarden	102 Millionen	512 Millionen	2,8 Millionen
11	419 Billiarden	647 Millionen	3,2 Milliarden	17 Millionen
12	17 Trillionen	4 Milliarden	20 Milliarden	113 Millionen
13	671 Trillionen	26 Milliarden	129 Milliarden	719 Millionen
14	$2{,}7 \times 10^{22}$	163 Milliarden	819 Milliarden	4,5 Milliarden

rithmus läßt sich in der Praxis allerdings nie verwirklichen. Zum einen hängt die tatsächlich erzielte Einsparung sehr stark von der Reihenfolge ab, in der die Züge untersucht werden (untersucht der Rechner zufällig die schlechtesten Züge zuerst, dann die nächstschlechteren usw., gibt es überhaupt keine Einsparung!). Zum anderen muß das Programm am Ende des Suchbaums alle Schlagzüge weiterverfolgen (es kann ja nicht mitten in einem Schlagabtausch abbrechen und Bewertungen durchführen). Auch Schachgebote verlängern die Suche erheblich. Es müssen also wesentlich mehr Stellungen untersucht werden als die theoretisch errechneten. Um praxisnah zu bleiben, ist daher der theoretische Wert mit 5 multipliziert (Spalte 4).

Wie zu sehen, findet auch in der verkürzten Suche eine Explosion der Variantenzahl statt: Die Milliarden und Billionen kommen genauso unweigerlich wie bei der »ungekürzten« Suche. Aber eben etwas später, und genau daraus zogen die Schachprogrammierer Nutzen. Bei unveränderter Rechnerleistung konnten sie nun plötzlich wesentlich tiefer in die Stellung eindringen.

Die fünfte Spalte in der Tabelle gibt an, wie viele Stellungen pro Sekunde ein Computer untersuchen muß, um bei der (realistisch) verkürzten Suche die jeweilige Suchtiefe in drei Minuten zu bewältigen. Erkennbar ist, daß die Computer der Frühzeit mit ihren 500 Stellungen pro Sekunde nun plötzlich fünf (anstatt ursprünglich drei) Halbzüge weit vorausschauen konnten. Das macht einen beträchtlichen Unterschied. Wurde bei einer Suchtiefe von drei Halbzügen kaum die Spielstärke eines blutigen Anfängers erreicht, so konnten jetzt nur noch ausgefuchste Vereinsspieler mithalten. Die Mehrzahl aller Menschen, die Schach spielen, haben gegen ein fünf Halbzüge tief suchendes Programm keine Chance mehr.

Seit einigen Jahren gibt es Mikroprozessoren, die genauso leistungsfähig sind wie die frühen Großrechenanlagen. Die heutigen Heim-Schachcomputer, die in jedem Kaufhaus angeboten werden, können mit Hilfe solcher Mikroprozessoren ebenfalls mehrere hundert Stellungen pro Sekunde untersuchen, und die besten von ihnen sind längst in der Lage, jeden Anfänger und Hobbyspieler ohne Probleme zu besiegen. (Viele Hersteller richten sogar eine besonders schwache Spielstufe ein, bei der das Programm mit gebremster Kraft spielt, damit auch Gelegenheitsspieler etwas von den Geräten haben.)

Auch die Leistungen der Großrechner haben sich in der Zwischenzeit gewaltig gesteigert. Heute gibt es Computersysteme, die 5000 bis 10000 Stellungen pro Sekunde verarbeiten können, d.h., in den durchschnittlich drei Minuten, die bei einer Turnierpartie zwischen zwei Zügen zur Verfügung stehen, untersuchen sie über eine Million mögliche Fortsetzungen. Dabei bringen sie es auf eine Suchtiefe von sechs bis sieben Halbzügen. Solche Rechner sind

Der MEPHISTO *– ein handlicher Schachcomputer der neuesten Generation*

nicht nur Hobbyspielern haushoch überlegen, sie machen sogar Ligaspielern das Leben schwer.

Einige Programme spielten schon in den siebziger Jahren sehr erfolgreich in menschlichen Schachturnieren mit. Eine Programmserie, die unter dem Namen CHESS lief, erregte besonderes Aufsehen. CHESS 4.5 gewann nicht nur vier US-Computerschach-Meisterschaften und eine Weltmeisterschaft für Computer, es konnte sich auch bei menschlichen Turnieren – das mußte die US-Schachgemeinschaft mit Beunruhigung registrieren – ganz hervorragend behaupten. 1981 kam es noch schlimmer: Das Programm CRAY BLITZ, das auf dem größten Rechner der Welt läuft, wurde zu den offenen Landesmeisterschaften seines Heimatstaats Mississippi eingeladen – als Gag, um für zusätzliche Attraktivität der Veranstaltung zu sorgen. Das Programm tat des Guten zuviel und gewann sämtliche Partien. Damit war CRAY BLITZ eigentlich Landesmeister, was den Veranstaltern jedoch als so undenkbar erschien, daß sie den Zweitplazierten – einen Menschen – kurzerhand zum Sieger erklärten.

Die Strategien der Großmeister

Mit dieser Entwicklung, so könnte man meinen, wären die Schachprogrammierer am Ziel – oder wenigstens so kurz davor, daß es nur eine Frage der Zeit sein könnte, bis ein Computer Weltmeister würde. Wenn man in der Lage ist, über 99 Prozent aller Schachspieler der Welt zu schlagen, wie sollte es ein Problem sein, auch noch die letzten wenigen Spitzenspieler zu bezwingen? Viele Computerschach-Enthusiasten glaubten, es könne höchstens einige Jahre dauern.

Die Schachprogrammierer selbst, die es so weit gebracht hatten, wußten es freilich besser: Zwischen ihren Programmen und dem restlichen einen Prozent der Schachspieler lagen noch Welten. Die Schach spielenden elektronischen Giganten, so imponierend ihre Leistungen auch sein mochten, wurden nämlich von dieser verhältnismäßig kleinen Gruppe hochtrainierter Schachprofis geradezu deklassiert.

Es gibt über 300 Internationale Meister und ungefähr 150 Großmeister in der Welt. Auch gegen schwächere Internationale Meister sind Computerprogramme wie das bereits erwähnte CHESS 4.5 aus Chicago ziemlich chancenlos. Das wurde besonders deutlich, als der IM David Levy 1968 eine Wette anbot, es würde innerhalb von zehn Jahren keinem Computer der Welt gelingen, ihn im ernsten Wettkampf zu bezwingen. Mehrere Computerwissenschaftler nahmen die Wette zuversichtlich an.

Levy hatte nie zu den stärksten seiner Meisterklasse gehört und bis 1978 seine aktive Wettkampfkarriere schon längst beendet. Dennoch konnte er die meisten Programme, die zur Einlösung der Wette angetreten waren, gleich im Simultanspiel besiegen. Nur CHESS 4.7 (eine Revision von CHESS 4.5), gegen das er unter regem Medieninteresse in Montreal und Hamburg spielte, leistete ein wenig Widerstand und trotzte ihm zwei von insgesamt sechs Punkten ab.

Gegen Spitzengroßmeister war die Sache noch klarer. Das Nachrichtenmagazin »Der Spiegel« arrangierte 1979 eine Partie zwischen CHESS 4.8 und dem damaligen Vizeweltmeister Viktor Kortschnoi. Der Exilrusse hatte nicht die geringsten Schwierigkeiten, den Großrechner in die Schranken zu weisen. Und der deutsche Spitzenspieler Robert Hübner, der die Partie kommentierte, konnte anschließend bei

Orangensaft und Kuchen Chess 4.8 in mehreren Blitzpartien mit größter Leichtigkeit schlagen. Man kann davon ausgehen, daß die sogenannten »Supergroßmeister« gegen zwei Dutzend solcher Programme gleichzeitig spielen könnten, ohne dabei mehr als den einen oder anderen Punkt abzugeben, geschweige denn deutlich zu verlieren.

Es ist offensichtlich, daß Großmeister beim Schachspiel eine Strategie verwenden, die mit der eines Computers so gut wie nichts gemeinsam hat. Während ein Programm wie Chess mehrere tausend mögliche Fortsetzungen in der Sekunde untersucht, kann ein Mensch, auch ein geschulter Spezialist, in derselben Zeit höchstens eine oder zwei bewältigen.

Gute Schachspieler ziehen bei ihren Überlegungen zwangsläufig nur einen mikroskopisch kleinen Teil der möglichen Fortsetzungen in Betracht. Dennoch sind sie den Rechnern überlegen. Offensichtlich gibt es eine weit effektivere Methode, die ohne die Überprüfung von Millionen von Stellungen auskommt. Die Frage ist: Läßt sich diese Methode möglicherweise in der Schachprogrammierung sinnvoll einsetzen?

Wie die erstaunlichen Leistungen der Großmeister genau zustande kommen, ist leider noch völlig unklar. Die Betroffenen selbst sind meist am wenigsten in der Lage, ihre Denkprozesse plausibel zu erklären. Dennoch gibt es einige Untersuchungen, die zumindest erste Hinweise liefern. Vor allem der holländische Psychologe Adrian de Groot, der in den dreißiger und vierziger Jahren eine Reihe von Experimenten mit Schachspielern durchgeführt hat, machte eine Reihe von aufschlußreichen Entdekkungen.

De Groot hat bei seinen Untersuchungen festgestellt, daß nicht einmal die landläufige Vorstellung, Spitzenspieler würden bei Meisterpartien Hunderte

Der Internationale Meister David Levy im ZDF-Studio in Hamburg im Spiel gegen Chess 4.8. *Der Roboterarm wurde von einem Rechner in den USA gesteuert*

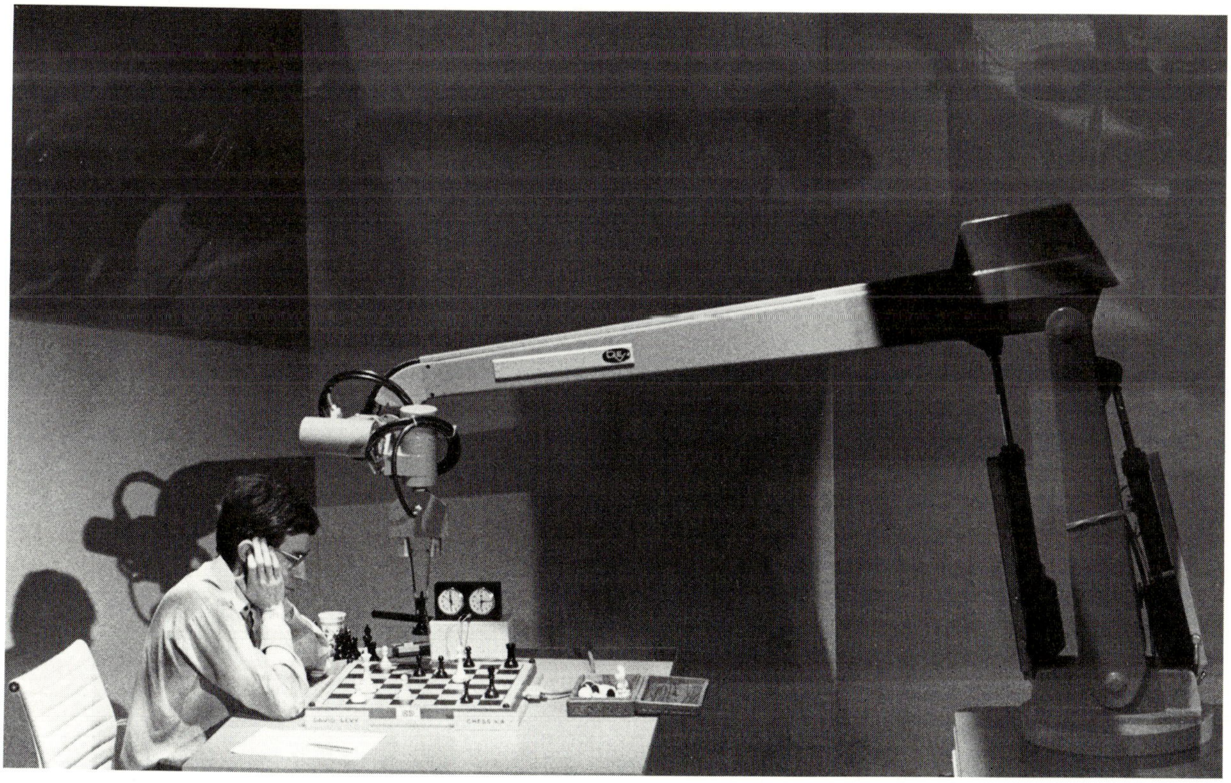

von Stellungen mit ungeheurer Geschwindigkeit durchrechnen, zutreffend ist. Vielmehr ziehen Großmeister in einer normalen Stellung durchschnittlich nur zwei Züge in Betracht und verfolgen anschließend eine sehr geringe Anzahl von möglichen Fortsetzungen für diese Züge (de Groot hat einen Durchschnitt von 35 Varianten ermittelt). Auch wenn sie sehr lange über einer Stellung brüten, bedenken sie dabei meist mit großer Sorgfalt und Genauigkeit die Konsequenzen eines Zuges, den sie in den ersten Sekunden gewählt haben und den sie zum Schluß auch ausführen.
Wie einige russische Forscher vor ihm, hat auch de Groot versucht, die Mechanismen dieser gleichsam »intuitiven« Spielweise herauszufinden. Dazu hat er in einem Experiment den Versuchspersonen Stellungen vorgesetzt, die sie fünf Sekunden lang betrachten mußten. Danach sollten sie versuchen, die Lage der Figuren aus dem Gedächtnis wiederzugeben. Die Ergebnisse waren verblüffend. Während Amateure einige wenige Figuren richtig plazierten, hatten Spitzenspieler meist keine Mühe, die Stellung vollständig und fehlerfrei zu reproduzieren.
Das Experiment ist leicht zu wiederholen. Betrachten Sie bitte die folgende Stellung genau fünf Sekunden lang und versuchen Sie, sie anschließend auf einem Schachbrett aufzubauen.
Wenn Sie nicht in der Lage sind, mehr als vier oder fünf Figuren richtig zu plazieren, sind Sie wahrscheinlich ein Schachneuling oder ein Hobbyspieler. Geübte Schachspieler sollten die Stellung zu 70 oder

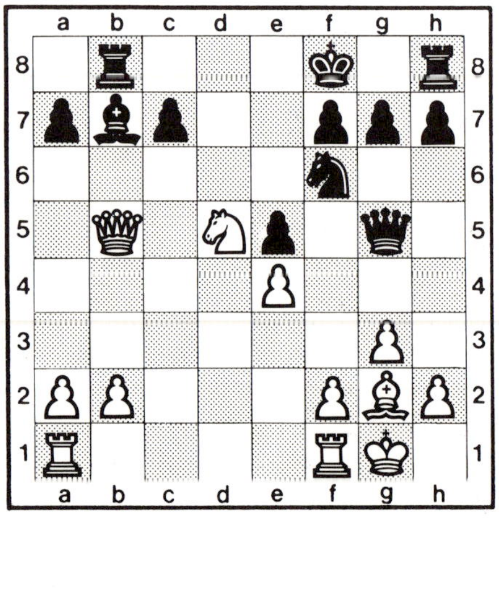

80 Prozent richtig wiedergeben, während ein Großmeister sie mit Sicherheit fehlerfrei herunterdiktieren wird. Aber nicht nur das, er wird todsicher noch hinzufügen: »Übrigens, wenn Weiß am Zug ist, dann gewinnt 1.Dc5+ in fünf Zügen durch Erstickungsmatt.«
Wie ist so etwas möglich? Zunächst einmal sehen gute Schachspieler in der Stellung keineswegs 24 individuelle Figuren, die beziehungslos zueinander auf dem Brett stehen. Vielmehr erkennen sie sofort bestimmte Muster, bestimmte Konstellationen von Figuren, die für sie eine Bedeutung haben. So bilden beispielsweise die sechs weißen Steine in der rechten unteren Ecke das sogenannte Fianchetto, das mit einem einzigen kurzen Blick erfaßt wird. Für einen guten Schachspieler ist das eine Art Superfigur, ein »Schach-Wort«, von denen ihm viele Tausende geläufig sind.
Man kann solche Schach-Wörter gut mit den Wörtern der geschriebenen Sprache vergleichen. Auch für uns ist das Wort »Schach« nicht eine Ansammlung von sechs Buchstaben, die beziehungslos zusammenstehen (wie etwa »cmJhüv«), sondern wir erkennen sofort einen Zusammenhang und können mit einem Blick das Wort erfassen und im Kurzzeitgedächtnis speichern.
Untersuchungen an Großmeistern haben ergeben, daß sie mit einem Vokabular von schätzungsweise 50000 Schach-Wörtern operieren. Das liegt ziemlich genau in der Größenordnung des Gesamtwortschatzes (Grundwörter, Stämme, Flexionsformen etc.) eines gebildeten Sprechers einer natürlichen Sprache. Freilich haben die wenigsten der Schach-Wörter Namen, wie etwa das oben erwähnte Fianchetto. Und noch weniger gibt es eine systematische Sammlung, ein »Wörterbuch«, das auch Laien konsultieren könnten. Eine solche Sammlung würde auch wenig nützen. Notwendig wäre noch eine ausführliche Liste aller funktionalen Zusammenhänge, die zwischen den einzelnen Schach-Wörtern möglich sind, ebenso wie für die Verwendung von Wörtern der natürlichen Sprache Kenntnisse der syntaktischen und semantischen Anwendungsregeln erforderlich sind.
Die Wörter und die Anwendungsregeln unserer Muttersprache lernen wir allein durch Erfahrung, und auch vorzügliche Redner sind sehr selten in der Lage, über die genauen Mechanismen ihrer Sprache

Bei einem Experiment werden die Augenbewegungen des Großmeisters Adorjan (Ungarn) während des Spiels untersucht. Rechts sitzend, der Mitherausgeber dieses Buches, Helmut Pfleger

Sinnvolles auszusagen. Ebensowenig sind es die Großmeister in bezug auf Schach. Sie haben die Schach-Wörter und ihre funktionalen Zusammenhänge im Laufe der Jahre ziemlich unbewußt gelernt und können mit ihnen vorzüglich operieren. Sie sind aber beim besten Willen nicht in der Lage, einem Schachprogrammierer etwas über die Wörter selbst und ihre Wirkungszusammenhänge zu sagen.

Auch in der Schachliteratur findet man kaum etwas darüber. Auf die Frage eines Informatikprofessors, ob denn eine Formalisierung und Quantifizierung schachstrategischer Begriffe nicht schon in der einschlägigen Literatur über Schachstrategie zu finden sei, antwortete Dr. Robert Hübner dezidiert: »Damit ist meines Erachtens noch nicht einmal ein Anfang gemacht worden. Die Literatur über Schachstrategie ist meist nichts anderes als eine Sammlung von Beispielen... Die Bemühungen, eine Theorie des Schachspiels aufzustellen, sind so laienhaft und elementar, daß sie für die Aufgabe, ein Programm für einen Computer zu entwickeln, nichts hergeben und absolut wertlos sind.« (Gespräch im »Spiegel« Nr. 17/1979)

Für die Schachprogrammierung ist das natürlich eine Tragödie. 50000 Wörter einzugeben, wäre eine leichte, überschaubare Aufgabe gewesen. Gäbe es noch dazu einen Katalog von eindeutig definierten Anwendungsregeln, dann hätte man mit Sicherheit sehr bald das Niveau eines Großmeisters erreicht, ja vermutlich weit übertroffen.

»Intelligente« Schachprogramme

Trotz der Unmöglichkeit, das Schachwissen von Großmeistern zu formalisieren, hat deren Fähigkeit, nach Überprüfung von sehr wenigen Varianten gute Züge zu finden, die Schachprogrammierer weiterhin fasziniert. Könnte man es einem Computer denn nicht abgewöhnen, *jeden* Zug, sei er auch noch so sinnlos, bei seiner Vorausberechnung einzuschließen?, fragte man sich. Wenn es gelänge, die Anzahl der Züge in jeder Stellung drastisch zu reduzieren – von 40 auf zwei, drei –, dann könnten es Computer den Großmeistern gleichtun und spielentscheidende Varianten 16 bis 20 Halbzüge tief verfolgen.

Freilich müßte ein so geartetes Programm in der Lage sein, in jeder Stellung mit großer Zuverlässigkeit genau die 35 bis 40 Züge auszusondern, die auch ein Spitzenspieler unsinnig nennen würde. Es müßte mit einer großen Menge Schachwissen ausgestattet werden, um wirksam zwischen sinnvollen und sinnlosen Zügen zu unterscheiden. Es würde viel langsamer (pro Stellung gerechnet) arbeiten als ein traditionelles Programm, dafür aber die Rechenzeit sehr viel effektiver nutzen.

Eine solche Strategie, bei der man in der Voraussuche auf jeder Ebene nur eine Teilmenge der möglichen Züge untersucht, wurde schon 1950 von Claude Shannon, Mathematiker, Wissenschaftler und »Vater der Schachprogrammierung«, in einem bahnbrechenden Aufsatz beschrieben. Shannon nannte das die »B-Strategie« und stellte sie der »A-Strategie« gegenüber, bei der sämtliche theoretisch möglichen Fortsetzungen bis zur festgelegten Suchtiefe überprüft werden.

Eine ganze Reihe von Fachleuten haben mit der »intelligenten« B-Strategie, deren Anziehungskraft naturgemäß groß ist, experimentiert. Die meisten von ihnen kamen jedoch kaum über die Ankündigung und Darlegung des Forschungsziels hinaus. Das erste Programm, das wirklich spielte, war MACHAK von Richard Greenblatt, einem Studenten des MASSACHUSETTS INSTITUTE OF TECHNOLOGY (MIT). Greenblatt setzte über 50 aufwendige Bewertungsfunktionen ein, um »plausible« Züge zu bestimmen und nur solche bei der Voraussuche zu berücksichtigen. In den ersten beiden Halbzügen untersuchte MACHACK je 15, in den nächsten beiden neun und danach sieben mögliche Fortsetzungen.

MACHACK hat nie mit den anderen Programmen ernsthaft konkurrieren können. Es übersah viel zu häufig simple Fallen, und so baute Greenblatt einige Jahre später eine zusätzliche Maschine, die traditionell (nach der A-Strategie) vorausrechnet und nur Material bewertet. Diese arbeitete parallel zu MACHACK und sollte die schlimmsten Fehler verhindern (Greenblatt nannte sie den »blunder blocker«).

Auch zwei Ex-Weltmeister setzten auf die B-Strategie. Dr. Hans Berliner, ehemals Weltmeister im Fernschach, bastelt seit vielen Jahren an einem Programm, das riesige Mengen von Schachwissen verarbeitet und nur wenige hundert Stellungen zwischen zwei Zügen untersucht. Aber das Programm wurde nie ganz fertig und hat bislang noch nicht an internationalen Wettkämpfen teilgenommen. (Als Berliner Ende 1983 endlich einmal eine Computerschach-WM besuchte, war es mit einem ganz traditionellen Typ-A-Programm.)

Viel Aufsehen hat der Entwurf eines Programms erregt, den der Altweltmeister Michail Botwinnik 1970 der Welt präsentierte. Das Programm PIONIER sollte höchst menschlich spielen, Wirkungszusammenhänge erkennen, intelligente Pläne entwickeln, unsinnige Züge ignorieren. Und es sollte auf Anhieb höchste Meisterstärke erreichen. Leider wurde auch PIONIER nie fertig und hat bis heute keine einzige Schachpartie gespielt.

Das wohl interessanteste Experiment mit der »intelligenten« Methode führen zwei junge Programmierer, Thomas Nitsche und Elmar Henne, zur Zeit in München durch. Sie haben im Laufe der Jahre ihr Programm, das in den bekannten MEPHISTO-Schachcomputern steckt, konsequent zu einem selektiv suchenden Typ-B-Programm entwickelt. Während die Mikrorechner der Konkurrenz mit Hilfe von immer schnelleren Suchalgorithmen bei ca. 1000 Stellungsüberprüfungen pro Sekunde angelangt sind, begnügt sich das mit Schachwissen vollgepropfte MEPHISTO-Programm mit nur *drei* Stellungen in der Sekunde! Dennoch hat es eine Spielstärke erreicht, die vor wenigen Jahren bei einem solchen Unterfangen für unmöglich gehalten wurde.

Allerdings haben auch die besten und aufwendigsten Typ-B-Programme bislang 2000 *Elo*-Punkte nicht überschreiten können. Wenn nicht ein dramatischer konzeptioneller Durchbruch erzielt wird, erwartet kaum jemand, daß es in nächster Zukunft

Der zweifache Weltmeister im Fernschach und Computerwissenschaftler Hans Berliner von der CARNEGIE MELLON UNIVERSITY *beim Testen eines Programms*

gerade einem intelligenten, selektiv arbeitenden Schachprogramm gelingen könnte, die Spielstärke eines Großmeisters zu erreichen.

Neue Wege

Erneut steckt, wie es scheint, die Schachprogrammierung in einer Zwickmühle. Einerseits ist es nur in äußerst begrenztem Umfang möglich, von dem Wissen der Großmeister zu profitieren und »intelligente« Programme zu entwickeln – viele Großmeister bieten ihre Hilfe an, aber die Programmierer haben längst erkannt, daß das wenig einbringt. Andererseits gibt es bei der traditionellen »Gewaltmethode« kaum einen Weg, über die Grenzen von höchstens sieben Halbzügen hinauszukommen (für jeden weiteren Halbzug braucht man einen Rechner, der fünfmal so schnell ist).

Gibt es also zwischen dem schachlichen Leistungsvermögen der besten Computerprogramme und dem der menschlichen Spitzenspieler eine Kluft, die prinzipiell unüberwindbar ist? Diese Meinung vertreten viele Experten – jedenfalls für die absehbare Zukunft und mit den heute bekannten Technologien. Denn es stehen nur zwei wenig aussichtsreiche Wege zur Auswahl.

Eine wesentliche Verbesserung der Bewertungsfunktionen kann grundsätzlich nur mit einer Verlangsamung der Verarbeitungsgeschwindigkeit des Programms und somit einer Verringerung der Suchtiefe erkauft werden. B-Typ-Programme müssen noch beweisen, daß sie diesen Nachteil durch extrem effiziente Ausnützung der Rechnerleistung wettmachen können. Sie müssen mindestens auf das Niveau der »Gewaltprogramme« kommen.

Aber auch diese sind nur unter Schwierigkeiten zu

CRAY BLITZ
BELLE
BELLE CRAY BLITZ

CRAY I, *zur Zeit der schnellste Computer der Welt*

verbessern. Um ein traditionelles A-Typ-Programm stärker zu machen, braucht man in erster Linie noch schnellere Rechner. Vorhandene Rechnerleistungen können zwar durch weitere Verfeinerungen am Programm effektiver ausgenützt werden, doch ermöglicht das höchstens eine geringe Geschwindigkeitssteigerung. Will man bei den rudimentären Bewertungsfunktionen einen deutlichen Leistungsschub erzielen, muß man den Suchbaum um etliche Halbzüge vertiefen. Mindestens zehn Halbzüge müßten es schon sein – daran zweifeln nicht einmal die Optimisten –, bevor das Niveau eines Großmeisters erreicht wäre.

Zehn Halbzüge verlangen aber trotz optimaler Anwendung sämtlicher Programmierkniffe etwa 500 Millionen Stellungsbewertungen in drei Minuten. Das übersteigt die Leistungsfähigkeit auch der größten Rechenanlagen der Welt fast um das Tausendfache. Ein Superrechner, der diese Aufgabe bewältigen könnte, ist noch nicht in Sicht.

Eine endgültige Sackgasse also, die bei etwa sieben Halbzügen unweigerlich endet? Damit hatten sich, wie gesagt, die meisten Fachleute abgefunden. Nicht jedoch einige Computerwissenschaftler, für die prinzipielle Grenzen schon immer dazu da waren, vom findigen Geist überschritten zu werden.

Ende 1979 ging in eingeweihten Kreisen das Gerücht um, es werde in den USA an einer Maschine gearbeitet, die alles, was bis dahin auf elektronischem Wege Schach gespielt hatte, in den Schatten stelle. Keine Millionenentwicklung der NASA oder eines Computer-Multis, sondern Bastelarbeit von zwei Forschern der renommierten BELL LABORATORIES in New Jersey.

Diese Wissenschaftler, Ken Thompson und Joe Condon, löteten eine große Anzahl von mikroelektronischen Bauelementen zu einem wahrlich furchterregenden Gebilde zusammen. Sie haben in ihrer Spezialmaschine ein traditionelles A-Typ-Programm gewissermaßen fest verdrahtet. Die meisten schachspezifischen Aufgaben – die Erzeugung legaler Züge, Material- und Stellungsbewertung, Vergleichsoperationen – können dadurch weitaus effizienter durchgeführt werden als mit einer Universalrechenanlage, die für eine große Vielfalt von Aufgabenstellungen konzipiert und gebaut ist. Der Spezialrechner, der Bauteile im Wert von ca. $20.000 enthält, kann dagegen nur Schach spielen.

Das ursprüngliche Ziel des Projekts war es, 1000000 Stellungen pro Sekunde zu erzeugen und zu bewerten! (Zum Vergleich: CHESS 4.8 schafft ca. 5000.) Damit wären die zehn Halbzüge, die Großmeisterstärke bringen sollen, per saltum erreicht. Freilich konnten Thompson und Condon ihr unbescheidenes Vorhaben nicht vollständig verwirklichen. Die tatsächlich gebaute Maschine, die auf den Namen BELLE getauft wurde, schaffte »nur« 150000 Stellungen und erreichte eine durchschnittliche Suchtiefe

Oben links: David Slade und Larry Atkin: die Autoren von CHESS 4.8.
Unten links: Ken Thompson, Joe Condon und die Weltmeister im Computerschach, die Autoren von CRAY BLITZ, *Robert Hyett und Al Gower (von links)*

Das Computerprogramm CHESS 4.8 *spielt 1979 in Hamburg simultan gegen 20 Schachspieler*

von neun Halbzügen. Immerhin reichte das aus, BELLE über Nacht weltberühmt zu machen.
Die Leistungen, die diese Maschine auf dem Schachbrett zeigt, sind in der Tat bemerkenswert. Seit ihrer Fertigstellung hat BELLE alles gewonnen, was es beim Computerschach zu gewinnen gab. Aber auch in Partien gegen menschliche Gegner bewies sie ihre Stärke. Zwar konnte die Spielstärke eines Großmeisters nicht erreicht werden, aber etliche Internationale Meister und Spieler ähnlichen Niveaus mußten Niederlagen hinnehmen. Besonders im Blitzspiel haben die Menschen es gegen diese Maschine schwer: Bei den offenen Blitzmeisterschaften der USA 1982 wurde BELLE zweite, eine Leistung, die man noch vor wenigen Jahren in den Bereich der Science-fiction verlegt hätte.
BELLE hat in den Jahren von 1980 bis 1983 die Konkurrenz vollständig dominiert und in keinem Computerturnier einen schlechteren als den ersten Platz belegt. Noch während der Vierten Computerschach-Weltmeisterschaft in New York im Oktober 1983 wurde ihr von der US-Schachföderation der offizielle Titel eines Nationalen Meisters verliehen. Aber just bei dieser Meisterschaft wurde sie jäh entthront. Weltmeister wurde eine Maschine, die etwa 1000mal teurer ist als BELLE!
Der CRAY I gilt zur Zeit als größter und schnellster Rechner der Welt. Dieser Supercomputer kann in einer einzigen Sekunde nicht weniger als 80 Millionen arithmetische Operationen (Additionen, Subtraktionen, Multiplikationen etc.) ausführen, so viele wie ein geschulter Mathematiker in einem Menschenleben! Normalerweise befaßt sich ein solcher Hochleistungsrechner mit den Wünschen von

mehreren tausend Benutzern gleichzeitig. Aber während einer Schachpartie setzt er seine ganze Rechenkraft ausschließlich für diese einzige Aufgabe ein. Er spielt Schach und ist für den Rest der Welt nicht ansprechbar. Das Programm CRAY BLITZ, das auf diesem Superrechner läuft, galt schon immer als schärfster Rivale von BELLE. Aber die kleine selbstgebastelte Maschine aus New Jersey ließ sich nicht besiegen. In New York setzten die BLITZ-Autoren einen brandneuen CRAY I X-MP ein. Das X bezeichnet eine noch schnellere Forschungsversion des Rechners, das MP steht für »Multi Processing«, womit zum Ausdruck gebracht wird, daß gleich zwei Rechner der Sorte gemeinsam die Arbeit verrichten. So viel Rechengewalt (210000000 Operationen in der Sekunde!) ist noch nie für das Schachspiel aufgewendet worden. In einer dramatischen Partie, bei der Altweltmeister Botwinnik am Tisch saß, gelang es CRAY BLITZ zum ersten Mal, seinen Rivalen zu schlagen und die Meisterschaft zu gewinnen. Ein lang ersehnter Sieg, der gebührend gefeiert wurde. Viele Experten halten allerdings die BELLE-Maschine nach wie vor für stärker, denn mit ca. 30000 Stellungsüberprüfungen in der Sekunde ist BLITZ immer noch wesentlich langsamer als BELLE. Und bei Schach spielenden Computern ist das – so stellt es sich jedenfalls momentan dar noch – ausschlaggebend.

Daß wir noch in unserem Jahrhundert – wahrscheinlicher sogar in diesem Jahrzehnt – Spezialrechner sehen werden, die das Traumziel von 1000000 Stellungen pro Sekunde erreichen werden, gilt als sicher. Es gibt aber eine andere Entwicklung, mit der sich die Schachgemeinde auseinandersetzen muß. Schon heute ist es theoretisch möglich, die gesamte BELLE-Maschine auf einigen wenigen »Chips« unterzubringen. Das würde nicht nur Kosten sparen, sondern es hätte noch eine Geschwindigkeitssteigerung um einen Faktor 10 zur Folge. Verbessert man noch die Bewertungsfunktion, hat man dann einen kleinen Schachcomputer, der zwischen den zwei Zügen einer Turnierpartie nicht weniger als 360 Millionen Stellungen überprüft.

Eine solche Maschine würde sicherlich so manchen Großmeister in Verlegenheit bringen können und im Blitzschach zu den stärksten Spielern der Welt zählen.

Was diese Entwicklung schachtheoretisch bedeutet, wie die Schachspieler in aller Welt mit einem solchen Instrument umgehen werden, bleibt abzuwarten. Der elektronische Weltmeister mag immer noch nicht in Sicht sein, aber der elektronische Großmeister in der Aktentasche könnte bereits für die nächste Generation von Schachspielern zur Selbstverständlichkeit werden.

Horst Metzing
Schach in Deutschland

Erste dokumentarische Hinweise auf das Vorhandensein des Schachspiels im mittelalterlichen Deutschland gibt uns der von einem Mönch (Froumant?) in Hexametern verfaßte Ritterroman »Ruodlieb«. Um 1050 wurde diese Pergamenthandschrift im Kloster Tegernsee verfaßt. Die Passage, die sich mit dem Schachspiel befaßt, schildert die Mission des Ruodlieb als Friedensboten, der zu Besuch bei einem besiegten König ist. Bevor er Zutritt zum König erhält, muß er erst einmal fünf Tage lang Schach gegen den obersten Marschall spielen. Auch der König spielt – mit und ohne Berater – gegen Ruodlieb, verliert aber wie zuvor sein Marschall regelmäßig. Diese Partien werden, wie es im Mittelalter durchaus üblich war, um Geld gespielt.

Obwohl das Schachspiel nach Petrus Alfonsi, dem Leibarzt des spanischen Königs Alfonso I. von Aragon, neben dem Reiten, Schwimmen, Bogenschießen, Fechten, Jagen und der Dichtkunst zu den »sieben Tugenden« der Ritter zählte, blieb es in den deutschen Heldenliedern unerwähnt.

Mit der Einführung der Buchdruckerkunst nahm dann die Zahl der Veröffentlichungen über das Schachspiel zu. Die von Meister Ingold, einem Augsburger Dominikanermönch, 1450 verfaßte Handschrift »Das Guldin-Spiel« wurde 1472 in Reutlingen gedruckt. Es werden darin sieben Spiele (darunter auch das Schachspiel) abgehandelt, die mit den sieben Hauptsünden verglichen werden.

Im 14. und 15. Jahrhundert läßt das Interesse am Schachspiel selbst nach, hingegen werden Schachaufgaben immer beliebter. Erst eine Änderung des bisherigen arabischen Schachs in der zweiten Hälfte des 15. Jahrhunderts verschafft dem Schachspiel neue Impulse. Mit der Änderung der Gangarten für die bis dahin bedeutungslosen *Ferz* und *Fil* in langschrittige Damen und Läufer wurde das Schachspiel wieder interessanter. Verbunden damit waren einfache Organisationsformen für die Durchführung von Schachveranstaltungen. So fand 1467 der erste Schachwettkampf zwischen Heidelberg und Nördlingen statt. Zehn Jahre später wurde in Nürnberg das erste Schachturnier ausgetragen.

Im Jahre 1616 erschien unter dem Pseudonym Gustavus Selenus das erste deutsche Lehrbuch »Das Schach- oder König-Spiel«. Der Herzog August der Jüngere von Braunschweig-Lüneburg-Dannenberg, der sich hinter diesem Pseudonym verbarg, übertrug das berühmte Lehrbuch von Ruy Lopez Libro de la Invención Liberal y Arte del Juego del Ajedrez in die deutsche Sprache, fügte aber außerdem ein Kapitel über die Spielweise in dem berühmten Dorf Ströbeck bei Halberstadt hinzu.

In diesem Schachdorf heißt nicht nur die älteste Gaststätte »Zum Schachspiel« und hat nicht nur die Dorfkirche statt eines Wetterhahns ein Schachbrett auf ihrer Kirchturmspitze, sondern auch der Dorfplatz wird von einem großen Schachbrett geziert, auf dem einmal jährlich Partien mit lebenden Figuren gespielt werden. Noch heute wird dort nach Regeln gespielt, die eine Mischung aus altem und neuem Schach bilden. Wie das Schachspiel ausgerechnet nach Ströbeck kam, ist unbekannt. Ein Gewirr von Sage und Wahrheit läßt verschiedene Versionen zu.

Der Dreißigjährige Krieg (1618–1648) zerstörte dann die bisherigen Organisationsformen des Schachs, man kann sogar von einem Stillstand bis Ende des 18. Jahrhunderts sprechen. Inzwischen war das Schachspiel schon lange keine reine Unterhaltung des Adels mehr, sondern hatte im Bürgertum viele Freunde gewonnen.

Mit Beginn des 19. Jahrhunderts begann dann

Das Schach- oder König-Spiel.
Von
GUSTAVO SELENO,
In vier unterschiedene Bücher/ mit besonderm fleiß/gründ- und ordentlich abgefasset.
Auch mit dienlichen Kupfer-Stichen / gezieret:
Desgleichen vorhin nicht außgangen.
Diesem ist zu ende/angefüget/ein sehr altes Spiel / genandt /
RYTHMO-MACHIA.
Cum Privil: Cæsareo, ad Sexennium.
LIPSIÆ. CIↃ IↃC XVI.

Titelblatt des ersten deutschen Schachlehrbuches von Gustavus Selenus aus dem Jahre 1616

schließlich das »moderne« organisierte Vereinsleben. Parallel entwickelte sich eine eigenständige deutschsprachige Schachliteratur (z. B. Allgaier). Der älteste, heute noch bestehende Schachclub ist die »Berliner Schachgesellschaft von 1827«, in der sich die damals stärksten Berliner Spieler regelmäßig trafen. Auf Initiative der immer zahlreicher werdenden Vereine wurden 1861 und 1874 regionale Verbände gegründet (Westdeutscher, Norddeutscher, Mitteldeutscher und Süddeutscher Schachbund), um Wettkämpfe und Turniere zu organisieren. Der langgehegte Wunsch, einen deutschen Dachverband zu institutionalisieren, ging am 18. Juli 1877 in Leipzig in Erfüllung. Zwei Jahre später, beim ersten offiziellen Kongreß des neugegründeten Bundes, wurde die Satzung beschlossen, die im Paragraphen 1 lautete: »Zweck des Deutschen Schachbundes ist die Förderung des Schachspieles, insbesondere in Deutschland und vornehmlich durch Veranstaltung von regelmäßig wiederkehrenden Versammlungen (sogenannten Kongressen). Durch diese Versammlungen soll nicht nur die persönliche Berührung der Schachfreunde miteinander erleichtert und der Meinungsaustausch über die Pflege des Schachs sowie die Entscheidung über erhebliche Schachfragen herbeigeführt, sondern auch die Gelegenheit zur praktischen Ausübung des Spiels in größeren gemeinsamen Wettkämpfen und in Partien jeder beliebigen Gattung geboten werden.«

Von Anderssen bis Lasker

Mitte des 18. Jahrhunderts ist Frankreich die führende Schachnation. François André Danican Philidor, zugleich ein noch heute geschätzter Komponist, und Louis Charles Mahé de La Bourdonnais sind nicht nur die – zu dieser Zeit noch inoffiziellen – Weltmeister, sondern prägen das Schachspiel mit ihrem Stil. Nachdem 1843 der englische Shakespeare-Experte Howard Staunton in Paris den französischen Weinhändler Pierre de St. Amant besiegt, ist die französische Vorherrschaft gebrochen.
Inspiriert durch die erste Weltausstellung in London entwickelte Staunton die Idee, dieses Spektakel 1851 in der englischen Hauptstadt mit dem ersten großen internationalen Schachturnier zu verbinden. Die großen Meister werden eingeladen, am Ende siegt Adolf Anderssen, mit dem die deutsche Schachtradition beginnt. Hätte es damals bereits den Titel eines Weltmeisters gegeben, wäre ihm dieser auch offiziell zuerkannt worden.
Adolf Anderssen, geboren am 6. Juli 1818 in Breslau, ergreift nach dem erfolgreichen Abschluß des Studiums der Philosophie und der mathematischen Wissenschaften eine Hauslehrerstelle. Seine Lehrertätigkeit gibt er jedoch auf, als ihn die Einladung für das große Turnier in London erreicht. Somit bestens vorbereitet, besiegt er sämtliche zeitgenössischen

Kupferstich aus dem Buch des Gustavus Selenus Das Schach- oder König-Spiel, einer Übertragung des berühmten Lehrbuchs von Ruy Lopez in die deutsche Sprache

Schachpersönlichkeiten, auch Howard Staunton. 14 Siege, zwei Unentschieden und fünf Niederlagen haben Anderssen zum Schachkaiser gemacht, zu dem er – nach Berlin zurückgekehrt – von seinen Freunden auch »gekrönt« wird. Mit Adolf Anderssen erreicht die romantische Schachepoche ihren Höhepunkt. Zwei Partien von ihm werden unvergessen bleiben, die »Unsterbliche« und die »Immergrüne«. Wunderschöne Kombinationen führen in beiden Partien zum Matt, die »Unsterbliche« in London 1851 gegen Kieseritzky und die »Immergrüne« in Berlin 1852 gegen Dufresne.

Anderssen zählt nicht zu den Spielern, die ihren Lebensunterhalt mit dem Schachspiel bestreiten müssen. Daher widmet er sich nach dem Turnier in London wieder seiner Lehrtätigkeit. Als er 1858 von dem amerikanischen Schachphänomen Paul Morphy herausgefordert wird, muß er in Paris eine klare Niederlage einstecken. Damit gibt es einen neuen inoffiziellen Weltmeister, der aber bereits ein Jahr danach von der Schachbühne abtritt und kein Turnierschach mehr spielt. Anderssen dagegen nimmt 1862 erneut in London beim zweiten internationalen Turnier teil und belegt dort wieder den 1. Platz vor seinem Landsmann Louis Paulsen (1833–1891).

In London wird man bereits auf einen jungen Mann

aufmerksam, der den 6. Platz belegt und damit sein Talent unter Beweis stellt: der aus Prag stammende Wilhelm Steinitz. Im Jahre 1866 gewinnt er mit 8:6 gegen Anderssen (ein Sieg des wissenschaftlichen über den romantischen Schachstil), erkennt sich selbst den Titel eines Weltmeisters zu, den er bis 1894, bis zu seinem Wettkampf gegen Emanuel Lasker, behält.

Doch schon vorher macht ein anderer Großer des Schachs auf sich aufmerksam und prägt das Schach in Deutschland entscheidend: Siegbert Tarrasch (1862–1934). Seine Karriere als Schachspieler läßt sich mit seiner beruflichen Inanspruchnahme als Arzt nur selten in Einklang bringen. Er zählt daher zu den »Ungekrönten« (siehe Seite 100ff.). Tarrasch ist nicht nur als Schachspieler, sondern – vielleicht sogar noch mehr – als Lehrmeister des Schachs und als großer Theoretiker in die Geschichte eingegangen. Nach der von ihm entwickelten Lehrmethode, »nämlich derselben, mit der die Mutter dem Kinde das Sprechen beibringt«, dringen noch heute die Anfänger in die Geheimnisse des Schachs ein.

Sechs Jahre später als Siegbert Tarrasch, am 24. Dezember 1868 in Berlinchen in der Mark Brandenburg, wird der vielleicht größte Meister aller Zeiten geboren, der den Titel des Schachweltmeisters 27 Jahre lang tragen sollte: Emanuel Lasker. Während seines Studiums der Mathematik erspielt er sich seinen Lebensunterhalt im Berliner »Café Kaiserhof«. Nach seinem Erfolg im Hauptturnier des Deutschen Schachbundes 1889 in Breslau gibt er endgültig sein Studium auf und wird professioneller Schachspieler. Er folgt 1892 einem Angebot aus London, um dort einige Wettkämpfe zu spielen, bei denen er jeweils siegreich bleibt (u.a. gegen Jacques Mieses und Joseph Henry Blackburne).

Da es Siegbert Tarrasch ablehnt, gegen Lasker anzutreten, geht dieser nach Amerika und fordert den in New York lebenden amtierenden Weltmeister Wilhelm Steinitz, mittlerweile 58 Jahre alt, heraus. Lasker gewinnt nicht nur 1894 diesen Weltmeisterschaftskampf mit 10:5 (bei vier unentschiedenen Partien), sondern auch den Rückkampf zwei Jahre später in Moskau mit 10:2 (bei fünf unentschiedenen Partien).

Laskers Erfolge führen auch zu einer finanziellen Unabhängigkeit, die es ihm ermöglicht, sich wieder seiner zweiten Liebe, der Mathematik, zu widmen.

Schachfigur (Springer) aus Deutschland, 17. Jahrhundert

1902 erreicht er sein Ziel, er promoviert an der Universität Erlangen zum Doktor der Mathematik und der Philosophie. Seine Dissertation ist von hohem wissenschaftlichem Wert; von ihm stammt das für die moderne Algebra noch immer wichtige Konzept der »Primzahlen-Ideale«.

Nach seiner Wettkampfpause tritt er 1907 wieder zu mehreren Titelwettkämpfen an, die er siegreich beendet. 1914 begegnet er beim Großmeisterturnier in St. Petersburg dem neuen Schachstern, dem Kubaner José Raoul Capablanca y Graupera. Lasker besiegt seinen späteren Rivalen und gewinnt das Turnier mit einem halben Punkt Vorsprung vor die-

Adolf Anderssen (1818–1879)

sem. Nach seinem Sieg über Capablanca »applaudierten die Zuschauer derart, wie ich es in meinem ganzen Leben als Schachspieler nie erlebt habe. Es klang wie der spontane Applaus, der im Theater aufbrandet und dessen sich der einzelne kaum bewußt ist« (Lasker).

Der Kubaner versucht mehrmals, Lasker zu einem Weltmeisterschaftskampf herauszufordern. 1921 unterbreitet er dem Deutschen ein neues – für damalige Verhältnisse – überragendes finanzielles Angebot: Preisfonds $ 20000. Lasker, der mittlerweile 53 Jahre alt ist, akzeptiert und verliert in Havanna seinen Titel. Nach 14 von 24 Partien gibt er, psychisch und physisch geschwächt, den Weltmeisterschaftskampf beim Stand von 0:4 (zehn Partien enden unentschieden) auf.

Nach der nationalsozialistischen Machtergreifung in Deutschland muß Lasker nach England emigrieren und kehrt aus wirtschaftlichen Gründen im Alter von 65 Jahren zum Schachbrett zurück. Trotz seiner neunjährigen Abwesenheit vom Turnierschach belegt er 1934 in Zürich, 1935 und 1936 in Moskau bzw. Nottingham in stark besetzten Turnieren Spitzenplätze. 1937 siedelt Lasker in die Vereinigten Staaten über, wo er am 13. Januar 1941 stirbt.

Die Vielseitigkeit Laskers zeigen seine Veröffentlichungen. Seine philosophischen Werke »Kampf« (1907), »Das Begreifen der Welt« (1913) und »Die Philosophie des Unvollendbar« (1918) spiegeln sein Denken wider. Er will Beziehungen und Gedanken, die für das Schachspiel gelten, auf das Leben übertragen. »Seit undenklichen Zeiten sind die Kampfspiele Lehrmeister des Menschen gewesen. Lange schon, bevor es auch nur eine Spur von wissenschaftlichem Denken gab, lernte der Mensch planvolles Handeln im Spiel.« (E. Lasker: »The Community of the future«, 1940)

Lasker hat in seinem Leben weniger als 600 Turnierpartien gespielt. Es muß offenbleiben, ob dies das Geheimnis seiner großartigen Leistungen im Alter von über 60 Jahren war. Heutzutage wird den deutschen Nachwuchsspielern empfohlen, jährlich mindestens 50 Partien zu spielen. Umstritten war und ist noch immer, worin Laskers Stärke lag. Lasker sei ein großer Endspieler gewesen, aber auch der tiefgründigste und einfallsreichste Spieler, den er je gekannt habe, meinte Capablanca, und der spätere Weltmeister Dr. Euwe (Niederlande):

»Vielleicht ist es zutreffend, daß Lasker im traditionellen Sinne des Wortes keine Schule gemacht hat, aber der Beitrag, den er zur Entwicklung des modernen Schachs geliefert hat, umfaßt das ganze Spiel und den ganzen Schach spielenden Menschen, und es ist denn auch nicht übertrieben zu behaupten, daß die Großmeister von heute auf den Lehren von Lasker aufbauen und daß das moderne Schach in strategischer und psychologischer Hinsicht auf den Auffassungen dieses Titanen beruht.«

Großmeister Réti sah Lasker als den Begründer der psychologischen Spielführung, wogegen sich der so Interpretierte entschieden zur Wehr setzte. Vielleicht stimmt ganz einfach das, was Steinitz nach seinem zweiten Wettkampf aus Überzeugung schrieb, nämlich, daß Lasker der stärkste Schachspieler sei, dem er je begegnete, ja der stärkste, der je gelebt habe.

Emanuel Lasker (1868–1941). Schachweltmeister von 1894 bis 1921. Lasker war nicht nur einer der größten Schachspieler aller Zeiten, sondern auch ein bedeutender Geistes- und Naturwissenschaftler

Die deutschen Großmeister

Mit dem Tode von Dr. Emanuel Lasker geht eine jahrzehntelange deutsche Schachvorherrschaft zu Ende. Erst Dr. Robert Hübner gelingt wieder der Vorstoß in die absolute Weltelite. Doch auch unmittelbar nach der Lasker-Ära gibt es einige deutsche Spieler, die eine von Capablanca und Aljechin geprägte Schachszene mitbestimmen.
Dazu zählt sicherlich der am 14. April 1889 in der Ukraine geborene *Efim Dmitrijewitsch Bogoljubow*. Er studiert Theologie, später an der Politechnischen Hochschule in Kiew Landwirtschaft, entschließt sich jedoch, Schachprofi zu werden. Vom Ausbruch des Ersten Weltkrieges wird er beim internationalen Turnier in Mannheim überrascht und in Triberg interniert (zusammen mit dem späteren Weltmeister Alexander Aljechin). »Bogo« bleibt in Deutschland und erhält später die deutsche Staatsbürgerschaft zuerkannt. Seine besten Leistungen vollbringt er in den Jahren 1925 bis 1928: Siege bei internationalen Turnieren 1925 in Breslau, Moskau (vor Capablanca und Lasker) und Leningrad, 1926 in Berlin, 1927 in Bremen und Bad Homburg, 1928 in Bad Kissingen (vor Capablanca und Euwe) und Berlin. Als er zu Titelkämpfen gegen Weltmeister Aljechin antritt, hat er bereits seinen sportlichen Zenit überschritten. »Bogo« verliert 1929 und 1934 gegen den amtierenden Champion mit 5:11 (neun unentschiedene Partien) bzw. mit 3:8 (15 unentschiedene Partien). »Der große Angriffsspieler«, wie Tarrasch ihn einmal nannte, ist im ständigen Einsatz bei Schachturnieren, um sich seinen Lebensunterhalt zu verdienen. Seine finanzielle Situation läßt es nicht zu, größere Pausen einzulegen. Am 18. Juni 1952 erliegt er in Triberg einem Herzschlag.

Einem großen Talent ist es nicht vergönnt, bis zur Weltspitze vorzustoßen: *Klaus Junge,* am 1. Januar 1924 in Concepción/Chile geboren, erzielt bereits als 17jähriger zahlreiche nationale und internationale Erfolge. Nach seinem Sieg in Bad Elster 1941 belegt er im selben Jahr bei der Deutschen Meisterschaft in Bad Oeynhausen zusammen mit Paul Schmidt den 1. Platz. 1942 teilt er in Prag mit dem damaligen Weltmeister Alexander Aljechin den Turniersieg. Dieser ist so beeindruckt, daß er Klaus Junge sogar als seinen möglichen Nachfolger bezeichnet. Sein großes Talent läßt Klaus Junge durch seine bemerkenswerten Endspielkenntnisse aufblitzen. Doch in den letzten Wirren des Zweiten Weltkrieges geht die Hoffnung zugrunde. Klaus Junge fällt als Angehöriger der Deutschen Wehrmacht am 27. April 1945 bei Welle in der Lüneburger Heide.

Der erste deutsche Spieler, der nach dem Zweiten Weltkrieg den Großmeistertitel vom Weltschachbund erhält, ist der am 20. September 1896 in Berlin geborene *Friedrich (Fritz) Sämisch.* Seine Buchbinderlehre bricht er ab, um ebenfalls professioneller Schachspieler zu werden. Die Arbeiter-Schachbewegung, die sich um die Förderung des Schachspiels in Arbeiterkreisen bemüht, wird seine erste Heimat. Doch das schachliche Niveau ist zu gering, so daß Sämisch zum »bürgerlichen« Deutschen Schachbund überwechselt. Sämisch ist sein gesamtes Leben lang ein Bohemien, ein Lebenskünstler, aber vor allem ein leidenschaftlicher Schachspieler. Auf dem Schachbrett ist er sehr gewissenhaft und immer bemüht, den strategischen Inhalt der Stellung zu ergründen. Das führt dazu, daß er bei Turnierpartien ständig in Zeitnot kommt und auch viele, in seinen letzten Turnieren sogar die meisten Partien durch Zeitüberschreitung verliert. In den Jahren 1925 bis 1928 hat er – genau wie Bogoljubow – seine stärkste Zeit. Sein größter Erfolg ist der 3. Platz im internationalen Turnier von Baden-Baden 1925 hinter Aljechin und Rubinstein, noch vor Bogoljubow und Marshall. Als Theoretiker entwickelt Sämisch neue strategische Ideen für die Behandlung der »königsindischen und nimzo-indischen Verteidigung«, die bis zum heutigen Tage aktuell sind. Er ist ein hervorragender Blindspieler, der ohne Ansicht der Bretter gegen 20 Gegner simultan spielen kann. In den letzten Jahren vor seinem Tode am 23. August 1975 in Berlin führt er das Leben eines alten, nicht mehr gefragten Schachprofis, der auf die finanzielle Hilfe von Schachfreunden angewiesen ist, um überleben zu können.

Dem Deutschen Schachbund gehören zur Zeit acht mehr oder weniger aktive Großmeister und eine Großmeisterin an. Im Hinblick auf die in der Nachkriegszeit sprunghaft angestiegene Zahl von Schachturnieren (Einzel- und Mannschaftswettbewerbe) ist es unmöglich, alle ihre Erfolge aufzuzählen.

Ludek Pachman wird am 11. Mai 1924 in Bela pod Bezdezem geboren. 20jährig erwirbt er den Titel des Nationalen ČSSR-Meisters. Daran schließen sich zwischen 1946 und 1966 sieben gewonnene Landesmeisterschaften an, ein Zeichen für eine beständige Leistung auf hohem Niveau. 1948 erhält er vom Weltschachbund den Titel Internationaler Meister verliehen, 1954 den Großmeistertitel. Sein erster größerer internationaler Erfolg ist der Sieg im Zonenturnier Marienbad/Prag 1951. Doch wie auch bei den beiden darauffolgenden Zyklen, scheitert er jeweils im Interzonenturnier und erreicht nicht die Kandidatenturniere, die nächste Stufe auf dem Wege zur Weltmeisterschaft. Nachdem er auch beim Interzonenturnier 1958 in Portoroz wieder einmal um einen halben Punkt die Qualifikation verpaßt, »fühlte ich, daß mein Kampf um den Aufstieg unter die Kandidaten der Weltmeisterschaft zu Ende war, obwohl ich erst 34 Jahre alt war; ich spürte, daß ich vor allem nicht genügend gute Nerven habe, um nicht nur um Punkte, sondern immer wieder um die Qualifikation kämpfen zu können« (Pachman in »Meine einhundert besten Partien und meine Probleme«). 1959 teilt Pachman erste Plätze bei stark besetzten internationalen Turnieren in Mar del Plata, Santiago del Chile, Lima und Sarajewo. Sein letztes internationales Turnier für die ČSSR gewinnt er 1968 in Athen.

Im August 1969 wird Pachman, der im politischen »Prager Frühling« ein Anhänger von Alexander Dubček ist, als Führer einer »verschwörerischen Gruppe« inhaftiert, 16 Monate später entlassen und am 5. Mai 1972 zu zwei Jahren Gefängnis verurteilt. Am 28. November 1972 erhält er zusammen mit seiner Ehefrau und seiner Schwiegermutter die Ausreiseerlaubnis. In Solingen findet er eine neue Heimat und erhält die deutsche Staatsbürgerschaft. 1974 siedelt er nach Berlin über, bevor er im bayerischen

Wolfgang Unzicker. 386mal spielte er bisher für die deutsche Schachnationalmannschaft

Griesbach sein jetziges Domizil findet. In der Bundesrepublik Deutschland ist er als politisch stark engagierter Schachjournalist tätig. Der Deutsche Schachbund nominiert ihn 1975 für die Internationale Deutsche Meisterschaft in Mannheim, bei der er einen 2. Platz hinter dem US-Amerikaner Walter Browne belegt. Im selben Jahr vertritt er die Bundesrepublik Deutschland beim Zonenturnier in Barcelona und qualifiziert sich für das Interzonenturnier in Manila, wo es dann nur zum geteilten letzten Platz reicht. 1978 wird Pachman in Bad Neuenahr-Ahrweiler Deutscher Meister. Für die deutsche Nationalmannschaft spielt er insgesamt 28mal.

Der Grandseigneur des deutschen Schachs ist *Wolfgang Unzicker,* untadelig im Auftreten, korrekt in jeder Beziehung. Er wird am 26. Juni 1925 in Pirmasens geboren, seit 1931 lebt er in München. 1948 gewinnt er in Essen seine erste (von insgesamt sieben) Deutsche Meisterschaft, was bisher keinem anderen Spieler gelungen ist. Der Weltschachbund ernennt Unzicker 1950 zum Internationalen Meister und 1956 nach seinem Sieg im Zonenturnier zum Internationalen Großmeister. Turniersiege erringt er 1949 in Heidelberg, 1950 in Travemünde, 1951 in Hastings, 1954 in München (Zonenturnier, vor Donner), 1965 in Sotschi (punktgleich mit Spasski), 1967 in Maribor (vor dem früheren Wunderkind Reshevsky/USA) und in Krems (vor Hort) sowie 1980 beim IBM-Großmeisterturnier in Amsterdam (punktgleich mit Ree vor Panno und Smejkal). Doch auch der 2. Platz in Leningrad 1960 (hinter Taimanow), in Hastings 1969/70 (hinter Portisch vor

Hans-Joachim Hecht ist ein Spitzenspieler, der seine Berufstätigkeit unterbrach, um ausschließlich als Schachprofi aktiv zu sein. Nach fünf Jahren kehrte er in seinen Beruf als Programmierer zurück

Gligoric, Smyslow und Timman) und beim Vierkampf in Südafrika 1979 (hinter Kortschnoi vor Miles und Lein) sind bedeutungsvolle Stationen in der Schachlaufbahn von Wolfgang Unzicker. Persönlich zählt er zu seinen größten Erfolgen sein Abschneiden im PIATIGORSKY-CUP-Turnier in Santa Monica 1966: Hinter Spasski, Fischer und Larsen belegt er zusammen mit Portisch den geteilten vierten bis fünften Platz vor Petrosjan, Reshevsky, Najdorf, Ivkov und Donner.
Wolfgang Unzicker hat bisher an 13 Schacholympiaden teilgenommen und ist wohl der erfolgreichste deutsche Nationalspieler aller Sportarten: Für die Nationalmannschaft hat er 386mal gespielt, eine fast unvorstellbare Serie. Er zählt noch immer zu den Spitzenspielern des Deutschen Schachbundes und hat ja auch mit seinen Turniererfolgen 1979 und 1980 bewiesen, zu welcher Leistung er noch fähig ist. Bei der Bewertung seines Erfolges sollte man berücksichtigen, daß er lupenreiner Amateur ist. Wolfgang Unzicker studierte Jura und ist derzeit Vorsitzender Richter am Bayerischen Verwaltungsgericht München. Auch bei dieser Arbeit kommt ihm sicherlich sein phänomenales Gedächtnis mit seinen eidetischen Fähigkeiten zugute. Er wird sicherlich noch einige Zeit zur deutschen Spitze zählen.
Das deutsche Schach wird auch lange Zeit von einem Kosmopoliten geprägt: dem am 10. Mai 1928 in Radebeul/Dresden geborenen *Lothar Schmid.* Der

Jurist und Mitinhaber des berühmten Karl-May-Verlags kennt sich überall in der Welt aus, hält in vielen Ländern Vorträge und gibt Simultanveranstaltungen. Aufgrund seiner beruflich bedingten Belastungen zählt Lothar Schmid zu den Spielern, die recht selten am Schachbrett zu finden sind. Er gewinnt die internationalen Turniere in Travemünde 1951, Zürich 1954, Göteborg 1956, Wilderness/Südafrika 1964, Mar del Plata/Argentinien 1970 und 1973. Den Titel Internationaler Meister erhält er 1951, zum Großmeister wird er 1959 ernannt. Er ist einer der wenigen Großmeister, die erfolgreich Fernschach spielen. Bei der Fernschach-Weltmeisterschaft 1955/58 wird er Vize-Weltmeister und trägt seitdem auch den Titel Internationaler Fernschach-Großmeister. Seiner Popularität kommt seine Funktion als Schiedsrichter bei wichtigen Wettkämpfen zugute. Aufgrund seines diplomatischen Geschicks, das er schon beim Kandidatenwettkampf zwischen Fischer und Petrosjan 1971 zeigt, wird er auch zum Hauptschiedsrichter beim Weltmeisterschaftskampf zwischen Fischer und Spasski 1972 in Reykjavik nominiert. Daß dieser Wettkampf überhaupt durchgeführt werden kann, ist sicherlich auch dem Fingerspitzengefühl von Lothar Schmid zu verdanken. 1978 einigen sich der amtierende Weltmeister Anatoli Karpow und sein Herausforderer Viktor Kortschnoi ebenfalls auf Lothar Schmid als Schiedsrichter, ein Zeichen dafür, daß dieser in Ost und West als objektiver Turnierleiter anerkannt wird. Darüber hinaus hat sich Lothar Schmid einen Namen als Sammler aller schönen Dinge, die mit dem Schach verbunden sind, gemacht. Seine Schachbibliothek ist die größte Deutschlands. Lothar Schmidt hat 278mal für die Deutsche Nationalmannschaft gespielt, es ist ihm aber verwehrt geblieben, Deutscher Einzelmeister zu werden. Als aktiver Schachspieler hat er sich zurückgezogen, als Schiedsrichter wird er vermutlich noch häufig in Erscheinung treten.

Leider hat auch ein weiterer deutscher Großmeister, der sehr viel von den Feinheiten des Spiels versteht, Abschied von der internationalen Bühne genommen: Der am 24. Februar 1934 in Berlin geborene *Klaus Darga.* Erst mit 14 Jahren schließt er sich einem Schachclub an, doch verzeichnet er einen steilen Aufstieg. Bereits drei Jahre später wird er Deutscher Jugendmeister und 1953 Vize-Jugendweltmeister in Kopenhagen hinter dem Sieger Panno/Argentinien. 1955 und 1961 gewinnt er die Deutsche Meisterschaft. Auch seine internationalen Erfolge können sich sehen lassen: 2. Platz bei seinem ersten internationalen Turnier der Herren in Hamburg 1955 (ungeschlagen!), Turniersieger in Madrid 1957, 2. Platz im Zonenturnier 1963 in Enschede hinter Gligorič, Turniersieger in Palma de Mallorca 1965, dann sein wohl größter Erfolg, der Turniersieg in Winnipeg 1967 (zusammen mit Larsen vor Keres und Spasski). 1957 wird Klaus Darga zum Internationalen Meister ernannt, 1964 erhält er den Großmeistertitel. Er ist in der neuen Nachkriegs-Großmeistergeneration der erste, der ernsthaft daran denkt, Schachprofi zu werden. Während seines Maschinenbau-Studiums in Berlin nimmt er kaum an internationalen Turnieren teil. Seit 1961 verschreibt er sich jedoch verstärkt dem Schach und führt praktisch ein Profileben. Er entschließt sich dann aber 1965 »doch zu einem bürgerlichen Leben und nimmt eine Stelle in der Datenverarbeitung an« (Darga). Somit materiell abgesichert, erzielt er auch seine besten schachlichen Leistungen. 1970 wird dies vom Weltschachbund anerkannt, und er wird zum Ersatzmann der Weltauswahl, die gegen die UdSSR antritt, nominiert. Für die deutsche Nationalmannschaft spielt er insgesamt 234mal. Aufgrund seiner starken Inanspruchnahme durch seinen Beruf gibt er das aktive Schach auf, bleibt aber als Meistervertreter im Präsidium des Deutschen Schachbundes, um dort die Interessen der Spitzenspieler zu vertreten. Klaus Darga ist für seine in jeder Beziehung vorhandene Objektivität bekannt, die gerade bei Nominierungen für die Nationalmannschaft bzw. bei Beschickung von internationalen Turnieren von großer Bedeutung ist.

In Berlin ist ein weiterer deutscher Großmeister aufgewachsen: der am 21. Januar 1939 in Luckenwalde (Potsdam) geborene *Hans-Joachim Hecht.* Sein Heimatverein ist der Schachclub Tempelhof, für den er bis zu seinem Wechsel 1971 nach Solingen spielt. Dreimal wird er Berliner Jugendmeister, 1958 gewinnt er die Deutsche Jugendmeisterschaft. Seinen großen nationalen Durchbruch erzielt er mit dem Sieg im Kandidatenturnier in Hitzacker, wodurch er auch für die Schacholympiade 1962 in Warna nominiert wird. Durch seine Ausbildung bei der Bundesversicherungsanstalt für Angestellte in

Berlin muß er schachlich kürzer treten. Erst danach kann er sich wieder intensiv dem königlichen Spiel widmen. Nachdem er 1969 den Titel des Internationalen Meisters erringt, trennt er sich von seinem Beruf und wird für fünf Jahre Schachprofi. Sein angestrebtes Ziel, Großmeister zu werden, scheint ihm nur ohne berufliche Belastung möglich zu sein. 1970 gewinnt er die Deutsche Einzelmeisterschaft in Völklingen und teilt den 1. Platz beim Internationalen Turnier in Bad Pyrmont. Im Jahr darauf siegt er in Olot vor Pomar, Anderssen und Quinteros, 1972 wird er in Malaga Erster vor Browne. In Montilla beim Torneo del Vino holt sich »Hajo« 1973 und 1974 die noch fehlenden Normen für seinen Großmeistertitel. Dazwischen liegt sein sportlich wertvollster Erfolg: der Gewinn der zweiten Internationalen Deutschen Meisterschaft in Dortmund 1973 (punktgleich mit Spasski und Andersson, aber mit bester Wertung). Nach fünf Jahren Profischach wendet er sich dann wieder einem »normalen« Beruf als Programmierer und seiner Familie zu. Er hat erkannt, daß der Profischachsport familienfeindlich ist, da die Teilnahme an Turnieren jeweils mit einer längeren Abwesenheit von zu Hause verbunden ist. Zu Trainingszwecken spielt Hecht von 1977 bis 1979 noch Fernschach und erhält aufgrund seines Erfolges den Titel Internationaler Fernschachmeister. In der Bundesliga (früher für die SG Solingen, jetzt für Bayern München) und in der Nationalmannschaft (bisher 228mal) ist er weiterhin eine wertvolle Stütze.

Der Mitherausgeber dieses Buches, *Dr. Helmut Pfleger* (geboren am 6. August 1943 in Teplitz-Schönau), erlernt bereits im Alter von sechs Jahren das Schachspiel. Obwohl er vielseitige Interessen hat und sich nur recht wenig um den Schachsport bemüht, wird er 1960 Deutscher Jugendmeister. Bereits 1963 belegt er zusammen mit Wolfgang Unzikker den geteilten 1. Platz bei den Einzelmeisterschaften der Herren, unterliegt dann aber dem Praeceptor Germaniae im Stichkampf um den Titel. Zwei Jahre später erhält er diesen Titel gemeinsam mit Wolfgang Unzicker, da bei abermaliger Punktgleichheit der erforderliche Stichkampf 2:2 unentschieden endet. Sein erster Einsatz in der Olympia-Mannschaft 1964 in Tel Aviv endet erfolgreich: Die deutsche Mannschaft erringt die Bronzemedaille, und Helmut Pfleger wird aufgrund seines herausragenden Ergebnisses (12½ Punkte aus 15 Partien) zum Internationalen Meister ernannt. Nach Turniersiegen in Polanica Zdroj/Polen 1971 und Montilla 1973 sowie Großmeisternormen 1974 bei der Schacholympiade in Nizza und in Montilla wird ihm vom Weltschachbund der Großmeistertitel verliehen. Sein bisher letztes großartiges Ergebnis ist 1975 in Manila der zweite Platz hinter Ljubojevic zusammen mit Polugajewski, Mecking und Larsen. Helmut Pfleger hat im Vergleich zu den meisten anderen Spitzenspielern relativ wenig Zeit für das Schachspiel geopfert. Seine Erfolge beweisen jedoch sein außergewöhnliches Talent (Unzicker: »Kaffeehaus-Schachspieler«). Durch sein Medizinstudium und seine anschließende berufliche Karriere als Arzt hat er nur wenig Zeit, an internationalen Turnieren teilzunehmen. Für die deutsche Nationalmannschaft hat er bisher 156mal gespielt. Seit 1977 ist er in der Öffentlichkeit als Fernsehmoderator diverser Schachsendungen bekannt, wofür er 1982 den Medienpreis des Deutschen Schachbundes erhalten hat.

Die großen Hoffnungen, daß es nach Dr. Emanuel Lasker ein anderer Deutscher wieder schaffen wird, die Nummer eins der Welt zu werden, haben sich bisher zerschlagen, obwohl mit *Dr. Robert Hübner* (geboren am 6. November 1948 in Köln) ein ganz großes Talent herangewachsen ist. Bereits in seiner frühen Jugend verbucht er große Erfolge und wird 1963 und 1964 Deutscher Jugendmeister. Danach nimmt er an Herrenturnieren teil und gewinnt als 18jähriger zusammen mit Hans Besser die Deutsche Einzelmeisterschaft in Kiel. Ein Jahr später, 1968 in Büsum, erzielt er bereits sein erstes Großmeisterresultat. Internationaler Meister wird er 1969, Großmeister bereits im darauffolgenden Jahr. Sein unaufhaltsamer Aufstieg zur Weltspitze beginnt 1969 beim Zonenturnier in Athen, als er sich für das Interzonenturnier qualifizieren kann. Hat man in Deutschland bis dahin noch teilweise an seinen Fähigkeiten gezweifelt, so beweist er beim Interzonenturnier in Palma de Mallorca mit seinem geteilten 2. bis 4. Platz hinter Bobby Fischer zusammen mit

Oben: Helmut Pfleger, 1983 in Hannover, im Spiel gegen Weltmeister Karpow
Unten: Robert Hübner in voller Konzentration beim Kampf gegen Lajos Portisch aus Ungarn

Mephisto
Dr. Helmut Pfleger
BRD
Mephisto
Anatoli E. Karpow
UDSSR

Eine neue Generation von Profi-Schachspielern repräsentiert auch Eric Lobron. 1960 in Germantown/ Pennyslvania geboren, erhält er bereits im Jahre 1982 den Großmeistertitel zuerkannt

Larsen und Geller, daß er zur absoluten Weltspitze zählt. Im Frühjahr 1971 endet sein erster Kandidatenwettkampf gegen Tigran Petrosjan mit einem Eklat. Die äußeren Voraussetzungen und Bedingungen sind alles andere als turniergeeignet. Robert Hübner ist dem nicht gewachsen, durch den unerträglichen Lärm wird er in seiner Nervenkraft geschwächt und gibt nach der 7. Partie den Wettkampf auf, zu einem Zeitpunkt, als Petrosjan mit 4:3 führt.

In den nächsten Weltmeisterschaftszyklen 1973 und 1976 gelingt es Robert Hübner nicht, sich erneut für die Kandidatenwettkämpfe zu qualifizieren. Erst 1979 beim Interzonenturnier in Rio de Janeiro, das er zusammen mit Portisch und Petrosjan gewinnt, schafft er wieder diesen Sprung. Nach Siegen im Viertelfinale gegen den Ungarn Andras Adorjan mit 5½:4½ in Bad Lauterberg im Harz und gegen Lajos Portisch im Halbfinale mit 6½:4½ in Abano Terme (Italien) steht Hübner kurz vor dem Weltmeisterschaftskampf. Doch vorher muß er noch gegen Viktor Kortschnoi zum Kandidatenfinale Ende 1980 in Meran antreten. Leider endet dieser Wettkampf unrühmlich: Nach der 10. Partie verzichtet Robert Hübner auf die Fortsetzung des Kampfes. Persönliche Gründe sind für das abrupte Ende verantwortlich, nicht die Tatsache, daß er mit 3,5:4,5 zurückliegt. Immerhin ist er für die nächsten Kandidatenwettkämpfe vorberechtigt; doch kommt für viele überraschend das frühzeitige Aus bereits beim Viertelfinale 1983 in Velden gegen den Ex-Weltmeister Wassilij Smyslow. Nach einem 7:7 Unentschieden spielt eine Roulettekugel für seinen Gegner die Glücksgöttin beim notwendigen Losentscheid. Neben diesen offiziellen Ausscheidungen zur Weltmeisterschaft nimmt Hübner an zahlreichen Turnieren der Weltspitze teil. Es gelingt ihm nur selten, Turniersieger zu werden (z.B. Chicago 1982), doch schafft er es immerhin, in der Weltrangliste bis zur Nummer drei aufzusteigen.

Robert Hübner wird in der Öffentlichkeit häufig als weltfremd und verschroben bezeichnet. Dazu trägt sicherlich seine Abneigung gegenüber Journalisten bei. Für ihn ist jede Oberflächlichkeit ein Greuel, er ist ständig auf der Suche nach der Wahrheit. Dies gilt nicht nur für das Schach, sondern auch für seine Arbeit als Wissenschaftler. Nach dem Studium der alten Sprachen promoviert Robert Hübner 1974 zum Doktor der Philosophie und arbeitet an der Universität Köln. Erst 1979 ließ er sich beurlauben – später kündigte er ganz –, um sich verstärkt dem Schach widmen zu können. Ein Profi seiner Güte kann vom Schachspielen sorgenfrei leben.

Jüngster deutscher Großmeister, wenn auch mit amerikanischer Staatsbürgerschaft, ist *Eric Lobron* (geboren am 7. Juni 1960 in Germantown/Pennsylvania). Er ist das typische Beispiel eines ehrgeizigen Schachspielers, der über die Deutsche Schüler-Einzelmeisterschaft bis zum Großmeistertitel eine stetige Aufwärtsentwicklung zeigt. 1974 wird er Deutscher Schülermeister, 1976 folgt der Titel bei der Deutschen B-Jugendmeisterschaft (Altersklasse bis 16 Jahre), und die Deutsche A-Jugendmeisterschaft (bis 19 Jahre) gewinnt er 1978. Daraufhin wird er für das im selben Jahr stattfindende Zonenturnier in Luzern nominiert, wo er aufgrund seiner mangelnden internationalen Erfahrung nur den letzten Platz belegen kann. Doch schon zwei Jahre später erzielt er sehr gute Plazierungen bei internationalen Turnieren (u.a. in Dortmund und Biel), so daß ihm 1981 der Titel des Internationalen Meisters verliehen wird. Nach seinem Sieg im Großmeisterturnier von Biel/Schweiz 1981 und in Ramat-Hasharon/Israel erhält er 1982 bereits den Großmeistertitel. Seinen bisher größten Erfolg erzielt er dann im Dezember 1982 beim traditionellen Marlboro-Turnier in Manila/Philippinen, das er zusammen mit dem sowjetischen Großmeister Polugajewski gewinnt. Eric Lobron dürfte inzwischen zur Nummer zwei des deutschen Schachs hinter Dr. Robert Hübner aufgestiegen sein. Er studiert – zumindest offiziell – Jura, hat sich jedoch voll dem Schachsport verschrieben und steht vermutlich am Anfang einer erfolgreichen Karriere als Schachprofi.

Die einzige weibliche Spielerin des Deutschen Schachbundes, die einen Großmeistertitel trägt, ist *Barbara Hund* aus Leverkusen. Die am 10. Oktober 1959 geborene Mathematikstudentin gewinnt die Mädchenmeisterschaft der Deutschen Schachjugend von 1975 bis 1978 viermal hintereinander. Als 19jährige holt sie sich im Stichkampf gegen Gisela Fischdick auf Anhieb den Titel der Deutschen Damenmeisterin. Aufgrund ihres 2. Platzes im Damen-Zonenturnier in Tel Aviv 1979 und der damit verbundenen Qualifikation zum Interzonenturnier wird sie vom Weltschachbund zur Internationalen Meisterin ernannt. Beim Interzonenturnier im selben Jahr in Rio de Janeiro reicht es dann nur zum 14. Platz. 1982 erzielt sie ihre herausragenden Ergebnisse: Zuerst belegt sie beim Zonenturnier in Bad Kissingen zusammen mit Gisela Fischdick den 1. Platz. Beim anschließenden Interzonenturnier, das ebenfalls im Kurotel 2002 in Bad Kissingen stattfindet, erzielt sie mit 10,5 Punkten aus 15 Partien ein hervorragendes Resultat, mit dem sie den geteilten vierten Platz belegt und sich den Titel einer Internationalen Großmeisterin erwirbt. Unmittelbar danach gewinnt sie »en passant« die Deutsche Damen-Einzelmeisterschaft in Köln-Porz. Barbara Hund ist bei den Damen die Nummer eins des Deutschen Schachbundes. Es ist damit zu rechnen, daß sie auch einmal in die Kandidatenwettkämpfe vorstoßen kann, sobald sie ihr Examen abgelegt hat und mehr Zeit ihrem Hobby widmen kann. Für sie ist die Mathematik noch immer wichtiger als das Schachspiel.

Der Deutsche Schachbund und der nationale Spielbetrieb

Die Zahl derjenigen, die in der Bundesrepublik Deutschland Schach spielen können bzw. es zumindest von sich behaupten, geht in die Millionen und nimmt ständig zu. Nach demoskopischen Umfragen sind es bereits ca. zehn Millionen. Im Vergleich dazu sind die im Deutschen Schachbund (DSB) organi-

Helmut Schmidt, damals noch Bundeskanzler, und Richard von Weizsäcker, inzwischen Bundespräsident, bei einem Schachwettkampf zwischen Politikern und Journalisten in Bonn im Jahre 1976

sierten 83000 Mitglieder trotz der von den Deutschen so geliebten »Vereinsmeierei« bei weitem in der Minderheit. Schach gilt noch immer als Männersport. Nur 5 Prozent aller Mitglieder im DSB sind Frauen. Dagegen gehört die Zeit, in der das Schach eine Domäne der Alten war, seit langem der Vergangenheit an. Der Deutschen Schachjugend, der Jugendorganisation des DSB, ist es seit ihrer Gründung 1970 gelungen, den Anteil der Jugendlichen in den ca. 2200 deutschen Schachvereinen von 12 auf ca. 30 Prozent zu steigern. Die Aufgaben des DSB sind seit seiner Gründung verständlicherweise vielfältiger geworden, doch ist der Spielbetrieb weiterhin die bedeutendste Säule der Schachorganisation. Die nationalen Deutschen Meisterschaften der Herren und Damen, der verschiedenen Jugendaltersklassen, die Bundesliga und die Mannschafts-Wettkämpfe im Jugend- und im Schulschachbereich sind die wesentlichen regelmäßig ausgetragenen Veranstaltungen.

An den Deutschen Meisterschaften können im allgemeinen nur die Spitzenspieler, die sich über ihren Landesverband qualifiziert haben, teilnehmen. Der großte Teil aller Schachturniere findet unterhalb der Ebene des DSB statt. Club- und Stadtmeisterschaften, offene Turniere für jedermann, Mannschafts-Wettkämpfe, Blitzturniere, Lehrgänge u.ä. werden von den Vereinen durchgeführt. Der Schachsport lebt von diesen Aktivitäten der »Zellen« jeder Sportorganisation. Die Initiativen der Vereine ha-

Bei einem großen Volksschachturnier spielen 1984 in Hamburg 2000 Schüler gegeneinander. Bei so viel Interesse und Begeisterung dürfte der Schachsport in der Bundesrepublik keine Nachwuchssorgen haben

ben auch dazu geführt, daß in der heutigen Gesellschaft das Schachspiel inzwischen längst als eine Sportart anerkannt ist.

Internationale Bedeutung des deutschen Schachs

Nachdem Dr. Emanuel Lasker 1921 den Titel des Weltmeisters verloren hatte, gab es in Deutschland zwar immer wieder hervorragende Spieler, doch die begehrte Krone blieb den deutschen Spielern verwehrt. Wenn man den Leistungsstand der deutschen Schachspieler realistisch betrachtet, ist leider festzustellen, daß mit Ausnahme von Dr. Robert Hübner der Abstand zur Weltspitze nach 1945 größer geworden ist. Bei der Schacholympiade 1939 in Buenos Aires gewann das deutsche Herrenteam noch die Goldmedaille. 1950 in Dubrovnik und 1964 in Tel Aviv reichte es jeweils noch für Bronze. Bis 1978 waren Plazierungen unter den besten acht Mannschaften normal, 1980 und 1982 konnten nur noch enttäuschende Mittelplätze belegt werden (siehe dazu auch den Beitrag von Hans-Joachim Hecht). Darüber tröstet auch die Tatsache nicht hinweg, daß der DSB vermutlich die weltbeste Amateurmannschaft stellen könnte. Im Gegensatz zu den Herren haben sich die deutschen Damen endgültig in der Weltspitze ihren sicheren Platz erobern können. Der dritte Platz bei der Schacholympiade 1978 in Buenos Aires und jeweils fünfte Plätze 1980 auf Malta und 1982 in Luzern beweisen dies eindeutig. Großmei-

sterin Barbara Hund sowie die Internationalen Meisterinnen Stepanka Vokralova (Mannheim), Gisela Fischdick (Bielefeld) und Petra Feustel (Mannheim) bilden ein junges und starkes Quartett, von dem in den nächsten Jahren noch einiges zu erwarten sein dürfte.
Das deutsche Schach befindet sich momentan in einer entscheidenden Phase des Umbruchs und des Generationswechsels. Mit Eric Lobron ist mittlerweile ein Repräsentant einer neuen Generation zum Großmeister avanciert, dem andere große Talente folgen. Die Junioren-Nationalmannschaft des DSB hat 1983 auf sich aufmerksam gemacht, als in Chicago hinter der übermächtigen UdSSR der zweite Platz bei der Weltmeisterschaft belegt werden konnte. Das deutsche Team bestand überwiegend aus jüngeren Profis oder Halbprofis. Diese Nachwuchsspieler haben eingesehen, daß sie als Amateure gegen die im Osten und Westen gleichermaßen auftretenden Profis keine Chance mehr haben. Nur das intensive tägliche Training und die regelmäßige Teilnahme an internationalen Turnieren ermöglichen es, einen Platz in der Weltspitze zu erreichen bzw. zu behaupten. Es ist jetzt die Aufgabe des DSB, in der Frage des Profitums eine eindeutige Haltung einzunehmen. Man kann nicht eine dem Professionalismus fördernde Bundesliga schaffen und sich dann darüber wundern oder es einfach nicht zur Kenntnis nehmen wollen, daß inzwischen viele Spieler für ihren Einsatz bezahlt werden.

Vlastimil Hort, einer der stärksten ausländischen Spieler in der deutschen Bundesliga

Bundesliga

Als der DSB beschloß, 1974 die viergeteilte und 1980 die einteilige Bundesliga einzuführen, wurden die Voraussetzungen für eine Kräftekonzentration geschaffen, die nichts Vergleichbares im Ausland kennt. Die Bundesliga ist inzwischen so interessant geworden, daß zahlreiche Ausländer – natürlich gegen entsprechende Bezahlung – bei den 16 Vereinen mitspielen. Daher war die Einführung einer Klausel nötig, nach der nur zwei Auslander von insgesamt acht Spielern pro Mannschaft eingesetzt werden dürfen. In der Saison 1983/84 wurden in der 1. Bundesliga insgesamt 16 Großmeister und 18 Internationale Meister gemeldet. An diesem Prominententreffen sind u.a. Ex-Weltmeister Boris Spasski/UdSSR, Vlastimil Hort/ČSSR, Lubomir Kavalek/USA und Dr. John Nunn/England beteiligt. Das Niveau der Vereine konnte soweit angehoben werden, daß es der SG Solingen 1868 im Jahre 1976 gelang, zusammen mit »Burewestnik Moskau« den Europäischen Vereinscup zu gewinnen. Mit den ausländischen Spielern wurde die Bundesliga auch für den deutschen Nachwuchs attraktiv, und die angestrebte Kräftekonzentration trat tatsächlich ein. Die meisten deutschen Spitzenspieler und die stärksten Jugendlichen schlossen sich den Bundesliga-Vereinen an, teilweise gegen Bezahlung, teilweise nur gegen Erstattung der Spesen.
Da selten mehr als 150 Zuschauer zu den Bundesliga-Begegnungen kommen und Eintritt zahlen, müssen Sponsoren und Mäzene einspringen, um die Kosten der Vereine zu decken, die trotz steigenden Beitragsvolumens offen bleiben.

Internationale Turniere in der Bundesrepublik

Sponsoren sind im allgemeinen auch nötig, um große internationale Turniere durchzuführen. Nur mit Zuschauereinnahmen allein läßt sich kein Turnier mehr finanzieren. Bedeutsame internationale Einladungsturniere gab es in der ersten Zeit nach 1945 nur sehr wenige. Die Turniere 1951 und 1961 in Dortmund bzw. 1955 in Hamburg sind die rühmlichen Ausnahmen. Dies änderte sich aber 1968 mit den Turnieren in Bamberg (Sieger Keres), Büsum (Sieger Hübner) und Solingen (Sieger Lengyel). Turniere internationaler Kategorien folgten dann noch 1969 erneut in Büsum (Sieger Larsen), 1974 in Solingen (Sieger Polugajewski und Kavalek), 1976 in Hannover (Sieger Csom) und 1978 in Kiel (Sieger Parma und Smejkal). Privatinitiativen führten 1981 zu den internationalen Turnieren in Wiesbaden (Turniersieger Dr. Nunn), Baden-Baden (Turniersieger Miles und Ribli) und Köln-Porz (Tal).

Die Internationalen Dortmunder Schachtage, die seit 1973 jährlich ausgetragen werden, haben sich einen wohlklingenden Namen im In- und Ausland erworben. Neben den Großmeisterturnieren können sich in einem offenen Turnier weitere Spieler tummeln. In die Siegerliste haben sich u. a. Westerinen, Romanischin, Smejkal, Anderssen, Georgadse, Kusmin, Hort und Suba eingetragen.

Der DSB war von 1971 bis 1983 selbst alle zwei Jahre Veranstalter seiner Internationalen Deutschen Meisterschaft bzw. des Internationalen Großmeisterturnieres. Die Aufstellung der Turniersieger zeigt prominente Teilnehmer:

1971	Berlin	Gligorić
1973	Dortmund	Hecht
1975	Mannheim	Browne
1977	Bad Lauterberg im Harz	Karpow
1979	München	Spasski
1981	Bochum	Kavalek
1983	Hannover	Karpow

Im Damenschach gibt es weit weniger Turniere als bei den Herren. Doch die Teilnahme an internationalen Turnieren ist für jüngere Spielerinnen dringend erforderlich, um Erfahrungen zu sammeln. In Bad Kissingen veranstaltete der DSB daher 1977, 1979 und 1981 internationale Damenturniere. Die Siegerinnen kamen jeweils aus der UdSSR; es waren Litinskaya, die amtierende Weltmeisterin Tschiburdanidse und Gurieli. Das 1982 im Rahmen der Internationalen Dortmunder Schachtage ausgetragene Damenturnier gewann Glaz/Israel.

Der Deutsche Schachbund hat sich auch international einen guten Ruf erworben, weil er häufig als Ausrichter offizieller Turniere des Weltschachbundes hervorgetreten ist. So wurden die Herren-Schacholympiaden 1958 in München und 1970 in Siegen, die Olympiade der Damen 1966 in Oberhausen, die Jugendweltmeisterschaft 1980 in Dortmund, verschiedene Zonenturniere, Interzonenturniere und Kandidatenwettkämpfe organisiert.

Abbildungsnachweis

Einige Abbildungen wurden nach Reproduktionen und Photographien wiedergegeben, deren Urheber leider nicht mehr zu ermitteln waren.

Bayerisches Nationalmuseum, München: S. 189
Annette Borik, Wildeshausen: S. 194, S. 198
Archiv Ricardo Calvo, Palma de Mallorca: Farbteil: S. 3
Das Buch des Jacobus de Cessolis, Zentralantiquariat der Deutschen Demokratischen Republik, Leipzig 1981: S. 149
Handdrucke der Clan-Presse, Schretstaken: S. 143
Cleveland Public Library, Cleveland, Ohio: S. 71, S. 101
Cray Research, München: S. 183
Edwin Deutgen, Hermannsburg: S. 113
Tony de Franclieu, Sion: S. 20/21
Archiv Frederic A. Friedel, Hollenstedt: S. 61, S. 177, S. 179, S. 181, S. 182 oben, unten; S. 184
Gerhard Fuhrmann, Münnerstadt: S. 55 unten rechts
Gemäldegalerie Berlin: Farbteil: S. 10/11
Germanisches Nationalmuseum, Nürnberg: Foto: Marlen Perez, S. 18, S. 25
Gesamthochschul-Bibliothek Kassel: Foto aus Signatur: 2° Ms.poet.et. roman. 1, fol. 24^r, S. 19
Gigant-Foto, Berlin: S. 139
Jerzy Gizycki, A History of Chess, The Abbey Library, London 1972: S. 22, S. 23, S. 151
Verlag Grasset, Paris: S. 159
Archiv Hans-Joachim Hecht, Fürstenfeldbruck: S. 111, S. 117 unten, S. 118, S. 119, S. 121
Herzog-August-Bibliothek, Wolfenbüttel: Farbteil: S. 4
Farbwerke Hoechst, Frankfurt: S. 165
Internationales Bildarchiv Horst von Irmer, München: Farbteil: S. 8
Archiv Raymond Keene, London: S. 77, S. 96
Kunstgewerbemuseum der Stadt Zürich: Fotos: Marlen Perez S. 8/9, S. 137, S. 138, S. 140 unten
Kunsthaus Zürich: Farbteil: S. 15 unten
Michael Kupferschmidt, Loerrach: S. 62, S. 76
Mike Martin Photography, Bristol: S. 202
André Martins de Barros: S. 17
Sammlung Menningen, Lügde-Niese: S. 156 oben und unten, S. 160
The Metropolitan Museum of Art, New York: Farbteil: S. 2
Archiv Horst Metzing, Berlin: S. 37, S. 57, S. 82, S. 91, S. 92, S. 169, S. 176; Farbteil: S. 14 (Galerie und Edition Kerlikowsky, München/ Paris)
Moenkebild, Hamburg: S. 78 rechts, S. 167
Museum für Kunst und Gewerbe, Hamburg: S. 136
The Museum of Modern Art, New York: S. 141
Archiv Arno Nickel, Berlin: S. 55 oben links, S. 59, S. 197 unten
Edition Olms, Zürich: S. 29 links, S. 30, S. 43, S. 75, S. 78 links, S. 190, S. 191
Archiv Helmut Pfleger, München: S. 67, S. 163 unten, S. 164, S. 197 oben
Picture Collection, The Branch Libraries, The New York Public Library: S. 44
Presse- und Informationsamt der Bundesregierung, Bonn: S. 200
Stiftung Preußischer Kulturbesitz, Berlin: S. 142
Archiv Kurt Rattmann, Hamburg: S. 193; Farbteil: S. 12
Archiv Erwin Rieger, Ulm: S. 135; Farbteil: S. 16
Archiv Lothar Schmid, Bamberg: S. 29 rechts, S. 40, S. 47, S. 172; Farbteil: S. 13
Stern, Hamburg; Fotos: Peter Thomann, S. 140 oben (Sammlung Brockstedt); Farbteil: S. 1, S. 6/7, S. 9 (Sammlung Jaeger), S. 15 oben (Museum für Kunst und Gewerbe, Hamburg)
Stockholms Stadsmuseum, Stockholm: S. 35
Brigitte Sträter, Hannover: S. 65
Bilderdienst Süddeutscher Verlag, München: S. 79
Tractatus De Ludo Scacorum, Edicion Facsimil, Ministerio De Educacion Y Ciencia 1970: Farbteil: S. 5
Volksbanken Presse- und Informationsdienst e. V.: S. 201
Daniel Weber, Muri: S. 52
Hans und Siegfried Wichmann, Schach, Verlag Georg D. W. Callwey, München 1960: S. 26, S. 187, S. 188
Fred Wilson, A Picture History of Chess, Dover Publications, Inc., New York 1981: S. 31, S. 50

Personen-register

Die Autoren

Ricardo Calvo, geboren 1943. Von Beruf Arzt. Lebt in Palma de Mallorca, war lange als Arzt in München tätig und spielt dort heute noch für Bayern München in der Schach-Bundesliga. Internationaler Meister seit 1973. Mitarbeiter der spanischen Schachzeitung, Autor mehrerer Bücher zum Thema Schach.

Frederic A. Friedel, geboren 1945. Wissenschaftspublizist. Studierte Philosophie, Linguistik und Mathematik. Spezialgebiete: Wissenschaftstheorie, linguistische Philosophie, Verhaltensbiologie und Computerwissenschaft. Leidenschaftlicher Schachspieler, der viele Untersuchungen über die Denkweisen von schachspielenden Menschen und Maschinen durchgeführt hat.

Hans-Joachim Hecht, geboren 1939. Beschäftigung mit dem Schach als Turnierspieler seit 1953. Arbeitet als Kommentator vorzugsweise für Schachzeitungen, gelegentlich auch für andere Zeitschriften. Mitwirkung an verschiedenen Schachbüchern. Seit 1968 (außer 1976) Teilnehmer bei allen Schacholympiaden als Mitglied der deutschen Nationalmannschaft. Seit 1973 Internationaler Großmeister.

Vlastimil Hort, geboren 1944 in Kladnow (ČSSR). Schachprofi. Seit 1970 gehört er zur Weltspitze (Elo-Durchschnitt: 2600 Punkte). Studierte an der Prager Universität Wirtschaftswissenschaften, widmet sich aber seit dem Jahre 1969 ausschließlich dem Schachspiel. Spielt seit fünf Jahren für die »Schachgesellschaft Porz« in der Bundesliga.

Anatoli Karpow. Siehe das »Selbstporträt«, Seite 81 bis 94.

Raymond Keene, geboren 1948. Schachprofi und -organisator. Internationaler Meister seit 1972, Großmeister seit 1976. Delegierter der britischen Schachföderation für den Weltschachbund. Autor zahlreicher Schachbücher.

Stefan Kindermann, geboren 1959 in Wien. Seit 1980 Student der Philosophie an der Universität München. 1978 Deutscher Pokalmeister, 1980 Internationaler Meistertitel nach Turniererfolgen in Griechenland und Frankreich. Mitglied der deutschen Nationalmannschaft, gelegentlich schachjournalistisch tätig. Zur Zeit Schachprofi.

Heinz Lehmann, geboren 1921 in Königsberg. Regierungsdirektor beim Senator für Finanzen in Berlin. Verein: »Schachklub Zehlendorf«, Berlin. Teilnehmer an den Schacholympiaden 1958 und 1960. Internationaler Meister seit 1961. Übersetzung von Schachbüchern aus dem Russischen, Französischen und Englischen, ständiger Mitarbeiter der »Deutschen Schachzeitung«. (Übersetzte das Selbstporträt Anatoli Karpows aus dem Russischen.)

Horst Metzing, geboren 1948. Seit dem 1. Januar 1976 Geschäftsführer des Deutschen Schachbundes. Herausgeber dieses Buches. (Übersetzte die Beiträge von Raymond Keene: »Das moderne Turnierspiel« und »Die Spielstile« aus dem Englischen.)

Helmut Pfleger, geboren 1943. Arbeitet als Internist und Psychotherapeut in München. Seit 1974 Großmeister. Buchautor und Schachkommentator im Fernsehen. Herausgeber dieses Buches. (Übersetzte den Beitrag von Ricardo Calvo aus dem Spanischen, die Beiträge von Sergiu Samarian aus dem Rumänischen und zusammen mit Eugen Kurz die Beiträge von Raymond Keene: »Vom Amateur- zum Profisport« und »Die Schachweltmeister« aus dem Englischen.)

Erwin Rieger, geboren 1926 im Riesengebirge. Schachspieler seit seiner Jugend. Sammler von Schachmotiven, hauptsächlich im Bereich der Philatelie.

Sergiu Samarian, geboren 1923 in Chisinau (Rumänien). Diplomübersetzer für Russisch und Französisch. Bereits 1942 Meister von Bukarest, rumänischer Meister und Internationaler Fernschachmeister. Auch tätig als internationaler Schiedsrichter. Schachjournalist, Autor zahlreicher Schachbücher, darunter einige in deutscher und englischer Sprache. Seit 1966 in der Bundesrepublik. Seit 1978 Bundestrainer des Deutschen Schachbundes.